『法学新锐论丛·个人信息保护』

总主编 彭诚信

个人信息处理中的信义义务研究

向秦 著

上海交通大学出版社
SHANGHAI JIAO TONG UNIVERSITY PRESS

内容提要

数字社会的数据治理目标应是建立长期、可持续、互利互信的数据（含个人信息）分享与利用关系，然而以个人本位、个人控制和传统权利规范模式（以"知情同意"为核心）的个人信息保护法不仅难以实现真实有效同意，而且并未实际搭建起个人信息流通利用通道。个人信息数据是作为社会可利用资源的事实存在，除了信息主体利益之外，还存在使用者和公共利益代表者等不特定社会主体的利益以及国家安全利益，因此不能将个人信息保护仅锚定在个人人格利益层面。目前，各国均已完成从保护到治理、从单向赋权到个人信息社会化利用的"数据利他主义"战略思维转型。信义义务是介于个人控制与强制共享之间的数据治理模式。信息主体应在可信任的环境中分享其个人信息，并由受托人凭借其专业知识与能力来增强保护，使信息主体与处理者之间不平衡的权力关系因受托人的介入而趋向于平衡。本书既可作为学生、专家学者以及实务人员的拓展阅读，也可以为政府决策部门提供参考。

图书在版编目（CIP）数据

个人信息处理中的信义义务研究 / 向秦著. -- 上海：上海交通大学出版社，2025. 7. --（法学新锐论丛 / 彭诚信总主编）. -- ISBN 978-7-313-32794-9

Ⅰ. D923.74

中国国家版本馆 CIP 数据核字第 2025404PG4 号

个人信息处理中的信义义务研究

GEREN XINXI CHULIZHONG DE XINYI YIWU YANJIU

著　者：向　秦

出版发行：上海交通大学出版社　　　　　　地　　址：上海市番禺路 951 号

邮政编码：200030　　　　　　　　　　　　电　　话：021-64071208

印　制：上海万卷印刷股份有限公司　　　　经　　销：全国新华书店

开　本：710mm×1000mm　1/16　　　　　印　　张：21.25

字　数：312 千字

版　次：2025 年 7 月第 1 版　　　　　　　印　　次：2025 年 7 月第 1 次印刷

书　号：ISBN 978-7-313-32794-9

定　价：88.00 元

在人工智能、生物技术等现代科技浪潮席卷全球的今天,数字法学(含人工智能法学、数据法学、个人信息保护法学等)新型法学领域迅速崛起,传统医事法学、知识产权法学等领域也需迭代更新。上海交通大学出版社顺势推出"法学新锐论丛",既是对学术前沿的敏锐回应,亦是旨在为致力于科技法学变革的青年学者搭建一座连接学术理想与现实关切的平台。

一、回应时代之问:数字时代的学术使命

信息技术的迭代重塑了法学认知范式。数字孪生技术将物理世界映射为可计算的代码,量子计算正在突破传统密码学的安全边界,神经接口技术模糊了人类意识与机器智能的界限……这些技术突破不仅挑战着既有法律体系的解释力,而且从根本上动摇了权利主体、法律关系、责任归属等基础法理范畴。数据流动的全球化与隐蔽性使得个人权利、商业利益与国家安全之间的张力日益凸显。当自动驾驶系统需要作出"电车难题"式的伦理抉择,当深度伪造技术能够完美复现任何人的生物特征,传统法学构建的"主体-行为-责任"逻辑链已出现结构性断裂。从欧盟《一般数据保护条例》到我国《个人信息保护法》,法律体系的革新始终追赶着技术的脚步,而理论的深度与广度则决定了制度设计的生命力。这些变革要求法学研究者突破学科思维疆界,洞察各领域的复杂互动,数字法学正在从自我封闭的概念体系走向开放的知识网络。

二、凝聚青年之力：新锐视角的破局价值

青年学者是法学革新的天然破壁者。他们较少被既有学科藩篱所禁锢，也不会因路径依赖而缺乏创新，其更多地以"数字原住民"的视角洞察数字社会的肌理。上海交通大学在博士生培养中也尤为注重"学科交叉能力"与"技术穿透思维"的锻造。青年学者学术嗅觉的敏锐性，使其可能率先捕捉到数字化、自动驾驶、元宇宙等新兴场景中的权利冲突与困境，为数字法学发展注入预见性思考。本丛书以"新锐"为名，正是要放大这种"边缘突破"的力量——让青年学者的实验性探索成为推动学科范式转型的催化剂。"法学新锐论丛"将凝聚兼具理论纵深与技术前沿性的选题，融合规范分析与实证调研研究方法的青年学者的学术成果，充分展现其学术品格：既仰望星空追问法理本质，又脚踏实地破解现实难题。

三、传承平台之责：培育学术共同体的未来

上海交通大学出版社充分发挥双重优势：一方面，依托上海交通大学"工科见长、交叉创新"的学科优势，另一方面，深耕出版领域，致力于"知识聚合、思想传播"，在学术出版与知识传播方面形成独特优势。我们以"法学新锐论丛"为窗口，不仅致力于展示优秀的学术成果，更着力将其打造成为学术共同体成长的孵化器，以践行知识生产的代际传承使命：为尚未被主流话语充分关注的青年声音提供扩音器，让博士论文这一"学术成人礼"突破学位论文库的物理局限，进入更广阔的思辨空间。本论丛秉持构建开放包容的学术生态，既鼓励对数字人权、算法规制等前沿问题的理论深耕，亦倡导对智慧司法、监管科技等实践命题的实证研究；推动学术代际传承，促进学术成果的社会转化，让学术研究始终服务于国家"网络强国""数字中国"战略，在回应社会关切中彰显法学研究的公共价值。

四、关于未来之思：在不确定中锚定学术坐标

"法学新锐论丛"的价值不仅在于结论的创新，而且在于提出真问题的

勇气,带着青年学者解决"卡脖子"问题的社会责任与使命。当技术变革的速度持续超越法律修订的周期,法学研究必须学会与不确定性共处。青年学者以其对数字原生态社会的深刻体验,正在重新定义"法律滞后性"的应对策略——从被动规制转向主动形塑,从解释规则转向创造规则。这种学术姿态恰是本丛书倡导的"新锐精神"的内核,即鼓励这种"敢为天下先"的学术勇气——既有勇气挑战"数据产权""算法人格"等未竟之题,亦有智慧在技术乐观主义与保守主义之间开辟第三条道路。我相信,当更多青年学者敢于在无人区插上思想的旗帜、勇于思考与解决社会现实难题,法学必将焕发新的生命力,为数字文明时代的制度建构提供东方智慧。

博士生是最具创造力、思维活跃与求真求实的学术研究新生力量。本辑聚焦个人信息保护为核心议题的博士论文,其研究既回应了时代的紧迫需求,亦彰显了青年学者在学术探索中的锐气与担当。付梓之际,上海交通大学出版社邀请我作总序,我欣然应允。

彭诚信

CONT 目 录 ENTS

前 言   1

导论   5

一、选题背景与意义   7
二、国内外研究现状   10
三、相关概念的界定   22
四、研究方法与创新   25

第一章 个人信息处理中引入信义义务制度缘起 29

第一节 个人信息基于权利视角保护的现实困境 31
第二节 困局成因：个人控制论为核心的传统规范基础 55
第三节 破解进路：受托人信义义务作为统一治理范式 85
小结   95

第二章 个人信息处理中信义义务的正当性理论 97

第一节 信托型信义义务理论   100
第二节 非信托型信义义务理论   118
第三节 基本共识：信任基础之上的信义权力 132
小结   140

第三章　个人信息处理中信义义务的可行性评介　141

　　第一节　个人信息处理中信义义务的起源：信息信义
　　　　　　关系的证成　144
　　第二节　个人信息处理中信义义务的性质：道德、身份与
　　　　　　法定性　168
　　第三节　个人信息处理中信义义务的创设：中国法的
　　　　　　可实践性　175
　　小结　194

第四章　中国法个人信息处理中信义义务的制度构建　197

　　第一节　信义义务与个人信息处理基本原则　199
　　第二节　信义义务与个人信息处理行为规则　217
　　第三节　信义义务与个人信息处理内部管理　241
　　小结　246

第五章　中国法个人信息处理中信义义务的司法适用　247

　　第一节　信义责任在个人信息处理侵权救济中的认定　249
　　第二节　信义责任对个人信息处理合同关系的弥补　261
　　第三节　涉及第三方处理者信息关系中的信义责任　271
　　小结　280

结论　281

参考文献　285

索引　320

后记　326

前　言

　　数字社会的治理逻辑是个人控制与信息分享的权义平衡理念，治理目标是建立起长期、可持续、互利互信的数据（含个人信息）利用关系。个人信息保护法亦是个人信息处理规则法，为因应大数据时代个人信息处理中的损害与风险而生。最核心的困局是以传统个人控制理论为核心的权利规范模式已证明不仅未更好地保护信息主体的个人权益，而且无益于数据的流通利用，更难以在个人信息处理关系中建立信任。受托人信义义务作为个人信息处理规制的重要治理范式而嵌入，以解决数字社会中的信任缺失、违信、权义失衡等问题。国内大多数学术研究受限于线下社会的法律救济观而围绕"权利"展开，从社会关系视角证成个人信息处理者应负有信义义务尚未形成共识。信息信义义务应以正当性证成为基础，进而围绕个人信息处理中受托人信义义务的规范构造、司法适用展开可实践性探索。

　　传统权利规范模式下个人信息保护与治理面临现实困境，难以在参与主体之间建立互利互信，阻碍数字经济发展。自然人对其个人信息享有自主、自决、控制以及实现前述本权价值的一系列辅助性权利，尤以知情决定权为核心。然而，个人信息作为权利客体时存在较大理论争议；个人信息作为权利行使时存在诉讼成本高、举证难度大、救济力度轻、损害制度失灵等维权窘境；个人信息保护的基本进路有控制优先抑或分享优先的根本冲突。自1970年以来的规范基础个人控制遭到新信息技术的"瓦解"。个人控制是基于新自由主义，以个人本位为核心，关注处理信息的特定目的与狭窄单一的个人法益，忽视个人信息处理中信息主体相对于处理者的依赖性与脆弱性，预设个人与社会及他人是对立、紧张、敌对关系，将社会关系中的"信任"要素抹去。信义义务机制（信托型与非信托型）作为涵盖所有类型数据处理的统一治理范式被提出，正是为了弥补个人信息处理中的信任、平衡主体间不平等的权义结构、促进个人信息社会价值的实现、提高处理活动透明度，并促进数据交易与分享，为下一代人工智能发展铺平道路。

信义义务源于信托领域，以信义关系为逻辑前提，这种源自英美衡平法的高度灵活性赋予了信义义务和信义关系强大的社会适应性，信义关系呈现大规模的扩张适用趋势。信义义务的正当性基础既可采化约主义论证模式，从财产、合同、侵权等方面寻求证成依据，也可采工具主义论证模式，从公共政策、道德、信任、不平等、脆弱性、权力等方面说明其合理性。个人信息处理关系中的信义义务催生了信息受托人理论、数据信托方案、信息信任关系理论、保密法路径、个人数据监护人制度等正当性理论。

上述理论形成了个人信息处理中关于信义义务的基本共识：信任基础上的信义权力。处理者相对于信息主体具有信息、能力、知识、地位上的优势，处理个人信息时承载了信息主体的信任，信息主体不得不在个人信息处理关系中依赖处理者维护其个人信息安全。如果处理者滥用信任和信义权力，信息主体的个人权益则面临被侵害风险。因此，以信义义务作为受托人法定义务，规制处理者的处理活动与行为，以降低授信风险、保障个人信息处理中的个人权益便应运而生。权力不平衡性越大，处理者对信息主体决策环境的控制程度就越高，相应信息主体的脆弱性就越大，越有必要对处理者施加信义义务。就具体结构而言，信义义务是信息受托人对个人信息（财产权益）的实际控制；就抽象意义而言，信义义务是维护数字社会信任的有效机制。该义务具有突出的道德属性与身份属性，与康德的先验伦理观念中保护个人自由和尊严相契合。

但是信义义务仅是理论层面的法律概念，需通过信义规范促使信义义务进一步客观化。基于数字社会从控制到分享、赋权到受信的理念转型，信义义务与我国《个人信息保护法》《公司法》《信托法》等功能相衔接。在个人信息处理内部规则中，明确个人信息处理的本质是"分享"，分享意味着保护信息主体所授予的信任、信赖，信义保护是以"诚信"为理论基础，与合法、正当、必要、诚信并列的个人信息处理基本要求。在个人信息处理外部规则中，事前阶段对个人同意制度功能弱化而强化信义义务的作用；事中阶段对处理者课以贯穿数据生命周期的信义义务,以忠实义务为核心,以反歧视、反操纵、反滥用为消极内涵;事后阶段补充保护信义关系的善后规则,例如保密义务。

司法审判应形成个人信息权益保护、个人信息安全保护的"双轨制",分别保护个人信息自决意愿与个人信息安全利益,有效增强个人信息分享中的互利互信。作为对侵权之债、合同之债以及不正当竞争路径的补充救济,信义义务嵌入司法审判思路中,以验证其法律效果和维护个人信息处理中的实质公平,并助力数字诚信社会的构建。

导　论

"除了上帝，任何人都必须用数据来说话。"①

---

① 涂子沛：《大数据：正在到来的数据革命，以及它如何改变政府、商业与我们的生活（3.0升级版）》，广西师范大学出版社 2015 年版，第 13 页。

一、选题背景与意义

（一）选题背景

数字社会（digital society）引起了法学研究的重大变革：一是"上帝"确定的物理空间被突破，形成双重逻辑，既有工商业时代的人身、财产等物理空间逻辑，也有信息时代的算法、代码等虚拟空间逻辑；二是在公私二分下的"生物人类"到公私融合下的"数字人类"的双重属性；三是信息革命引发从物理空间规制向双重空间规制的制度转型、从"关系—行为—后果"的规制策略到算法和代码程序设计的控制。[①]

线下社会（与数字社会相对）是仅在物理空间里规制社会主体行为，法律思维最明显的特征是公私二分和理性人假设，法律救济观表现为："我对该财产拥有权利（例如所有权）—权利受到侵害—通过法律提供的诉由（例如恢复原状之诉）提起诉讼—权利得到恢复。"[②]结果是自然人通过行使法律赋予的个人信息权利，做自己利益的捍卫者。

然而，数字社会呈现出与传统农工商业社会完全不同的治理诉求与逻辑。农业社会秉持君权神授观，利益基本上由权力者掌控，权力基于身份等级的分配，利益服从君权；工商业社会转为天赋人权观，利益主要由资本掌控，而资本按照市场规则的划分，利益服从私权利。数字社会重塑了社会主体之间的权利义务关系，促发了权力、权利关系的结构性转变。权利本质上是对利益的法律表达，意味着人类社会创造出的利益越多，权利的内容就越丰富。数字社会开启了技术赋权观，利益基本上由数据信息者掌控，数据信息则由

[①]　马长山：《迈向数字社会的法律》，法律出版社 2021 年版，第 1—3 页。

[②]　佟强：《信赖之债》，北京大学出版社 2020 年版，第 159 页。

信息技术来分配,利益服从于技术化的权力。一方面,自由和私权利、监控与公权力同步增长;另一方面,平台经济成为主导形式下"私权力"的崛起,个人信息处理法律关系变成公权力、私权力和私权利的复杂博弈。[①] 数字社会的理想是一个互利互信的社会,网络中的个人与他人及社会无法割裂,公私融合趋势下个人信息具有社会识别性,既带来人与人之间的信任危机、人与社会之间的道德虚无主义,也为主观诚信的客观量化和评估提供了物质基础(以信息为内容、数据为形式),以及技术保障(算法、人工智能等)。

个人信息处理(personal information processing)行为或活动是个人信息保护法的规范对象。[②] 个人信息处理的本质是"分享"(sharing),分享者是作为信息来源者的个人信息主体,接收者是任何个人或组织的个人信息处理者,多为企业、平台、国家机关等,其掌控着数字时代的技术(权力)。因此,在这一法律关系中,信息主体与处理者处于权力、知识、信息、技术的不平等地位,与线下社会调整平等主体间法律关系的赋权逻辑并不适应。"无分享不生活"的数字时代,不宜采取个人本位、个人主义的启蒙精神来进行权利和权力的分配,过度利己使社会达尔文主义拥有了广泛市场,信息作为社会资源,"只有将'私人'和'共有'两者结合起来,这两者才能充分发挥作用。"[③]换言之,数字社会要走一条信息分享与个人控制的权利义务平衡之路,以实现信息的社会化利用。"私利即公益"的时代已然过去,兼顾利己与利他因素的社会作用、平衡个体与共同体的利益关系是一种常态,这一过程需要法律介入。

(二)选题意义

就理论层面而言,确立"个人信息处理中的信义义务研究"这一命题,是基于社会整体利益优先于个人利益的原则,建立与数字社会发展需求一致的个人权益保护水平、与时代相适应的个人隐私观。信义义务(fiduciary

---

① 马长山:《迈向数字社会的法律》,法律出版社 2021 年版,第 275—276 页。
② 高富平:《个人信息处理:我国个人信息保护法的规范对象》,《法商研究》2021 年第 2 期。
③ 〔美〕弥尔顿·L.穆勒:《网络与国家:互联网治理的全球政治学》,周程等译,上海交通大学出版社 2015 年版,第 325 页。

duty)制度是应对因信息、能力、知识、地位的不平等给弱势一方主体带来损害或风险的重要法律机制。信义义务也可理解为带有信任(trust)因素的义务。在个人信息处理关系中,保护分享者的信任使信息主体获得基本安全感,反过来将促进其分享个人信息的意愿,从而建立长期、可持续、可信任的动态法律关系。信息主体、处理者及其他利益相关者在追逐自己利益的同时,也应对他人切身利益适当关切。信义义务作为个人信息处理的统一治理框架,对于信息主体来说是对其增加了额外保护;对于处理者来说,既是"限制"(额外义务),也是"解放"(因信任而获取更多信息数据);对于社会秩序来说,是维护数字社会信任的制度基础。然而信任不是凭空"变"出来的,而是以具有一定可信度(trustworthiness)的制度来保护参与主体的信心(confidence)。个人信息处理中引入信义义务的规范目的可描述为:处理者以受信任的方式处理并保障个人信息安全;个人信息处理行为更加透明;对个人信息处理采取问责制;行业和社会主体共同参与数据治理。绝对个人主义是一种强烈的社会腐蚀剂。社会信任的建立不仅是当前数字社会所需,而且是未来人工智能立法的发展方向。个人与他人之间信任的增进会使社会从整体上受益(也是一种人权),个人信息也将因其社会化利用而释放出更大的价值。

就实践层面而言,为因应个人信息处理中的损害与风险,确保个人自决得到尊重,我国已初步形成了以《民法典》《个人信息保护法》《消费者权益保护法》等为核心的个人信息保护法律体系,以及涵盖民事救济、行政执法与公益诉讼乃至刑罚的多元保护措施,然而这种自上而下的监管机制与极其注重赋权的规范模式带来的个人信息救济效率并不高。个人信息处理者承担信义义务的正当性证成,弥补了个人信息保护法基于个人风险、个人控制、个人本位的内在缺陷,转向基于社会风险、社会控制、社会本位的信息治理范式,利用制度寻回社会关系中缺失的"信任"要素。构建受托人信义义务(信托型与非信托型)作为涵盖所有类型数据处理的统一治理范式,旨在弥补个人信息处理中的信任,平衡主体间不平等的权义结构,提高处理活动透明度并促进数据交易与分享,为下一代人工智能发展铺平道路。信息关系被视为基于信任的特殊关系,信义义务作为侵权之债、合同之债的补充,填补了居于合同积极信赖与侵权消极信赖之间的社会信赖。

二、国内外研究现状

（一）国外研究综述

国外学者对个人信息保护与规范的研究大致始于 21 世纪初期互联网崛起之后，形成了基于洛克财产理论和康德自主道德伦理的个人控制范式，表现为个人信息自决或隐私自我管理，虽然这意味着自然人能够做出在何时、何种范围内，以何种方式公开自己生活事实和信息的自我决定，但将信义义务制度引入个人信息处理规制中是近年的趋势。丹尼尔·索洛夫（Daniel Solove）、杰瑞·康（Jerry Kang）、保罗·施瓦兹（Paul Schwartz）、尼尔·理查兹（Neil Richards）、杰克·巴尔金（Jack Balkin）、乔纳森·金（Jonathan King）、伍德罗·哈佐格（Woodrow Hartzog）、劳伦·亨利·朔尔茨（Lauren Henry Scholz）、阿里·埃兹拉·沃尔德曼（Ari Ezra Waldman）、弗朗西斯·福斯特（Frances Foster）、基伦·奥哈拉（Kieron O'Hara）、西尔维·德拉克洛瓦（Sylvie Delacroix）、尼尔·劳伦斯（Neil Lawrence）、林赛·巴雷特（Lindsey Barrett）、阿里尔·多布金（Ariel Dobkin）、埃米丽·辛格（Emily Singer）和莉娜·坎（Lina Khan）等学者从不同路径反思了个人信息自决与隐私自我管理范式的局限性，从而提出通过信托制度或信义法（fiduciary law）或信义义务来保护社会信任，并形成了如下信息信义义务基础理论：信息受托人（information fiduciaries）理论、可信任信息关系（trust in information relationships）理论、数据信托（data trust）方案、保密法（law of confidentiality）路径和个人数据监护人（personal data guardian）制度。

1. 关于信义义务的文献综述

古老的信义法渊源可追溯至《汉穆拉比法典》和《埃什努那法典》，鲁斯·维斯提格（Russ VerSteeg）将其称为"财产寄托"。[①] 罗马信义法则是作

---

① Russ VerSteeg. Early Mesopotamian Commercial Law. *University of Toledo Law Review*, Vol. 30, No. 2, 1999, pp. 183-214.

为对财产法和继承法的回应而产生的,允许遗嘱人将财产留给无继承资格的诸如外国人、罪犯等受信人。① 中世纪英国法被认为是信义义务的起源,发端于信托领域,受托人的义务构成一种由衡平法院基于信任和良心而强制实施的社会惯例。② 西利(L. S. Sealy)教授分别于 1962 和 1963 年发表在《剑桥法学杂志》(*Cambridge Law Journal*)的《信义关系》和《信义义务的若干原则》两篇文章对其进行了综述性的研究。③

形成广义上的新兴部门法"信义法"是以美国和加拿大为代表。信义义务主要出现在代理人、公司董事高管、保管人、律师、医生、监护人、遗嘱执行人等领域。④ 保罗·米勒(Paul Miller)在《信义义务的正当性》一文中梳理了信义义务的相关学说,对信义义务理论研究起到了提纲挈领的作用。⑤ 他与安德鲁·哥德(Andrew Gold)主编的《信义法的哲学基础》一书涵盖了信义关系、信义义务、信义法的经济理论、私法和公法领域的信义保护等一系列重要主题。⑥

信义义务的创设路径主要有化约主义(reductivist justification)和工具主义(instrumentalist justification)两种模式。

化约主义是指将信义义务转换到合同、财产、侵权等关系中。合同视角认为信义法是合同法的一个领域,并非独立部门法,信义关系为合同关系,信义义务为合同性义务,既不具有特殊性,也无道德因素。代表性文献有弗兰克·伊斯特布鲁克(Frank Easterbrook)和丹尼尔·费舍尔(Daniel Fischel)的《合同与信义义务》;约翰·朗本(John Langbein)的《信托法的合同基础》;维克多·布鲁德尼(Victor Brudney)的《公司法中的合同与信义义

---

① Mary Szto. Limited Liability Company Morality: Fiduciary Duties in Historical Context. *QLR*, Vol. 23, No. 1, 2004, pp. 61 - 114.

② [美]塔玛·弗兰科:《信义法原理》,肖宇译,法律出版社 2021 年版,第 96 页。

③ L. S. Sealy. Fiduciary Relationships. *Cambridge Law Journal*, Vol. 20, No. 11962, pp. 69 - 81; L. S. Sealy. Some Principles of Fiduciary Obligation. *Cambridge Law Journal*, Vol. 21, No. 1, 1963, pp. 119 - 140.

④ Robert Flannigan. Commercial Fiduciary Obligation. *Alberta Law Review*, Vol. 36, No. 4, 1998, pp. 905 - 922.

⑤ Paul B. Miller. Justifying Fiduciary Duties. *McGill Law Journal*, Vol. 58, No. 4, 2013, pp. 969 - 1026.

⑥ Andrew S. Gold and Paul B. Miller. *Philosophical Foundations of Fiduciary Law*. Oxford University Press, 2014.

务》;詹姆斯·埃德尔曼(James Edelman)的《信义义务何时产生?》。① 财产
视角仅借用财产理论来解释和描述信义义务的财产性特征,信义义务是对
财产权利的再分配,即受托人基于授权对特定财产进行控制与管理,受益人
享有衡平法上的财产性利益。代表性文献有罗伯特·库特(Robert Cooter)
和布拉德利·J. 弗里德曼(Bradley J. Freedman)的《信义关系:其财产性
特征与法律后果》;戈登·史密斯(Gordon Smith)的《信义义务重要资源理
论》;罗伯特·西特科夫(Robert Sitkoff)的《信义法的经济结构》以及莱瑞·
里布斯坦(Larry Ribstein)的《保护信义义务制度》。② 侵权视角从法律后果
出发,认为违反信义义务是一种侵权(tort)。代表性文献是拉斐尔·乔多
斯(Rafael Chodos)的《信义义务法》。③

　　工具主义是指从道德、公共政策、信任或信赖、不平等、脆弱性、自由裁
量权等方面描述信义义务的合理性。代表性文献有约翰·卡特(John
Carter)在《股东的信义权利》一文中所采用的信赖理论,其将信义关系视为
社会运行中的信任问题。④ 伦纳德·罗特曼(Leonard Rotman)在《加拿大
最高法院对信义原则中脆弱性的认定》一文中提出了脆弱性理论
(vulnerability theory),认为受益人因其在关系中的脆弱性而易被侵害,故
须对受托人施加信义义务。⑤ 亚瑟·拉比(Arthur Laby)从道德与伦理角

---

① Frank H. Easterbrook and Daniel R. Fischel. Contract and Fiduciary Duty. *Journal of Law & Economics*, Vol. 36, No. 1, 1993, pp. 425 - 446; Victor Brudney. Contract and Fiduciary Duty in Corporate Law. *Boston College Law Review*, Vol. 38, No. 4, 1997, pp. 595 - 666; James Edelman. When Do Fiduciary Duties Arise? *Law Quarterly Review*, Vol. 126, No. 2, 2010, pp. 302 - 327; John H. Langbein. The Contractarian Basis of the Law of Trusts. *Yale Law Journal*, Vol. 105, No. 3, 1995, pp. 625 - 676.

② Robert Cooter and Bradley J. Freedman. The Fiduciary Relationship: Its Economic Character and Legal Consequences. *New York University Law Review*, Vol. 66, No. 4, 1991, pp. 1045, 1076; Gordon Smith. The Critical Resource Theory of Fiduciary Duty. *Vanderbilt Law Review*, Vol. 55, No. 5, 2002, pp. 1399 - 1498; Robert H. Sitkoff. The Economic Structure of Fiduciary Law. *Boston University Law Review*, Vol. 91, No. 3, 2011, pp. 1039 - 1050; Larry E. Ribstein. Fencing Fiduciary Duties. *Boston University Law Review*, Vol. 91, No. 3, 2011, pp. 899 - 920.

③ Rafael Chodos. *The Law of Fiduciary Duties*. Blackstone Legal Press, 2000, p. 291.

④ John C. Carter. The Fiduciary Rights of Shareholders. *William and Mary Law Review*, Vol. 29, No. 4, 1988, pp. 823 - 854.

⑤ Leonard I. Rotman. The Vulnerable Position of Fiduciary Doctrine in the Supreme Court of Canada. *Manitoba Law Journal*, Vol. 24, No. 1, 1996, pp. 60 - 91.

度在《信义义务作为目的适用》一文中论证了信义关系的突出道德属性，主张利他精神。① 戈登·史密斯和乔丹·李（Jordan Lee）在《受托人自由裁量》一文中提出权力或自由裁量理论，认为受托人享有的权利使其对受益人的重要资源或事务享有较大自由裁量空间，但也给其带来了违信激励。②

2. 关于个人信息处理中信义义务的学说观点

将信义义务制度引入个人信息处理场景中，是基于对隐私观和个人信息保护传统规范基础"个人控制"的反思展开。个人控制被认为既不足以应对数字社会中个人信息处理风险的规制，也难以维护个人自由与尊严。

（1）"隐私自我管理"困境。美国法上的个人信息属于"大隐私"范畴，其相应立法被称为"信息隐私法"（information privacy law）。③ 隐私自我管理是指赋予自然人一系列权利，通过行使权利来做出如何管理自己信息的决策。设置这些权利的目的是实现个人对其信息的控制，信息主体自行决定并权衡分享其信息的成本和收益，属于一种基于风险的自我判断。隐私自我管理的实现依赖"知情—同意"或"通知—选择"规则。个人同意几乎使任何形式的个人信息处理行为合法化。尼尔·理查兹认为，个人信息存在更大的社会价值，并提出知识隐私理论（theory of intellectual privacy），以保障和尊重人们思考自由和认知与智力自由（公民自由范畴）。④ 丹尼尔·索洛夫认为，隐私自我管理并不能为个人信息主体提供有意义的控制，因为个人控制只解决由特定自然人监督的一系列单个信息流通分享中的隐私风险问题。⑤ 朱莉·科恩（Julie Cohen）认为，"自我"之所以成为信息隐私法规中的权利主体是由社会建构的，旨在保护自我的动态、突显的主观性，但这些主观性也来自商业、政府等处理者对个人与社会群体的固定、预测和透

①　Arthur B. Laby. Fiduciary Obligation as the Adoption of Ends. *Buffalo Law Review*, Vol. 56, No. 1, 2008, pp. 99 - 168.

②　D. Gordon Smith and Jordan C. Lee. Fiduciary Discretion. *Ohio State Law Journal*. Vol. 75, No. 3, 2014, pp. 609 - 644.

③　彭诚信、向秦：《"信息"与"数据"的私法界定》，《河南社会科学》2019 年第 11 期。

④　Neil M. Richards. Intellectual Privacy. *Texas Law Review*, Vol. 87, No. 2, 2008, pp. 387 - 446.

⑤　Daniel J. Solove. Introduction: Privacy Self-Management and the Consent Dilemma. *Harvard Law Review*, Vol. 126, No. 7, 2013, pp. 1880 - 1903.

明,侵害隐私不仅伤害特定个人,而且危害社会利益。① 总之,基于个人控制的隐私自我管理无法产生最理想的社会整体效益与福祉,无法实现信息更大的社会价值。

(2)信息关系中天然的权力结构性差异被忽视。尼尔·理查兹从社会监控角度提出自然人与处理者是被观察者与观察者的关系,两者存在明显的权力势差。这种差异为自然人带来了诸如歧视、胁迫、选择性执法等各种风险。② 利奥尔·斯特拉希利维茨(Lior Strahilevitz)从权力分配的角度提出个人信息保护对某些人而言是有利的,但对其他人而言可能是有害的观点,应受保护的不仅是某个人,而且是个人信息处理中特定的社会关系,因为基于个人控制的自主决定影响着社会中的他人,③例如隐私外溢现象。奥默·特尼(Omer Tene)和朱尔斯·波洛尼斯基(Jules Polonetsky)将数据商业模式与信息处理活动直接打上"令人毛骨悚然"(creepy)的标签,认为即使不会造成直接侵害,个人对其不可知、不透明的处理也将感受到威胁。④ 埃里克·波斯纳(Eric Posner)和格伦·魏尔(Glen Weyl)在《激进市场:为正义社会从根本上改革资本主义和民主》一书中指出,数字经济的巨头利用公众对人工智能和机器学习的缺乏了解,免费收集公众在泛在网络世界中留下的数据创造了巨额利润,例如 Meta 公司(Facebook)每年仅需向其员工支付利润的 1%,99% 的利润从公众的信息数据中免费获得,而公众作为数据来源者、生产者却没有分享到公平合理的数据红利或获得适当补偿。⑤ 这一理论导致了"数据即劳动"(data as labor)的社会运动。诺姆·科尔特(Noam Kolt)进一步提出"数据回报"(return on data)理论,即消费

---

① Julie E Cohen. What Privacy is For. *Harvard Law Review*, Vol. 126, No. 7, 2013, pp. 1904 - 1933.

② Neil M. Richards. The Dangers of Surveillance. *Harvard Law Review*, Vol. 126, No. 7, 2013, pp. 1934 - 1965.

③ Lior Jacob Strahilevitz. Toward a Positive Theory of Privacy Law. *Harvard Law Review*, Vol. 126, No. 7, 2013, pp. 2010 - 2042.

④ Omer Tene and Jules Polonetsky. A Theory of Creepy: Technology, Privacy and Shifting Social Norms. *Yale Journal of Law and Technology*, Vol. 16, 2013 - 2014, pp. 59 - 102.

⑤ Posner A. Eric and Weyl E. Glen. *Radical Markets: Uprooting Capitalism and Democracy for a Just Society*. Princeton University Press, 2018, p. 209.

者提供的数据(d)与消费者获得的收益(u)之间的关系(ROD),大多数人并没有意识到其作为数据生产者付出的劳动在多大程度上推动了数字经济,正如企业可以量化投资回报率(ROI)以优化投资决策,消费者也应评估ROD以做出个人信息分享决策。① 伍德罗·哈佐格明确指出欧盟以《一般数据保护条例》(GDPR)为核心的数据保护模式尽管有很多优点,却是短视的,其忽略了权力不对称、企业商业模式和更广泛的人类福祉。②

(3) 从个人控制到社会控制的范式转变。伊恩·科尔(Ian Kerr)和杰西卡·厄尔(Jessica Earle)指出,个人控制论的法律规制是"显微镜"式的观察,局限明显,个人信息处理关系应以"望远镜"式的放眼信息流通利用全局来考察,以建立更广泛的道德主张和信任,实现数据利益公正分配。③ 伍德罗·哈佐格和尼尔·理查兹更是直言"通知—选择"制度是一个巨大的失败。④ 个人信息保护的完整视角包含可信任的信息关系,因为隐私与个人信息保护问题是根植于信息主体与采集者之间极端的信息、知识、权力不对称关系中。⑤ 莉娜·坎、大卫·博森认为这种不对称关系具有"异常明显的信息不对称"特征。⑥ 阿里·埃兹拉·沃尔德曼呼吁立法者从无效的"通知—选择"模式转向制定保护用户分享或共享个人信息时,应对处理者授予信任的行为规范。⑦ 西奥·霍吉姆斯特拉(Theo Hooghiemstra)以个人健康数据为例,认为除了根据"场景完整性理论"(contextual integrity theory)确定的个人数据外,还应为患者和政府、企业之间的能力以及数据权力结构

① Noam Kolt. Return on Data: Personalizing Consumer Guidance in Data Exchanges. *Yale Law & Policy Review*, Vol. 38, No. 1, 2019, pp. 77 - 149.

② Woodrow Hartzog and Neil Richards. Privacy's Constitutional Moment and the Limits of Data Protection. *Boston College Law Review*, Vol. 61, No. 5, 2020, pp. 1687 - 1762.

③ Ian Kerr and Jessica Earle. Prediction, Preemption, Presumption: How Big Data Threatens Big Picture Privacy. *Stanford Law Review Online*, Vol. 66, 2013 - 2014, pp. 65 - 72.

④ Neil Richards and Woodrow Hartzog. The Pathologies of Digital Consent. *Washington University Law Review*, Vol. 96, No. 6, 2019, pp. 1461 - 1504.

⑤ Neil M. Richards and Woodrow Hartzog. Privacy's Trust Gap: A Review. *Yale Law Journal*, Vol. 126, No. 4, 2017, pp. 1180 - 1224.

⑥ Lina M. Khan and David E. Pozen. A Skeptical View of Information Fiduciaries. *Harvard Law Review*, Vol. 133, No. 2, 2019, pp. 497 - 541.

⑦ Ari EzraWaldman. Privacy as Trust: Sharing Personal Information in a Networked World. *University of Miami Law Review*, Vol. 69, No. 3, 2015, pp. 559 - 630.

创造适当的平衡，即患者需要额外的保护措施。他从保护信息关系的视角提出为患者保密、禁止医疗数据交易、建立医疗数据管家等措施。① 夏洛特·奇德(Charlotte Tschider)以"合法利益分析"模式替代个人同意，把由消费者保护自身利益的个人责任转嫁给享有合法利益而收集与使用个人信息的组织，后者需遵循公平数据使用实践，即是否享有合法利益被用来区分"善意"的组织和"非善意"的组织。② 索伦·巴罗卡斯(Solon Barocas)和凯伦·利维(Karen Levy)提出"隐私依赖"(privacy dependencie)理论，认为隐私与个人信息保护依赖于他人的决定和不同的披露方式，基础是个人参与社会关系、与他人的相似处和与他人的差异处，方式既非保护个人选择，也非保护个人价值，而是根据不同类型的社会关系而制定不同领域的社会规范。③

基于以上反思与总结，保护信息关系中的"信任"或"信赖"价值成为一种新共识，并形成了五种不同正当性理论视角。

第一，保密法路径。国外学界一般认为，塞缪尔·沃伦(Samuel Warren)和路易斯·布兰代斯(Louis Brandeis)于1890年发表的《隐私权》一文"发明"了隐私权；④而威廉·普罗瑟(William Prosser)在1960年《隐私》一文中认可了四种隐私侵权行为，⑤从而促进了隐私权的发展。然而，尼尔·理查兹和丹尼尔·索洛夫通过历史研究方法发现隐私权并非这样被发明的，他们认为，美国法是在脱离原英美法系保密法基础上，基于"人格不受侵犯"而走上隐私权的解释道路，以致后来的隐私权相当于大陆法系"一般人格权"的概念，英国法则延续保密法来保护社会交往关系中的合理期望，即保护信任。⑥

---

① Theo Hooghiemstra. Informational Self—Determination, Digital Health and New Features of Data Protection. *European Data Protection Law Review* (*EDPL*), Vol. 5, No. 2, 2019, pp. 160 - 174.

② Charlotte A. Tschider. Meaningful Choice: A History of Consent and Alternatives to the Consent Myth. *North Carolina Journal of Law & Technology*, Vol. 22, No. 4, 2021, pp. 617 - 680.

③ Solon Barocas and Karen Levy. Privacy Dependencies. *Washington Law Review*, Vol. 95, No. 2, 2020, pp. 555, 616.

④ Samuel D. Warren and Brandeis D. Louis. Right to Privacy. *Harvard Law Review*, Vol. 4, No. 5, 1890 - 1891, pp. 193, 220.

⑤ William L. Prosser. Privacy. *California Law Review*, Vol. 48, No. 3, 1960, pp. 383, 423.

⑥ Neil M. Richards and Daniel J. Solove. Privacy's Other Path: Recovering the Law of Confidentiality. *Georgetown Law Journal*, Vol. 96, No. 1, 2007, pp. 123 - 182.

　　第二，个人数据监护人制度。针对自我监控（self-surveillance）等数据实践，杰瑞·康等提出设置"个人数据监护人"这样一个新职业来帮助信息主体管理因自我监控等存储的数据保管库（privacy data vaults），监护人与客户形成一种信托关系，负责用户数据管理与保护，并享有类似商业秘密的特权。①

　　第三，可信任信息关系理论。信任是社会活动的基本要素，意味着参与社会活动时接受相对于他人行为的脆弱性。尼尔·理查兹和伍德罗·哈佐格将"信任"视为信息关系的核心，个人信息自决或隐私自我管理均过分关注侵害个人信息隐私的危害，过分强调个人有权防御有攻击性的数据处理活动的能力，应转换一种能够创建数字经济发展所必需的、可持续的、长期的信息分享或共享关系，即可信任信息关系。对于如何实现"可信任"，他们反对传统的数据信托架构，提出采取一种缓和的中间路径，停留在信义关系的证成之上。虽然并非所有信息关系都构成信托，但是所有信息关系中都有信任。②

　　第四，信息受托人理论。杰克·巴尔金将收集、分析、使用、销售等处理个人信息的服务商和企业视为信息受托人，并应承担信义义务，但他对信息受托人的信义义务设置了较低要求，即并不要求所有处理者履行以用户利益而积极作为的信义义务，而是强调重点在于不损害用户利益的消极义务，即不背叛用户、不泄露或滥用用户个人信息、不损害用户个人信息利益、不造成与用户的利益冲突、不以超出用户合理预期或其他非法方式处理个人信息。③ 阿里尔·多布金在信息受托人理论基础上提出了更精细的论证框架，认为受托人信义义务主要针对四类行为：操纵、歧视、未经同意与第三方分享以及违反公司隐私政策。④ 但是莉娜·坎、大卫·博森对信息受托

① Jerry Kang, et al. Self-Surveillance Privacy. *Iowa Law Review*, Vol. 97, No. 3, 2012, pp. 809 – 848.

② Neil Richards and Woodrow Hartzog. Taking Trust Seriously in Privacy Law. *Stanford Technology Law Review*, Vol. 19, No. 3, 2016, pp. 431 – 472.

③ Jack M. Balkin. Information Fiduciaries and the First Amendment. *U. C. Davis Law Review*, Vol. 49, No. 4, 2016, pp. 1183 – 1234.

④ Ariel Dobkin. Information Fiduciaries in Practice: Data Privacy and User Expectations. *Berkeley Technology Law Journal*, Vol. 33, No. 1, 2018, pp. 1 – 50.

人理论表示质疑,并否定信义义务在个人信息处理中的适用。① 杰克·巴尔金对前述质疑做出了回应,强调权力的不平衡越大,信息的不对称性就越大,处理者对用户决策环境的控制程度就越高,相应用户的脆弱性就越大,对信义义务的需求也越高。② 克劳迪娅·豪普特(Claudia Haupt)支持信息受托人理论,并重新通过类比认为,尽管受托人通常是信托财产管理人,但该社会关系也涉及大量信息流通。信托文件涉及大量受益人的信息,受托人的信息管理运营增加了专业知识的维度,"受托人—受益人"的关系基于充分的信息,反映了网络平台等处理者与用户之间的信息关系。③ 安德鲁·图奇(Andrew Tuch)也为信息受托人理论进行了辩护。④

第五,数据信托方案。英国首先利用信托来进行数据管理、资产化的实践。温迪·霍尔(Wendy Hall)和杰罗姆·佩森蒂(Jérôme Pesenti)率先提出数据信托概念。⑤ 西尔维·德拉克洛瓦和尼尔·劳伦斯进一步明确通过信托法律机制将聚合数据中的权力返还给个人,而受托人受到忠实、谨慎等信义义务的约束,并代表受益人(信息主体的集体)行使欧盟 GDPR 或其他法规中授予的个人数据权利。数据受托人根据信托文件条款协商数据的访问,属于在数据主体与数据使用者之间引入的第三方独立中介。⑥ 基伦·奥哈拉扩大了数据信托的适用范围,此前的研究多集中在数据主体参与处理活动中的信任,除了数据主体,其他所有参与数据经济生态的主体都存在

① Lina M. Khan and David E. Pozen. A Skeptical View of Information Fiduciaries. *Harvard Law Review*, Vol. 133, No. 2, 2019, pp. 497 - 541.

② Jack M. Balkin. The Fiduciary Model of Privacy. *Harvard Law Review Forum*, Vol. 134, No. 1, 2020, pp. 11 - 33.

③ Claudia E. Haupt. Platforms as Trustees: Information Fiduciaries and the Value of Analogy. *Harvard Law Review Forum*, Vol. 134, No. 1, 2020, pp. 34 - 41.

④ Andrew F. Tuch. A General Defense of Information Fiduciaries. *Washington University Law Review*, Vol. 98, No. 6, 2021, pp. 1897 - 1938.

⑤ Wendy Hall and Jérôme Pesenti. Growing the Artificial Intelligence Industry in the UK. London: Department for Digital, Culture, Media & Sport and Department for Business, Energy & Industrial Strategy, 2017, https://www. gov. uk/government/publications/growing-the-artificial-intelligence-industry-in-the-uk. 最后访问日期:2021 年 10 月 1 日。

⑥ Sylvie Delacroix and Neil D. Lawrence. Bottom—up Data Trusts: Disturbing the "One Size Fits All" Approach to Data Governance. *International Data Privacy Law*, Vol. 9, No. 4, 2019, pp. 236 - 252.

数据关系的信任问题,不仅是个人数据,而且企业的数据集也可以通过数据信托维护对第三方的信任,以保持其竞争优势。①

（二）国内研究综述

国内个人信息保护研究大多围绕"权利"及权属问题展开。个人信息保护始于网络隐私问题的初现。② 随着 21 世纪初计算机和互联网的普及,"人肉搜索"等社会问题开始引发对网络隐私大量泄露的关注,个人信息的法律保护问题开始引起探讨。经过萌芽阶段(1994—2012 年),个人信息与隐私出现二元区分保护格局,③后经过发展阶段(2013 年至今),个人信息权利的基础、保护路径和内容开始丰富。④ 其研究理念延续罗马法权观和现代性法律理念,知识谱系则为近代以来以世俗主义、个人主义、理性主义、自由主义、客观主义等为关键词的理论体系,即主要倡导自由、平等、法治、理性、契约、人权等。虽然线下社会的现实世界价值观在网络虚拟空间仍可"适用",但是不能简单地"套用",因为网络空间"有与真实世界不同的结构、

① Kieron O'Hara. Data Trusts：Ethics，Architecture and Governance for Trustworthy Data Stewardship. *University of Southampton Institutional Repository*，Vol. 13，2019，pp. 8 - 12.
② 初始阶段的相关文献,参见王磊:《美国的隐私法与大众传媒》,《新闻大学》1995 年第 1 期;赵伯祥:《隐私权概念探讨》,《江淮论坛》1999 年第 4 期;等等。
③ 萌芽阶段的相关文献,参见颜祥林:《网络环境下个人信息安全与隐私问题的探析》,《情报科学》2002 年第 9 期;周健:《美国〈隐私权法〉与公民个人信息保护》,《情报科学》2001 年第 6 期;刘德良:《隐私与隐私权问题研究》,《社会科学》2003 年第 8 期;刘德良:《个人信息的财产权保护》,《法学研究》2007 年第 3 期;齐爱民:《中华人民共和国个人信息保护法示范法草案学者建议稿》,《河北法学》2005 年第 6 期;齐爱民:《电子病历与患者个人医疗信息的法律保护》,《社会科学家》2007 年第 5 期;彭礼堂、饶传平:《网络隐私权的属性:从传统人格权到资讯自决权》,《法学评论》2006 年第 1 期;曹玉平:《图书馆网络空间的个人数据与隐私权保护》,《理论与探索》2006 年第 2 期;戴激涛:《从"人肉搜索"看隐私权和言论自由的平衡保护》,《法学》2008 年第 11 期;李朝晖:《个人征信中信息主体权利的保护:以确保信用信息公正准确性为核心》,《法学评论》2008 年第 4 期;相丽玲、曹平、武晓霞:《试析我国个人数据法律保护的趋势》,《情报理论与实践》2006 年第 2 期;洪海林:《个人信息保护立法理念探究:在信息保护与信息流通之间》,《河北法学》2007 年第 1 期;辛春霞、师迎祥:《网络隐私权概念新解》,《甘肃政法学院学报》2009 年第 7 期;王利明:《隐私权概念的再界定》,《法学家》2012 年第 1 期;等等。
④ 发展阶段的相关文献较多,本书不便逐一列举,仅对该阶段形成的重要学术观点予以概括:关于个人信息是否属于私法上的个人信息权益,形成了不成立说和成立说;关于个人信息的保护路径,形成了公法路径、私法路径和综合路径;关于个人信息权利的内容和构造,有"权能说""权利体系说""权益说""场景确定说""嵌入说"等。

规则以及行为方式。"①个人信息保护的私权化倾向与互联网和现实空间一体融合的数字时代的理论逻辑不符合。要完善个人信息保护和数字时代社会治理,应在法学外部增加与技术的对话,对人性与伦理进行考量。在法学内部既关注个人信息在法律上的权利义务分配,也关心参与个人信息分享与利用的主体在社会关系中的权力配置。

1. 关于信义义务的文献综述

国内对信义义务的研究主要集中在公司法领域。姜雪莲研究了忠实义务的历史演进;②徐化耿在《信义义务研究》一文中梳理了信义义务的源起与一般理论体系,并探讨了信义义务在中国法上的规范配置与体系定位;③陶伟腾在其博士学位论文《信义义务的一般理论研究》中对信义义务的起源、内涵、性质等基本理论进行了介绍。④ 此外,还有邓峰对公司中利益冲突问题的研究;叶林对董事的忠实义务研究;周淳在《商事领域受信制度原理研究》中尽管使用了"受信义务"这一表述,但是含义与信义义务实际相同;许德风从法教义学和社科法学的双重角度对信义义务的方法论意义、教义学载体等问题进行了探讨。⑤

2. 关于个人信息处理中信义义务的学说观点

将信义义务引入个人信息处理的研究萌芽于 2018 年,我国学者开始对国外相关研究加以翻译引进,例如翟志勇对美国信息受托人理论和英国数据信托方案的介绍;林少伟与林斯韦翻译了美国学者莉娜·坎、大卫·博森反驳杰克·巴尔金信息受托人理论的文章;等等。⑥ 邢会强反对为数据控

---

① [英]安德鲁·查德威克:《互联网政治学:国家、公民与新传播技术》,任孟山译,华夏出版社 2010 年版,第 309 页。

② 姜雪莲:《信托受托人的忠实义务》,《中外法学》2016 年第 1 期。

③ 徐化耿:《信义义务研究》,清华大学出版社 2021 年版。

④ 陶伟腾:《信义义务的一般理论研究》,华东政法大学博士学位论文,2020 年。

⑤ 邓峰:《公司利益缺失下的利益冲突规则》,《法学家》2009 年第 4 期;叶林:《董事忠实义务及其扩张》,《政治与法律》2021 年第 2 期;周淳:《商事领域受信制度原理研究》,北京大学出版社 2021 年版;许德风:《道德与合同之间的信义义务:基于法教义学与社科法学的观察》,《中国法律评论》2021 年第 5 期。

⑥ 翟志勇:《论数据信托:一种数据治理的新方案》,《东方法学》2021 年第 4 期;[美]莉娜·坎、大卫·博森:《信息信义义务理论之批判》,林少伟、林斯韦译,《交大法学》2021 年第 1 期。

制者额外课以信义义务,并以受托人过于宽泛、个人信息不属于信托财产、忠实义务无法解决平台中的利益冲突问题等理由,否定了信息信任范式的法律意义。[1]

随后,部分学者对个人信息处理中引入信义义务的中国本土化方案进行了初步探索。赵付春关注企业如何得到用户信任的机制构建问题,对于各类互联网企业和平台类企业,强调数据安全责任的承担和制度性信任,[2]但未涉及信义义务的规范构建与适用。吴泓批判了个人控制范式下预设自然人为"理性人"的法理假设,认为由于大数据时代个人难以实现自主控制,面临控制权失衡的根本性困境,从而提出了应缓解信息主体与控制者之间的对立关系,通过信义义务来增强主体之间互信的观点。[3] 王秀哲认为以信息主体控制权为核心的个人信息保护范式面临客体范围不确定、权利异化,以及个人信息保护原则无法发挥作用的缺陷,提出信息关系为信任责任关系,需构建信任责任法。[4] 张丽英以电子商务平台与用户的信息处理关系为研究对象,具体分析了合同说与信托说的可行性,认为信托说提供了一种监管新思路。[5] 冯果、薛亦飒通过借鉴数据信托理论,认为提高信息主体获得救济的效率是为了平衡信息主体与控制者之间的权利义务的不均衡。[6] 解正山将信义义务引入自动驾驶等数据驱动商业场景中,主张应强化数据控制者的受托人职责。[7] 李芊结合个人控制理论的自身局限与数字时代的现实挑战,提出了产品规制理论,主张在处理者与被处理者之间构建信任关系,强调企业的自我规制。谢尧雯认为美国市场化路径与欧盟的基本权利路径已滞后,提出应在公私融合中发展出一条维系数字信任的路径,

---

① 邢会强:《数据控制者的信义义务理论质疑》,《法制与社会发展》2021 年第 4 期。
② 赵付春:《大数据环境下用户隐私保护和信任构建》,《探索与争鸣》2017 年第 12 期。
③ 吴泓:《信赖理念下的个人信息使用与保护》,《华东政法大学学报》2018 年第 1 期。
④ 王秀哲:《大数据时代个人信息法律保护制度之重构》,《法学论坛》2018 年第 6 期。
⑤ 张丽英、史沐慧:《电商平台对用户隐私数据承担的法律责任界定:以合同说、信托说为视角》,《国际经济法学刊》2019 年第 4 期。
⑥ 冯果、薛亦飒:《从"权利规范模式"走向"行为控制模式"的数据信托:数据主体权利保护机制构建的另一种思路》,《法学评论》2020 年第 3 期。
⑦ 解正山:《数据驱动时代的数据隐私保护:从个人控制到数据控制者信义义务》,《法商研究》2020 年第 2 期。

建立基于风险而非基于权利的保护规则。① 冉从敬将信托架构应用到个人数据的产权管理中,并构建了数据信托的整体运行框架。② 席月民运用传统信托中所有权与控制权相分离的设计,明确了信息受托人应负的信义义务。③ 吴伟光提出应对平台组织内的网络企业施加信义义务,以避免传统个人控制下网络用户的权利和政府部门公法保护时信息失灵造成的诸多困境。④ 顾敏康从自由裁量权的角度提出应引入信义义务来平衡不对等主体关系,并优化社会诚信氛围。⑤ 李智认为在通过信托制度实现对数据保护和利用的同时,应引入信托公司与社会资金,实现数据资产收益共享与分配机制。数据信托公司是信义义务直接的承担者,数据使用者为有限信义义务的承担者,二者作为共同受托人互相监督。⑥

三、相关概念的界定

基于信义义务的延展性和研究视角较为多面,本书仅就相关重要概念的内涵与外延予以界定和阐述。

(一)信义义务与信息信义义务

信义义务是从英美法系衡平法判例中抽象出来的一种广泛应用的道德属性浓厚的义务,其在语源上与信任、信心、信赖、信托等术语相关联,在译法上也有受信义务、受托人义务、受信人义务、信托义务等多种称谓。尽管信义义务在域外发展出了庞大的理论体系,但在我国法律中主要集中在商事信托及金融行业,并散见于《信托法》《公司法》《证券投资基金法》等具体部门法中,且立法上并未明确使用"信义义务"这一表述。《全国法院民商事

---

① 谢尧雯:《基于数字信任维系的个人信息保护路径》,《浙江学刊》2021 年第 4 期。
② 冉从敬、唐心宇、何梦婷:《数据信托:个人数据交易与管理新机制》,《图书馆论坛》2022 年第 3 期。
③ 席月民:《数据安全:数据信托目的及其实现机制》,《法学杂志》2021 年第 9 期。
④ 吴伟光:《平台组织内网络企业对个人信息保护的信义义务》,《中国法学》2021 年第 6 期。
⑤ 顾敏康、白银:《"大信用"背景下的信息隐私保护:以信义义务的引入为视角》,《中南大学学报(社会科学版)》2022 年第 1 期。
⑥ 李智、姚甜甜:《数据信托模式下受托人信义义务之规范》,《学术交流》2022 年第 2 期。

审判工作会议纪要》指出："在主动管理信托纠纷案件中，应当重点审查受托人在'受人之托，忠人之事'的财产管理过程中，是否恪尽职守，履行了谨慎、有效管理等法定或者约定义务。"个人信息关系数字经济发展，引入信义义务与我国在商事领域适用信义义务的谨慎法律移植观念较为契合。本书中信义义务是对域外各正当性学说的共性概括，且并不等同于传统信托，信义义务更不等同于受托人的所有义务。信息信义义务是对"个人信息处理中的信义义务"的简称，本书将其划分为信托型信义义务（信息受托人理论、数据信托方案）和非信托型信义义务（可信任信息关系理论、保密法路径、个人数据监护人制度）。

（二）信息信义关系与信息信义义务

信息关系是指个人信息处理活动中所涉及的法律关系；信义关系是信义义务的适用场景，亦有"信托关系""受托关系""受信关系"等称谓。信义关系按照不同标准有多重分类，包括财产管理型信义关系、自由裁量型信义关系和地位不平等型信义关系；信托型信义关系和非信托型信义关系；专家型信义关系和非专家型信义关系；财产性信义关系、人身性信义关系以及财产兼人身性信义关系；等等。信义关系的认定方式也多元，既可基于身份类比证成，也可基于特定事实证成。信息信义关系是指可以认定为信义关系的信息关系。

（三）个人信息、个人数据与个人信息数据

数据作为信息的载体，信息是实质内容，数据是内容的表现形式，尤其是指 0 与 1 的二进制电子化表达。世界立法大多以"可识别性"为认定个人信息的实质性要件，以数据上承载的信息是否具有可识别性为判断标准，可分为个人信息与非个人信息、个人数据与非个人数据，或者个人信息数据（一般由处理者通过处理个人信息的方式获取）与非个人信息数据。虽然其内涵一致，一般混同使用，[①]但在客体范围上存在差异，例如欧盟 *GDPR* 与

---

① 彭诚信、向秦：《"信息"与"数据"的私法界定》，《河南社会科学》2019 年第 11 期；张新宝：《论个人信息权益的构造》，《中外法学》2021 年第 5 期。

我国《个人信息保护法》采用了较为开放的定义。《个人信息保护法》第4条将个人信息界定为："以电子或者其他方式记录的与已识别或者可识别的自然人有关的各种信息。"基本上与特定个人相关联的信息均可以纳入个人信息范畴。美国马萨诸塞州则采用了狭窄的列举式立法,仅包括姓名、社会保障号、驾驶证号、金融账号、银行账号。

（四）个人信息处理

个人信息处理也称为"个人数据处理",其源于欧盟指令与相关立法。为了与国际通行做法保持一致,我国《民法典》首次采用了"个人信息处理"的概念。《个人信息保护法》第4条进一步确认处理是其规制的对象,但并未限制个人信息处理的具体方式,包括通过计算机以电子介质的自动化处理和通过人工以纸介质的非自动化处理。传统线下社会侧重个人信息天然的可交流性质,是每个主体参与社会生活标识自己所必需的工具,否则,就会处于非自然的封闭状态,通过消极防御的隐私权及其他人格权足够解决社会问题。个人信息法律问题是进入网络时代后触发的,网络技术、信息技术和人工智能技术的加速融合发展,开启了万物相连、高效智能、人机互动的智慧社会生活。个人信息可从人格中剥离出来进行商业化利用,个人信息的交换价值和商品属性凸显。本书主要关注的是以电子化方式进行的,对海量数据进行收集、存储、加工、识别、分析等以获取新知识或创造新价值的个人信息处理活动。

（五）个人控制

个人控制是指现行个人信息保护框架的规范基础,反映了个人主义权利观、个人本位。欧盟基于个人尊严发展出个人数据保护模式,美国基于个人自由发展出信息隐私理论,尽管其存在理论差异,但在尊重个人及个人权利方面是一致的。个人控制贯穿"个人利益高于社会利益""个人本位优先于社会本位"的思想,意味着个人有权控制对其个人信息的处理,即个人应当有权选择与决定是否、何时、与谁、在何种范围内以及以何种方式分享其生活事实和信息,核心是隔离和远离公众视线的消极自由与实现个人自主和自治的必要条件的积极自由。我国自2012年正式引入个人信息保护体系,尽管对个人控制范式可能阻碍数字经济发展这一局限性有所察觉,①但作为"后来者"仍继承了传统规范基础。

（六）私法、公法研究视域的融合

信义义务源于信托,主要调整的是民事法律关系,属于私法领域,信义关系中的信任因素决定了信义义务的自治性突出,但是个人信息处理者既可以是国家机关处理者,也可以是非国家机关处理者。主体多样、主体之间行为及利益关系相互依存决定了法律关系多元且复杂。若非国家机关处理者应负有信义义务,根据"举轻以明重"的法理,在国家机关处理者与信息主体间法律上、事实上均不对称的关系中,国家机关处理者比非国家机关处理者更应负有信义义务。公法上的信赖保护原则亦能为信义义务提供理论基础。此外,虽然本书所选取的 197 个司法案例样本大多是在私法救济语境下,但从纠纷事由、涉案主体、处理客体来看,亦涉及多元的法律救济路径。就纠纷事由而言,有人格权纠纷、侵权责任纠纷、合同与准合同纠纷、物权纠纷、知识产权与竞争纠纷等,反映了个人信息处理形成的复杂法律关系;就涉案主体而言,有自然人、企业等营利法人、国家机关及事业单位等非营利法人的多元化主体;就处理客体而言,用户身份类注册信息、用户行为类使用信息、公共机构强制采集信息、衍生出来的推测信息等构成了个人信息处理的来源,反映人们在社会交往和日常生活中每天、每时、每刻都在产生的关系、行为、身份、言语等,从主动地向外部世界展现公共自我,转为被"数字画像"。②

四、研究方法与创新

（一）研究方法

1. 规范法学方法

该方法是将法律条文或法律文本作为研究对象实现从规范性理论到解

---

① 高富平:《个人信息保护:从个人控制到社会控制》,《法学研究》2018 年第 3 期;程啸:《个人信息保护法亮点解读》,《中国市场监管报》2021 年 9 月 18 日,第 3 版。

② ［美］理查德·波斯纳:《超越法律》,苏力译,中国政法大学出版社 2001 年版,第 608 页。

释论的演绎推理。在英美法系和大陆法系的成文法中,既有关于信义义务的条文,也有关于个人信息保护的规定。通过对文本的分析和条文的释义,阐明中国法如何在个人信息处理中构建信义义务制度,例如与诚信条款的衔接,以及信义义务如何在个人信息处理纠纷中进行司法适用。

2. 法社会学方法与交叉研究方法

该方法是将法律现象及法律在社会活动中的具体施行状况作为研究对象,运用归纳的方法发现一般的规律。本书认为个人信息保护应重视社会"关系"。信息关系的关键在于信任。数字社会信任是宏大、抽象且涉及多种社会科学门类的复杂议题。本书吸纳了社会学、伦理学、政治学、经济学等学科的研究成果,考量了信义义务产生的经济、社会、伦理等因素,从多方面去证成信息关系可认定为信义关系,并将其归纳为信托型、非信托型的信义关系与信义义务。

3. 比较法学方法

该方法包括对不同法律体系、不同法律概念甚至是不同意识形态的比较。中国个人信息保护法借鉴了欧盟的 GDPR,信义义务制度源于英美法,如何将两个域外移植而来的制度融合且妥善地嵌入既有法律框架中,需要通过比较研究的方式加以考察。"存异"的背后是"求同",因为不同法律秩序背后解决的都是相似乃至相同的问题,而最终对于这些问题采用了相似甚至相同的解决方法。[①] 各国寻求的是在合理保护个人的前提下释放出数据经济价值,这需要信息"分享",且要稳定地、长期地分享,必然要保护个人分享信息的主观意愿,即信任。

4. 实证及案例研究法

本书首先通过对个人信息处理纠纷的司法判决和相关立法实施效果的实证研究,提出"疑问"(question):个人信息保护实践为什么存在"立法高效"与实际"维权低效"的悖论;其次,分析"缺陷"(problem):悖论是因为"控制预设"与"失控事实"的错位;再次,进入"理论问题"(issue):个人控制无法产生信任,故阻碍了数字经济的发展,最终,信义义务作为制度补充,以

---

① 郑智航:《比较法中功能主义进路的历史演进:一种学术史的考察》,《比较法研究》2016 年第 3 期。

重构信任。此外,如何构建信息信义义务也需参考域外数据信托等实践。

5. 历史考察法

此种方法既要考察信义义务的历史演变,梳理出各种学说与判例背后如何认定信义关系,并课以信义义务的正当性基础,又要考察个人信息立法的演进,因为该议题可追溯至 1890 年甚至更早。对欧洲大陆与美国进行溯源分析,可以总结出个人信息保护的不同模式。

(二) 可能的创新之处

1. 研究视角创新

虽然传统的个人信息保护既注重权利规范,又以同意制度为核心,但是实践中行权困难,同意有效性存在障碍,这决定了研究视角的转变,即根植于信息关系的权力结构失衡,从强调信息主体权利转为强调处理者义务;从个人控制转为社会控制;从个人本位转为社会本位;从个人利益优先于社会利益转变为社会整体利益优先,从而既保护个人,又释放出信息的财产价值。

2. 理论观点创新

一是从宏观层面提出符合大数据伦理的数字客观诚信社会构建,通过技术实现主观诚信的客观化。二是提出个人信息处理的本质是"分享",信任是分享的前提,这也证成了个人信息处理中引入信义义务的必要性。三是在进一步证成信息关系是信义关系时,总结出各理论的共性,即信任基础上的信义权力。四是充分证成中国法创设信息信义义务的正当性,例如 A 与 X 分享信息、A 信任 X。对 X 课以信义义务增强了 A 的安全感和信心,减轻了 A 相对于 X 固有的脆弱性。个人对相对人的信任期待应作为受保护的利益被纳入个人信息共享的具体场景中,并非对适用于所有情况的个人信息权益进行单一的、先验的定义。这意味着信息隐私视为可通过降低共享中的固有风险和重新平衡个人与相对人之间的权力来促进个人信息共享与流通;根据个人信息共享的上下文场景来确定公共信息与私人信息之间的差异;除了个人信息处理以是否"合法(不法)"对处理行为的限制外,还要受到未来合理信赖保护的进一步限制,即处理行为是否"正当(不正当)";

通过制度设计来加强各方之间的信任关系,并平衡信息共享中的权力失衡与异化。五是证成了个人信息上财产价值外化的途径。六是细化了信息信义义务的基本内容,以忠实义务为核心的积极义务,以反歧视、反操纵和反滥用作为消极义务。七是完善了信息信义义务对侵权之债、合同之债的补充救济。当涉及多个处理者时,第三方负有同等信息信义义务。

3. 研究方法创新

信义法和个人信息保护法体系隶属于不同的部门法。信义义务制度嵌入个人信息保护涉及两个领域的交叉融合。引入信义义务的目的不是排斥他人,而是调节信息流向可信任的处理者或限制信息流向不可信任的处理者,以促进信息在可信控制环境中分享。诚信原则成为嫁接信义法与个人信息保护的"桥梁",实现了从信息关系到信义关系、从互信合作到忠实利他、从一般诚信到信义义务的递进保护。

第一章

个人信息处理中引入信义
义务制度缘起

第一节　个人信息基于权利视角
保护的现实困境

虽然个人信息主体(自然人)通过分享其信息作为"入场费"参与数字社会生活,但是极易受到个人信息处理活动中过度收集、不当使用、非法交易、未经同意对外提供、泄露等行为的侵害。立法赋予个人对其信息享有自主、自决和控制的基础性权利(个人信息权),以及实现前述本权价值的一系列辅助性权利,例如知情决定、查阅复制、更正补充、请求解释说明等。个人信息保护的对象是个人信息处理中的主体权利,规范的是个人信息处理行为,核心是合理配置法律关系中各主体的权利义务。"现代社会科学统一分析框架"认为一项符合正义、具有合理性的制度权衡的是不同价值冲突,尽可能从个体利益博弈中实现合理社会目标。[1] 个人信息保护是在信息主体与处理者、处理者与其他处理者之间的利益博弈中实现信息的社会化利用与流通。

一、个人信息作为权利行使的司法疑难

在个人信息权利规范模式下,信息主体有权通过行使诉权维护自身合法权益。有学者筛选了68个案例样本,关注案涉客体个人信息的分类问题;也有学者筛选了73个案例样本,关注个人信用信息侵权救济的适用障碍问题。[2] 案例分析是考察个人信息权益纠纷实践情况的重要方法。本书筛选了197个案例(2016—2021年)样本,通过对判决所涉及的纠纷事由、案涉主体、处理客体、场景、裁判路径等多维度梳理发现,个人信息救济效率并不高。

---

[1]　丁利:《制度激励、博弈均衡与社会正义》,《中国社会科学》2016年第4期。
[2]　张继红:《个人信用权益保护的司法困境及其解决之道:以个人信用权益纠纷的司法案例(2009—2017)为研究对象》,《法学论坛》2018年第3期。

（一）事后救济力度轻与诉讼成本高

个人信息相关纠纷的裁判路径主要适用侵权法、合同法与反不正当竞争法；相关裁判结果围绕个人信息处理行为是否构成侵权、违约和不正当竞争；救济方式主要是停止侵害、赔偿损失、消除影响、恢复名誉、赔礼道歉（见表1-1）。

表1-1　个人信息处理纠纷裁判结果及救济方式

裁　判　结　果		案件数（个）	百分比（%）
涉诉行为构成侵权（违约或不正当竞争）	停止侵害（39）	122	62
	赔礼道歉（81）		
	消除影响（29）		
	恢复名誉（12）		
	经济损失赔偿（46）		
	精神损害赔偿（46）		
	其他救济（7）		
涉诉行为不构成侵权（违约或不正当竞争）		75	38
合计		197	100

说明：涉诉行为的案件数会同时涉及几种救济方式，例如判决侵权人停止侵害时，需对受害人赔礼道歉或赔偿损失等。

传统侵权责任承担方式与民事权益类型相对应，例如侵害物质性人格权（生命权、身体权、健康权、劳动能力权等），承担恢复原状、赔偿损失等责任；侵害精神性人格权（姓名权、肖像权、名誉权、隐私权等），承担停止侵害、赔礼道歉、消除影响、恢复名誉以及精神损害赔偿，但个人信息承载人格、财产、社会公共福利等多种利益，几乎所有人格要素都包含交易属性，即使是那些原则上不能交易的人格要素，例如生命、身体、健康等。个人信息之所以可以交易，是因为其天然内置的财产属性，[①]这意味着侵害个人信息所对

---

① 　向秦、高富平：《论个人信息权益的财产属性》，《南京社会科学》2022年第2期。

应的责任方式应是多样化的。

但是司法裁判将个人信息上的财产利益合并在人格利益中"一体保护",其中的财产权益救济因此缺乏独立的请求权基础,其责任承担形式主要对应精神性人格权的救济方式。虽然精神损害赔偿救济设有"严重"的限制条件,但是个人难以举证证明个人信息(尤其是非私密性的)泄露或不当处理会给其人格尊严造成严重伤害。可见,个人信息不仅在财产价值方面缺乏救济手段,而且其中的人格利益也难以达到损害严重程度的要求。

即使信息主体在付出高昂诉讼成本获得胜诉后,最普遍适用的救济方式是"赔礼道歉"。司法裁判大多依据《侵权责任法》第 15 条关于责任承担形式的规定,即当民事主体的人格性权益受到侵害、妨害或者有妨害之虞时,可向法院请求加害人承担停止侵害、排除妨害、消除危险、恢复名誉、赔礼道歉等民事责任,以恢复人格权的圆满状态。人格权请求权被侵权请求权所吸收。[①] 其中,停止侵害、排除妨害、消除危险的责任通常不再适用,这是因为在提起诉讼后、判决前,行为人一般会主动更正其个人信息处理行为。恢复名誉则适用于侵害名誉权的情形。赔礼道歉是指向被侵害方施礼认错、表达歉意,这一救济方式有"道德法律化"的特征,[②]意在防止市场规则在社会中的过度膨胀而造成民法去道德化的后果,其人道性质和深负道德意蕴的实质具有作为责任承担形式的必要性。[③]

然而,将个人信息视为受保护的人格利益,通过赔礼道歉进行救济,忽略了个人信息与其他人格要素的不同。例如,姓名权上的核心利益在于维护身份的同一性(使用、更改自己姓名不被盗用、冒用等),实质是通过区分"你我"来实现个体独立人格的建构。姓名上其他非核心利益若有更合适的制度归宿,则应归入其他权益范畴。例如,公开或隐匿自己姓名的利益,此时并不影响身份的同一性,而在于主体对自己姓名是否公开的控制,属于个人信息受保护的范畴。另外,当赔礼道歉单独成为某类纠纷的主要救济方式时,便可能导致矫正作用不佳和救济力度过轻,难以起到震慑不法行为的

① 王利明:《论人格权请求权与侵权损害赔偿请求权的分离》,《中国法学》2019 年第 1 期。
② 张红:《不表意自由与人格权保护:以赔礼道歉民事责任为中心》,《中国社会科学》2013 年第 7 期。
③ 黄忠:《赔礼道歉的法律化:何以可能及如何实践》,《法制与社会发展》2009 年第 2 期。

法律效果;反之,行为人的违法成本则较低,救济的力度与诉讼成本不匹配。个人信息一旦泄露,具有不可逆转的属性,甚至即使予以金钱赔偿,已经受损的人格尊严也无法恢复原状。

(二)责任配置不当与损害制度失灵

举证责任分配的一般规则是"谁主张、谁举证",原告需就侵权诉讼中的不法行为的存在、损害事实、行为与损害之间的因果关系,以及行为人主观过错承担举证责任,否则,将承受举证不利的败诉后果。在数字社会中,个人信息数据一旦经过收集、存储后则由处理者事实上控制。信息主体作为原告要证明处理者存在过错非常困难,因其既不了解处理者的过错所在,也无法提供证据加以证明,这也推动《个人信息保护法》采取了过错推定责任。

第一,信息主体在充满技术性、专业性的个人信息处理活动中难以举证证明处理者的不法行为。例如在"乔某诉钉钉网络服务纠纷案"中,[①]原告乔某诉请被告向其提供钉钉应用软件中的个人打卡考勤信息,判决要求原告首先应证明被告确有其考勤信息存在的事实,但该类数据存储在被告平台服务器上,原告面临举证不能的客观困境。在"吕某诉捷信金融侵权责任纠纷案"中,[②]原告诉称因被告泄露其个人信息而导致被告客服人员诈骗并造成原告的经济损失,判决认为原告应该就该行为是被告实施提交证据,如果无法证实,则原告应承担败诉后果。

第二,信息主体因处理者往往不是其个人信息的"唯一知情人",故无法证明不法行为与其损失后果之间存在因果关系,这是由个人信息事实上具有非控制性决定的。信息可为 A 使用,亦可为包括 A 在内的所有人使用,即非排他性;如果同一信息可为 A 在不同时序中重复使用,即非消耗性;如果 A 处理信息并不限制 A 以外的其他人处理该信息的能力,即非竞争性;如果信息在不同领域基于不同使用产生多样交换价值,即可流通性。在"庞

---

① 杭州市互联网法院(2019)浙 0192 民初 8646 号民事判决书;杭州市中级人民法院(2020)浙 01 民终 1040 号民事判决书。
② 天津市滨海新区人民法院(2020)津 0116 民初 7525 号民事判决书。

某诉趣拿等隐私权纠纷案"中,①一审判决认为趣拿公司和东航并非掌握庞某个人信息的唯一介体,个人信息具有社会性。在"谢某诉苏宁易购网络侵权纠纷案"中,②法院认为被告并不是唯一可能泄露原告个人信息的途径。证明能力首先是一种信息处理能力,但像庞某、谢某这样的消费者显然缺失这种能力。个人信息控制实际上是对个人信息处理能力的一种理想化假设。③

第三,信息主体难以证明其因个人信息处理行为而遭受实质性损害。虽然"无损害,无救济"的法谚表明存在实际、确定的损失是构成个人信息侵权的前提,但是个人信息处理中的危害具有不确定性、难以定量、无形性等特征,④尤其是个人信息泄露相关判决多以原告无法证明其实际受损或者严重精神损害而不予支持。在"李某诉活力天汇等财产损害赔偿纠纷案"中,法院认为原告支付宝转账记录及银行流水记录并不能直接证明这些款项的流出系因诈骗短信而遭受的损失。法律不保护因个人信息泄露等侵权行为造成的"焦虑"或"风险",而是要求存在实质性损害。⑤

(三) 侵权路径难以保护完整个人权益

非私密信息(与私密信息相对)的保护力度随着《民法典》中隐私与个人信息的二元区分而降低。私密信息优先适用隐私权的保护规定,非私密信息则属于个人信息保护的范畴。隐私权的尊严性特征突出,个人信息的资源性特征明显,隐私权与个人信息权益已成为两项近乎完全独立的民事权利,⑥故在司法裁判时无可避免地需回答:针对同一个人信息处理行为,侵犯的究竟是隐私权还是个人信息权益。隐私权的人格权、绝对权属性使其

①　北京市海淀区人民法院(2015)海民初字第 10634 号民事判决书;北京市第一中级人民法院(2017)京 01 民终 509 号民事判决书。

②　广东省阳江市江城区人民法院(2016)粤 1702 民初 1098 号民事判决书。

③　刘海安:《个人信息泄露因果关系的证明责任:评庞某某与东航、趣拿公司人格权纠纷案》,《交大法学》2019 年第 1 期。

④　谢鸿飞:《个人信息泄露侵权责任构成中的"损害":兼论风险社会中损害的观念化》,《国家检察官学报》2021 年第 5 期。

⑤　广东省深圳市南山区人民法院(2016)粤 0305 民初 8160 号民事判决书。

⑥　张建文:《在尊严性和资源性之间:〈民法典〉时代个人信息私密性检验难题》,《苏州大学学报(哲学社会科学版)》2021 年第 1 期。

原则上不能许可他人使用或商业化利用,而个人信息则侧重于合理使用,二者在保护力度、强度上,隐私权明显强于个人信息的保护。在"黄某诉微信读书网络侵权责任纠纷案"中,[①]法院对隐私和个人信息进行了明确区分:一是在利益内容上,隐私权为精神利益,个人信息权益同时包括精神利益和财产利益。个人信息中的私密信息属于隐私范畴,而不属于私密信息的其他个人信息作为经济资源,降低其保护力度和强度可促进大数据经济的发展。二是在保护客体和损害后果上,隐私权保护私密信息,一经泄露易导致个人人格利益受到损害;非私密信息仅在被过度处理的情形下才可能使信息主体受到人格或财产损害,其中,"过度处理"是"个人信息受法律保护"的限制条件。当处理行为未被认定为过度处理时,个人信息难以被司法救济。三是在权利特点和保护方式上,隐私权注重消极的、防御性的、严格的绝对权保护模式;个人信息权益保护在注重预防侵害的同时还强调信息主体积极、自决的利用权益,例如选择、访问、更正、删除等。司法机关差等保护隐私与个人信息有利于个人信息合理使用的扩大化,对于私密信息之外的"其他信息",处理者可以依法利用,进而通过加强科技研发、资金投入,为广大用户提供丰富、高质、价格低廉的互联网产品,或更好地维护公共利益,但"其他信息"的概念不清。从判决否定原告的隐私权保护、鼓励互联网公司在"一对众"的整体模式下,通过个性化设置不断完善用户个人信息及隐私保护功能可知,实践中个人信息的保护力度不够。

除了与私密信息相关的隐私利益,个人信息上还有与非私密信息相关的自决利益,例如在"刘某诉乐元素隐私权纠纷案"中,法院明确了公民对其个人信息享有的权益主要表现为支配权和自主决定权,部分会成为公民的隐私信息。[②] 侵犯信息自决利益往往表现为可能被识别的风险,或因泄露个人信息而造成的人身或财产安全危险。[③] 自决利益主要通过对隐私政策

[①] 北京互联网法院(2019)京 0491 民初 16142 号民事判决书。

[②] 北京市海淀区人民法院(2018)京 0108 民初 41946 号民事判决书;北京市第一中级人民法院(2020)京 01 民终 8911 号民事判决书。

[③] 商希雪:《个人信息隐私利益与自决利益的权利实现路径》,《法律科学(西北政法大学学报)》2020年第 3 期。

或服务协议的同意来实现,是意思自治的体现,即通过合同法路径来保障消费者让渡信息权益的自愿性和自决权的行使。个人同意是个人信息权利规范路径的结果,是最基本的个人信息处理规则,贯穿《个人信息保护法》。处理者应向信息主体充分告知,并征得个人同意,包括明确同意、单独同意和书面同意,否则,即属违法处理行为,除非有法律、行政法规的特别规定。但由于隐私政策中格式条款的海量化和个人信息处理的复杂性,以及自然人自身理性缺陷,有效同意难以实现。例如在"肖某诉京东等网络侵权纠纷案"中,①原告主张在京东商城注册时,看到了《京东隐私政策》,但其认为有些信息太隐晦,既没有太多解释,也没有明确合伙伙伴和供应商是谁。法院认为"原告作为具有完全民事行为能力的成年人足以理解上述条款的内容,故《京东隐私政策》对原告具有约束力。"

(四)滥用同意沦为处理者的保护伞

通过对案例样本的分析,可以发现我国个人信息处理纠纷相关司法判决进一步强化了个人同意的适用。一是多数判决使用"未经同意/许可/授权"(混同使用)的表述,并作为判断是否构成侵权不法行为的要件。例如在"江某诉物业公司隐私权、个人信息保护纠纷案"中,②法院认为,被告未经原告同意,将标注有原告个人信息的表格在有小区业主、被告工作人员参加的会议上分发,侵害了其个人信息。此时原告同意是个人信息处理行为合法的必要条件。二是视个人同意为承诺或必要条件,使其效力私权化,将同意作为阻却违法事由,后果是同意可能沦为处理者的"保护伞"。例如在"徐某诉芝麻信用隐私权纠纷案"中,③法院认为原告在注册芝麻信用时已经授权芝麻信用公司向法院采集原告的涉诉案件信息,《协议》虽为芝麻信用公司制定的格式条款,但其以加粗、加黑的字体这一合理方式,提请用户注意免除或者限制其责任的条款,应视为合法有效。三是以"重新同意""双重同意"使个人同意程序复杂化。例如在"凌某某诉微播视界隐私权、个人信息

---

①　北京互联网法院(2019)京 0491 民初 313 号民事判决书。

②　浙江省宁波市镇海区人民法院(2021)浙 0211 民初 593 号民事判决书。

③　杭州互联网法院(2018)浙 0192 民初 302 号民事判决书。

权益网络侵权责任纠纷案"中，①法院认为处理手机通讯录中联系人的姓名、手机号码等个人信息集合，不仅应征得手机用户同意，而且应征得每条通讯录联系人的同意。虽然法律赋予信息主体更多自由选择的权利，但同时又认可由处理者单方制定的协议有效，即使该协议要求用户"不同意便无法使用产品或服务"，忽视自然人与处理者之间的权力差异。例如在"黄某诉微信读书网络侵权责任纠纷案"中，原告在使用微信登录微信读书时，微信读书在获得原告个人信息的授权页面中，原告必须选择同时授权微信读书获得其头像、昵称、性别、位置及共同使用应用的微信好友，否则，无法以微信账号登录使用微信读书。法院认为："微信读书为一款阅读应用，在不违反法律规定及公序良俗的前提下，腾讯公司可以对服务内容进行选择，并在征得用户有效同意前提下收集与服务相关的信息。用户若不同意收集某项信息则无法使用该应用，这是腾讯公司对微信读书运营模式的选择。"②

（五）不正当竞争救济路径的局限性

个人信息以 0 和 1 比特数据形式在不同个人信息处理者之间传输与流动，形成"个人—个人信息处理者—其他个人信息处理者"多元主体关系。为了平衡各方利益，司法裁判在我国企业数据权益纠纷中率先构建控制格局下的数据共享模式——"三重授权原则"。第三方通过平台方获取正常经营范围所需用户数据时，③平台方须经用户授权，第三方既须经平台方授权，也须经用户重新授权。该模式是同意规则在具体个案中的适用与延伸，被视为第三方数据获取行为正当性的检验标准和行业惯例。违反该规则便是违背商业道德，可依据《反不正当竞争法》第 2 条"一般条款"构成不正当竞争。④ 因此，三重授权原则成为实践中平台方的诉讼利器，第三方可根据信息可携理论以"用户已同意"为由进行抗辩。例如在"微梦诉淘友不正当

① 北京互联网法院(2019)京 0491 民初 6694 号民事判决书。
② 北京互联网法院(2019)京 0491 民初 16142 号民事判决书。
③ "用户数据"非严格法律术语，是指个人信息处理者在各种场景中采取技术手段获取的用户相关信息的总和，以电子为表征形态。侯嫒：《反不正当竞争法视野下用户数据获取行为解读》，《经济法学评论》2018 年第 1 期。
④ 王燃：《论网络开放平台数据利益分配规则》，《电子知识产权》2020 年第 8 期。

竞争纠纷案"中,①二审法院在平台方与第三方开发者之间《开发者协议》的基础上总结出第三方获取用户数据时,应遵守"用户授权＋平台授权＋用户授权"的三重授权原则,如果违反该原则,便是违反了诚实信用原则和互联网行业中公认的商业道德而构成不正当竞争。由此,三重授权原则成为评判第三方开发者行为"正当"或"不正当"的行业标准和商业道德。2018 年"淘宝诉美景公司不正当竞争纠纷案"再次肯定了该原则的适用,但采用"三重授权许可使用规则"称谓,将匿名化、脱敏化处理后的个人信息排除在外,将用户行为痕迹信息认定为非个人信息但参照个人信息予以保护,扩大了适用该原则的客体范围。② 2019 年,"腾讯诉抖音等不正当竞争纠纷案"③沿用该原则,并将其定位为开放平台领域网络经营者应当遵循的商业道德,与"合法、正当、必要"原则并列。可见,三重授权原则呈现扩张适用的趋势。

　　由于商业道德条款欠缺清晰的证成路径,易造成自由裁量权滥用的后果。直接适用的依据,究竟是行业所公认的商业道德,还是在占据市场强势地位的企业引领下的行业"潜规则",值得令人怀疑。当一方个人信息处理者(平台方)向另一个人信息处理者(第三方)提供用户(信息主体)的个人信息时,若一致适用反不正当竞争法进行救济,那么,将导致反不正当竞争法上明确规定的不正当竞争行为被架空,从而出现无限膨胀法定类型之外的不正当竞争行为的风险。④ 一般条款的内在模糊性决定其适用的严重不确定性,三重授权原则并不必然成为"一般条款"的判断标准。⑤ 若不加分析地将这一规则直接适用在所有场景的网络平台数据获取案件中,严格的数据获取要求不仅会使保护信息主体利益的效果有限,而且难以维护自由竞争的交易环境,进而限制数据的流转与开发。⑥

①　北京市海淀区人民法院(2015)海民(知)初字第 12602 号民事判决书;北京知识产权法院(2016)京73 民终 588 号民事判决书。
②　杭州铁海运输法院(2017)浙 8601 民初 4034 号民事判决书;浙江省杭州市中级人民法院(2018)浙01 民终 7312 号民事判决书。
③　天津市滨海新区人民法院(2019)津 0116 民初 2091 号民事裁定书。
④　张建文:《网络大数据产品的法律本质及其法律保护:兼评美景公司与淘宝公司不正当竞争纠纷案》,《苏州大学学报(哲学社会科学版)》2020 年第 1 期。
⑤　黄细江:《涉企业数据竞争行为的法律规制》,《知识产权》2021 年第 2 期。
⑥　向秦:《三重授权原则在个人信息处理中的限制适用》,《法商研究》2022 年第 5 期。

二、个人信息作为权利客体的理论争议

（一）个人信息客体界定的学说评介

目前,对个人信息客体的界定存在以下几种学说:

第一,识别说。该学说以识别性为标准来界定个人信息,是指能够单独或者与其他信息结合识别特定自然人作为确定该信息是否属于个人信息的标准。该学说假定立法者有能力评估信息的风险级别,并从中规制确定的信息类型。因此,理论上,可识别的个人信息按照识别程度又可分为直接识别和间接识别,这种区分是从信息本身出发,看是否能够从中找到与特定自然人的关联性。可识别性意味着个人信息与信息主体之间存在某一客观确定的可能性。① 直接识别和间接识别的"识别能度"存在显著区别,前者通过肖像、虹膜、人脸识别等能够直接确定信息主体身份;而后者是指无法通过姓名等单一信息直接确定信息主体身份,但结合身份证号、位置信息、在线身份识别码等标识进行关联分析,足以锁定特定信息主体的身份。

第二,关联说。该学说是由美国国家标准与技术研究院提出,其以关联性为标准来界定个人信息,是指与已识别或者可识别的自然人有关作为确定该信息是否属于个人信息的标准。与识别说强调从信息本身到个人的识别不同,关联说强调从个人到信息的关联,即从已知既定的个人(特定自然人)出发,在其活动中产生的所有相关联的信息属于个人信息。当匿名化处理个人信息时,若按照识别说的要求仅移除直接识别的标识符即可。但是当下技术可利用信息与信息之间的"关联"而推知信息与主体的关系,存在反向识别而回溯特定自然人的风险。因此,按照关联说则要求有效匿名化处理的同时移除信息与信息之间的关联性。关联说并非对识别说的替代。关联说具有很强的语境依赖性,在认定个人信息时需结合信息敏感程度、涉及信息的量、收集方式、使用目的、后果影响、与外部信息的比对情况,以及科技发展水平、社会道德认知等多种因素。

---

① 高秦伟:《个人信息概念之反思和重塑:立法与实践的理论起点》,《人大法律评论》2019年第1期。

　　第三,隐私说。该学说是以隐私来涵盖个人信息的界定,强调个人信息人格利益应归入隐私范畴,二者均以主体的信息控制和知情同意理论为基础展开。① 个人信息是那些与个人隐私相关的信息,一般具有不为他人所知以及与公共利益无关等特征。该观点明显受到普通法系国家的影响,例如美国、加拿大、澳大利亚等。普通法系国家语境下的隐私概念与中国法语境下的狭义隐私并不相同。前者属于"大隐私"范畴。例如帕朗将"隐私"定义为:"未见诸文件的个人信息不为他人知晓的状态",个人信息是除了对朋友、家人等之外社会中多数所不愿向外透露,或者个人极敏感而不愿他人知道。② 例如多数人不在意他人知晓自己的身高,但有人可能对身高极其敏感而不愿外人知晓。查尔斯·弗里德(Charles Fried)更是直言:"隐私是一切爱、信赖、友情等关系的基础。"隐私的重要性在于其是人与人发展正面关系的基础。隐私不是寂寞或孤独,而是积极地选择及参与社群,作为个人生活及成长上的支柱。③

　　第四,场景理论说。该学说又称场景一致性(contextual integrity)理论,由海伦·尼森鲍姆(Helen Nissenbaum)提出。④ 该理论在废除静态的个人信息概念同时,提出在信息本身考量风险之外,从更广阔的视角来界定个人信息,并对组织整体、社会、心理、制度等层面加以观察。在人类的生活结构中,发生的事件或交易,几乎都是在一个除地点之外还有政治、习俗和文化期望的特定环境中发生的,跨越了传统"公"与"私"的领域划分。场景理论下的信息隐私权是"个人信息适当流动的权利"(right to appropriate flow of personal information)。实践中通过四个方面来考量预先存在的社会规范:语境、参与者、信息类型(属性)、处理规则。尼森鲍姆进一步提出了两类信息规范:一是信息适当性规则(norms of appropriateness);二是信息流动或分配规则(norms of flow or distribution)。若这两种规则都得到

① 房绍坤:《论个人信息人格利益的隐私本质》,《法制与社会发展》2019 年第 4 期。
② W. A. Parent. A New Definition of Privacy for the Law. *Law and Philosophy*, Vol. 2, No. 3, 1983, pp. 305 - 338.
③ 陈起行:《资讯隐私权法理探讨:以美国法为中心》,《政大法学评论》2000 年第 64 期。
④ Helen Nissenbaum. Privacy as Contextual Integrity. *Washington Law Review*, Vol. 79, No. 1, 2004, pp. 119, 137.

遵守,便符合场景一致性;当任何一种规则被违反时,则不符合场景一致性。

第五,风险光谱说。该学说由保罗·施瓦茨和丹尼尔·索洛夫提出,基于识别风险程度来界定个人信息。[①] 与识别说最本质的不同在于,识别说对"已识别"和"可识别"的情形等同规制,而风险光谱说则基于信息连续体上不同的风险对"已识别"和"可识别"给予不同的法律保护。该学说既避免了美国法上对于个人识别信息(personally identifiable information, PII)只保护"已识别"的个人信息的缺陷,又避免欧盟法框架下对个人信息保护的过度扩张问题。根据个人信息识别风险的可能性,将个人信息大致描述为不可识别的信息、间接识别的个人信息与直接识别的个人信息。直接识别意味着个人信息可单独确定出某个人;不可识别信息一般不与个人相联结,无法确定个人的身份;间接识别主要是针对非个人可识别的信息通过技术重新识别的问题进行规制。

第六,损害风险说。个人信息保护并非限制信息的收集与使用,最终目的是保护个人免受组织收集、使用和披露其信息所引发的损害风险。根据个人信息处理活动不同阶段,损害风险分为以下两种:一是收集或披露主要引发精神或心理上的主观伤害(收集是被观察的感觉,披露是尴尬和羞辱);二是收集之后的使用阶段主要是评估处理带来的客观伤害(财产、身体、歧视等)。损害风险学说认为,只有在处理呈现此类主观或客观风险时,才落入个人信息范畴,并根据此类主观或客观伤害的重要性程度来保护个人信息。"可识别性"的概念应该根据所披露信息的总体敏感性来解释(考虑到与评估主观伤害风险相关的其他标准),在评估所使用的信息时,这一概念是无关紧要的(只有存在客观伤害是相关的)。[②]

在上述理论中,识别说和关联说是各国个人信息保护立法的通说。[③]

---

① Paul M. Schwartz and Daniel J. Solove. The PII Problem: Privacy and a New Concept of Personally Identifiable Information. *New York University Law Review*, Vol. 86, No. 6, 2011, pp. 1814 - 1894.

② Eloise Gratton. If Personal Information is Privacy's Gatekeeper, Then Risk of Harm is the Key: A Proposed Method for Determining what Counts as Personal Information. *Albany Law Journal of Science & Technology*, Vol. 24, No. 1, 2014, pp. 105 - 210.

③ 任龙龙:《大数据时代的个人信息民法保护》,对外经济贸易大学博士学位论文,2017 年。

欧盟 GDPR 中所体现的个人数据是一个极其宽泛的概念,我国《民法典》《个人信息保护法》关于个人信息的界定也是如此,几乎所有信息无论是否值得保护均可纳入个人信息范围。过于强调技术的作用而呈现出静态的、缺乏灵活性、不确定性的特征。为了更好地保护信息主体(数据来源者)权益,应对个人信息数据的界定予以适当限缩。基于不同的法律关系,一旦信息与个人分离,断开而脱离了个人的"控制"便不是个人数据。个人数据的认定需满足两个充分条件:事前关联与事后使用,即被视为个人数据受到个人控制与自决的约束。[①] 事前关联,是指该信息须与某个特定自然人相关联,是一种"内容关系"。反之,内容上与某个特定自然人没有任何关联的信息不是个人数据;去标识化数据不再属于严格意义上的个人数据,不受传统控制权的约束,但是一旦去标识数据又重新识别出个人,即恢复了关联,根据后续信息使用的目的可能成为个人数据;匿名化数据与某人没有联系,不属于个人数据。事后使用,是指该信息是在这种关联的基础上使用,且利用这种关联性来使用,从而对个人产生影响,是一种"目的或结果关系"。对于同一信息存在不同目的的使用方式,而不同使用方式决定该信息的控制力度。以个人医疗健康数据为例,既可用于研究目的或系统优化,该使用不会影响数据所描述的人,也可用于推断用户资料并影响其购买习惯。这两种不同用途的使用带来的潜在利害关系明显不同,数据主体对同一信息所享有的控制也不同,对后一种目的的使用更有必要控制与监督。即使个人与数据之间存在关联,但其使用并不会对个人产生影响,则不属于个人数据,例如使用与某个人相关的数据来预测统计趋势,而不是对该个人做出分析决策。虽然个人与数据之间没有关联,但其使用会影响个人,亦不属于个人数据,例如使用天气数据来影响个人的驾驶行为。个人与数据之间存在关联,但其使用并不取决于这种联系,也不属于个人数据,例如为优化系统使用客户浏览网页的信息,而无需是任何特定的客户。个人与数据之间存在关联,且其使用取决于这种联系是否会影响个人,才属于个人数据,例如

---

① Montagnani, Maria Lilla and Mark Verstraete. What Makes Data Personal? *UC Davis Law Review*, Vol. 56, No. 3, 2023, pp. 1165 - 1232.

为特定客户群体制定产品广告需要客户的年龄、财务历史、位置数据等。

(二) 个人信息私法与公法保护评介

虽然《个人信息保护法》第1条确认了"个人信息权益",但"权益"的内容与属性有不同释义学观点,主要分为"权利论"和"义务论",涉及以下问题:一是关于权利基础,个人信息究竟是私法还是公法上受保护的权利或利益;二是关于权利保护路径,个人信息究竟应以私法保护为主还是公法保护为主。

第一,权利论认为个人信息权益是一项私法上的民事权利。"隐私权说"将个人信息上的人格利益归入广义隐私权的客体范畴,但承认个人信息因"无法被控制""须分享"等特征而具有一定社会属性。[①]"具体人格权说"认为个人信息与隐私权保护的私密信息有明确界限,[②]个人信息权并非附属于隐私权,[③]又因其本身独特的内涵、范围和内容无法为其他人格权替代,[④]而应视为独立人格权,以更好维护人的自主性及其人格尊严,自然人对个人信息人格利益诉求与人格权的内在相契合,[⑤]个人信息与隐私的区分导致私密信息优先适用隐私权保护规则,法律对隐私权没有规定的则纳入个人信息保护范畴,个人信息人格利益和财产利益均被涵盖在人格权益中一体保护,[⑥]故将个人信息界定为决定权而非支配权并不会带来信息交流的阻碍和停止。[⑦]"一般人格权说"检讨隐私权保护模式,并提出隐私权的客体不能完全对应个人信息,个人信息公开和使用后的维护为隐私权力所不逮,作为一种非典型人格利益可通过一般人格权中的信息自决这一权能来纳入保护范围。[⑧]"双重属性说"指明个人信息保护的语境是数字社会,前提是可

---

① 房绍坤、曹相见:《论个人信息人格利益的隐私本质》,《法制与社会发展》2019年第4期。
② 杨立新:《个人信息:法益抑或民事权利——对〈民法总则〉第111条规定的"个人信息"之解读》,《法学论坛》2018年第1期。
③ 王利明:《论个人信息权的法律保护:以个人信息权与隐私权的界分为中心》,《现代法学》2013年第4期;王利明:《论个人信息权在人格权法中的地位》,《苏州大学学报(哲学社会科学版)》2012年第6期。
④ 张里安、韩旭至:《大数据时代下个人信息权的私法属性》,《法学论坛》2016年第3期。
⑤ 郑维炜:《个人信息的权利属性、法理基础与保护路径》,《法制与社会发展》2020年第6期。
⑥ 程啸:《论我国民法典中个人信息权益的性质》,《政治与法律》2020年第8期。
⑦ 叶名怡:《论个人信息权的基本范畴》,《清华法学》2018年第5期。
⑧ 谢远扬:《信息论视角下个人信息的价值:兼对隐私权保护模式的检讨》,《清华法学》2015年第3期。

识别的个人信息,关注个人在数字社会中的算法评价和行为自由,在个人信息人格利益本质属性之外,个人信息还天然具有财产价值,这种基于财产基因而来的财产权益并不必然获得法律的认可与保护,需满足一定的要求实现财产化。[①] "新型民事权利说"反对将个人信息权纳入公法权利或者民法人格权,亦不能是物权法的财产权或者知识产权,因为个人信息具有非实体性、可处理性、可转移性、可反复使用与可分享性等特征,[②]是一项个人对其信息享有占有、使用、收益、处分及防止他人干扰的新型民事权利。[③]

　　第二,义务论认为个人信息内涵和外延具有双重模糊性而难以直接成为私法意义上支配权的客体。民法的介入保护并不能使消极意义上的个人信息利益成立积极权利。[④] 权利客体的内在要求是范围特定,而个人信息同时具备个人属性与公共属性,内涵模糊加上外延宽泛,若仅强调某一属性则无法揭示个人信息的本质。[⑤] 关于个人信息权益作为私法上的民事权利的各种学说描述模糊,甚至是一种直觉上的主张。[⑥] 抽象意义上将隐私和个人信息区分并对其适用不同法律规范的做法,在实践中却受到场景主义规制的限制,无穷无尽的场景意味着个人信息处理纠纷难以形成统一、稳固、确定的裁判规则。[⑦] 个案各论来确定个人信息权益的具体内涵亦给企业合规及司法裁判带来了更大的制度成本。因此,个人信息上各项利益很大一部分是通过隐私权、姓名权、肖像权等具体法定权利来保护,其余则为受保护的防御性利益。信息和数据因个人信息处理技术中 0 和 1 比特形式而具有概念上的高度共通性。绝大多数场合信息和数据的区分不仅困难,而且缺乏实际意义,而区分的法律意义则表现在可将相关纠纷分为信息问题(例如个人信息保护)和数据问题(例如企业数据竞争),反映当事人实际

① 彭诚信:《论个人信息的双重法律属性》,《清华法学》2021 年第 6 期。
② 杨惟钦:《个人信息权之私权属性与内涵思辨:以实现个人信息权益的合理保护为视角》,《晋阳学刊》2019 年第 2 期。
③ 李伟民:《"个人信息权"性质之辨与立法模式研究:以互联网新型权利为视角》,《上海师范大学学报(哲学社会科学版)》2018 年第 3 期。
④ 高富平:《论个人信息处理中的个人权益保护:"个保法"立法定位》,《学术月刊》2021 年第 2 期。
⑤ 郑晓剑:《个人信息的民法定位及保护模式》,《法学》2021 年第 3 期。
⑥ 吴伟光:《平台组织内网络企业对个人信息保护的信义义务》,《中国法学》2021 年第 6 期。
⑦ 杨贝:《个人信息保护进路的伦理审视》,《法商研究》2021 年第 6 期。

利益的不同诉求。① 信息和数据作为天然公共品还具有互惠分享的特征，从私法上构建权利会面临私法理论局限和数据应用实践的双重挑战。② 理论局限是指个人信息自决权保护对象是一种外界难以识别的"保密意志"，无法为他人处理个人信息划定清晰的行为禁区。③ 实践挑战是指私权化保护会对信息数据的流通利用产生阻碍，其中"个人信息权否定说"认为个人信息保护法是防止个人信息被滥用的作为人格或财产的前置保护机制；④ "基本权利说"认为个人信息体现为一种基本人权，包括公民的基本权利、自由、人格权，⑤基于基本权利保护公民的人格尊严、人身自由等宪法权利，而非直接基于人格权或隐私权保护，⑥该种立法取向已经成为一种人权保障的世界性趋势，⑦旨在突出个人信息权的基本权利属性和信息主体控制个人信息的积极权利面向；⑧"财产权说或所有权说"认为信息的商品化利用使其成为所有权保护客体的一部分，是信息主体对其拥有所有权的信息进行支配和控制的信息决定权。⑨

个人信息主体权利是具有公私双重属性的基本权利。若将个人信息权利体系比作一棵"权利树"，那么，《宪法》所确立的作为基本权利的个人信息受保护权就是"树根"；《民法典》所确立的作为民事权益的个人信息权就是"树干"；基于前述实体权利的呈现开放性特征的《个人信息保护法》系列个人权利或权能，包括显性的知情权、决定权，隐性的有权撤回同意、有权要求处理者解释说明、有权拒绝自动化决策等就是"树枝"。这些"树枝"上的辅

① 梅夏英:《信息和数据概念区分的法律意义》,《比较法研究》2020 年第 6 期。
② 梅夏英:《在分享和控制之间:数据保护的私法局限与公共秩序构建》,《中外法学》2019 年第 4 期。
③ 杨芳:《个人信息自决权理论及其检讨:兼论个人信息保护法之保护客体》,《比较法研究》2015 年第 6 期。
④ 杨芳:《个人信息保护法保护客体之辨:兼论个人信息保护法和民法适用上之关系》,《比较法研究》2017 年第 5 期。
⑤ 齐爱民:《社会诚信建设与个人权利维护之衡平:论征信体系建设中的个人信息保护》,《现代法学》2007 年第 5 期。
⑥ 高富平:《出售或提供公民个人信息入罪的边界:以侵犯公民个人信息罪所保护的法益为视角》,《政治与法律》2017 年第 2 期。
⑦ 龚子秋:《公民"数据权":一项新兴的基本人权》,《江海学刊》2018 年第 6 期。
⑧ 周汉华:《平行还是交叉:个人信息保护与隐私权的关系》,《中外法学》2021 年第 5 期。
⑨ 余筱兰:《信息权在我国民法典编纂中的立法遵从》,《法学杂志》2017 年第 4 期。

助性权利在任何可能情境下都可为基础性权利（个人信息权）的行使或实现而创设。因此，虽难以一一列举个人信息主体的全部权利内容与类型，但也表明其内容和类型是开放的，只是等待人们去发现。① 详言之，个人信息主体权利首先应解释为宪法层面的"个人自由与尊严"。个人信息权益并非保护个人信息本身，而是保护个人信息处理过程中个人的主体权利。尽管我国《宪法》没有将隐私权和个人信息字样明确写入，但毫无疑问的是，《宪法》中蕴含着保护隐私和个人信息的立法追求。《宪法》第 33 条要求"国家尊重和保障人权"；第 37 条明确"公民的人身自由不受侵犯"；第 38 条指明公民"人格尊严不受侵犯"；第 39 和 40 条分别保护"住宅不受侵犯"和"通信自由和通信秘密"。《民法典》对隐私权和个人信息权益采用了二元区分的立法模式，但并不否认两者均为"个人自由与尊严"，均为人格权益，可统筹在一般人格权中。《民法典》中的隐私权和个人信息受保护的利益，实质与《宪法》"权利束"下的"个人自由与尊严"利益不谋而合，即民法上的一般人格权与《宪法》上的一般人格权。但由于个人信息权益作为宪法中的基本权利具有"主观权利"与"客观法"的双重属性，②需延伸至民法层面予以具体保护。中国《宪法》不是单纯约束和对抗国家公权力的基本法，防御国家在个人信息处理活动中侵害公民隐私及人格尊严等利益是其应有之义。私人权利始终都在制宪者的视野中，即国家为使个人尊严免受第三方侵害而积极提供保护，③表明我国《宪法》可涵盖私主体与私主体之间的法律关系，既确立宪法层面个人信息受保护的基本权利，以启动个人信息的国家保护义务，又确立民法层面作为民事权益的个人信息权益。《民法典》和《个人信息保护法》分别发挥确认个人信息人格权益功能和规范个人信息处理活动的程序性权利功能。④

　　个人信息保护需要公法路径与私法路径双管齐下。公法路径是指通过

---

① 彭诚信：《现代权利理论研究：基于"意志理论"与"利益理论"的评析》，法律出版社 2017 年版，第 342 页。
② 张翔：《基本权利的双重性质》，《法学研究》2005 年第 3 期。
③ 张翔：《基本权利的规范建构》，高等教育出版社 2008 年版，第 120—121 页。
④ 蔡培如：《欧盟法上的个人数据受保护权研究：兼议对我国个人信息权利构建的启示》，《法学家》2021 年第 5 期。

履行"国家保护义务"的权力保护模式,包含消极保护义务和积极保护义务。消极保护义务要求国家尊重私人生活和避免干预个人安宁;积极保护义务要求公权力机关保护个人以避免个人信息处理中可能的人格尊严减损风险。① 然而,公权力机关既难以及时、准确地获得处理者是否滥用个人信息的相关监测信息,又难以及时、准确地判断处理者行为的正当性。② 在网络化、数字化、智能化的技术规制下,各类网络平台组织凭借技术、运营优势形成技术规制权,政府对网络平台组织"施加责任"使其享有"监管权"。③ 尽管公权力机关相较个人具备更强的信息能力与法律赋予的特殊职权,且在个人信息社会公共利益的保护效果上呈现规模效应,却仍难以及时、准确判断处理者行为的正当性。实践中,执法部门对个人信息保护领域行政处罚的功能定位、裁量尺度、程序规范等认识不一,④尤其是当行政机关作为处理者时,会陷入"既是裁判又是选手"的自我监管悖论。公益诉讼制度虽然可补强个人信息私法规制的不足,但亦受到《个人信息保护法》第 70 条关于"侵害众多个人的权益"的群体侵权领域限制。因此,就调整对象而言,个人信息上存在多种相互冲突的利益,个人信息保护路径旨在平衡个人、信息业者和国家三方主体间的利益,调整的是公私领域内的个人信息保护与利用关系,⑤公权力机关处理个人信息的行为也应受到规制,平衡权利与权力的法权结构。⑥ 就立法理念而言,应从"信息保护"转变到"信息治理",因为个人信息存在多方共治格局,要实现个人信息保护、数字经济发展以及国家数据安全利益保护的三重目标。⑦ 就具体规制而言,个人信息是防范主体利益被侵害的一种"风险",应建立规则和程序来进行防范。⑧ 就体系构建而言,个人信息权益应是一个公私兼具的工具性权利集合:宪法维度的基本权利包含个人自治、生活安宁、公正对待和信息安全四类法益;民法维度的

① 王锡锌:《个人信息国家保护义务及展开》,《中国法学》2021 年第 1 期。
② 吴伟光:《平台组织内网络企业对个人信息保护的信义义务》,《中国法学》2021 年第 6 期。
③ 马长山:《迈向数字社会的法律》,法律出版社 2021 年版,第 276 页。
④ 陈可翔:《个人信息保护中行政处罚的事实基础及制度逻辑》,《法学》2023 年第 11 期。
⑤ 张新宝:《从隐私到个人信息:利益再衡量的理论与制度安排》,《中国法学》2015 年第 3 期。
⑥ 孙平:《系统构筑个人信息保护立法的基本权利模式》,《法学》2016 年第 4 期。
⑦ 付新华:《个人信息权的权利证成》,《法制与社会发展》2021 年第 5 期。
⑧ 高富平:《论个人信息处理中的个人权益保护:"个保法"立法定位》,《学术月刊》2021 年第 2 期。

个人信息权益包含隐私、名誉等关联权益,应对个人信息处理的现实损害救济;行政法维度个人信息权益由国家主导并由其公共监管来保障。[①]

三、个人信息应控制或分享的进路竞争

个人信息控制优先是基于"权利论"赋予信息主体一系列权利来保护其自己的个人权益,以知情同意为核心实现对自己个人信息的自我决定与管理,赋予信息主体更多控制权来平衡其与信息处理者不平等的地位,最大限度地对个人信息的不当利用进行事前预防,而预防的主体是个人,个人主要通过同意来捍卫自己的利益,即强调信息主体享有的权利。个人信息分享优先是基于"义务论"通过对处理者的个人信息处理行为制定清晰规则,遵守最基本操作底线,例如要求处理者遵循合法、正当、必要、诚信等原则,这些限制成为保护处于弱势地位的信息主体权益的边界,即强调处理者负有的义务。究竟是控制优先还是分享优先的价值取舍与竞争也在《个人信息保护法》众多条文中被折射出来。

(一)普遍适用同意规则与限制适用同意规则

知情同意规则是"权利论"的核心。以陆青等为代表的学者认为应保留同意作为个人信息处理的合法性基础,[②]理由是:能不能行使权利和是否应该赋予该权利是"两回事",个人信息的自决利益和控制并不仅表现在对信息的实际控制力层面,这种控制力既可以表现在可能构成合同等交易行为的给付内容的积极控制,也可以单纯表达对他人商业化利用个人信息行为的不法性阻却的消极控制。当然,主张任何信息的处理均须用户的明示同意,或者一般信息都可以通过默示同意取得合法性,但是不可取的。告知同意在保护效果上的缺憾表明个人要实现真正有效的同意离不开外部社会条件的支持,但不能就此否定同意作为合法性判断标准

---

① 王锡锌:《个人信息权益的三层构造及保护机制》,《现代法学》2021 年第 5 期。
② 陆青:《个人信息保护中"同意"规则的规范构造》,《武汉大学学报》2019 年第 5 期。

的法律地位。也有学者认为凡经过信息主体同意的个人信息处理行为均为合法。[①]

反之，"义务论"主张限制乃至废除同意规则。以任龙龙[②]为代表的学者认为同意不能作为个人信息处理的合法性依据。理由是：第一，同意规则面临有效性障碍。一是以告知义务为重的制度设计可能导致信息主体的同意被架空。知情同意的逻辑基础在于，处理者主动向信息主体披露处理个人信息的有关情况，而信息主体在充分知情的基础上自愿做出有效的同意与否的意思表示。二是"要么接受，要么否定"的选择模式，使让渡权利产生了捆绑性效应。处理者一般使用隐私政策或隐私通知的方式来获取信息主体的同意，鉴于信息处理的复杂性，为了符合合规要求，处理者往往采用"捆绑式"或格式条款来列出隐私政策，导致信息主体要么同意以使用其产品或服务，要么因不同意而退出使用。在这种捆绑式效应下，信息主体不存在可以与处理者谈判协商的空间，对隐私政策缺乏事实上的控制。[③] 三是认知障碍使用户的"知情"难以实现。[④] 首先，告知内容往往难以理解。有效同意的前提是充分知情，这类似于契约自由下个人创设契约关系的前提是理解其受约束条款的具体权利义务内容，但隐私政策往往冗长、复杂且具有专业性，处理者甚至有意设计"暗模式"的用户界面，使用户难以形成对其个人信息采集范围、目的、方式及使用的正确认知。其次，由于人类的有限理性（bounded rationality）以及客观上的信息不对称（asymmetric information），用户存在固有认知缺陷和行为偏差。此外，若将同意规则适用于个人信息，那么，匿名化信息便被排除在个人信息之外。

第二，知情同意制度的理论依据难以支撑。一种理论依据是"信息不对称理论"，处理者与被处理者之间因为资讯不对称而造成市场失灵，解决的方案是保障信息主体的知情权，处理者应充分告知，并提高处理的透明度。

① 于柏华：《处理个人信息行为的合法性判准：从〈民法典〉第 111 条的规范目的出发》，《华东政法大学学报》2020 年第 3 期。
② 任龙龙：《论同意不是个人信息处理的正当性基础》，《政治与法律》2016 年第 1 期。
③ 万方：《隐私政策中的告知同意原则及其异化》，《法律科学（西北政法大学学报）》2019 年第 2 期。
④ 郑佳宁：《知情同意原则在信息采集中的适用与规则构建》，《东方法学》2020 年第 2 期。

重点是告知，而非同意。另一种理论依据是"个人信息自决理论"，要求个人能对其信息支配和控制，但作为社会性的人不享有"真正"决定自由，控制能力极为有限。

第三，同意在很大程度上是对一种损害可能性的防范，本身缺乏必要性和真实性。个人信息处理是双刃剑，不仅给人带来损害，也可以带来福祉；福祉越大，人类对个人信息处理的容忍度就越高，因此，同意作为必要的条件显得较为苛刻。同意必须是自由做出的，但难以实现；同意必须是基于充分告知下做出的，但难以获得保证。缺乏真实性的同意的危险更大。

第四，同意制度不符合数字经济发展的要求。同意产生了高昂的不必要的合规成本，而这种成本最终会反映在消费者所接受的产品或服务的价格更高昂。大量其他个人信息处理和合法性依据的存在削弱了同意的效力。

总之，以"知情同意"为核心的传统保护框架既没有保护好个人信息权益，又为企业处理者开发数据价值带来了制约，在大数据时代已走向穷途末路。[①] 义务论避免将同意视为唯一、必要的合法性条件。在具备法律、行政法规规定的情形或理由时，处理者无须取得个人同意即可处理个人信息，此时处理行为合法性来自法律的明确规定，[②]即个人信息的合理使用制度。

（二）强调信息主体权利与强调处理者义务

"权利论"首先确认自然人对其个人信息享有作为民事权益的人格权；其次，区分隐私权与个人信息权益，隐私权属于绝对权、支配权而具有对世效力，个人信息权益重在协调自然人权益保护与信息自由、合理使用的关系，隐私不存在合理使用问题；[③]最后，个人信息权益内部包含隐私利益和自决利益，隐私与个人信息交叉的私密信息为隐私利益，由侵权责任制度提供法律保护，自决利益是私密信息以外的其他部分，信息主体自主决定或选

---

① 范为：《大数据时代个人信息保护的路径重构》，《环球法律评论》2016 年第 5 期。
② 程啸：《个人信息保护法理解与适用》，中国法制出版社 2021 年版，第 115 页。
③ 程啸：《论我国民法典中个人信息权益的性质》，《政治与法律》2020 年第 8 期。

择是控制下的"数据隐私",还是分享下的"数字便利",由违约责任进行规制。① 个人信息保护法逐渐将可携权、反自动化决策权等纳入进来,形成了更完备的权利体系。"可携权的设立,强化了用户自主权,能够有效破除个人信息流通障碍,以用户权益为出发点,形成'用户主导型'个人信息跨平台流通。"②换言之,权利论认为个人信息处理是由用户决定与控制的,主要有以下观点。

第一,权能说。该学说认为个人在个人信息处理活动中的权利是从个人信息权中演绎出的各种权能。第一种观点将个人信息权界定成"控制权",并进一步细化为自决、管理、许可、禁止和收益等权能,强调信息主体对个人信息享有支配、控制和排除他人侵害的权利。③ 第二种观点将个人信息权视为兼含财产利益的具体人格权。该人格权有丰富的权能体系,从同意权出发,衍生出访问权、可携权和收益权等积极权能,以及更正权、拒绝权、限制权及删除权等消极权能,强调这些均为个人信息权的权能,而非独立的民事权利。④ 第三种观点在原有隐私权、人格权、基本权利的基础上分离出个人信息,得出个人信息控制权、公开权、信息产权、被遗忘权等一组交叠的权能,将财产嵌入人格内进行构造。⑤ 第四种观点结合《民法典》与《个人信息保护法》的关系,认为个人信息权利体系包括现行立法中的知情同意权、获取权、异议更正权、拒绝权、删除权等。⑥ 当这些权能具备相对独立性时,便可取得权利化资格,从而逐步完善个人信息权利的完全类型化和具体化。⑦

第二,权利体系说。该学说类比知识产权"行为规制权利化"路径,将个人信息处理中信息主体的具体行为分为同意、访问、查阅、抄录、复制、更正、

---

① 商希雪:《个人信息隐私利益与自决利益的权利实现路径》,《法律科学(西北政法大学学报)》2020年第3期。
② 杨婕:《按住"杀熟刀"规范"守门人"》,《人民政协报》2021年8月26日,第7版。
③ 刁胜先:《论个人信息权的权利结构:以"控制权"为束点和视角》,《北京理工大学学报(社会科学版)》2011年第3期。
④ 叶名怡:《论个人信息权的基本范畴》,《清华法学》2018年第5期。
⑤ 许娟:《中国个人信息保护的权利构造》,《上海大学学报(社会科学版)》2019年第2期。
⑥ 申卫星:《论个人信息权的构建及其体系化》,《比较法研究》2021年第5期。
⑦ 程关松:《个人信息保护的中国权利话语》,《法学家》2019年第5期。

删除等,然后将前述具体行为转为个人信息利用的知情权、个人信息利用的决定权、保护个人信息完全准确权的个人信息权利体系。[①]

第三,权益说。该学说从个人信息保护的价值出发,将内部权益分为"本权权益"和保护本权权益的权利两部分。本权权益是个人信息保护的核心价值,即人格尊严、人身财产安全以及通信自由和秘密等,不包括财产利益;保护本权权益的权利侧重于程序性权利,包括同意(或拒绝)权、知情、查阅、复制、移转、更正、补充、删除、请求解释说明等权利,旨在对本权权益的具体实现。[②]

第四,场景确定说。该学说认为个人信息权利保护的适用前提是存在持续性的信息不平等关系,既不能针对信息能力平等的主体,也不能针对国家机关在行使公权力过程中产生的非持续性的信息处理行为。个人信息上的法益具有多元性,部分信息权利可能对信息主体、他人、企业、市场与社会公众有负外部性。因此,区别于传统侵权隐私保护和国家执法隐私保护,信息隐私保护的制度并非传统部门法的简单叠加。为了实现"合理与正当的信息实践",知情权、决定权、查阅复制权、删除权等应当在具体场景的信息关系中确定适用的边界。[③]

第五,权利嵌入说。该学说认为个人信息权益分配无法做到清晰、绝对和完整,个人信息私有观和公有观均难独自成立,个人信息应多级所有。国家拥有个人信息的终极控制权,企业等机构有权在尽可能保护个人隐私和自由的同时合理积极利用个人信息。在权利实践路径上,个人信息不是粗率、直接的权利分割,而是依据具体的事件和条件来实施,即个人信息多级所有采用一种权利嵌入的过程,方式有保管性权利嵌入、公益性权利嵌入、商业性权利嵌入、研究性权利嵌入、政治性权利嵌入等。[④]

第六,双重属性说。个人信息权益是在具体场景中对个人信息上的人

---

①　吕炳斌:《个人信息权作为民事权利之证成:以知识产权为参照》,《中国法学》2019 年第 4 期。

②　张新宝:《论个人信息权益的构造》,《中外法学》2021 年第 5 期。

③　丁晓东:《个人信息权利的反思与重塑:论个人信息保护的适用前提与法益基础》,《中外法学》2020 年第 2 期。

④　李风华、易晨:《多级所有与权利嵌入:论个人信息的群己权界》,《探索与争鸣》2021 年第 1 期。

格利益与财产利益进行完整保护。个人信息是天然内置财产属性的人格权益。其财产价值通过一定法律途径转化为可让与、可利用、可交易的财产利益。人格利益部分则由个人控制且归属个人。私密信息属于不愿为他人知晓的隐私而受到绝对保护,自决利益由信息主体选择"保护"还是"利用",缺乏选择能力的部分由信赖保护等制度作为补充。财产利益部分需根据产权规则在个人、处理者及其他处理者以及社会公共福祉之间进行合理考量,重点是个人有权参与数据财产红利的分享与分配。①

"义务论"是基于处理者义务视角的行为规制模式,在具体场景中对处于弱势地位的信息主体倾斜保护和集体保护。个人信息访问权、更正权等为具体的消费者权利,辅以公法保护来防范个人信息处理中的风险,国家有责任来对相关风险有效管理。② 义务论以个人信息分享作为目的,是对传统所有权思维的扬弃。2012 年,全国人大常委会通过《关于加强网络信息保护的决定》,开始建构以个人控制为理论基础的保护框架,③到《民法典》《个人信息保护法》《数据安全法》等陆续出台,保护个人信息权益成为一系列规范的立法目的。但传统赋权模式的社会效果存在"信息公平失衡"问题,且在国家、企业、个人等不同主体间呈现差异化样态。一方面,国家机关处理者与信息主体的非平等主体之间主要是私密监控、个人信息侵权及算法歧视等问题。行政机关及其工作人员为实现社会治理等目的处理某些个人信息具有合法性基础,但若处理个人信息致损,例如假借履行公务之名过度收集或不当使用信息(为打击网络电信诈骗行为就超范围、超密度地收集公民"实名实人"信息),将涉及赔偿责任问题。依据致损行为是否与行政机关及其工作人员行使职权相关,可将损害区分为国家赔偿责任与民事赔偿责任,并分别适用《国家赔偿法》与《个人信息保护法》及《民法典》。另一方面,非国家机关处理者与信息主体的平等主体之间也表现出数据霸权、数据垄断和数字贫困等问题,尤其是大型处理者对信息自由的相对控制,利用其控制地

---

① 向秦、高富平:《论个人信息权益的财产属性》,《南京社会科学》2022 年第 2 期。
② 丁晓东:《个人信息私法保护的困境与出路》,《法学研究》2018 年第 6 期。
③ 高富平:《个人信息处理:我国个人信息保护法的规范对象》,《法商研究》2021 年第 2 期。

位、人为算法等带来了个人信息侵害、大数据杀熟、就业歧视等问题。[①]

第二节　困局成因：个人控制论为核心的传统规范基础

个人信息与隐私保护是一个全球性问题。1950 年《世界人权宣言》第 12 条首次在国际层面承认和保护隐私权。[②] 该宣言是以不具有约束力的宣示性软法来凝聚全球共识。[③] 共识的基础规范是"人的尊严"，是对社会关系中最低限度伦理共识的表达。[④] 随着计算机技术发展及伴随而来的隐私风险问题，产生了以监管框架来抵消个人信息处理过程中对隐私的损害的需求。个人信息处理中的个人保护制度发端于域外立法，尤其是欧洲有着悠久的历史。2018 年，欧盟基于德国宪法判例中"个人自决"理念，制定出影响世界立法的《一般数据保护条例条例》（GDPR）。美国亦从普通法上创造的隐私权中发展出"个人自由"理念下的信息隐私，并受欧盟立法影响通过《统一个人数据保护法》（UPDPA）。随着欧盟 GDPR 的实施，其影响开始向全球扩张。两大体系外的国家和地区，包括中国逐渐向欧盟范式看齐。

一、个人控制的含义：基于赋权视角的个人信息保护

个人控制是指个人应当有权选择与决定是否、何时、与谁、在何种范围内以及以何种方式分享其生活和信息。[⑤] 该范式源于比较法上的发展：美国基于洛克财产理论侧重"市场披露"（marketplace disclosure）形成信息隐

---

① 宋保振：《数字时代信息公平失衡的类型化规制》，《法治研究》2021 年第 6 期。
② 《世界人权宣言》第 12 条："任何人的隐私、家庭、住宅或通信不得受到干涉，其荣誉和名誉也不得受到攻击。每个人都有权得到法律的保护，免受这种干涉或攻击。"
③ 何志鹏：《作为软法的〈世界人权宣言〉的规范理性》，《现代法学》2018 年第 5 期。
④ 齐延平：《"人的尊严"是〈世界人权宣言〉的基础规范》，《现代法学》2018 年第 5 期。
⑤ Jean L. Cohen. The Necessity of Privacy. *Social Research*, Vol. 68, No. 1, 2001, pp. 318 – 319.

私保护模式,强调个人自由;欧盟基于康德伦理围绕"权利对话"(rights talk)形成个人数据保护模式,强调人的尊严。

(一)基于洛克传统的美国信息隐私模式

1. 规范基础:从洛克财产理论到市场披露理论

洛克财产理论[①]对美国隐私权的诞生产生了直接影响。如果人类基于自己的劳动成果而享有土地以及排斥他人的权利,那么,也应该拥有自己的个人信息并有权控制其传播以及排斥他人不当利用。因此,美国信息隐私法(information privacy law)始于个人利益受法律保护,将信息、隐私视为一种正当利益,而并不关注其权利属性或价值本体,着眼于对信息隐私侵害的救济,即事后对信息隐私所受损害事实进行评估,故是功利主义的体现,并形成了"市场披露"理论。

"市场披露"理论是指信息隐私法定位于"市场"这一语境,从个人信息主体与处理者之间的具体消费法律关系来确定个人受保护的利益,[②]这也就不难理解大量文献在提及信息被处理一方主体时使用"消费者"一词。自然人被直接置于市场关系中,信息主体、客户、订阅者、用户等身份被统称为"隐私消费者"(privacy consumer),最大限度地利用自己对个人信息交易的

---

① 洛克财产理论最基本的假设是人类对所有事物享有共同权利的"原始共产主义"。《政府论》第五章"论财产"中论述称:"不论就自然理性来说,人类一出生即享有生存权利,因而可以享用肉食和饮料以及自然所供应的以维持他们的生存的其他物品;或者就上帝的启示来说,上帝如何把世界上的东西给予亚当、给予诺亚和他的儿子们;这都很明显,正如大卫王所说(《旧约》诗篇第一百十五篇,第十六节)上帝'把地给了世人',让人类共有。"进而从原始共产主义转为私有产权时,他断定:凡是"他使其脱离了自然所提供并以原样留下的状态的东西,他便融入了自己的劳动……从而使它成了他的财产。"人类从一开始就处于一种完全自由的状态。只要不干涉或侵犯他人权利,人类就可以自由地生活。在拥有这种自由的同时,上帝给了人类理性的力量和利用土地的能力以及享有劳动成果的有限所有权。因此,尽管人类在完全平等的状态下开始,土地作为一种共同的利益开始,但任何耕种、利用土地的人,都会以某种方式改变土地,或者将其劳动与土地结合,该人就拥有了那片土地。其便有权把那片土地圈起来,而将其他人拒之门外。参见[英]洛克:《政府论(下篇)》,叶启芳、瞿菊农译,商务印书馆2005年版,第17页;[英]彼得·拉斯莱特:《洛克〈政府论〉导论》,冯克利译,生活·读书·新知三联书店2007年版,第129页;John Locke. *Second Treatise of Government*. Alex Catalogue, 1980, p. 4.

② Paul M. Schwartz and Karl—Nikolaus Peifer. Transatlantic Data Privacy Law. *Georgetown Law Journal*, Vol. 106, No. 1, 2017, p. 132.

偏好,对其个人信息和隐私进行"自我管理"。个人信息被视为市场中的一种"商品",双边利己主义思想占主导地位。美国信息隐私保护立场与欧盟的关键区别正在于此:隐私消费者自己参与个人信息的自由交易。一直以来,美国联邦层面信息隐私法的关注重点是维护信息交易的公平性与反欺诈。

2. 规范形成:从隐私权到信息隐私保护

(1) 1890 年隐私权诞生于美国普通法。世界上几乎每一个法域现在都宣称隐私是一种极其重要的人类福祉、一种主流价值观、人之为人和人类生存的核心。19 世纪末,新闻媒体以刊登社会丑闻及八卦来博取眼球,正如狄更斯讽刺道:"纽约的报纸正在掀翻私人住宅的屋顶。"①小型的手持相机替代原有笨重、复杂的老式相机,为偷拍等侵犯隐私行为提供了技术上的便利。信息泄露变成一种厚颜无耻的交易。随着文明的进步,精神和情感生活需求越来越强烈。社会清楚地认识到,生活中仅一部分苦痛、愉悦和利益来自物质世界。思想、情感的价值需要得到法律的承认。在这一背景下,1890 年,沃伦和布兰代斯大法官在《哈佛法律评论》上发表了法学论文:《隐私权》(The Right to Privacy)。② 隐私这种源于人类羞耻本能的自然情感成为法律上受保护的利益。③ 该文是美国历史上最为著名的法学论文之一,哈里·卡尔文(Harry Kalven)称赞它是"最具影响力的法律评论文章"。④《隐私权》沿用了库利(Cooley)法官所称的"独处的权利"(the right to be let alone)来描述隐私。论证基础是人之为人的自然本质,即每个人都"本能地"憎恨公众或他人侵害其私人权利(消极),就如同每个人都厌恶公众剥夺其公共性权利(积极)一样。因此,纯粹私人事务中的隐私权源于自然法,并基于人格的不可侵犯(an inviolate personality)。但是,隐私权诞生之初也是一项受限制的权利。沃伦

---

① Daniel J. Solve and Paul M. Schwartz. *Information Privacy Law*. New York: Woltens Kluwer Law & Business, 2018, p. 47.

② Samuel D. Warren and Louis D. Brandeis. Right to Privacy. *Harvard Law Review*, Vol. 4, No. 5, 1890 - 1891, pp. 193 - 220.

③ Carl D. Schneider. *Shame*, *Exposure and Privacy*. London: W. W. Norton, 1993, p. 13.

④ Harry Kalven Jr. Privacy in Tort Law: Were Warren and Brandeis Wrong? *Law and Contemporary Problems*, Vol. 31, No. 2, 1966, pp. 326 - 327.

和布兰代斯认为,隐私权并不禁止公开任何与公众或社会利益相关的事项(例如对公职人员公职行为的公开);隐私权并不禁止在一定条件下公开传播具有可免责性的私密事项(例如法院等的公开发布行为);在没有特别损害的情况下,法律对口头公开侵犯隐私可能不会给予救济;个人将某一事实自行公开或经其同意后公开,不再享有隐私权;被公开事项的真实性并不能作为侵害隐私的抗辩理由;公开信息的人主观没有"恶意",并不能作为侵害隐私的抗辩理由。自此之后的百年历程里,隐私权在美国得到了长足的发展。普通法特有的优势便在于法官能在立法机关不进行干预的情况下为这种精神价值提供必要的保护。隐私在野蛮或原始社会是不被需要且不为人知的,隐私是现代文明独特的产品。

(2)隐私权得到美国侵权法等成文法的承认。法律并不决定什么是隐私,而只决定哪些情况下的隐私应受到法律保护。[①] 1960 年,迪安·威廉·普罗塞(Dean William Proser)在其著名的《隐私》(Privacy)一文中认可了沃伦和布兰代斯的隐私侵权,并审视了自《隐私权》发表后的 70 年里的 300 多起侵权案件。[②] 他认为隐私侵权不是一种单一的侵权行为,而是四种侵权行为的综合体。普罗塞的案群分析使得原本混乱的判例更加清晰,呈现体系化,而这一成果得到美国侵权法第二次重述的承认。[③] 至今,美国大多数州均承认这些侵权中的一部分或全部。第一种是对原告独处的非法侵入(intrusion),是指侵犯原告的隐居与独处生活,或侵犯其私人活动范围,具有窥探和侵入的性质,例如侵入住宅、窃听电话、偷阅信件等,只是噪声或公共场合的不礼貌言语或侮辱性手势是不够的。该种隐私侵权保护的是"免于精神痛苦的利益",例如在"德·梅诉罗伯茨案"(De May v. Roberts,德·梅案)中,(年轻的)被告闯入产房后看到孕妇生产的情形。[④] 普罗赛认为被告的行为构成侵入或伤害(battery),给原告造成了精神痛苦(mental

---

① Hyman Gross. The Concept of Privacy. *New York University Law Review*, Vol. 42, No. 1, 1967, pp. 34 - 36.

② William L. Prosser. Privacy. *California Law Review*, Vol. 48, No. 3, 1960, pp. 383 - 423.

③ 1977 年《侵权法》第二次重述在第 652 条规定了四种隐私侵权:公开披露私人事实、侵入并干涉私人生活、公开披露信息导致公众对某人产生错误认知、盗用姓名或肖像。

④ De May v. Roberts, 46 Michigan 160, 9 N. W. 146 (1881).

distress)。第二种是公开披露与原告有关的令其难堪的私人事实(public disclosure of private facts)。被告有"宣传或公开"(publicity)的行为,且向公众披露的信息必须是私人的,该种隐私侵权保护的是"名誉利益"。第三种是扭曲他人形象(false light in the public eye),使公众对其产生错误认知,例如在他人未被定罪情况下将其姓名、照片和指纹等信息纳入已经定罪的公开的"恶霸画册"(rogues' gallery),保护的也是"名誉利益"。第四种是被告为了自身商业利益而"盗用/冒用"(appropriation)原告姓名或肖像等个人身份,保护的是原告对其姓名、名称、肖像享有的利益。此外,普罗塞还关注到,公众人物寻求宣传、公开个性和事务以及媒体向公众通报那些已成为公共利益的合法事项,其在某种程度上不享有隐私权。但是,普罗赛的主张受到了爱德华·布鲁斯丁(Edward Bloustein)的批判。他认为普罗赛实际上否定了沃伦和布兰代斯认为隐私权是一种独立的价值的观点,而将其变成声誉、情绪平静(emotional equanimity)和无形财产利益的综合。布鲁斯丁提出隐私权的价值为"个人性"(individuality),个人的独立以及控制在什么条件下可以放弃,是个人自由及尊严在西方文化世界下的本质。例如他认为德·梅案的本质是入侵贬低了"个人性",妇女分娩时不愿被一般人观看并不是希望求得情绪平静,而是希望增进其个性和尊严。① 此外,尽管隐私权得到了侵权法上的发展,但大卫·安德森(Anderson)认为隐私权保护在美国是失败的,因为美国虽然重视隐私,但也珍惜信息、诚信与评论自由,当二者发生冲突时,隐私权往往要让步,法院通常接受被告的抗辩,认为被披露者已属公共领域,或被告主观并不具有攻击性,或所披露的信息是公众合法关切的事项。②

（3）隐私权在美国宪法判例中得以发展。美国宪法本身并没有明确规定隐私权,但有些条款在判例中可解释为隐私保护。这些条款主要是：保

---

① Edward J. Bloustein. Privacy as an Aspect of Human Dignity: An Answer to Dean Prosser. *New York University Law Review*, Vol. 39, No. 6, 1964, p. 962.

② David A. Anderson. The Failure of American Privacy Law, in Basil S. Markesinis ed. *Protecting Privacy: The Clifford Chance Lectures*. New York: Oxford University Press, 1999, pp. 139 - 167.

护匿名发言权的《第一修正案》;保护家庭和私人住宅隐私的《第三修正案》;赋予公民"个人、房屋、文件和财产"等不受政府搜查的权利而限制政府活动的《第四修正案》;"免于自证其罪"的特权的《第五修正案》。[①] 其中,《第四修正案》保护个人免受政府收集某些类型的个人信息之害,但是,其只涉及政府搜查行为的合理性或不合理性。现代政府为了管理公共利益和提供公共服务在常规化数据库中使用个人信息的情况并不在限制之列。根据联邦最高法院"史密斯诉马里兰州案"(Smith v. Maryland)判决,[②]当银行等第三方向政府交出个人数据时,宪法并不保护个人,故《第四修正案》作为信息隐私权的法律来源受到了极大限制。一是因为美国宪法并没有延伸到纯粹的私主体之间的横向法律关系。[③] 二是美国宪法并没有要求政府采取积极手段来创造条件,以允许基本权利存在。[④] 这种立法倾向要追溯至美国人民对政府权力的不信任和对政府压迫的恐惧,美国宪法立法之初就是以建立一个有限权力政府为目标,以确保个人不受到政府的侵害。因此,当政府处理个人数据时,美国宪法对个人信息隐私利益进行有限的保护。

联邦最高法院的系列判例逐渐发展出受宪法保障的隐私,并分为两类:[⑤]一是与防止政府侵入个人家庭或个人人格相关的隐私权,即政府不得干涉个人住宅或个人隐私的自由。1928 年,在"奥姆斯特德诉美国案"

---

① 《美国宪法(第一修正案)》:国会不得制定关于确立宗教信仰或禁止自由行使宗教信仰的法律、剥夺言论自由或新闻自由,或者人民和平集会、向政府请愿以纠正冤情的权利。《第三修正案》:未经房屋所有权人同意,士兵平时不得驻扎在任何住宅;未经法律规定的方式,战时亦不得驻扎在该住宅。《第四修正案》:不得侵犯人民保护其人身、房屋、文件和财产不受不合理搜查和扣押的权利,并且不得在可能的情况下,在宣誓或确认的支持下,尤其是在描述搜查地点以及被扣押的人或物的情况下,签发任何逮捕令。《第五修正案》:除非由大陪审团提出或起诉,否则,任何人不得为死刑或其他臭名昭著的罪行负责,除非发生在陆军或海军部队或民兵中,在战时或公共危险时实际服役;任何人不得因同一罪行而两次面临生命或肢体危险;在任何刑事案件中,未经正当法律程序,不得被强迫作证,也不得被剥夺生命、自由或财产;私人财产也不得在没有公正补偿的情况下用于公共用途。
② Smith v. Maryland: 442 U. S. 735 (1979), at 742–746.
③ Geoffrey R. Stone, Constitutional law (7th ed.), 2013, p. 1543.
④ Deshaney v. Winnebago County, 489 U. S. 189, 196 (1989).
⑤ Erwin Chemerinsky. Rediscovering Brandeis's Right to Privacy. *Brandeis Law Journal*, Vol. 45, No. 4, 2007, pp. 643–658.

(Olmstead v. United States)中，①布兰代斯法官认为政府对个人的电话监听违反《美国宪法（第四修正案）》，其写道："宪法制定者们致力于保障种种利于人民寻求幸福的条件。他们认识到了保护个人精神世界、情感和心智的重要性。他们深知人民在物质形态中只能得到生活的部分痛苦、愉悦和满足，因而力求保护人民的信仰、思想、情感和感受。他们创设了针对政府的独处的权利——对于文明社会的人而言，这一权利是广泛且最有价值的。为了保护这一权利，政府对于个人隐私的每次非法侵入，不管采取了何种手段，都必须视为违反了第四修正案。"②这一论述在 1967 年"卡茨诉美国案"（Katz v. United States）中③得以遵循，并提出个人对其隐私权利具有合理期待，宪法保护这种合理期待，此后众多判例重复了"隐私合理期待"的概念。④　二是与个人做出某些特定决定的自主权利相关的隐私权。对个人自由的维护可追溯至 1923 年的"迈耶诉内布拉斯加州案"（Meyer v. Nebraska），⑤包含布兰代斯法官在内的多数票认为那些禁止在学校教授除英语以外的任何语言的相关州立法违宪。"自由"一词被扩张解释至保护家庭自治的基本方面。1965 年，在"格里斯沃尔德诉康涅狄格州案"（Griswold v. Connecticut）中，⑥康涅狄格州的一项法律规定："任何人使用任何药物、药剂或仪器来防止受孕，将被处以不少于 50 美元的罚款或不少于 60 天不超过一年的监禁，或同时处以罚款或监禁。"道格拉斯法官引入"隐私"，认为隐私权应包括购买和使用避孕器具的自主权利，故康涅狄格州禁止使用和分发避孕药具的法律违宪。随后，在 1973 年"罗伊诉韦德案"（Roe v. Wade）中，⑦布莱克门大法官裁定，隐私权包括妇女自主选择终止妊娠的权利。其指出："隐私权，不论其成立的基础是第十四修正案中的

---

① 277 U. S. 438 (1928).

② 277 U. S. 438 (1928), at 478(Brandeis, J. , dissenting).

③ 389 U. S. 347 (1967).

④ Samson v. California, 126 S. Ct. 2193, 2196 (2006)；Georgia v. Randolph, 126 S. Ct. 1515, 1529 (2006) (Breyer, J. , concurring)；Kyllo v. United States, 533 U. S. 27, 44 (2001).

⑤ 262 U. S. 390 (1923).

⑥ 381 U. S. 479 (1965).

⑦ 410 U. S. 113 (1973).

个人自由理念,并且州政府的行为要受其约束,还是第九修正案中人民所保留的权利,其广泛性足以涵盖妇女自行决定是否终止妊娠的权利。"该案引发了对隐私权本质的讨论:隐私是否仅指个人信息的控制,还是也包括个人在自我发展决策中的自主权。在 2003 年"劳伦斯诉得克萨斯州案"(Lawrence v. Texas)中,①肯尼迪大法官援引隐私权来保护参与私人、自愿的同性恋活动的权利,他言明"成年人可以选择在其家庭和私人活动范围内建立这种关系,并仍然保持其作为人的自由尊严",州政府不能对成年人私下自愿进行的同性恋行为进行处罚。

(4)美国法从隐私权到信息隐私的转变。20 世纪 60 年代,电脑的普及使隐私权面临更严重的挑战,侵犯隐私的情况愈加严重。隐私权的保护也因此从宪法层面的保障逐渐发展到对个人信息的专门保护,即信息隐私。沃伦和布兰代斯所倡导的隐私权更多的是一种消极的"独处"或"别管我"的权利。然而,艾伦·威斯汀(Alan Westin)指出,个人对信息保密的渴望并非绝对,因为积极参与社会生活并分享信息同样重要。因此,他在 1967 年的著作《隐私与自由》中,将隐私定义为"孤独、亲密、匿名和保留"四种基本状态,并将每个人生活中的信息比喻为层层相套的圆圈。最内层的圆圈涵盖了个人事务,这些信息不会与任何人分享;第二层圆圈则是那些只有我们最熟悉的人才知晓的信息;随着圆圈不断向外延伸,信息的知晓范围也逐渐扩大,直至广为人知。

具体而言,孤独是个人能够达到的最完整的隐秘状态,属于最内层的圆圈。在这种状态下,个人与群体分离,不受他人观察。亲密(intimacy)是满足人类交流的基本需求,属于第二层的圆圈。在这种状态下,个人作为小单位的一部分,例如夫妻、家庭、朋友或工作团队,与他人进行有限的交流。匿名(anonymity)是指个人在公共场所或开放空间中寻求不被观察、不被身份识别的自由,以及匿名发表观点的权利。这是个人对"公共隐私"(public privacy)的一种渴望。保留(reserve)是指个人对自己信息的披露或保留的选择。这种选择体现在社交礼仪中的"社交距离"概念中。

---

① 539 U. S. 558 (2003).

即使在最亲密的关系中,个人仍希望保留一些过于私人、神圣、可耻或亵渎的部分信息,不向他人披露。1977 年的"惠伦诉罗伊案"(Whalen v. Roe)被认为是联邦最高法院就信息隐私权作出的最直接判决。① 该案涉及 1972 年纽约州的药物控制法。该法案要求所有关于最危险药物(第一类是禁止处方的海洛因,第二类是可以处方但危险性最高的药品)的处方开具需使用官方表格,并填写处方医生、药局、药物名称及剂量、患者姓名、地址、年龄等信息。这些表格需交给纽约州健康部门,由其输入电脑处理,并存储 5 年后销毁,同时禁止公开患者资料。原告包括经常使用第二类危险药物的患者和开具该类药物的医生,他们主张该法案对患者的追踪是违宪的。联邦地方法院认为,该法案对于第二类药物所采取的追踪"不必要而且过于广泛",因此支持原告的主张。至此,信息隐私被定义为"个人、群体或机构自主决定在何时、以何种方式、在多大程度上将其个人信息披露给他人的权利"。② 信息隐私保障个人能控制与限制个人信息的传播。隐私本质上是对自己信息和认知的控制,例如人们可能不介意他人知道一般信息,但如果涉及细节,则可能构成隐私侵犯。当然,这种对自身信息的控制是相对的,必须受到他人权利的限制。③ "独处的权利"转变为"个人信息的自我控制"权利。这一转变也影响了欧洲国家,例如德国,将其进一步发展为"个人信息自决"的权利。

"信息隐私"一词表明个人信息涵盖在"大隐私"概念之下。尽管隐私的内涵与外延具有开放性,尚未达成规范性定义,但在 100 多年的发展历程中,隐私权逐渐形成了四个方面的内容:一是信息隐私权,涉及信用、诊疗与政府档案中的个人信息处理;二是身体隐私权,涉及个人身体的保护,使个人身体免于基因测试、药品测试以及堕胎干预等方面的侵犯;三是通信隐私权,涉及通信、电话、电邮和其他形式的通信安全;四是地域隐私权,涉及保护个人不受非法搜查、非法取证等行为的侵犯。

① Whalen v. Roe: 429 U. S. 589 (1977).
② Alan F. Westin. *Privacy and Freedom*. New York: Ig Publishing, 1964, p. 33.
③ Charles Fried. Privacy. *Yale Law Journal*, Vol. 77, No. 3, 1968, pp. 475 - 493.

3. 规范路径:以"通知—选择"为核心

与欧盟相比,美国缺乏类似于欧盟的宪法性基本权利,后者既适用于私主体之间,也适用于个人与政府之间的数据保护。相反,美国宪法对于信息的保障,更侧重于数据的自由流动,而非个人隐私。《美国宪法(第一修正案)》的言论自由条款常被数据企业用来作为对信息隐私法的抗辩。美国司法实践中"言论自由"是非常强大的一项抗辩理由。在"索雷尔诉 IMS 医疗保健公司案"(Sorrell v. IMS Health Care)中,[1]佛蒙特州曾通过一项法律,禁止药店在未经处方医生同意的情况下出售能够识别处方医生的信息。然而,最高法院认为,该法律对"药品市场营销中的言论自由"构成了限制,未能通过《美国宪法(第一修正案)》言论自由条款下的"严格审查"标准而被废除。

在《统一个人数据保护法》出台之前,美国在法律层面并没有一部单一的、全面的联邦法律来统一规范个人信息的处理,而是由特定"部门"的法律拼凑而成,这些法律之间有时互相重叠,有时又互相矛盾。1970 年,德国颁布了世界上第一部综合性数据保护立法。而在同一时期,美国颁布了《公平信用报告法》(*Fair Credit Reporting Act*,FCRA),旨在限制消费者信贷报告行业的数据分享,并促使个人能够更容易地纠正信用报告中的错误。该法基本奠定了后续美国个人信息保护框架的三种模式:一是向消费者个人提供特定类型数据处理的通知,并在获得其同意后进行处理;二是设立由政府机构管理的个人申诉行政程序,即成立于 1914 年的美国联邦贸易委员会(Federal Trade Commission,FTC);三是通过定义可访问受保护数据的条款及条件,解决执法以及维护国家安全方面的利益。[2] 1973 年美国卫生教育福利部(HEW)发表了题为《计算机与公民权利》的报告,并建议政府制定《公平信息实践守则》(*Fair Information Practice Principals*,FIPPs),以约束所有组织遵守对公民个人可识别信息的保护,不符合守则的个人信息处理行为将受到政

---

① Sorrell, et al. v. IMS Health Inc. , 564 U. S. 552 (2011).

② Steven Cobb. *Data Privacy and Data Protection: U. S. Law and Legislation*. An ESET White Paper,2016.

府制裁。① 1974 年美国"水门事件"②后，国会通过了《隐私法》(Privacy Act)，规定凡与任何私人有关的，而与其他群体并无必然实质性利害关系的所有数据资料都属于个人隐私权的对象，任何利用计算机系统收集、存储、控制及使用与私人有关的数据资料，都可能构成对私人隐私权的侵害，并宣称"隐私权是受美国宪法保护的一项基本权利。"③但是不同于《计算机与公民权利》报告中呼吁将立法适用于"所有自动化处理的个人数据系统"，《隐私法》只适用于联邦机构的数据库，保护的是美国总务管理局保存在记录系统中的个人信息。

　　FTC 作为独立执法机构，长期充当着美国的"隐私警察"，负责"保护消费者、促进竞争"，防止"商业中或影响商业的不公平或欺诈行为。"④在隐私监管中，FTC 更倾向于使用其反欺诈的权力，从这个意义上讲，《隐私法》并非一部具体化的信息隐私法，而是广泛的消费者保护框架，"被用来禁止涉及披露个人信息的不公平或欺诈行为"的保护个人信息安全的程序。⑤ 通知与选择模式完全处于市场交易的结构中，卖方(数据收集者)提供市场上销售的产品或服务，有权获得潜在买方的交易信息，卖方必须向买方(消费者)披露其将要收集哪些个人信息以及如何使用所收集的信息(通知)，从而向个人提供了同意或拒绝进入交易的机会(选择)，若参与交易，即认为其允许收集个人信息。因此，美国信息隐私法是将数据保护嵌入特定的市场和

---

① 《公平信息实践原则》于 1973 年出现在美国卫生、教育和福利部(HEW)的一份报告中，以解决人们对个人信息日益数字化的担忧。该原则包括：个人信息记录系统的透明性；对此类个人信息记录系统的知情权(right to notice)；有权阻止个人信息在未经同意的情况下被用于新的目的；有权更正或修改个人记录；对数据控制者施加责任，以防止其对个人信息的滥用。这些原则被选择性地继受在美国的各种法规中，并在此基础上形成了 1980 年的《经合组织隐私指南》和 2004 年的《亚太经合组织隐私框架》。

② 理查德·尼克松总统上任后曾在白宫安装由语音自动启动的录音系统，并录下白宫中几乎所有的谈话。根据对这些录音磁带进行监听后发现，尼克松在水门窃听案发前后，都曾经暗示或暗示应该掩盖其上任后无论是由其本人还是下属所有的一些并不完全合法的行动。经过一系列的司法诉讼，美国联邦最高法院作出判决，要求总统必须交出录音带，尼克松总统最终服从了最高法院的判决。

③ Alan Charles Raul ed. The Privacy, Data Protection and Cybersecurity Law Review. *Law Business Research Ltd.*, 2014, pp. 268 – 269.

④ Paul M. Schwartz and Karl—Nikolaus Peifer. Transatlantic Data Privacy Law. *Georgetown Law Journal*, Vol. 106, No. 1, 2017, p. 147.

⑤ Leuan Jolly. Data Protection in the United States: Overview, https://uk. practicallaw. thomsonreuters. com/6-502-0467?transitionType＝Default&contextData＝(sc. Default)&firstPage＝true. 最后访问日期：2022 年 2 月 1 日。

特定的消费者关系中,给予消费者"通知和选择"特权,向消费者提供信息,然后由他们决定是否同意数据交易,此时的消费者被设想成特定市场关系中的"一个人"。美国法律保护的是特定消费关系中的消费者。

(二)基于康德传统的欧盟数据保护模式

1. 规范基础:从康德伦理到权利对话理论

与美国"大隐私"不同,欧陆法系国家大多将其界定为"私生活受尊重的权利"。1950 年,欧洲委员会(Council of Europe)颁布的《欧洲人权公约》(*European Convention On Human Rights*),将对公民私生活的保护列为公民的基本权利,旨在保护人权和隐私。法律性质是对缔约国具有约束力的区域性国际法。该公约也成为第一个在条约管辖范围内保护所有人基本人权和自由的国际公约。其第 8 条明确隐私是尊重个人享有"私人和家庭生活、通信"的权利。隐私权作为一项基本人权被写入公约。47 个缔约国都有义务遵守并将其纳入国内法,欧盟成员国均为该公约的缔约国。例如法国 1970 年《民法典》第 9 条规定:"人人享有其私人生活受尊重的权利。"德国法上隐私权经由"一般人格权"保护。在著名的"读者投书案"(1954 年)[①]中,原告 M 律师受曾在纳粹政权任要职的 H 的委托,向 D 出版公司发出律师函,要求 D 公司更正关于 H 的报道,而 D 公司将律师函作为读书投稿予以处理,并在"读者投稿"栏目中删除若干关键文字后发表。德国联邦法院判决原告 M 律师胜诉,并确立了思想或意见源自人格,是否发表及如何发表均应由作者自己决定,擅自发表他人私人资料,属于侵害个人应受保护的秘密范畴,侵害人格权,借由此案创设了"一般人格权"。

受康德道德权利哲学影响,[②]隐私权和个人信息受保护在欧盟都被视

---

① 王泽鉴:《人格权法:法释义学、比较法、案例研究》,北京大学出版社 2013 年版,第 276 页。

② 康德在洛克财产理论发表后的近 100 年出版了《道德形而上学原理》,成为西方社会自由民主的基础。他认为,每个人有能力成为理性、自主的人,应受到尊重。这种能力与人类趋利避害、追求幸福或快乐等更基本、更自然的本能有所区别。自主是根据理性行事,而不是根据自然本能驱使或社会压力行事。个人自由会在选择时受到显性或隐性的约束,受制于外部力量。只有当人类超越外部力量,脱离理性的实际限制,才能理性、道德和自由地行动。Immanuel Kant. *Groundwork of the Metaphysics of Morals*. Cambridge University Press, 1998, pp. 71 - 72.

为一项基本权利。康德反对功利主义,他贬低幸福而赞成自由尊严,贬低功利而赞成正义,但这也并不意味着其完全排除了对后果的考量。康德将"人"(一种自然的存在者)视为一种能够阐明"道德普适性"的价值载体。他强调人不是实现目的的手段,任何时候人都是"自然王国的目的国王",人的尊严具有普适价值。① 如果人类选择理性和道德的能力决定了"他是谁",理性的本质是选择的自由与能力,特别是设定目标并通过理性手段实现的能力,那么,"自主"是选择理性行事的能力,"自我"是"理性选择的主权代理人。"②因此,在个人数据保护框架中,个人自决和个人选择被置于首要地位。

欧盟基本权利体系极其发达,主要是从法西斯主义、极权主义和纳粹主义的毁灭性经验中吸取了维护人之为人的基本尊严的教训。西欧和东欧不同类型的秘密警察收集数据的历史深刻地提高了欧盟对数据保护的敏感性。在第二次世界大战之前,不同国家在其国内宪法的范围内承认人格尊严权利;战后,欧洲国家在国内和跨国层面对人格尊严予以特别关注,并将其作为战后欧洲重建"公民个体"(Identity)计划的关键组成部分。对此,尤尔根·哈贝马斯(Jürgen Habermas)认为,"这项计划符合宪法,对欧盟的生存至关重要"。③ 1947 年《意大利宪法》和 1949 年《联邦德国宪法》是人格尊严发展的先锋。欧洲秩序出现超国家权力的趋势:1957 年由 6 个核心成员国创立欧盟,随着其他国家的先后加入,欧盟的定位从最初的经济贸易区转变为新的政治合作模式,其内部设立欧盟理事会(Council of the Europe Union)和欧洲议会(European Parliament)两大立法机构,目标是给欧洲带来持久和平。

2. 欧盟及其成员国的个人信息保护立法发展

(1) 1950—1980 年,欧盟成员国国内立法的兴起。在《欧洲人权公约》的影响下,1970 年联邦德国黑森州率先通过了世界上第一部综合性的

---

① [美]杰弗里·墨菲:《康德:权利哲学》,吴彦译,中国法制出版社 2010 年版,第 88 页。
② Michael J. Sandel. *Liberalism and the Limits of Justice.* Cambridge University Press, 1998, p. 22.
③ Jürgen Habermas. *Zur Verfassung Europas.* Suhrkamp Verlag, 2011, p. 66.

(comprehensive)数据保护法。① 之前,联邦德国《基本法》(*Grundgesetz*)有着宪法地位,第1和2条保障"个人尊严"(dignity)和人格"自由发展"的权利。联邦德国宪法法院认为,人格自由发展的权利具有"最高宪法价值",并将隐私权描述为"脱离国家权力影响的私人生活领域",类似于美国布兰代斯法官的"宪法制定者赋予了个人不受政府干涉的独处的权利。"②除了基本的宪法性权利外,至少有130项其他法律对个人数据处理活动进行监管,但此时尚未通过关于数据保护和隐私权的统一立法。③ 1971年第一份联邦数据保护法草案得以提交,1978年1月1日,第一部《联邦数据保护法》(BDSG)生效。该法受到美国隐私权理论的影响,规定个人信息保护的目的,即个人隐私的保护。随后,瑞典在1973年颁布了第一部国家层面的《数据保护法》(*Datalagen*);④法国在1977年颁布了《国家数据保护法》,并宣称"信息学"对"人的身份、人权、隐私以及个人或公共自由"构成了危险。⑤

(2) 1981年,欧盟特别条约的签署与补充。1981年,欧洲委员会签署《关于个人数据自动处理的数据保护公约》(又称《第108号公约》)(*Convention for the Protection of individuals with regard to Automatic Processing of Personal Data*)。随着新技术的发展,数据保护需要对处理行为有更明确的规则,欧洲委员会认为仅凭《欧洲人权公约》第8条不足以充分保护个人免受公共、私营主体处理个人数据所造成的损害和滥用,最终通过了《第108号公约》,其规定了处理个人数据的基本原则和合法性条件,旨在确保所有对个人数据的处理都要符合《欧洲人权公约》第8条的规定,允许缔约国国内立法标准高出公约的基本保障措施。《第10号公约》的出台进一步加快欧洲其他国家制定数据保护立法的进程,因为其不允许数据

---

① Paul M. Schwartz. The EU—U. S. Privacy Collision: A Turn to Institutions and Procedures. *Harvard Law Review*, Vol. 126, No. 7, 2013, pp. 1992 - 1993.

② Olmstead v. United States, 277 U. S. 438, 478 (1927).

③ J. Lee Riccardi. The German Federal Data Protection Act of 1977: Protecting the Right to Privacy. *Boston College International and Comparative Law Review*, Vol. 6, No. 1, 1983, p. 245.

④ Datalagen, 289, 1973.

⑤ Act 1978 - 17 of 6 January 1978, *Data Protection Law*, art. 1 (Fr.).

跨境流向没有任何可比性的数据保护立法的国家,成员国不立法便意味着,其数据处理行业的商业利益将受到严重威胁。[1] 1982 年,德国联邦政府颁布《人口普查法》,该法计划在全国范围内对所有公民进行全面的个人信息收集,包括人口、职业、受教育程度、住所等。之后,公民起诉并主张《人口普查法》违宪。1983 年,德国联邦宪法法院裁定该法违宪,并提出公民对其个人信息有自我决定的控制权,个人信息自决的诞生之初便是从宪法层面的确认。需注意的是,该项判决涉及的是国家行为对个人信息自决权的侵害,核心是国家对个人信息自决权有保护义务。自决的内容在 2008 年德国 IT‐Grundrecht 案[2]中得以扩充,从保护个人信息的私密性和完整性,扩展到保障个人自主决定个人信息的公开与利用的积极权能,旨在构建意思形成自主、信息交流自由二者并重的法秩序。[3] 此外,英国、爱尔兰、葡萄牙等其他欧洲国家也相继增加了关于个人数据保护的国内立法。[4]

(3) 1995 年,欧盟《数据保护指令》对成员国不一致立法的协调。鉴于《第 108 号公约》属于国际条约,在成员国的实施情况各不相同。为了协调对个人信息处理中自然人基本权利和自由的保护,以及促进欧盟成员国之间的数据自由流动,并致力于建立"更紧密的联盟",欧盟力求在其主权范围内制定更统一的规则。1995 年 10 月,欧盟理事会和欧洲议会通过《数据保护指令》(简称《指令》)(*Directive 95 / 46 / EC*),成员国将部分主权移交给欧盟,使其得以通过发布具有约束力的指令或条例等方式行使权力。《指令》必须由成员国通过颁布法令转化为国内成文法后方具有约束力;而条例作为成文法可直接在各成员国生效。《指令》虽要求成员国承担将《指令》的内容纳入国内立法的义务,但赋予国内转化过程一定的

---

[1] Jeremy McBride. Citizen's Privacy and Data Banks: Enforcement of the Standards in the Data Protection Bill 1984 (U. K.). *Cahiers de Droit*, Vol. 25, No. 3, 1984, p. 535.

[2] BVerfG NJW 2008, 822.

[3] 贺栩栩:《比较法上的个人数据信息自决权》,《比较法研究》2013 年第 2 期。

[4] 例如 1984 年英国《数据保护法》(*Data Protection Act* 1984)、1988 年爱尔兰《数据保护法》(*Data Protection Act* 1988)、1991 年葡萄牙《自动化处理中的个人数据保护法》(*Law for the Protection of Personal Data with regard to Automatic Processing*)、1992 年比利时《数据保护法》(*Data Protection Act* 1992)、1992 年匈牙利《个人数据保护与公共利益数据公开法》(*Law on the Protection of Personal Data and Disclosure of Data of Public Interest*)。

灵活性和自由裁量权,仅要求实现《指令》的核心目标。《指令》作为一种更具有约束力的治理形式,旨在通过制定个人数据处理的最低标准并将其作为一项基本权利予以保护。《指令》鼓励意大利、西班牙、希腊等缺乏全面保护制度的国家建立个人数据保护框架。通过协调整个共同体的个人数据保护法,成员国不能再以另一成员国没有提供足够的数据保护而限制或禁止个人数据在共同体内自由流动,反映了适用于商品、服务、人员和资本的同等原则。《指令》中所载的个人权利和自由保护在实质上扩大了《第108号公约》的权利和自由。

(4) 1995—2009年,成员国将《指令》转化为国内立法。一直具有引领作用的德国模式对《指令》产生了重大影响,尤其是德国个人信息自决权的发展,确立了个人信息的宪法保护,这意味着个人有权决定何时以及在何种程度上公开其个人信息。2003年,BDSG① 要求数据控制者(data controller)在处理、收集、使用个人数据时,必须获得个人的明确同意,即只有在信息主体明确同意放弃该信息时才能收集、处理或使用,且数据控制者须向其说明收集、处理或使用的相应理由,目的是确保信息主体对其个人信息做出知情和自愿的选择;允许数据控制者交易和出售特定列举信息,例如"职业、姓名、职称、学历、地址和出生年份";要求数据控制者将四类数据泄露情况通知到受影响的个人。② 除了德国外,其他欧盟成员国也陆续将《指令》转化为适用于本国的国内立法。③

---

① Bundesdatenschutzgesetz(BDSG),Jan. 14,2003.

② 四类数据分别是特殊类型的个人数据(例如种族、政治观点、宗教或哲学信仰、工会成员资格、健康或性生活);受专业保密约束的个人数据;与刑事或行政犯罪有关或涉嫌犯罪的个人数据;银行账户或信用卡信息。

③ 如首次出台的:1996年意大利《数据保护法》(*Data Protection Act*)、1996年立陶宛《个人数据法律保护法》(*Law on Legal Protection of Personal Data*)、1996年爱沙尼亚《个人数据保护法》(*Personal Data Protection Act*)、1997年希腊《与个人数据处理相关的个人保护法》(*Law on the Protection of Individuals with regard to the Processing of Personal Data*)、1997年波兰《个人数据保护法》(*Law on the Protection of Personal Data*)、1998年斯洛伐克《信息系统中的个人数据保护法》及2002年《个人数据保护法》(*Act on Protection of Personal Data*)、1999年斯洛文尼亚《个人数据保护法》(*Law on Personal Data Protection*)、1999年芬兰《个人数据法》(*Personal Data Act*)、2000年捷克《个人数据保护法》(*Personal Data Protection Law*)、2000年拉脱维亚《个人数据保护法》(*Law on Personal Data Protection*)、2001年保加利亚《个人数据保护法》(*Personal Data Protection on Act*)、2001年马耳他《数据保护法》(*Data Protection Law*)、2001年罗马尼 (转下页)

（5）2009 年，欧盟宪法层面对数据保护的确认。2009 年欧盟签署《里斯本条约》(Lisbon Treaty)确认 2007 年《欧盟基本权利宪章》(Charter of Fundamental Rights of the European Union)（简称《宪章》）的效力。作为欧盟的宪法，《宪章》适用于欧盟所有成员国，成员国法律应当以《宪章》为依据，并将《宪章》作为最低要求，任何与《宪章》相冲突的法律不得适用。[①]《宪章》不仅用来限制政府的权力，而且要求政府采取积极措施来保护个人的权利，其既适用于成员国政府与私主体之间垂直的纵向法律关系，也对私主体与私主体之间的权利义务关系有横向约束力。[②]《宪章》第 7 和 8 条分别明确保护个人隐私和人人有权保障个人数据，且要求处理个人数据必须基于"特定目的和相关个人的同意，或者法律规定的合法依据。"因此欧盟保护个人数据的逻辑是在没有足够的法律依据的情况下处理个人数据，这样的行为本身就是侵犯个人的宪法性权利。

（6）2018 年《通用数据保护条例》(General Data Protection Regulation，GDPR)开启世界数据保护新高度。《指令》的属性是必须通过成员国颁布法令转化为国内法律，导致欧盟范围内个人信息保护呈现碎片化、不确定性，加之科技的迅速发展和全球化给个人信息保护带来新挑战，在动态发展的数字社会中，《指令》逐渐成为一种功能失调的监管方式，公众民意普遍认为自然人个人信息保护存在重大风险。2013 年，在爱德华·斯诺登交给媒体的机密文件中揭露美国国家安全局(NSA)不仅对公众进行监听行为，而

（接上页）亚《与个人数处理和数据自由流通相关的个人保护法》(Law on the Protection of Individuals with regard to the Processing of Personal Data and Free Movement of such Data)、2001 年塞浦路斯《个人数据处理法》(The Processing of Personal Data Law)、2002 与 2005 年卢森堡《与个人数据处理相关的个人保护》(Personal Protection and Personal Data Processing Act)和《电子通信中关于个人数据处理的特殊规定》(Specific Provisions for the Protection of Persons with regard to the Processing of Personal Data in the Electronic Communications Act)；更新修订的：1998 年瑞典《个人数据法》(Personal Data Act)、1998 年英国《数据保护法》(Data Protection Act)、1998 年葡萄牙《个人数据保护法》(Act on the Protection of Personal Data)、2000 年奥地利《数据保护法》(Austrian Data Protection Act 2000，DSG)(No. 165/1999)、2003 年爱尔兰《数据保护法》(Data Protection Act)。

① Menno Mostert, Annelien L. Bredenoord, Bart van der Sloot, Johannes J. M. van Delden. From Privacy to Data Protection in the EU: Implications for Big Data Health Research. European Journal of Health Law, Vol. 25, No. 1, 2017, pp. 4 - 5.

② Case C - 144/04, Mangold v. Helm, 2005 Eur. Ct. H. R. 709 (Nov. 22, 2005).

且针对某些政府的大使馆和通信系统存在跟踪电话交谈、非法访问电子邮件的行为。① 这一事件使欧洲社会意识到《指令》没有得到充分适用,隐私没有得到有效保护,于是,欧洲立法者从数据保密和国家安全等角度对数据保护框架进行审查和修订,成为 2018 年欧盟 GDPR 产生的契机。GDPR 作为数据保护领域一部领先的综合性立法,通过赋权模式,将数据主体在宪法上的抽象的基本权利具体化;作为条例,其效力高于指令且可在成员国直接生效执行,欧盟隐私和数据保护的重要性日益上升,数据主体具有权利主体地位。②

3. 规范路径:以"知情-同意"为核心

欧盟个人享有宪法上的隐私与数据保护的基本权利。GDPR 将同意作为数据处理的基本原则,基于同意享有数据访问权(the right to access data)、被遗忘权(the right to be forgotten)、明确同意(以及撤销同意)权(the right to consent and withdrawal of consent)、数据可携权(the right to data portability)等一系列具体权利,再通过数据保护官、独立监管机构、集体诉讼等方式来实现对数据控制者和处理者的惩罚,对受侵害的数据主体进行赔偿。数据主体所享有的基本权利与数据控制者、处理者所享有的数据收集和利用权利之间,欧盟显然把数据保护放到特权地位,但数据保护也不是无限的,《宪章》第 52(1)条允许限制"权利和自由"。欧盟法律在保护隐私和数据的同时,也重视数据的自由流动,目标是建立个人数据的欧盟单一内部市场。

(三) 两大模式逐渐合流为个人控制范式

美国欧洲国家对隐私的敏感度有着明显差异,存在两种不同的隐私文化。欧盟和美国两种路径差异在于社会和政治传统不同,其分别将隐私视为尊严和自由两个面向。③ 欧洲大陆隐私保护是尊重个人尊严,例如肖像

---

① M. Alkhammash. *Information Security for National Security: The Snowden and NSA Case Study*, https://www. grin. com/document/308419. 最后访问日期:2021 年 10 月 12 日。

② Paul M. Schwartz. The EU-U. S. Privacy Collision: A Turn to Institutions and Procedures. *Harvard Law Review*, Vol. 126, No. 7, 2013, pp. 1992 - 1993.

③ Robert C. Post. Three Concepts of Privacy. *Georgetown Law Journal*, Vol. 89, No. 6, 2001, pp. 2087 - 2098.

权、姓名权、名誉权以及个人信息自决权,这些权利均为控制个人公众形象的权利,即个人有权免受不必要的公开与曝光带来的公众侮辱,以保证社会公众以个人所期望的方式看待他。① 美国更倾向于自由,尤其是反对国家政府的自由,隐私在家庭自由神圣不可侵犯的概念下得到重要扩展。出于对政府权力的担忧,美国人维护自己住宅内的某种私人主权,隐私保护指向免受国家侵犯的权利。

但洛克理论与康德理论并不存在绝对差异,其均围绕保护个人权利来构建社会。美国的历史决定其有着对政府及警察的不信任,欧洲的历史决定其重视人在社会中的尊严与荣誉。② 二者均视隐私为"自我展示"的权利,与人格相关,强调信息自主性,这是因为西方哲学传统从康德到罗尔斯是一致的。信息自主意味着自然人不仅有选择的权利,而且有选择的能力,即不受外界影响的自我独立性,同时从根本上取决于环境与信息的塑造(自主性的实现需要不受外界干扰的相对隔离区域)。正如艾伦·威斯汀描述的"保留",信息隐私不仅有权隐瞒不希望他人知晓的信息,而且能以最大化舒适度的方式参与社会生活,即信息越少,个人参与社会生活越容易,选择也越自由。因此,当互联网崛起后,隐私的意涵逐渐从"隔离""独处"转向"控制""亲密"。两大范式合流为个人控制。出于自然人在社会生活中"形象"保护的必要,其理应有权对个人信息分享做出自主决定。康德道德伦理成为个人信息保护的哲学基础,个人信息自决与洛克财产理论相结合,信息隐私发展为个人信息处理中的经济选择行为。③

二、个人控制的局限:难以建立信任且阻碍数字经济

(一)个人控制关注处理的特定目的与个人法益

个人控制以个人本位为基础,关注处理信息的特定目的与个人法益,是

---

① Christoph Gorisch. Dignity and Liberty: Constitutional Visions in Germany and the United States. *Der Staat*, Vol. 42, No. 4, 2003, pp. 642 – 646.

② James Q. Whitman. The Two Western Cultures of Privacy: Dignity versus Liberty. *Yale Law Journal*, Vol. 113, No. 6, 2004, pp. 1151 – 1222.

③ 余成峰:《信息隐私权的宪法时刻:规范基础与体系重构》,《中外法学》2021 年第 1 期。

基于客体界定的权利配置范式。从与外界隔离及对抗的隐私,到私人领域及其自主性不能被外界公共性吞没,再到围绕已识别、可识别构建个人信息权利,均以个人为中心。通说将个人信息受保护视为私法上的民事权利,有"隐私权说""具体人格权说""一般人格权说""双重属性说""新型民事权利说"等细分学说,均认可个人信息是人格权属性。根据通过裁判使受损利益得到恢复的传统法律救济观,形成了"权能说""权利体系说""权益说""场景确定说""权利嵌入说"等赋权思路,赋予信息主体更多控制来平衡其与处理者的信息不对称,结果导向是个人管理自己的隐私、个人捍卫自己的权利。

然而,数字社会中个人信息的"社会性"特征突出。第一,与健康权、姓名权、隐私权、名誉权等具有单一个人法益的人格权不同,个人信息兼具个人法益与超个人法益(例如企业数据利益、社会公共利益),甚至涵盖现行法秩序中全部既有民事人身和财产权益。第二,个人属于特定社会群体,"人是一种社会的存在,生活在社会之中,而且只可能生活在社会之中。"[1]社会连带性是社会生活与政治生活的基础原则。无论个人身份是否已识别,其性别、种族、教育、医疗健康等个人信息往往显示在大数据中,可被用于针对性识别分析目的,社会群体的利益保护成为超越个人保护的新视角。[2] 第三,法律行为引发的首要风险是信任风险,信息主体因对处理者某种程度的信任而愿意分享,这份信任不仅是自担风险的个人选择,而且是实现个人信息社会价值、降低社会成本和增加社会润滑的社会选择,属于社会信赖保护。因此,法律对个人信息社会性的回应在于建立各参与主体所形成的社会群体之间的信任。

个人控制虽有利于权利保护,但无法在数据的整体处理中产生信任。[3]个人控制的实现依赖自然人在处理活动中评估自己所受损害程度,通过事前同意、事中拒绝限制以及事后有条件的删除来管理自己的隐私,捍卫自己

---

① [法]莱翁·狄骥:《宪法论(第一卷):法律规则和国家问题》,钱克新译,商务印书馆1959年版,第50页。

② Michèle Finck and Frank Pallas. They Who Must not be Identified: Distinguishing Personal from Non-Personal Data Under the GDPR. *International Data Privacy Law*,Vol. 10, No. 1, 2020, p. 20.

③ Kieron O'Hara. Data Trusts: Ethics, Architecture and Governance for Trustworthy Data Stewardship. *University of Southampton Institutional Repository*,13 February, 2019, p. 9.

的权利。该视角"规模小"且理想化地假设自然人会尽力行使权利来确保处理者遵守各种规则。"信任"并不局限于单个信息处理目的、处理关系，而是侧重对数字社会的整体考察。个人利益、国家利益与社会利益必然冲突，美国法学家庞德将对社会的观察、各项利益的比较，以及通过法律实现对社会的控制等一系列复杂而有次序的过程类比为一种社会工程，通过该工程，个人利益通过社会利益得到表彰，社会内耗减到最低。[①] 同理，自然人分享信息合理期望处理者能以各种方式关切其利益，即使没有法律明确规定，也要求在可信任的社会环境中分享信息。大数据时代，自然人甚至不知道自己的信息利益是什么，只能通过信任处理者来合理定义自己的利益，即个人信息保护通过社会信任得到保障。

（二）个人控制忽视信息主体的依赖性与脆弱性

"自由"是个人控制的核心，消极自由为个人提供独立的私人领地，自己可以随心所欲而他人却不得进入该禁区，是"免于……的自由"；积极自由则回答"什么东西或什么人，是决定某人做这个、成为这样而不是做那个、成为那样的那种控制或干涉的根源"，是"去做……的自由"。[②] 个人控制的隐私观具体表现为以下方面。

1. 独处、隔离和排斥

隐私是一种与世隔绝的独居状态，与公众视线隔离，并将他人排斥在个人生活的某些方面。"不可侵犯的人格"作为完整、自主个体的尊严，[③]有权将他人排除在个人"思想、情感和情绪"之外。沃伦等认为"隔离"是"独处权利"的一部分，免于大众媒体对他人生活的侵扰。[④] 安妮塔·艾伦（Anita Allen）承认独处的中心地位，否则公众可随时接触。[⑤] 大卫·奥布莱恩

---

① ［爱尔兰］约翰·莫里斯·凯利：《西方法律思想简史》，王笑红译，法律出版社 2002 年版，第 345 页。

② ［英］以赛亚·伯林：《自由论》，胡传胜译，译林出版社 2003 年版，第 189，200 页。

③ Edward J. Bloustein. Privacy as an Aspect of Human Dignity: An Answer to Dean Prosser. *New York University Law Review*, Vol. 39, No. 6, 1964, pp. 962 - 1007.

④ Samuel D. Warren and Louis D. Brandeis. Right to Privacy. *Harvard Law Review*, Vol. 4, No. 5, 1890 - 1891, pp. 193 - 220.

⑤ Anita L. Allen. Is Privacy Now Possible? A Brief History of an Obsession. *Social Research*, Vol. 68, No. 1, 2001, pp. 301 - 306.

(David O'Brien)认为独处带来"有限访问的先决条件",呼应了"隔离"的价值。[1] 霍华德·怀特(Howard White)和西塞拉·博克(Sissela Bok)将隐私描述为"对抗外界的权利"和"不受他人不必要访问的保护条件。"[2]

2. 亲密、保密和偏差

某些信息即使分享出去仍保留私密性质,例如性取向、医疗状况、财务信息内容等。罗伯特·杰尔斯坦(Robert Gerstein)认为社会交往中亲密关系需要隐私保护才能繁荣。[3] 吉恩·科恩(Jean Cohen)提出隐私是关于"是否、何时以及与谁讨论私密的事宜。"[4]朱莉·英尼斯(Julie Inness)则认为隐私是"控制亲密领域、决定亲密行为的状态和决定。"[5]在隐私与少数群体的关系中,汤普森(Scott Skinner Thompson)将性取向、性别认同和艾滋病毒感染状况等核心识别特征确定为信息隐私的"具体价值"之一,信息隐私必须保护性少数群体免受因公布个人信息而造成的歧视,例如某人因为是同性恋的信息被公开而遭到公司解雇。[6]

3. 个性、独立和人格

隐私只有在理性、自主、自我意识中才有意义。阿伦·贝茨(Alan Bates)称隐私的关键是随着自我意识形成,自然人可以区分对自己来说是重要的信息还是微不足道的信息,并非任何信息都是隐私。[7] 斯坦利·本(Stanley Benn)认为个人讨厌被监视,否则,个体沦为工具,而非"有自己的情感、目的与期望,对自己的决定在道德上负责,能够与他人通过分享信息建立互动关系"的自由主体。[8] 布鲁斯丁补充说,隐私侵权远超出任何身体

---

[1] David M. O'Brien. *Privacy, Law and Public Policy*. Praeger Publishers, 1979, p. 16.

[2] Howard B. White. The Right to Privacy. *Social Research*, Vol. 18, No. 1 - 4, 1951, pp. 171 - 172; Sissela Bok. *Secrets: On the Ethics of Concealment and Revelation*. Pantheon Books, 1983, pp. 10 - 11.

[3] Robert S. Gerstein. Intimacy and Privacy. *Ethics*, Vol. 89, No. 1, 1978, p. 76.

[4] Jean L. Cohen. The Necessity of Privacy. *Social Research*, Vol. 68, No. 1, 2001, pp. 318 - 319.

[5] Julie C. Inness. *Privacy, Intimacy and Isolation*. Oxford University Press, 1992, p. 56.

[6] Scott Skinner Thompson. Outing Privacy. *Northwestern University Law Review*, Vol. 110, No. 1, 2015, pp. 159 - 222.

[7] Alan P. Bates. Privacy: A Useful Concept. *Social Forces*, Vol. 42, No. 4, 1964, pp. 429 - 434.

[8] Stanley I. Benn. *Privacy, Freedom and Respect for Persons: in Philosophical Dimensions of Privacy*. Cambridge University Press, 1984, pp. 223 - 244.

侵害,因为隐私是自由与自我的展现,受到侵害会"人不像人,且没有人的尊严。"①

4. 自治、选择和控制

自由与选择是洛克、康德理论的核心,即选择的自由界定了"人"。洛克将国家视为个人权利的仆人,因为人类在自然状态下处于完全平等,通过选择以政府形式联合起来。康德将自决和选择视为人类先验理性本质的一部分,即在不受国家干涉的情况下选择自己目的的权利。信息隐私是通过自由选择实现自我的权利,个人有权自行"选择是否、何时以及与谁"分享其个人信息,②从而控制公众对个人的了解。

个人控制的隐私观将"个人"置于神坛,却缺乏对个人信息处理过程中社会权力的动态关注,忽视个人权力及能力的脆弱。在个人信息处理关系中,个人并不具备实现上述价值的能力。实际权力不对称使得个人相对于处理者具有依赖性与脆弱性,并随着算法、人工智能技术等发展而更加不对称。

"依赖性"源于双方权力异化。数字社会中的公众不仅广泛参与并分享信息,而且该过程中也因大规模数据分析产生算法歧视、算法损害、算法操纵等一系列负外部性。处理者通过算法驱动的自动化决策不仅能对特定个人的偏好、性格等精准"画像",而且能影响公众的主体性选择。个人信息处理活动中的不透明性导致信息主体为了参与社会生活不得不依赖处理者。与人们向医生、律师等专业人士寻求专业意见与服务时因信任而提供敏感信息的情形类似。又因算法等技术准入性特征,普通公众无法监督处理活动以及参与数据治理,其无法知晓对其产生重大影响的自动化决策是由算法如何做出的。个人控制能力、知情权、参与权、救济权面临难以实现的困境。即使在公共事业领域,算法处理看似使得行政流程"化繁为简",但事实上在其取得"便利性"的同时,让原本弱势群体更加边缘化,产生"数字贫民窟"效应。③

---

① Edward J. Bloustein. Privacy as an Aspect of Human Dignity: An Answer to Dean Prosser. *New York University Law Review*, Vol. 39, No. 6, 1964, pp. 962 - 1007.

② Jean L. Cohen. The Necessity of Privacy. *Social Research*, Vol. 68, No. 1, 2001, pp. 318 - 319.

③ 张欣:《从算法危机到算法信任:算法治理的多元方案和本土化路径》,《华东政法大学学报》2019年第6期。

　　"脆弱性"表现为算法焦虑等安全感困境。尽管处理行为可能很少或并不违反法律规定,信息主体无法举证确定个人权益的具体损害,但确定因信息暴露或易受损害而感受到威胁,影响着人们对技术的信任程度,例如自然人因个人信息处理导致信息泄露而遭受犯罪侵害的风险增加;因个人信息公开而羞辱或损害其公众形象,使其失去公众的尊重;信息的永久存储、可利用和可检索使得个人行为的重建成为可能,从而减少其想被集体社会"遗忘"的机会;个人信息处理视人类为纯粹物体,尤其是通过完全自动化的算法决策,人类有被从主体降为客体的风险,以及在微观层面上对个人行为的操纵风险,会对人的行为自由和宏观层面的决策判断产生负面影响,达不到信息主体在集体生活中所必需的对合理保密的期望。信息的不对称、处理的不透明以及风险的不确定使公众更加脆弱,同时也增加了社会的不可控性。① 例如,大数据杀熟对个人决策的控制与隐形剥削、"人肉"搜索现象对社会诚信的挑战、数字社会虚拟化带来的社会伦理道德虚无主义、"不在场"特征使得网络空间道德底线不断弱化等。"安全感困境"削弱社会成员之间的信赖和互动的意愿,从而阻碍个人人格的自由发展,以及减少能为社会所利用的个人信息总量,可能阻碍数字经济发展。

　　信息主体和监管部门不信任处理者,处理者之间也互不信任。② 以知情同意为例,虽然其旨在加强个人自决,但此种自决与数据利用的客观规律存在冲突。隐私政策等告知形式基本架空了信息主体的实质知情与同意,应用程序界面点击"同意"选项就好比每喝一口水之前都要求评估喝的水是否安全。③ 协议形式以及司法实践都将同意转化为一种授权,产生免责效力,但该种授权缺乏信赖和信任的内涵,因为在陌生人交往过程所形成的数字社会关系中,个人授权远远背离其信赖本意。④ 例如,2012 年美国塔吉特(Target)公司通过在其怀孕预测模型中输入顾客的购物习惯、网络浏览偏

---

① 张旺:《伦理结构化:算法风险治理的逻辑与路径》,《湖湘论坛》2021 年第 2 期。
② Omer Tene and Jules Polonetsky. A Theory of Creepy: Technology, Privacy and Shifting Social Norms. *Yale Journal of Law and Technology*, Vol. 59, No. 16, 2013, p. 16.
③ Anouk Ruhaak. Data Trusts. *MIT Technology Review*, Vol. 124, No. 2, 2021, pp. 36 - 37.
④ 姚佳:《知情同意原则抑或信赖授权原则:兼论数字时代的信任重建》,《暨南学报(哲学社会科学版)》2020 年第 2 期。

好、婚姻状况、工资收入、信用卡使用情况等信息,最终识别出某名未成年女子并向其邮箱发送婴儿用品优惠券,该女子父亲从而知道怀孕消息,并对塔吉特的分析行为感到愤怒。① 若依据个人控制,该事件中,塔吉特输入的数据都是用户自行披露或经用户同意的数据,其在隐私政策中告知了可能访问上述信息以增强用户体验,属于合法处理行为。但塔吉特的信息分析实际上超出了用户分享信息时的合理预期而违背了用户信任。可见,个人控制忽略了用户在具体场景中的脆弱性。

(三)个人控制预设信息主体与他人是敌对关系

1. 理性经济人预设

经济人是指每个独立主体从个人利己目的出发,追逐经济利益,理性人是指为实现前一目标,主体须具备足够能力,以达到趋利避害的效果。在个人信息处理中,假设信息主体能够利用被充分告知的信息,做出是否同意处理的自主决策,且最有利于自己。例如在"肖某诉京东等网络侵权纠纷案"中,②法院认为原告作为具有完全民事行为能力的成年人,足以理解隐私政策内容。该案将同意能力与行为能力等同,将自然人与理性经济人等同。理性人是基于"主—客"二元对立思想,被塑造成"高于一切,也孤立于一 切"的抽象人,不得不孤独地对抗外部世界。"控制"是为了实现个人自治。社会主体可以在生活的各个领域和广泛的公共和私人事务中做出个人自由抉择。因此,为确保个人自治,强调信息主体对个人信息的自主支配、自主选择以及自己的责任。立法者假定知情且理性的个人可自行权衡并决定个人信息分享的成本和收益,并就各种形式的个人信息处理做出同意与否的适当决策,而权利便是其工具。立法者试图在个人信息处理的技术规制等问题上保持中立,而更关注个人本身是否对信息处理行为做出自愿、明确的同意。③然而

---

① Lori Andrews. A New Privacy Paradigm in the Age of Apps. *Wake Forest Law Reviews*, Vol. 421, No. 53, 2018, p. 3.
② 汪志刚:《生命科技时代民法中人的主体地位构造基础》,《法学研究》2016 年第 6 期。
③ Daniel J. Solove. Introduction: Privacy Self—Management and the Consent Dilemma. *Harvard Law Review*, Vol. 126, No. 7, 2013, pp. 1880 - 1903.

自然人的认知缺陷等削弱了同意的有效性,只要双方同意,大多数形式的个人信息处理都是合法的,同意常常成为达成合意的一种便捷方式。

2. 公私二元区分预设

自亚里士多德时代起,学界便定义了公共领域的城邦和私人领域的家,公私二元的区分被视为哲学的核心。[1] 通常公共领域是指人们在公开场合、社区和政治世界中生活的场所;私人领域是指人们独居处于隔离状态或个人家庭生活的场所,不受管理公共生活的规则所约束。[2] 隐私权基于隔离、独处、隐居等核心价值,被划入私人领域,是消极防御性质,权利人需承担举证责任,证明某项行为的确侵犯了隐私,从侵犯隐私中获得的社会公共利益重要程度不超过个人所受之损害。隐私也具有公共价值,不仅源于对个人的保护,而且源于对政府或权力使用的约束。[3] 基于公私二分,个人信息由自然人自行决定向公众保密或公开。个人信息和数据既是个人或组织的活动而产生,具有私人属性,也是数字经济中维持经济正常运转所共生共存的重要资源,具有公共属性。[4] 数字社会中的自然人具备公私二分下的"生物人类"和公私融合下的"数字人类"双重属性,个人的身份、社会关系等都将通过可计算的方式,被更加精确、透彻地获取、分析和评价,"理性人"假设需重新审视。

3. 个人与他人敌对关系预设

17世纪,霍布斯以人性恶和社会的自私本性为出发点,将社会形成之前的阶段描绘成一群极端利己主义者相互恶斗的紧张关系的"自然状态",法律和理性抑制了人自身的"狼性",才服从了公共利益。[5] 18世纪,亚当·斯密相对温和的经济个人主义开始取代霍布斯的极端个人主义,其并非无视社会利益,相反,是认可个人利益与社会利益的一致性,即利己就是利他,

① Charlotte A. Tschider. Meaningful Choice: A History of Consent and Alternatives to the Consent Myth. *North Carolina Journal of Law & Technology*, Vol. 22, No. 4, 2021, p. 619.

② Shils Edward. Privacy: Its Constitution and Vicissitudes. *Law and Contemporary Problems*, Vol. 31, No. 2, 1966, pp. 281 – 306.

③ Priscilla M. Regan. *Legislating Privacy: Technology, Social Values and Public Policy*. University of North Carolina Press, 1995, p. 213, p. 225.

④ 马长山:《智慧社会背景下的"第四代人权"及其保障》,《中国法学》2019年第5期。

⑤ [英]托马斯·霍布斯:《利维坦》,黎斯复、黎廷弼译,商务印书馆1986年版,第95页。

每个人的个人利益叠加就构成了社会公共利益,追求个人利益就是追求社会公共利益。① 同时代的边沁和密尔的功利个人主义则认为人虽然是利己的,但当其利益与最大多数人的最大幸福相冲突时,个人利益让渡于利他因素,不过"任何人的行为,只有涉及他人的那部分才须对社会负责。在仅只涉及本人的那部分,他的独立性在权利上则是绝对的。对本人自己,对于他自己的身和心,个人乃最高主权者。"②康德将人视为目的,在任何情形下都不能成为手段,人具有终极价值,意味着个体的人格须得到他人的完全尊重,人与人之间相互尊重人格的道德准则便构成伦理人格主义。③ 随着现代社会科技和调查技术的发展,社会存在群体性安全感困境,隐私与个人信息所受之威胁被描述为"恐怖的社会"④"伤害人性",甚至"极权主义"。⑤ 查尔斯·弗里德(Charles Fried)警示:如果没有隐私,我们将失去"作为人的完整性"。⑥ 还有一些人认为隐私是"人格"(personhood)的基础。⑦ 个人与他人之间的社会关系是处于对立的状态,个人被警告称外部社会充满对其福祉与利益的风险与危害,"坏人"不会以应有的尊严来对待他,因此,个人须追求自己的利益,捍卫自己的权益。

敌对预设中无法产生"信任"。个人信息处理关系主体既被视为平等竞争者,也是机会主义者,其为自己谋利,专注自己利益而漠视对方利益,主体之间是一种紧张关系,导致互信机制缺失。所有参与信息关系的社会主体都有减损个人信任,并进行过度逐利的动机。安全感困境削弱社群成员间的信任感与互动意愿,从而阻碍人格自由发展,减少能为社会整体所利用的个人信息总量。

---

① ［英］亚当·斯密:《国富论》,孙善春、李春长译,华侨出版社 2010 年版,第 151 页。

② ［英］约翰·密尔:《论自由》,许宝骙译,商务印书馆 1959 年版,第 11 页。

③ ［德］伊曼努尔·康德:《道德形而上学原理》,苗力田译,上海人民出版社 2012 年版,第 47 页。

④ Edward J. Eberle. The Right to Information Self—Determination. *Utah Law Review*, Vol. 2001, No. 4, 2001, pp. 965 – 1016.

⑤ Jed Rubenfeld. Right to Privacy. *Harvard Law Review*, Vol. 102, No. 4, 1989, pp. 737 – 807.

⑥ Charles Fried. Privacy. *Yale Law Journal*, Vol. 77, No. 3, 1968, pp. 475 – 477.

⑦ Jonathan Kahn. Privacy as a Legal Principle of Identity Maintenance. *Seton Hall Law Review*, Vol. 33, No. 2, 2003, pp. 371 – 410.

三、个人控制的瓦解：走出控制错觉与回归社会控制

（一）个人控制错觉

虽然信息主体主观上表示不愿自己的个人信息为他人所知，但客观上又疏于采取个人信息保护行动或者将个人信息透露、分享给他人，隐私态度和行为之间的差异被称为"隐私悖论"（privacy paradox）现象。[①] 在权衡个人信息分享的决策时，个人和社会群体的动机不同，将个人信息像公共产品一样为他人利用是对社会群体有利的，但个人充分知情下的信息决策往往会减少整体上的"个人信息池"。[②] 信息自决须对个人信息处理充分知情才能做出最理性的判断，以实现对自己个人信息的控制，然而信息主体具有依赖性和脆弱性，与处理者天然存在权力不对称，尤其是在信息已被收集之后的使用、处理等环节。[③] 因信息茧房和认知偏差，信息主体既难以访问所有信息而充分知情，又缺乏监督个人信息处理的手段。[④] 个人做出自身利益最大化的自主决策的实际能力远未达到个人信息保护立法所预设的程度，因此，个人信息处理强调"个人控制"和"信息自决"是一种错觉。

每个人的隐私偏好并不相同，有些人希望多向他人或公众分享关于自己的信息，有些人则希望较少地分享。[⑤] 虽然采用通知、选择、目的限制等方式可使个人能够控制其个人信息，但这种控制忽视了信息"外溢现象"，法律也不能对每个人提供对其个人信息的控制，当某个人同意披露个人信息时，往往其行为还披露了其他人的个人信息。例如，某人在社交媒体上发布一张自己与朋友一起聚会的照片，其行为不仅是透露了自己的行踪，而且透露了照片中其他人的行踪；又如，个人在参与访问网站、在线购物、使用智能

① N. Gerber, P. Gerber, M. Kamer. Explaining the Privacy Paradox: A Systematic Review of Literature Investigating Privacy Attitude and Behavior. *Computers & Security*, Vol. 77, 2018, p. 226.

② Joshua A. T. Fairfield and Christoph Engel. Privacy as a Public Good. *Duke Law Journal*, Vol. 65, No. 3, 2015, pp. 385 – 458.

③ 任龙龙：《论同意不是个人信息处理的正当性基础》，《政治与法律》2016 年第 1 期。

④ Daniel J. Solove. Introduction: Privacy Self—Management and the Consent Dilemma. *Harvard Law Review*, Vol. 126, No. 7, 2013, pp. 1880 – 1903.

⑤ Alan F. Westin. *Privacy and Freedom*. New York: Ig Publishing, 1964, pp. 40 – 41.

家电等数字社会生活时留下一系列痕迹或数据,处理者可以利用这些数据来预测个人高度准确的行为习惯等。个人信息处理往往影响他人的个人信息,个人控制的概念有着根本性缺陷。[①]

大数据时代,信息主体日益丧失对自己个人信息的控制,强大的人工智能和数据算法等使得处理者对信息的控制权力越来越大。信息主体与处理者之间存在严重信息不对称以及谈判力不对称。与普通个人相比,技术公司、商业平台和政府部门等信息控制者掌握着"技术霸权"而拥有着明显的巨大优势,人们为了享受科技进步福利不得不放弃隐私、信息自由、反对歧视等既有价值和权益,被称为"人权侵蚀现象蔓延"。[②] 个人信息自决在私主体之间是反交流的。冯·莱温斯基(Von Lewinski)认为用"限制信息的他律性"(informationelle Fremdbeschränkung)取代"信息自决"更符合实际,信息主体在个人信息处理上有发言权,但并不一定总享有最后决定权。[③] 因为信息主体对其个人享有的隐私或保密性等诉求是利益考量之一,其可能或不可能优于信息控制者或第三方的利益,而是要取决于个人信息处理的环境、对信息主体保护的需要程度,以及信息控制者或第三方利益的重要性。同意无法保障信息自决。

（二）回归社会控制

个人控制结合了权利路径和新自由主义(Rights and neoliberalism),过分强调个人,是缺乏信任的产物。数字社会是典型的风险社会。乌尔里希·贝克(Ulrich Beck)从制度主义立场提出"风险社会"理论,指出风险社会的特征是:风险的"人化",即社会主体的活动和行为及决策等扩大了不确定性风险;风险的"制度化",即规范性的框架自身带来了另一种风险,使

[①] Joshua A. T. Fairfield and Christoph Engel. Privacy as a Public Good. *Duke Law Journal*, Vol. 65, No. 3, 2015, pp. 385 - 458.

[②] 马长山:《智慧社会背景下的"第四代人权"及其保障》,《中国法学》2019年第5期。

[③] Winfried Veil. The GDPR: The Emperor's New Clothes: on the Structual Shortcomings of Both the Old and the New Data Protection Law. *Neue Zeitschrift für Verwaltungsrecht*, Vol. 10, 2018, pp. 686 - 696.

风险的制度化转变成制度化风险。① 数字社会中个人信息处理活动的风险：一是高度不确定性的风险及其带来的信任缺失；二是个人信息处理规则的制度化风险。个人控制将个人和个人权利凌驾于社会之上，个人信息处理这一法律关系中个人与其他社会主体处于紧张对立状态，信任无法凭空产生。首先，基于自决、控制的信息隐私观过于宽泛。隐私与个人信息保护被视为选择权，行使方式是主观的，其限于个人选择信息分享的内容、时间等，由此制定的保护范式将一切留给个人控制。例如，以假名为"面纱"侵害目标用户的网络骚扰者亦可选择不公开其个人身份，此时传统隐私观难以对抗侵害者保留假名的绝对权利。其次，个人控制范式可能削弱信息主体的自我。个人控制范式将信息分享成一种自我意识主导的意志行为，来选择、控制和管理他人所知的其个人信息。例如用户自愿将个人信息分享给开户的电信公司，其可能会承担随后该信息被披露的风险。自主、自决似乎赋予个人分享权力，但导致个人信息利益的丧失。最后，个人控制范式并没有创造出更好、更公正的制度。理查德·波斯纳曾批判道，虽然法律防止卖家对其商品做出虚假或不完整的陈述，但允许个人不诚信或隐瞒事实以获取个人利益（保留隐私）是不协调的。② 信息主体有被视为孤立且具有绝对自由的倾向，与其他信息关系参与者之间是一种紧张关系，其专注于自己的利益而漠视对方的利益，缺失互信机制。所有参与信息关系的社会主体都有减损个人信任而进行过度逐利的动机，从而引发"数字信任公地悲剧"。③ 新自由主义旨在通过缩小公共空间和扩大市场条件下私人行为者的权力来扩大自由。个人被告知须追求自己的利益并对抗外界对其利益的潜在威胁。在个人控制本身缺失信任的情况下需要通过制度才能构建信任，即从个人风险规制转向社会风险规制，从个人本位转向社会本位，基于社会整体利益优先于个体利益的原则，从个人控制转向社会控制。

---

① 杨雪冬：《风险社会理论评述》，《国家行政学院学报》2005 年第 1 期。
② Richard A. Posner. The Right to Privacy. *Georgia Law Review*, Vol. 12, No. 3, 1978, p. 399.
③ 谢尧雯：《网络平台差别化定价的规制路径选择：以数字信任维系为核心》，《行政法学研究》2021 年第 5 期。

第三节　破解进路：受托人信义义务
作为统一治理范式

信义义务制度源于信托,信托的雏形产生于英国封建时代的土地分封制度。1066 年,威廉一世将土地收归国王,领主从国王那里受封获得土地,并进行次一级分封(subinfeudation),形成所有(ownership)与保有(tenure)的法律关系,由此一块土地上最终会有国王、大封建领主到直接占有土地的农民保有人等众多权利主体。[①] 个人信息上也存在信息主体的个人利益、处理者的合理利用利益和社会公共利益等多方权益主体。

由于个人控制范式难以建立长期、可持续、互利互信的个人信息分享关系,故引入信义义务旨在构建适应数字社会需求的统一治理架构通过义务填充防范个人信息处理中的侵害风险。信任无法凭空产生,应以具有一定可信度的制度来构建信任。可信任程度与信任对象的制度化程度呈正相关。[②] 信义义务(fiduciary duty)正是作为重建数字社会信任、反复权衡个人自由与社会信赖的重要机制而嵌入,是指基于信任产生的(道德)义务或受托人需承担的法定义务,"fiduciary"的词源"fiducia"意为"受信任的""受托人"。[③] 信息经济结构使得消费者不得不信任事实上控制数据利益的处理者,以便获得产品或服务。

一、利益分析的视角：信义义务关注个人信息社会化利用

个人信息因其公共属性与社会价值而具有非个人控制性。[④] 个人信息流通与利用进行数字分析也会产生社会正效益。单个个人信息的财产价值

① 徐化耿:《信义义务研究》,清华大学出版社 2021 年版,第 16 页。
② 曾坚:《信赖保护:以法律文化与制度构建为视角》,法律出版社 2010 年版,第 66 页。
③ 徐化耿:《信义义务的一般理论及其在中国法上的展开》,《中外法学》2020 年第 6 期。
④ 高富平:《个人信息保护:从个人控制到社会控制》,《法学研究》2018 年第 3 期。

很少,平摊到每个信息主体时的价值数额也很小。[①] 奥默·特尼指出,个人信息作为社会事实,即使未经同意的使用也能为社会福祉带来提升,当个人参与数字经济可获得更广泛的社会利益时,个人自利不应妨碍经济发展和公共行政能力提高等公共利益。[②] 信义义务关注处理行为所引发的信任风险,强调个人信息的非控制性,是对各参与主体之间利益的协同。

（一）非控制性是因为个人信息的社会识别功能

信息是社会结构的要素之一,每个人在社会结构中扮演不同角色,不同角色的实现需要不同数量的信息分享与不同标准的行为规范。[③] 个人信息对其社会形象的管理并非对他人隐瞒信息或控制他人对自己的了解或与外界对立,而在于建立社会行为标准参数,基于社会主体的相互依赖与信任,构建持续的个人信息互动关系。[④] 隐私及个人信息保护并非与社会隔离,个人信息权既是一项具有社会价值的个人权利,更是社会互动产生的原因。个人信息保护是基于人与人之间的相互依赖。

（二）非控制性是因为个人信息有公共属性

信息天然具有非排他性、非消耗性、非竞争性、可流通性特征。信息若可为 A 使用,亦可为包括 A 在内的所有人使用,即非排他性;同一信息可为 A 在不同时序中重复使用,即非消耗性;A 处理信息并不限制 A 以外的其他人处理该信息的能力,即非竞争性;信息在不同领域基于不同使用产生多样交换价值,即可流通性。公共属性使信息难以通过市场交易规则获得保护。例如甲与乙是邻居,甲决定砍掉其院子里的一棵树,乙就会失去树荫,树为甲私人所有,但树荫对乙而言是一种隐含（shadiness）的价值,若乙比甲更看重树荫

① 杨立新:《私法保护个人信息存在的问题及对策》,《社会科学战线》2021 年第 1 期。

② Omer Tene and Jules Polonetsky. Big Data for All: Privacy and User Control in the Age of Analytics. *Northwestern Journal of Technology and Intellectual Property*, Vol. 11, No. 5, 2013, p. 244.

③ Robert K. Merton. *Social Theory and Social Structure*. The Free Press, 1968, p. 423.

④ Julie E. Cohen. Examined Lives: Informational Privacy and the Subject as Object. *Stanford Law Review*, Vol. 52, No. 5, 2000, pp. 1373—1438.

的价值,可以付钱给甲以获得树荫,即通过市场交易来防止私人产品的负外部性。① 但与乙付费保护自己的树荫不同,很少有人愿意付费保护具有公共产品性的信息。缺乏法律规制等社会控制,每个社会主体从个人信息分享中获得好处的同时,将大部分信息成本外化到其他人身上(例如信息外溢)。② 信义义务是一种基于对他人行为良好期望的社会互动规范,信息处理是否合理表现为得到用户的信任,取决于特定场景下的用户偏好或期望。

(三) 非控制性是因为个人信息的社会决定性

信息的合理利用对社会功能实现是必要的,信息分享为个人自由生活、无保留互动、充分参与数字社会生活创造空间,社会共同体可享受个人信息的集体价值。一是共同体隐私(group privacy),即社会群体成员固有信息利益,包括与他人社会交往时"聚在一起的权利"和自己所处社会群体的聚合信息利益。③ 二是关系隐私(relational privacy),即不同社会关系中的个人和组织有不同的信息保护期望,例如相较于邻居的隐私,社会主体通常更关注政府的信息,故立法者在制定相关规则时应考虑信息关系中不同期望的敏感性。④ 三是网络隐私(networked privacy),即在网络空间中信息流动的复杂性和创造性,分享个人信息在一定程度上塑造了个人所扮演的社会角色和形象。⑤

(四) 非控制性是因为个人信息的"隐私依赖性"(privacy dependencies)

由于人与人信息关联的隐私依赖,分享自己信息可能对第三方产生负面影响。只要社会主体不完全退出社会生活就难以避免信息公开及其风

① Ronald Coase. The Problem of Social Cost. *The Journal of Law and Economics*, Vol. 3, No. 1, 1960, pp. 42 - 44.

② Dennis D Hirsch. Privacy, Public Goods and the Tragedy of the Trust Commons: A Response to Professors Fairfield and Engel. *Duke Law Journal Online*, Vol. 65, 2015 - 2016, p. 72.

③ Linnet Taylor, Luciano Floridi and Bart van der Sloot. *Group Privacy: New Challenges of Data Technologies*. Springer International Publishing AG, 2017, pp. 7 - 8.

④ Karen Levy, Lauren Kilgour and Clara Berridge. Regulating Privacy in Public(Private) Space: The Case of Nursing Home Monitoring Laws. *Elder Law Journal*, Vol. 26, No. 2, 2019, pp. 327 - 329.

⑤ Phillip Fei Wu et al. A Contextual Approach to Information Privacy Research. *Journal of the Association for Information Science & Technology*, Vol. 71, No. 4, 2020, pp. 485 - 490.

险,尤其是与家人、朋友、同事等社会互动中,在某种程度上,个人信息保护
程度也取决于他人的行为及自由裁量(discretion)。① 因此,任何人都难以
对其个人信息享有独占性的排他权利。例如在自然人 A、自然人 B、观察者
C(处理者)三者关系中,当 B 向 C 分享个人信息,就内容而言,可能仅是 B
自己的信息,也可能完全是 A 的信息,或者是关于 A 和 B 及其社会关系的
信息。就动机而言,B 分享信息给 C 的行为可能出于多种情况:① B 可能
是有意为之,或者 B 在分享信息时可能并未意识到自己的行为,甚至完全不
知情;② 受到强迫、激励或基于对某人的信赖而分享信息;③ B 完全根据自
己的意愿来决定是否分享信息,而无论其是否意识到他的披露行为将对 A
产生的后果。新信息技术发展使传统社会中隐私依赖情况更复杂。一是 C
可以基于 A 和 B 的社会捆绑式关系(tie-based dependency)处理信息,即通
过关联人来收集目标对象的个人信息。例如,社交网络平台会鼓励用户
(B)上传自己的联系人列表,这样可以方便地找到已经使用该服务的好友
(A),并邀请尚未使用该服务的朋友加入。在这个过程中,平台会为这些非
用户建立"影子"档案。通常情况下,如果 B 决定使用该服务,那么,A 如果
不使用该服务,将会发现很难与 B 及其他人建立联系,从而被迫选择使用该
服务,这就是所谓的网络效应(network effects)。即使 A 和 B 都决定不再
使用该服务,除非他们共同转移到另一个平台,否则,很难复制该服务的价
值。二是 C 可以从收集 B 的信息的过程中偶然捕获 A 的信息,即"误捕的
鱼"(bycatch)。例如 A 是 B 的访客,B 家中配备了可收集视频、音频或其他
类型数据的智能设备,A 的信息就可能与 B 的信息一起传输给设备供应商。
为了确保只有 B 的数据被捕获,C 可以使用生物识别工具(例如人脸或语音
识别)将 B 与其他人区分开来,但这也意味着 B 必须提供更多自己的信息
才能保护 A。三是 C 通过 A 与已识别出的 B 的关系来识别出原本未知的
A,例如社交网络平台识别用户上传照片中其他人并对其打标签,并不是将
某人与网络上所有用户进行人脸匹配,而是将可能识别出的人限制到照片

---

① Solon Barocas and Karen Levy. Privacy Dependencies. *Washington Law Review*,Vol. 95,No. 2,
2020,pp. 555 – 616.

上传者的已知好友。

　　个人信息的非控制性表明通过加强自主选择和知情同意来保护自然人是不切实际的,信息技术使个人信息的"社会性"更加突出且可量化,法律对社会性的回应在于建立分享者之间、个人与互联网平台之间、在线与离线交互的社会群体之间的信任。这种信任不仅是关注网络内的保密性或安全性的狭义信任,而且是一种基于对他人行为的良好期望的互动礼仪的社会规范。个人控制强调信息主体对分享的自决、选择和自己责任,体现为近现代理性主义关于人的尊严及人以自由为本性的法理,在私法领域表现为私法自治原则,基本内容是意思自治。信义义务强调个人信息处理行为引发的信息主体信任或信赖风险。民事法律行为引发的首要风险就是相对人的信任风险,因为无论是侵权之债的消极信赖,还是合同之债的积极信赖,虽然种类各异,但均可视为不同程度的信赖关系。信息主体因对处理者某种程度的信任而分享就有可能产生损害。[1] 个人信息因其流动性和可用性,使得信息主体的信任不再是自担风险的个人主观选择。实际上,这种信任已成为实现个人信息社会价值、降低社会成本和增加社会润滑的客观社会选择,属于社会信赖的范畴。人类的社会属性决定了个人信息主体除了对自由、尊严、独立等人格价值的社会需求之外,还存在着信任与被信任的合理现实需求。正如德国社会学家西美尔所言:"信任是社会中最重要的综合力量之一。没有人们相互间享有的普遍信任,社会本身将瓦解。"[2]个人自由因对封建与禁锢的反对极大促进了社会进步,但"如果在自由的道路上走得过远,社会这艘巨轮就会偏离航向。"[3]信任便是这股使社会航向回调的内部自发力量。因此,应对个人自由主义做出必要的限制,以防止过度自由化带来的负面社会效果。信义义务不关注当事人的自由意思,当一方主体对某种外观事实产生信任,且这种信任符合事实及法律要求,其信义利益就会得到认可与保护。尽管私法自治与信任保护背道而驰,但个人控制与信义义务之间并非相互否定或完全替代的关系。信义义务是在维护交易安全的

---

[1]　刘晓华:《私法上的信赖保护原则研究》,法律出版社 2015 年版,第 95—96 页。
[2]　[德]西美尔:《货币哲学》,陈戎女、耿开君、文聘元译,华夏出版社 2002 年版,第 178 页。
[3]　佟强:《信赖之债》,北京大学出版社 2020 年版,第 5 页。

理念下对意思自治的修正与补充,以平衡各方利益。

二、经济效率的视角:信义义务增进个人信息的分享意愿

信息数据作为社会资源的可获取性是数字经济发展的必然要求。个人分享信息隐含对处理者隐私政策条款的计算信任,因为契约的核心是"一个人邀请另一个人信任"的承诺,违背承诺就是滥用信任。[①] 当信任某主体时,会基于对其未来行为的积极预期而接受法律关系中的脆弱性。一方面,个人分享信息进行"成本效益"分析,当其认为分享信息将获得足够收益作为回报(例如维持和发展人际关系、增加关注等),或者至少收益相当于其所感知到的当前或未来的风险时,其更有意愿分享个人信息以换取某些经济或社会利益。[②] 另一方面,用户合理期待处理者提供有竞争力的产品或服务(有用性价值),对处理实践公开透明,或至少让其感知到分享信息是低风险选择。例如"胡某某诉商务公司侵权责任案",判决认为平台经营者应为更好提升消费者对网络服务平台的信任感而有所担当和作为。[③] 用户信任将随着积极体验而增强。[④] 根据相关社会调查报告,有用性价值和信任因素都正向地影响个人分享信息的意愿,即感知到的有用性越强和对处理者信任程度越高,分享个人信息的意愿也越强,其中信任的影响更明显;信任在感知有用性和个人信息分享意愿间起到(部分)中介作用。[⑤] 用户与处理者建立信任有利于化解其感知到的信息处理风险,反过来,也可提高分享的主观意愿。感知有用性越强和对处理者信任程度越高,分享个人信息的意

① Anthony J. Bellia Jr. Promises, Trust and Contract Law. *American Journal of Jurisprudence*, Vol. 47, 2002, p. 25.

② Robert S. Laufer and Maxine Wolfe. Privacy as A Concept and A Social Issue: A Multidimensional Development Theory. *Journal of Social Issues*, Vol. 33, No. 3, 1977, pp. 22 - 42.

③ 浙江省绍兴市中级人民法院(2021)浙 06 民终 3129 号民事判决书。

④ Brockner, J. Making Sense of Procedural Fairness: How High Procedural Fairness can Reduce or Heighten the Influence of Outcome Favorability. *Academy of Management Review*, Vol. 27, No. 2, 2002, pp. 58 - 75.

⑤ 聂勇浩、罗景月:《感知有用性、信任与社交网站用户的个人信息披露意愿》,《图书情报知识》2013年第 5 期。

愿亦越强。

　　信义义务关注个人信息处理所汇集形成的社会关系,是个体因素与社会因素的叠加,旨在弥补控制范式欠缺的信任,找回理性人预设、敌对预设中缺失的以"社会性""感性"为特征的信任因素,促进更多信息分享。个人信息保护不是保密和控制,而是个人信息的合理利用与适当流动(appropriate flow)的权利。① 自下而上地从特定场景而不是抽象角度来描述信息隐私,②对网络"爆炸式变化的环境"保持敏感性。③ 信任感知取决于特定场景下用户的偏好或期望,例如,美国法中的判断是否属于超出合理期待的个人信息侵权行为,除了同意外,仰赖消费者对"高度冒犯性"的感知。④ 影响信息主体"感知"的变量包括信息性质、场景、接收方及与个人的关系、处理方式以及对外提供的条件等。西方社会受基督教为主体的宗教文化影响,在漫长历史中铸就的形式上的平等精神与经内化的守约精神与信任保护最为密切。中国传统社会秩序原理一直强调信任要素,信任具有双面性,一方面,它很有必要;另一方面,它又可能缺乏,这两者之间存在一种反比的深刻悖论,这种悖论构成了风险社会所特有的语境和规范条件。⑤ 因此当信任存在时,人们倾向于分享;而缺乏信任时,分享便不会发生。例如 A 之所以与 B 分享 X,是因为 A 希望通过分享 X 与 B 建立起信任关系。⑥ 线下社会遵循一种人格化信任,数字社会处理个人信息要建立类似的非人格化信任或特殊化社会信任(particularized trust),⑦使分享者有充分理由认为相对方是守信且能实现自己的合理期待利益。信任是信息主体

① Helen Nissenbaum. Privacy as Contextual Integrity. *Washington Law Review*, Vol. 79, No. 1, 2004, pp. 119 - 158.

② Daniel J. Solove. Conceptualizing Privacy. *California Law Review*, Vol. 90, No. 4, 2002, pp. 1087 - 1156.

③ Katherine J. Strandburg. Home on the Web and Other Fourth Amendment Implications of Techno social Change. *Maryland Law Review*, Vol. 70, No. 3, 2011, pp. 614 - 621.

④ Robert C. Post. The Social Foundations of Privacy: Community and Self in the Common Law Tort. *California Law Review*, Vol. 77, No. 5, 1989, pp. 957 - 1010.

⑤ 季卫东、程金华:《风险法学的探索:聚焦问责的互动关系》,上海三联书店 2018 年版,第 176 页。

⑥ Ari Ezra Waldman. Privacy as Trust: Sharing Personal Information in a Networked World. *University of Miami Law Review*, Vol. 69, No. 3, 2015, pp. 559 - 630.

⑦ 赵付春:《大数据环境下用户隐私保护和信任构建》,《探索与争鸣》2017 年第 12 期。

对未来的一种积极参与。拉塞尔·哈丁(Russell Hardin)认为这种信任基于过去获得的知识和对于他人的了解。① 埃里克·乌斯拉纳(Eric Uslaner)进一步认为信任基础是社会共同体身份,或与"自己同类"的信仰、共同的价值观和目标,是一种源于"特定、动态和情境的"信任。个人信息的社会性利用与非控制性使研究范式从控制转变到关注社会关系中的信任,而非信息内容本身。②

　　个人信息分享者易遭受来自信息接收方的"攻击"而具有脆弱性。个人信息保护的完整体系不仅包括对个人控制能力和自决意愿的基本权利保护,而且须减轻这种法律关系中固有的脆弱性,否则,个人信息分享意愿随着"安全感困境"和信任缺失而降低或停止,数字社会将失去发展的物质基础(信息和数据),沦为一座座"孤岛"。个人控制与信义义务构成个人信息处理中个人权益保护的完整民事责任体系,前者旨在保护个人对自身信息的控制力和自决意愿导向的人格尊严与自由;后者旨在保护个人分享信息时的合理"信赖预期",并保障个人信息自身的准确性、机密性与完整性等安全利益。③

三、法律关系的视角:信义义务平衡参与主体的权利义务关系

　　个人控制关注单个信息内容和单一法律关系,个人有责任理解并表达自己的信息处理偏好以及自力救济,这种专注特定处理行为并依赖个人行权来防御的视角是"小规模"的。信息主体要么无意愿,要么无能力而处于被支配地位,处理者因事实控制而处于支配地位,例如算法技术一旦与数据、资本结合便成为一种强大的权力工具,拥有算法就等于拥有上帝视角;④反之,信息

---

① Susan J. Pharr & Robert D. Putnam eds. *Disaffected Democracies: What's Troubling the Trilateral Countries?* Princeton University Press, 2000, pp. 31 - 34.

② Ari Ezra Waldman. Privacy as Trust: Sharing Personal Information in a Networked World. *University of Miami Law Review*, Vol. 69, No. 3, 2015, pp. 559 - 630.

③ 商希雪:《侵害公民个人信息民事规则路径的类型化分析:以信息安全与信息权利的"二分法"规范体系为视角》,《法学论坛》2021 年第 4 期。

④ 王卫华、董逸:《平台资本主义:历史演进、现实逻辑和基本特征——基于政治经济学批判视角》,《理论月刊》2022 年第 3 期。

处理活动的可信控制是将个人信息处理关系汇集为整体社会关系予以考量的"大局观"。

受托人信义义务保护信息关系中的信任,适用于数字时代的人性秩序,而非机器秩序,满足数据治理中的正义要求。[①] 一方面,个人信息处理规则应符合相关语境的社会规范,在不同的社会语境(例如教育、医疗、政治)中治理个人信息,允许其流动。[②] 自然人以不同角色参与社会活动,不同社会活动又有为实现特定目标应遵循的行为规范,例如患者向医生分享信息是为了得到准确医疗诊断,则该信息被用于诊断目的的使用行为是符合医疗语境中的社会规范,反之,其他行为(例如患者可阅读其他病人的档案、把患者病历资料在网络上公开)则不符合医疗语境中的社会规范引发信息隐私侵害。如此一来,既保留了社会法理论的核心假设(须考虑社会主体之间的信息交换),又避免了信息分类等带来的限制,由场景、相关信息的性质、接收者的角色、接收者与信息主体的关系、分享方式等变量动态控制。另一方面,个人信息处理规则应遵循"善法"伦理原则,确立代码和算法正义。公私二分转向公私融合,线上与线下社会、虚拟与现实世界的双重空间逻辑要求从行为结果规制转向过程规制。但权利保护模式几乎位于过程规制中的最低点,事后救济且范围力度都相对狭窄。[③] 信义义务作为过程保护的补强规则,通过限制和约束个人的意思自治和个人行为自由来实现各种利益的平衡。将因受信任而获取信息的主体置于"受托人"的身份来参与信息处理实践,[④]强者负担更高标准的受托人信义义务来平衡权力不对称。

信义义务的目的并非排斥或实现个人信息的支配权,而是允许信息流向可信的处理者,限制信息流向不可信的处理者。从义务而非权利角度重

---

① 刘伟:《"人性秩序"还是"机器秩序":数字治理中的正义修复——基于技术政治性视角的剖析》,《理论月刊》2021 年第 9 期。

② Helen Nissenbaum. Privacy as Contextual Integrity. *Washington Law Review*,Vol. 79,No. 1,2004,pp. 119 - 155.

③ 蔡培如:《个人信息保护原理之辨:过程保护和结果保护》,《行政法学研究》2021 年第 5 期。

④ 解正山:《数据驱动时代的数据隐私保护:从个人控制到数据控制者信义义务》,《法商研究》2020年第 2 期。

新配置信息主体与处理者之间的权义关系,以提高处理者违法行为成本,缓和主体之间实质不平等的地位,[①]维系数字社会信任关系。一是通过降低信息分享中的固有风险,重新平衡信息主体与处理者之间的权力来促进个人信息流通与利用;二是处理行为除了受到合法(或不法)的限制外,还要受到正当(或不正当)的进一步限制,因为信息主体的合理信赖受法律保护;三是加强各主体间的信任,以缓解信息分享与利用中的权力异化。此时 A 与 B 分享 X,对 B 课以信义义务增强 A 的安全感与信任,减轻 A 相对于 B 所固有的脆弱性。

个人信息处理中的信义义务属于新型法定正义。与约定正义(经过协商建立起的法律关系以合同来约定双方当事人的权利与义务)相对,法定正义针对一般的社会交往关系,通常由法律直接规定享有的权利(例如财产权和人身权等绝对权),要求必须尊重这些权利,否则,侵权人将承担法定的不利后果。信息主体因分享信息的行为产生对处理者的客观信赖利益,是基于当代福利自由主义和社群主体正义观的法定正义,受法律保护。社群主义"是对社会正义的一种追求,它首先意味着,不屈不挠地关注那些从现代繁荣、教育和民主中受益最少的人。"[②]信息主体作为数据来源者不仅是受益最少的人,而且是个人信息处理中最易遭受侵害的人。引入信义义务缓解了个人控制下个人信息主体与处理者之间权义关系的失衡。

私法自治并非绝对,以信任保护来限制私法自治是合理的。拉伦茨不仅直截了当地在诚实信用原则之下提出了更为具体的信赖保护原则,而且称"在私法的领域中,自主决定、自我负责以及信赖责任诸原则……彼此间并无一定阶层秩序,法律对此的规整应被理解为前述诸原则——以相互补充,在若干部分领域亦相互限制——的协作,自何处起某原则应将其主导地位让与他原则,法律常未作最后的规定……只有借交互补充及相互限制的协作方式,才能得到原则本来的意义内涵。"[③]可见,个人利

[①] 陈林林、严书元:《论个人信息保护立法中的平等原则》,《华东政法大学学报》2021 年第 5 期。
[②] [美]菲利普·塞尔兹尼克:《社群主义的说服力》,马洪、李清伟译,上海人民出版社 2009 年版,第 11 页。
[③] [德]卡尔·拉伦茨:《法学方法论》,陈爱娥译,商务印书馆 2003 年版,第 350 页。

益的最大化是以主体之间一定的妥协为前提的,否则,不可能实现每个个体的利益最大化。

小　结

本章首先考察基于权利视角保护个人信息的现实困境。就个人信息作为权利行使而言,通过司法案例分析发现个人救济效率并不高。个人信息侵权救济中存在立法"赋权"假定与个人"失权"事实的错位。虽然立法赋予个人一系列权利,但是权利的行使面临诉讼成本高、救济力度轻、举证难度大、损害制度失灵等维权困境。个人信息合同救济中因个人同意有效性障碍导致信息主体易陷入隐私政策等格式条款带来的不公平结果。个人信息行政执法难以及时、准确判断处理者行为的正当性。就个人信息作为权利客体而言,有识别说、关联说、隐私说、场景理论说、风险光谱说、损害风险说等多种观点,识别说与关联说作为通说,几乎任何信息都可纳入个人信息范畴;就个人信息应控制还是分享优先的进路而言,权利论普遍适用同意规则,强调信息主体权利,义务论限制适用同意规则,强调处理者义务。

权利规范路径是以个人控制论为规范基础。从历史分析来看,美国基于洛克传统形成信息隐私模式,欧盟基于康德伦理形成数据保护模式,两大模式合流为个人控制范式。个人控制因关注处理的特定目的与个人法益、忽视信息主体的依赖性与脆弱性、预设自然人与他人是敌对紧张关系而难以在主体间建立信任,可能阻碍数字经济发展。以知情同意或通知选择为核心制度,强调个人信息自决、自主选择和自己责任。

个人信息处理利益的多元化、行为的数智化、主体的复杂化、范围的扩大化等新信息技术巨变瓦解了个人控制。从个人本位到社会本位、从个人关系到社会关系、从个人风险到社会风险、从个人利益优先到社会整体福祉优先的社会控制更有利于社会信任,并促进更多信息分享与流通。社会控制的实现是在个人信息处理中引入信义义务。不同于个人控制,信义义务关注个人信息的社会化利用,可增进个人信息的分享意愿,平衡参与主体间失衡的权义关系。在复杂、难以预测和算法权力控制的大规模信息分享与处理活动中,"信任"与"不信任"的配置、可信任分享环境的标准是信义义务的具体目标。

第二章

个人信息处理中信义义务的正当性理论

信义义务制度源于英美法上的信托领域，建立在各种类型的信义关系之上。信义关系是一个开放性的概念。信义义务经过演进和整合，形成了一个由复杂规则、判例和成文法规范组成的新兴法律部门：信义法（fiduciary law）。[1] 尽管通过合同等方式也可建立法律关系并形成一种互信机制，但这种互信是暂时的、有条件的，市场主体倾向于寻找合同漏洞或利用合同手段形成垄断关系，[2]因此市场经济逐渐走向伦理化，要求社会主体之间能够相互合作与信任，能够在社会交往中关注自己利益的同时也对他人利益适当关切，为信义义务奠定了实践基础。反之，缺少互信和合作，不利于和谐社会的构建，甚至难以维系正常交易关系，徒增个人信息处理中的社会成本。

信义义务机制与个人信息处理治理的结合形成了信托型、非信托型的信义义务理论基础。"信息受托人"（information fiduciary）一词最早在20世纪90年代由肯尼斯·劳顿（Kenneth Laudon）创造。因为他观察到，大多数信息主体不直接参与信息市场（information markets），需要信息受托人或类似的代理人承担一定法律责任，信息受托人如同银行一样，接受个人的信息作为"存款"，并销售这些信息为个人换取最大回报，同时从中获取一定利益。[3]

---

① 许德风：《道德与合同之间的信义义务：基于法教义学与社科法学的观察》，《中国法律评论》2021年第5期。

② 佟强：《信赖之债》，北京大学出版社2020年版，第123页。

③ Kenneth C Laudon. Markets and Privacy. *Communication of the ACM*, Sept. 1996，p. 101.

第一节　信托型信义义务理论

一、信息受托人理论

(一) 信息受托人理论的提出

2016 年,美国学者杰克·M. 巴尔金借用劳顿创造的"信息受托人"概念,提出在个人信息处理中应由控制者作为信息受托人承担信义义务的理论。[①] 该理论颠覆了传统个人控制的视角,他认为某些类型的信息之所以构成私人事务受到关注不是因为信息内容本身(客体),而是因为处理该类信息所形成的社会关系。例如,最典型的信义关系是信托法律关系。由于个人信息收集与使用的爆炸式增长,在数字时代催生了新的信义关系。但终端用户(end-users)与网络服务提供者(online service providers)之间的信义关系并不需要与传统专业型信义关系完全相同。

1. 网络服务提供者负有信义义务的原因

第一,终端用户与网络服务提供者之间存在显著的脆弱性(vulnerability)。信义关系的重要特征之一是受益人相对于受托人具有脆弱性,脆弱性源于当事人之间地位、知识和权力等方面的不平等,例如公司董事对股东负有信义义务,因为虽然共同拥有公司股份,但董事实际上控制着公司盈利能力的关键性决定因素。在个人信息处理中,一方面,网络服务提供者通常拥有用户不具备的专业知识,具有事实上的权力不对等;另一方面,网络服务提供者控制了用户大量的个人信息,而用户对其处理目的、处理方式等并不知晓或不理解。因此,网络服务提供者利用技术很容易追踪、监控用户的行为,

---

① 本部分关于巴尔金的信息受托人理论主要来自其相关学术论文。Jack M. Balkin. Information Fiduciaries and the First Amendment. *U. C. Davis Law Review*, Vol. 49, No. 4, 2016, pp. 1183 – 1234; Jack M. Balkin. 2016 Sidley Austin Distinguished Lecture on Big Data Law and Policy: The Three Laws of Robotics in the Age of Big Data. *Ohio State Law Journal*, Vol. 78, No. 5, 2017, pp. 1217 – 1229.

尤其是收集的个人信息越多,越容易实施监控,但是用户难以监督其数据处理,以防止其侵害自身利益或背叛信任。

第二,用户相较于网络服务提供者处于依赖(dependence)后者的地位。网络服务提供者对用户的关键利益享有自由裁量权,二者间的权力存在结构性不平等,脆弱性是不平等信义关系的反映,依赖性则是脆弱性的必然结果。① 用户对于网络服务者不违背信任或不以损害用户权益的方式滥用信息有合理期待,该期待受法律保护。

第三,用户与网络服务提供者存在专业知识水平上的差异,后者通常在提供某些产品或服务时声称自己是"专家"以获取用户信息。例如,在互联网医院场景下,线上医生通过医疗网络平台向用户出具处方;在网络交友软件的场景下,通过平台向用户匹配潜在交友伙伴或合作对象;搜索引擎声称其能快速为用户提供检索的信息;打车软件为用户提供网约车匹配服务;等。上述网络服务提供商都具有相应领域的专业程度。

第四,无论是用户还是网络服务提供者对于持有的有价值的用户信息可能遭到滥用均是明知或应知的,因此,网络服务提供者通常表现为是可信任的机构,以诱导用户分享信息并建立信义关系。例如,微信 App 在其《隐私政策》中写道:"您的信任对我们非常重要,我们深知个人信息对您的重要性,我们将按法律法规要求,采取相应安全保护措施,尽力保护您的个人信息安全可控。"目的是向公众展示其是值得信赖的主体,其数据处理行为符合用户对个人信息安全的合理期待,其将利用自己的权力合法、正当地实现自己的营利目的,而不违背用户信任。信息基础设施的代码以及操作通常是出于保持竞争优势和避免安全漏洞等合理的原因而保密。尽管隐私政策和信息基础设施代码在技术上对外开放,但其含义与实际后果难以为用户理解,尤其是在网络服务提供者不断开发新信息用户市场,以及不断单方更新隐私政策的情形下。

2. 信息受托人的证成逻辑

巴尔金将网络服务提供者类比为律师、医生、会计师等专业人士而负有

---

① 陶伟腾:《信义义务的一般理论研究》,华东政法大学博士学位论文,2020 年。

专业型信义义务。若律师、医生、会计师等专业人士将客户、患者的个人信息出售给第三方,或者为了自己的利益利用个人信息来操纵客户、患者,或者为了获利而泄露个人信息,均可能因违反职业规范而承担法律责任,构成职业不当行为。虽然该义务通常产生于合同关系,但即使没有明确承诺不披露、使用或出售个人信息,其也有义务以不损害客户利益或造成利益冲突的方式披露、使用或出售信息,这是因为专业人士与客户之间存在特殊的信任关系,即信义关系。

一方面,专业人士与相对方由于存在信义关系而不必通过合同来明确规定彼此的权利义务。一般而言,受托人是对受益人负有忠实、注意义务的值得信赖的人,须为了委托人(principal)、受益人(beneficiary)或客户(client)的利益行事,通常受托人为其提供专业服务或管理资金和财产;反之,后者将其信任或信心寄托在受托人身上,那么,受托人有义务不违背信任。受托人不仅应遵循公平与诚信,而且应为受益人的最大利益而提供专业服务或管理财产,须表现出最大程度的诚信。在巴尔金所类比的专业关系中,几乎所有受托人都涉及对敏感个人信息的处理,信托的核心就是信息使用与交换的信任关系。其承担两项基本职责:一是忠实义务(duty of loyalty)。受托人须为了客户利益行事,有义务不与客户利益产生潜在或实际的利益冲突,即受托人不得享有信托利益、受托人不得将信托财产转为自己的固有资产、受托人不得以其固有资产与信托财产进行交易等。二是注意义务(duty of care)。受托人须谨慎行事,尽职尽责,以避免损害委托人、受益人及客户的利益。

另一方面,巴尔金将专业型信义义务类比到个人信息处理关系中。信义关系的产生通常与信息收集、分析、使用、披露等相关,例如医生、律师等往往会在职业行为中获得与客户或患者相关的敏感个人信息,其须履行保密义务,成为"信息受托人"。信息受托人是指基于与他人的法律关系,对其获得的信息承担特殊责任的个人或组织。因受信人具有特定资格或资质且具有特殊技能而形成专业型信义关系。大多数专业人员都是信息受托人。数字社会的信息受托人是处理个人信息的控制者,控制者因专业性而享有特殊权力,并形成了个人信息处理中的特殊法律关系,即信义关系,其有相应的特殊义务而以不损害信息主体利益的方式行事,但并非所有控制者都是信息受托人,并非所有信息受托人的义务范围都是相同的。信义义务取决于关系的性质、公众的合理期望、信任的合理性,以及防止主体自营交易和对用户、客户或受益人等造成损害的重要性。[1]

3. 信息受托人的范围

尽管巴尔金通过类比传统的医生、律师等专业人士提出对网络服务提供者等数字企业施加信义义务,但其强调信息受托人与传统受托人存在重要区别。不同于患者、委托人期望医生、律师解决健康或法律相关专业问题,信息主体通常并不期待处理者提供某项专业信息技术,而是能实现参与社交、娱乐、新闻等数字生活;不同于专业型信义关系关注敏感个人信息和对某个特定患者或委托人的损害,处理者具备获取更多信息数据并利用算法等进行预测甚至操纵的能力,受托人信义义务保护的是信息主体群体免受更广泛的系统性操纵、错误、歧视等抽象性妨害;不同于专业型信义关系对特定个人的信任,受托人信义义务确保的是行业或数据生态的可信度。这些区别意味着处理者的信义义务范围比专业人士更窄、更宽松。

第一,信息受托人被允许获利。用户与数字企业之间存在潜在利益冲突,仅依靠市场力量并不足以有效地监管不当处理行为。企业与用户之间存在严重的知识、信息不对称,导致用户难以核实企业关于个人信息收集、使用方面的政策表述,难以理解企业处理其个人信息以及利用信息分析将如何影响其权益的后果,即使用户最终了解个人信息处理实践,也几乎不能监督处理者。但若对企业施加过于宽泛的信义义务将导致无法从数据活动中获利。作为"信息受托人"并不意味着"不以营利为目的"。因为个人信息是数字经济重要的生产要素,数据资源作为企业重要资产被纳入会计处理范畴,信息受托人将个人信息的价值最大化。消费者信任网络服务提供者不会滥用其个人信息来牟利。

---

[1] Deborah A. DeMott. Beyond Metaphor: An Analysis of Fiduciary Obligation. *Duke Law Journal*, Vol. 1988, No. 5, 1988, p. 882.

第二,信息受托人不必承担律师、医生等专业人士相同程度的注意义务。例如,患者有合理由期望医生能够提醒自己注意多种健康风险,而不局限于医生应避免特定疾病不恰当的诊疗行为。企业的注意义务程度取决于其向公众展示的业务类型。例如,网约车服务平台有责任保护用户隐私,但没有义务警告用户不要去某个特定地方旅行;又如,社交平台的定位是帮助用户与他人建立联系,但没有义务警告用户不要联系某位多年未见的朋友(即使有事实证明其是个非常危险的人)。因此信息受托人的注意义务是相当有限的。

第三,数字企业被视为有特殊目的的信息受托人。例如,Facebook 或谷歌等数字企业的商业模式是促使用户披露更多信息,从而创建可以被索引或与他人共享的链接与内容,并从中获益,这与用户产生利益冲突。其有义务促进用户控制自己的信息并向用户解释隐私设置的效果,但没有积极义务要求用户在社交媒体上停止披露自己的信息。这类信息受托人的义务范围与其商业模式相关。鼓励信息受托人承担信义义务以实现其特殊目的。

巴尔金基于以上考量提出个人信息处理者被认定为信息受托人的一般条件:① 当个人或实体向公众表明自己是尊重和保护隐私的组织,以获得使用其产品或服务的用户的信任时;② 当个人或实体使其用户有理由相信其不会披露或滥用个人信息时;③ 当受影响用户根据现行个人信息处理社会规范、实践模式或其他合理证明其信任的客观因素,合理地相信个人或实体不会披露或滥用其个人信息时。

信息受托人比隐私政策所明确规定的保护范围更广泛。隐私政策通常含糊其词,难以作为直接裁判依据。对处理者问责时的焦点应转向信息受托人是否诱导用户分享信息形成信义关系,以及用户基于信任对信息受托人处理其信息的合理期望。当受托人表明其是可信任的处理者,并鼓励用户分享信息而使其处于脆弱劣势地位时,该受托人应对其陈述负责。信息受托人的信义义务范围超出隐私政策中的明确承诺,仍应遵守合理的信任保护和保密等道德标准。

巴尔金关注政府监管下个人信息处理中的信任与信心,旨在解决互联网语境中信息主体与处理者之间不对称性、脆弱性和对平台依赖性的问题。作为实际控制者的网络服务提供者被视为受托人,信息主体被视为委托人和受益人,基于信任而分享个人信息,构成信义关系。与传统受托人的相似之处是"正如传统信义法认识到某些专业人士是信息受托人一样,在信息时代,当网络电商平台、搜索引擎、网络服务提供商、电子邮件提供商、云存储服务提供商、流媒体视频提供商、网站和社交网络媒体等处理包括人们智力数据在内的个人信息时,信义法也应扩展信息受托人的定义和范围。"①

数字社会亦是算法社会(Algorithmic Society)。企业拥有越来越强大的算力、算法和人工智能,意味着对用户享有越来越大的私权力。权力越大,不对称性越大,对整个社会群体歧视和操纵的可能性越大,越有必要对其课以适当的义务,以实现社会福祉。

(二)信息受托人理论的批判

2019 年,莉娜·坎和大卫·博森在《哈佛法律评论》上发表《信息信义义务理论之批判》一文,系统性地检讨了巴尔金信息受托人理论的矛盾和缺陷,并呼吁重视该理论带来的潜在成本,旨在瓦解信息信义义务的新理论共识。②

第一,信息受托人的双重受托人身份。从公司法的角度检视信息受托人理论,董事和高管是现代企业和股东仰赖的受托人,其承人之信、受人之托、纳人之财,须对股东履行忠实和勤勉两大义务,普通法将其称为信义义务,③例如董事要忠实于股东的利益。数字企业依靠用户的信息定投广告等商业模式营利,但按照巴尔金的理论,董事同时还要在不违反股东信义义务的情况下履行对用户的信息信义义务,且后者无须"严厉的政府干预"而应优先适用。此时董事既是股东受托人,也是用户受托人,两

---

① Neil M. Richards. *Intellectual Privacy: Rethinking Civil Liberties in the Digital Age*. Oxford University Press,2015,p. 168.

② [美] 莉娜·坎、大卫·博森:《信息信义义务理论之批判》,林少伟、林斯韦译,《交大法学》2021 年第 1 期;Lina M. Khan and David E. Pozen. A Skeptical View of Information Fiduciaries. *Harvard Law Review*,Vol. 133,No. 2,2019,pp. 497–541.

③ 刘俊海:《现代公司法》,法律出版社 2011 年版,第 506 页。

者利益存在明显冲突,不符合"义务冲突禁止原则"。以 Facebook 公司为例,该公司绝大多数收益来自向第三方销售定向广告,而非向用户收取服务使用费,商业模式决定了其有最大限度收集和促进用户分享信息的经济动机,那么,削弱网站的成瘾性、弱化爆炸性内容、增强个人信息保护的一系列措施在最大程度上符合用户利益,却触及 Facebook 公司的底线,甚至威胁该公司股东利益。信息受托人理论越是符合用户最佳利益,就越威胁股东的利益。

第二,信息受托人的信义义务出现"分裂"。一方面,受托人向受益人出售尽可能多的产品或服务以获取信息和利益,而不论受益人的真实需求;另一方面,受益人之间的利益可能不协调,例如代表多个投资者行事的金融服务提供商。信息信义义务要求受托人为了用户最大利益行事,但受托人本身依赖用户信息牟利,这与实现用户最大利益之间存在利益冲突,不符合"利益冲突禁止原则"。① 莉娜·坎和大卫·博森进一步批判称:"如果信息信义义务不要求数据公司将其用户的利益置于其他利益之上,那么,该理论的贡献便不甚明了,信息信义义务存在的意义也不甚明了。"而医生、律师、会计师等传统受托人之所以未陷入信义义务"分裂"的尴尬境地,是因为其代表的患者或客户相对于网络用户的数量有限,且根植于"更紧密的互利关系"中,专业人士可以根据受益人的个人偏好及专业规范来做出信息处理决策。此时法律一般能够要求受托人尽量减少自我交易和禁止明显利益冲突来应对信义义务分裂的问题;当冲突不可避免时,则要求将患者、客户的利益置于受托人和其他利益相关者之上。

第三,信息受托人理论解决实质问题和执行效果受到质疑。在实质问题上,莉娜·坎和大卫·博森提出用户与处理者之间的不对称性源于网络企业的基本商业模式,而巴尔金对在不摧毁该商业模式的条件下如何保护用户利益、信息信义义务如何执行等问题均语焉不详。巴尔金反复强调视数字企业为信息受托人可以有效防止其像"骗子"一样欺瞒用户,但莉娜·坎和大卫·博森认为现行法律或判例要么已有反欺诈的规制,要么,可以通

---

① 邢会强:《数据控制者的信义义务理论质疑》,《法制与社会发展》2021 年第 4 期。

过对消费者保护法重新提炼来创设,对"消费者—经营者"这一传统关系赋予新的抽象理论是没有必要的。巴尔金强调受托人信义义务并非"放之四海而皆准",对该制度的限制恰好忽视了信义义务与合同中善意履行义务的唯一区别:受托人负有"最大"的善意履行义务。在执行问题上,信义关系产生于信托,信任因素决定了该制度的自洽性,但用户如何知晓受托人违反了信义义务,若知晓,用户能采取的救济措施为何;若私人诉讼得以展开,那么,该类诉讼的规模惊人,即使是在集体诉讼这类诉讼手段的帮助下,仍可能逼着法官"吞下案卷"。对于这些问题,莉娜·坎和大卫·博森认为巴尔金亦是三缄其口。

第四,信息受托人理论非但没有实质好处,反而带来负面风险。一是信息受托人是对数字社会的虚假写照。将网络服务提供者等处理者描述为基本上值得信任的主体,其会将用户利益放在首位,这种论断本身是不现实的。对公司股东的信义义务与对用户的忠实义务之间的冲突不可调节。二是对数字社会的错误描述引发了政策失误。巴尔金的解决方案仅是对消费者保护和反欺诈理论的稍加改进,须研究的是现有规则的执行,而非扩大法律类别或者新增法律概念。[①] 三是信息受托人假设处理者与用户的关系存在结构性失衡,处理者受到特殊监管的原因在于其与每个用户都有(或应该有)一种特殊的信任和依赖关系。但依赖关系仍是在狭隘的准契约框架内塑造的,该关系本质上应是社会公共利益问题,因此,该理论暗含着降低了政府干预和其他公共监管模式的正当性。

（三）信息受托人理论的回应

2020 年,巴尔金在《哈佛法律评论》发表《隐私的信义义务范式》一文,对莉娜·坎和大卫·博森的质疑予以回应。[②] 信义法通常关注优势一方是否以明示或默示方式邀请弱势一方授信,包括权力的不平衡、知识显著不对

---

① Lindsey Barrett. Confiding in Con Men: U. S. Privacy Law, the GDPR and Information Fiduciaries. *Seattle University Law Review*, Vol. 42, No. 3, 2019, p. 1057, pp. 1094 – 1095.

② Jack M. Balkin. The Fiduciary Model of Privacy. *Harvard Law Review Forum*, Vol. 134, No. 1, 2020, pp. 11 – 33.

称、弱势一方实际上无能力监督优势一方、弱势一方依赖优势一方以及因信任随之而来的脆弱性。

巴尔金重申应对数字企业施加信义义务。一是用户相对于数字企业具有脆弱性和依赖性。在"信息资本主义"背景下,个人信息主要用于识别和分析以预测和控制用户行为,并在此基础上开展商业运营,例如网络平台向广告商出售用户信息的访问权限。数字企业通过隐私政策等邀请用户使用其产品或服务并信任他们,当用户以"同意"等方式授予信任而具有脆弱性:对处理者如何使用信息、信息安全以及分享或出售给第三方处理者等处理实践缺乏认知,更缺乏控制。二是用户与数字企业之间信息不对称和缺乏透明度。处理者通过识别分析了解个人喜好、习惯、行为、动作、访问网站、性格特征、身体特征、取向等信息,但用户几乎不了解也难以监管处理者如何收集、使用个人信息。这种信息不对称性使得信息主体易遭受损害,用户不得不依赖并相信处理者不会背信或操纵。操纵是指"利用他人的情感脆弱性和知识缺失,使自己或自己的关联方受益,降低他人福利"的说服和影响技巧。数字企业通过界面设计等技术促进和鼓励用户个人信息的披露,利用算法来垄断用户的注意力使其网络"上瘾"。处理者的服务超出了用户的理解,因此用户对服务的安全保障有合理期待。处理者试图展现其值得信赖,以让用户使用产品或服务时具有安全感,进而保持自身竞争优势。三是用户与数字企业之间权力不平衡。处理者实际控制着应用程序等产品的设计,用户仅在该设计内操作。数字企业以值得信任的处理者身份诱导用户建立信任关系而继续性使用其提供的产品或服务。用户分享其数字生活,这种依赖性随着时间推移而增加。

基于知识、权力和信息的不对称,用户分享个人信息是将数字生活委托给处理者,信义义务是契合数字社会的思维转型。该制度照拂了信息主体特殊的脆弱地位,超出了适用于所有交易的商业道德和普通诚信。受托人负有注意、保密和忠实三种基本义务。其中,保密义务和注意义务要求数字企业确保用户数据的机密性和安全性,该责任也须"与数据一起运行"(run with the data),即数字企业"须确保任何获取或使用其用户数据的第三方同样是可信任的,并在法律上受到保密、注意、忠实等要求的约束";数字企业"须审查……潜在合作伙伴,以确保其是符合道德和可信任的,定期对其审计,如果(合作伙伴)违反了协议条款,(数字企业)必须采取措施收回……他们分享的数据。"忠实义务要求数字企业不得操纵或滥用信任,须以用户利益为出发点,在产品设计之时便避免与用户可能产生的利益冲突,例如应避免通过界面设计诱导用户网络使用"成瘾"行为,否则,将违反忠实义务。

巴尔金回应将信息受托人类比为医生、律师等专业人士是基于信义义务产生于社会关系,以及关系中固有的权力和脆弱性。信义义务的性质取决于关系的性质、参与主体的界定,以及权力更大的一方滥用、操纵、自我交易和过度行为的潜在危险。他承认处理者和传统专业人士所参与的社会关系存在差异,但这些差异并不影响双方在知识、权力、信息上不平等的实质关系,信息主体明显处于弱势地位。与传统专业人士不同,Facebook 等处理者利用专业技术和数据黑箱使得用户更加脆弱;患者、客户了解其与医生、律师之间的委托关系,用户却不知晓其与数字企业关系的性质以及其信息本身是数字企业的商品;医生收入与对患者的治疗行为不存在直接的利益冲突,但数字企业商业模式越有能力操纵用户信息越能营利;医生所获取的患者信息与其提供的服务基本成比例,但数字企业尽可能收集更多数据,远超过其提供的社交媒体服务或搜索引擎服务等所需的数据。例如,谷歌搜索引擎,最初其仅收集信息以提高用户搜索效率,当其开始通过向第三方销售广告,使得数据货币化时,便开启了"监视资本主义"(Surveillance Capitalism)。[1] 信息受托人范式的重点不在于假设其已经履行了信义义务,而是对其行为课以信义义务及相应责任。

巴尔金进一步称信息受托人范式并不会造成处理者或董事高管对用户或股东不可调和的双重信义义务。若董事对用户的信息隐私的保护义务优先于管理层面实现股东利益最大化的义务,便不存在忠实义务"分裂"的冲突。美国联邦法律若对处理者课以信义义务,便优先于州公司法所要求的

---

① Shoshana Zuboff. The Age of Surveillance Capitalism: The Fight for a Human Future at the New Frontier of Power. *Public Affairs*, 2019, p. 68.

董事高管对股东的忠实义务。他认为莉娜·坎和大卫·博森低估了信息受托人对数字经济商业模式所带来的改变,个人信息的保护与治理需从多方面着手,涉及知识产权、消费者保护、个人信息保护、电信法、反垄断法和竞争政策等诸多领域。

至此,信息受托人理论的逻辑更清晰地描述为:信义权力的不平衡越大,信息的不对称性就越大,处理者对用户决策环境的控制程度就越高,相应用户的脆弱性就越大,对信义义务的需求就越高。

二、数据信托方案

(一) 数据信托方案的提出

数据信托(Data Trusts)始于 2017 年英国政府编写的《英国人工智能产品发展》(*Growing the Artificial Intelligence Industry in the UK*)报告。[①]该报告提出构建数据信托以促进企业持有的数据能够在人工智能开发与运用中实现共享。数据信托是指"经验证和信任的框架和协议",旨在"确保数据交换安全和互利"的社会信任。一方面,英国认为在数字市场中,美国、中国比欧盟享有更大市场优势;[②]另一方面,是为了应对数据分享中的内在风险,包括个人数据分享给数据主体带来的权益危害、给企业带来罚款或声誉损害,以及可能因分享数据而丧失商业秘密或竞争优势。

英国开放数据研究所(Open Data Institute,ODI)进一步将数据信托界定为"提供独立第三方数据管理的法律结构。"[③]该研究所的使命是与企业和政府合作,建立开放、可信的数据生态系统。因此,数据信托旨在增加数据安全分享和促进数据开放。具体而言,数据信托是将传统信托法律

① Wendy Hall and Jérôme Pesenti. *Growing the Artificial Intelligence Industry in the UK*. London: Department for Digital, Culture, Media & Sport and Department for Business, Energy & Industrial Strategy, 2017, https://assets. publishing. service. gov. uk/media/5a824465e5274a2e87dc2079/ Growing_the_artificial_intelligence_industry_in_the_UK. pdf,最后访问日期:2021 年 10 月 12 日。

② Kai-Fu Lee. *I Superpowers: China, Silicon Valley and the New World Order*. New York: Houghton Mifflin Harcourt, 2018.

③ Jack Hardinges and Peter Wells. *Defining a "data trust"*, Open Data Institute Blog, 2018, https://theodi. org/article/defining-a-data-trust/,最后访问日期:2021 年 10 月 12 日。

机制适用于数据。信托作为一种法律结构，受托人为了受益人的利益管理资产。委托人授权受托人作为代表对他们的数据进行决策（例如谁有权访问数据），以利于更广泛的受益群体，但数据信托并不等同于传统信托。委托人角色和信托目的具有多样性。委托人既可以是自然人（个人数据信托），也可以是企业（企业数据信托）和政府（公共数据信托），控制数据的第三方必须致力于为受益人的利益而不是为了自己的利益管理数据。数据主体需要相信其信息被收集后不会以损害其利益的方式滥用，数据提供方（受托人）也需要相信数据需求方（使用者）不会滥用其提供的数据，需求方则需相信其所获得数据均有合法来源和质量保证。相较于信息受托人理论，数据信托不仅是保障个人合法权益，而且是增强数据共享市场可信度的创新机制。

（二）数据信托方案的实践

英国数据信托规划可大致分为两个阶段。第一阶段是号召成立"数据信托支持组织"（Data Trusts Support Organisation，DTSO），该组织是中立的专家团体，由英国皇家学会、皇家工程学院、开放数据研究所等成员组成，作为帮助管理数据信托的独立第三方，其主要功能是：提供框架来定义各方同意共享的数据或数据流；确定共享数据的目的及其预期用途，包括将使用哪些分析方法；商定数据传输和存储机制；确定商业价值和利益分配的条件。第二阶段是经过前一阶段的试点，若数据信托成功地促进更多的数据分享，立法者便可将数据信托概念正式纳入法律层面，并允许其他第三方成为数据信托中的"受托人"。其他受托人履行数据信托职能需要获得该组织的认证。为了鼓励数据信托的创建，DTSO 初期可免费分享政府或非营利组织持有的公共数据。对于其他类型数据的共享，DTSO 一般不以营利为目的，但若使用数据产生了商业价值，可以收取服务费。显然 DTSO 的功能得以提升，包括：开发多方都有信心参与的技术、业务和财务框架；为共享和交易数据的匿名化、去标识化和保护提供指导；召集能够对数据评估问题提供独立咨询的技术专家；作为 GDPR 和其他可适用的数据监管的可信赖顾问，就公平和符合伦理地使用数据提供建议。

2018 年 12 月—2019 年 3 月,英国将数据信托应用于城市数据、健康数据和在线平台数据的三个试点项目。第一个试点是 ODI 与荒野实验室技术中心(WILDLABS Tech Hub)合作探索数据信托是否有助于在全球范围内打击非法野生动物交易:一是建立数据信托协助图像数据的分享来训练算法,从而帮助边境管制人员识别非法动物和动物产品;二是分享摄像捕捉器拍摄的照片和声音传感器数据来训练算法,以帮助创建实时报警。① 第二个试点是 ODI 与大伦敦市政府(Greater London Authority,GLA)和格林威治皇家行政区(Royal Borough of Greenwich,RBG)合作探索数据信托模式是否支持城市数据分享:一是通过分享停车位和电动汽车充电站等领域的数据,促使市民选择低污染电动汽车作为交通工具;二是通过安装传感器来监测和控制改造后的公共供暖系统(水源热泵)的运行,来提高市政委员会拥有的社会住房街区的能源效率。② 第三个试点是 ODI 与废弃物回收行动组织(Waste & Resources Action Programme,WRAP)合作评估英国食物供应链中浪费的情况,分析各个利益相关方间分享数据的激励和障碍,以设计可复制的法律治理结构用来评估全球食物浪费的情况。

2018 年,人行道实验室(Sidewalk Labs)发布《数字战略咨询小组的数字治理提案》(*Digital Governance Proposals for Digital Strategy Advisory Panel Consultation*)的报告。③ 该实验室(谷歌子公司)参与了多伦多东海滨街区码头的“智能城市”项目开发。在该项目中,一方面,谷歌与多伦多市民之间的权力不对等,导致谷歌从智能城市建设中获取收益,但该市市民得不到回报;另一方面,智能城市项目中安装传感器和摄像头等对隐私和个人信息带来了潜在危险。为回应质疑,该实验室制定了“数据治理框架”(digital governance)以保证在码头区收集和使用的数据将有益于公众。“数据治理框架”包括四个关键部分:负责任的数据使用指南;公民数据信

---

① The Wildlife Report, http://theodi. org/article/data-trusts-wildlife/,最后访问日期:2021 年 10 月 12 日。

② The GLA/Greenwich legal report (http://theodi. org/article/gla-data-trusts-legal-report/)。

③ Sidewalk Labs. Digital Governance Proposals for DSAP Consultation, https://www. waterfrontoronto. ca/sites/default/files/documents/18-10-16-swt-draft-proposals-regarding-data-use-and-governance-tuesday- 730pm. pdf,最后访问日期:2021 年 10 月 12 日。

托基金;负责任的数据影响评估;开放标准,其中"公民数据信托基金"（Civic Data Trust）是指"为了造福社会与个人利益收集和使用数据的批准、控制实现的数字化基础设施、数据治理及管理模式。"该模式用于解决难以获得有效同意的问题,由社区成员组成的审查委员会作为独立第三方监督和向希望在码头区放置传感器收集和使用数据的实体发放许可证,确保"数据价值分配给数据来源的个人、社区、政府、行业和社会,并确保隐私和数据的安全",旨在解决"获得有效同意的挑战"和"谁应从收集的数据中受益的问题。"①

2019 年,开放数据研究所发布《数字信托:法律和治理考量》（*Data trusts: legal and governance considerations*）报告。② 该报告认为,数据信托的主要目的是解决机器学习带来的数据分享与流通难题。通过机器学习单独地或组合地利用这些数据集将会产生"洞见"（insights）,每个实体若仅限于使用自己持有的数据将难以实现前述功能。许多有价值的数据都以"孤岛"（silos）存在。数据信托机制旨在排除数据分享的阻碍,包括尊重数据集持有者的产权、鼓励其开放对数据集的访问、保护个人数据权益、对信息保密。

上述两个报告分别代表了数据信托的两个不同发展方向。人行道实验室旨在实现数据信托的预防性、防御性等消极目的;开放数据研究所则侧重实现数据信托的功能性、实用性等积极目的。

（三）数据信托方案的经验

《自下而上的数据信托:颠覆"一刀切"的数据治理方案》③一文在数据信托实践基础上总结了信托法律机制嵌入个人数据保护的经验。信托法律

---

① Jeremiah Lau, James Penner and Benjamin Wong. The Basics of Private and Public Data Trusts. *Singapore Journal of Legal Studies*, Vol. 2020, No. 1, 2020, pp. 90 - 114.

② BPE Solicitors, Pinsent Masons and Chris Reed. Data Trusts: Legal and Governance Considerations, https://www.bpe.co.uk/media/177005/24779-general-legal-report-on-data-trusts-digitalv5-lr-final.pdf, 最后访问日期: 2021 年 10 月 12 日。

③ Sylvie Delacroix and Neil D. Lawrence. Bottom-up Data Trusts: Disturbing the "One Size Fits All" Approach to Data Governance. *International Data Privacy Law*, Vol. 9, No. 4, 2019, pp. 236 - 252.

机制是将分散的数据权力聚集起来行使,并归还给个人。GDPR 赋予个人数据权利并不能作为使数据主体合理控制个人数据的法律机制,因为数据主体单独行使某项权利的保护效果不佳。个人数据在成为可利用、可交易的数据资产之前,风险是叠加的。人们每天如同机器一样产生数据,并被用于识别、分析,随着时间推移,人格画像甚至秘密逐渐浮现,因此,潜在风险也是可能的损害之一。受不可豁免的信义义务约束,更具有专业性的数据受托人可代表受益人行使 GDPR 等法规所赋予的数据权利,并根据信托协议就数据的访问与使用者谈判协商,因此数据受托人是在数据主体和使用者之间引入的独立第三方中介机构。受托人基于多个数据主体授信而享有聚集起来的数据权利,凭借自己的专业知识、能力来对抗访问数据的处理者,从而使得数据主体与处理者之间不平衡的权力关系因第三方受托人的介入而趋向于一种平衡的权力关系。

与其他"一刀切"的数据治理方案不同,自下而上的数据信托可以有多个,允许数据主体选择能反映其合理期望的信托方案,以及在需要时可切换信托。除了汇集和分享更多信息数据,还应使自然人享有数据利用产生的利益与红利。处理者仅负有合理注意义务不足以实现前述目的。具有道德性的信义关系更适合存在脆弱性的特定法律关系。数据信托通过对受托人课以信义义务,要求受托人对数据主体的利益和合理期望的实现保持忠实与尽责。信义义务比私法上的注意义务更利于数据主体的保护。受托人应证明其已经以适当程度的公正、谨慎、透明和忠实来促进受益人的利益实现,实行举证责任倒置。受托人可因其管理和服务收取费用与获得报酬,但不能允许自己的利益或第三人利益与受益人的利益发生明显冲突。通过对"预先授权"汇集的数据(池)的访问,受托人代表数据主体集体在同意的基础上与使用者协商,从而建立数据信托生态系统,消除大型数据集流通利用的关键障碍。

《数据信托:可信数据监管的伦理、架构和治理》[①]一文在法律范围内为

---

① Kieron O'Hara. Data Trusts: Ethics, Architecture and Governance for Trustworthy Data Stewardship. *University of Southampton Institutional Repository*, 13 February 2019, pp. 8 - 12.

可信数据处理提供了伦理、架构与治理方面的支持,其将数据信托的功能定位为:既是对处理者的约束,又是对数据利用的解放。约束是指处理者除了尊重现行法律规范,不能使目前的非法行为合法化,在法律约束的基础上数据信托还增加了可信度约束。解放是指如果处理者被认为是值得信赖的,将会获得更多数据访问和保持竞争优势,但大多数据信托集中在支持和保护数据主体一方在个人信息处理中的信任,实际上人工智能所有参与者(数据消费者、数据提供者和数据主体)都需通过数据信托解决信任问题。

1. 信任与可信度

个人数据保护制度基于个人权利和新自由主义,将数据主体视为复杂市场中自己利益的捍卫者。在权利语境下,自然人被警告需要立法和法院来保护其应有的尊严;在新自由主义语境下,个人被告知其必须追求自己的利益,因为没有人会为他这么做。两种角度都无法在不存在信任的情况下建立信任。因此,数据信托具有双重目的:一是为数据科学界定一定程度的可信行为;二是帮助协调信任和可信度。信任所有且只信任值得信赖的行为者。适当的信任是建立在社会许可(social licence)的基础上。如同医生需要得到患者的信任,开采自然资源者需要得到利益相关者的信任,数据处理也往往需要通过专业行为准则来证明其合理性。GDPR 并未解决信任问题。“社会许可”由社会学家艾夫瑞特·休斯(Everett Hughes)提出。社会非正式地“授予”某些职业群体从事属于其工作一部分的活动的许可,于是声称其受托为适当的行为。[①] 社会许可的关键是沟通,即信任涉及受托人与其他参与者对承诺的理解保持一致,否则,可能是基于错误的假设和错位的信任。数据信托既可作为提供给相关专业人士的社会许可,也可作为协商社会许可的场所。

首先,出发点是委托人和受托人之间的协商与沟通,这对于建立信任至关重要,否则,信任可能很难建立——对数据处理的信任与对公司(或政府)、对经济全球化(或国家权力)、对安全和基础设施等的信任是一体的。

---

① Everett Cherrington Hughes. *“License and mandate” in Men and Their Work*. Glencoe, IL: Free Press, 1958, pp. 78 - 88.

其次,数据受托人的专业知识是整个信托过程的核心部分。通过数据信托,数据科学家等受托人可以运用专业知识确定数据的处理方式是否可接受。单个数据主体可能并不关心数据处理是否合法,但在数据信托中,足够多的主体或代表性群体可以表达隐私偏好。数据信托成为一个数据处理中心,数据科学家承担审核如何处理数据,以及谁可以访问数据的责任。

再次,数据信托有助于提升处理的透明度,允许数据主体投诉和干预,更重要的是,允许代表性团体(例如患者团体或纳税人代表)监督数据的使用,以及数据科学家让他们的同行保持透明和负责任。数据信托还有助于确定哪些处理是合法的。同意是 GDPR 最重要的合法性依据。数据主体将在收集时被问及他们是否同意在数据信托范围内出于与信任原则一致的目的使用其数据,也便于撤回同意的实现。数据信托成为数据专业人员和数据主体(及其他利益相关者)的接口,参与信托成为获得可信度的标志。

2. 伦理

欧盟在数据处理方面存在信任赤字。虽然监管可以是消除不可信行为的方式之一,但监管本身不会创造信任。数据信托制度可以区分受托人的善恶,受托人不仅为自己的利益行事,而且为数据主体等利益相关者的利益行事,可以判断合法数据处理是否符合利益相关者的利益、不利或是中立的手段。个人信息处理规则很难区分可信任和不可信任的行为,无法公正地对待伦理生活的复杂性,因为即使法律条文得到遵守,其精神也未必得到遵守。数据信托源于正当的伦理规范,需构建约束所有数字空间参与者的模型。

3. 架构

数据信托的基本思想是可以共享数据的虚拟场所。不同的组织把数据交给信托,信托本身不需要存储数据。例如会员模式,成为会员的用户或组织将数据共享给信托的数据控制者,同意遵守数据信托的治理规则。可信数据共享的信托重要的八大属性包括:发现(discovery),即潜在会员用户能够发现数据的存在、属性和质量;溯源(provenance),即潜在会员用户能够通过访问有关数据来源和其他属性的元数据来评估数据的质量,获得访问权限的系统也应生成对数据来源的说明;访问控制(access controls)，即数据控制者能够保留对访问权限的控制，会员用户与数据控制者联系，讨论共享的条款和条件，个人数据的保护责任由控制者承担；访问(access)，即允许会员用户访问数据的机制，可以是有条件的、中介的、有限数量的，或者访问经过编辑、匿名化或假名化处理的数据；身份管理(identity management)，即数据控制者能够识别访问数据的人；使用审计(auditing of use)，即生成和存储数据的使用记录，并公开以检查是否符合法律和信托协议；问责制(accountability system)，即数据控制者对其控制下的数据的访问使用负责，审计须使控制者对滥用负责；影响(Impact)，即评估保存在数据信托记录中的数据价值、使用与滥用。

4. 治理

数据信托源于传统信托，即财产由受托人为受益人的利益而持有和管理，但并不必然相同。信托是为严格的法律运作产生不公正时提供补救，取决于人们应该如何"凭良心"行事。数据信托扮演着类似的角色：数据控制者(受托人)应该如何"凭良心"行事，而不仅是遵守法律合法性要求。信托既可以是意定信托，也可以是法定信托。数据信托介于之间，控制者(受托人)在不失去控制的情况下保持有保证的信任。每当数据主体与收集者分享个人数据时就创建了数据信托，自下而上的数据信托的极端例子产生的信任是"隐含"而非明示的。但其复杂性会带来管理上的困难，也忽略了在这个聚合、匿名和分析的时代，可能给个人造成危害的不仅是处理个人数据行为。信托有三个特定的角色：委托人(创建信托)，撰写信托条款，并处置财产；拥有并管理财产的受托人；受益人，获得财产的利益。数据信托中的受托人是设立信托，并定义其职权范围的个人或团体，是数据控制者，需对数据负责，其他为受益人。数据信托潜在受益人有很多，取决于信托目的以及信托对象，包括数据主体、社会公众、特定人群(例如由城市或地区的服务提供商运行的数据信托可以指定该地区的人口作为信托的受益人)、数据消费者(例如社会科学家获得敏感数据)、数据提供者(通过信托分享数据的人希望其分享不会被滥用，或者不会给其分享数据的人带来竞争优势)、顾客或客户(例如希望加入数据信托获得可信任的声誉背书的组织)。可信的数据管理能够全面提高信任水平。

第二节　非信托型信义义务理论

一、可信任信息关系理论

尼尔·理查兹和伍德罗·哈佐格基于信任和信赖(trust and reliance)提出可信任信息关系理论。[①] 与信托型信义义务理论不同,该理论将隐私界定为信息关系中可实现的信任,旨在保护社会运行中的信任关系,并非采用狭义信托法和信托机制。缺失信任,现代政府、商业与社会体系会崩溃。可信任信息关系理论实质是一种义务论,通过对处理者课以额外义务来强化信任保护。

(一)泛在网络中大部分法律关系是信息关系

专业人士、私人机构或者政府机关等均持有大量个人信息。例如,与互联网服务提供商、医生、银行、搜索引擎、信用卡公司以及无数其他信息处理者和中介机构分享敏感个人信息,或者通过访问应用程序、社交媒体和互联网时产生个人信息。即使线下社会中原本没有重要信息成分的社会关系也成为数据"游戏"的一部分。商家收集并利用个人信息来预测消费者的购物习惯,公司为了获取用户使用产品或服务时附带的信息而"免费"赠送产品或服务。对大数据技术的追逐以及物联网、大模型等发展只会强化这些信息关系。

(二)信任是数字生活的基本要素,是信息关系的内在价值

一个可持续的数字社会必须建立稳定、可信的信息关系。然而,美国隐私保护规则是管理个人信息利用的法律制度,表面上加强了信息关系中的信任,但实际上是鼓励公司在短期内获取尽可能多的个人信息以获

[①] Neil Richards and Woodrow Hartzog. Taking Trust Seriously in Privacy Law. *Stanford Technology Law Review*, Vol. 19, 2016, pp. 431 – 472.

利。例如,"通知—选择"制度中几乎没人阅读通知条款,消费者哀叹"隐私的死亡"。[①] 因此隐私法最初并未考虑到信任保护的重要性,而是偏向一种基于"隐私悲观主义"(Privacy Pessimism)的程序主义,消极防御成为其唯一实质性功能。信任要素的加入不仅可以避免危害,而且可以创造积极价值。

（三）可信任信息关系是从信任角度对隐私进行概念化,扩充其保护信任和建立可持续信息分享关系的积极内涵,以释放数据和技术创新的全部潜力

巴尔金在隐私背景下提出信息受托人制度;索洛夫也建议在大量收集个人信息的数字时代将信义法作为完善规范政策的一种方式。[②] 理查兹和哈佐格赞同受托人制度有助于重新界定个人信息处理关系中的信任,但不同的是,他们认为法律不必进行严格的"信义"(fiduciary)保护或者"完全不受保护"(unprotected)的二元选择,必然存在某种中间立场的义务可以灵活多变地适用于各种信息关系。[③] 虽然并非有信义关系都自动被视为信托,但所有个人信息的处理关系中都有信赖或信任。尽管公平信息实践原则(FIPs)已过时,但仍是个人数据监管的基础。可信任信息关系并非完全替代 FIPs,而是从建立信任的角度,将保密、透明和安全概念转变为谨慎、忠实和保护的实质性义务。

一是保密概念转向谨慎义务。保密是隐私法中最早和最基础的概念。在大多数现有的监管形式中,保密仅被定义为"不披露"。大多数信息关系都不是"熟人",可以自由地与任何人分享信息,保密义务适用有限。但人们仍然相信非"熟人"的个人信息接收者不会利用这些信息来伤害他们。严格保密与完全公开之间也存在中间地带,受托人还有其他方式可以保护委托人,例如限制向谁披露、限制分享的内容,以确保委托人的信任。受托人可选择不披露、有限披露、可信任的接收者和去标识等模糊处理以保持谨慎。

① Austin Sarat ed. *A World Without Privacy?* Cambridge Press, 2015, p. 33.
② Daniel J. Solove. *The Digital Person: Technology and Privacy in the Information Age.* New York University Press, 2004, p. 104.
③ Neil Richards and Woodrow Hartzog. Taking Trust Seriously in Privacy Law. *Stanford Technology Law Review*, Vol. 19, 2016, pp. 431 - 472.

自然人在分享信息时最常见的假设是接收者会谨慎行事。谨慎是指"以避免冒犯或泄露私人信息的方式行事",隐含在大多数信息关系中。就好比患者相信医生不会泄露其健康与精神状态信息;用户相信互联网服务提供商和搜索引擎不会泄露其搜索历史。信息关系中背叛信任的最快方式是轻率,即向错误的人或以错误的方式披露个人信息。谨慎义务在信息关系中进一步解释为"适当地披露",核心是防止错误的披露;而不披露使人们能够建立友谊,与其他人交流,并参与社会。"对信息披露的保护使我们免受严酷的社会评判,如果不加以监管,这种评判可能会变得过于强硬和压迫。"①信息受托人应负有模糊披露信息的义务,使公众或未经特别授权的主体不太可能找到或理解受托信息,即使信息关系不是严格保密的。谨慎义务可以考察受托人是否确保数据接收者是可信赖的,或者是否确保某些类型的信息不会通过谷歌等搜索引擎公开获取。

二是透明性原则转向诚信义务。透明性原则是个人信息处理的基本原则,个人信息收集、使用、披露等做法应向个人保持"公开",以便其调整信息分享决策,核心是通知选择或知情同意制度。在个人控制模式下,充分告知或透明公开处理活动的目的、方式等通常足以免除处理者的法律义务,而不论信息主体是否阅读及了解处理者的数据实践。但若要保持可信任的信息关系,仅是"公开"或透明是不够的,可持续的信任关系还须以积极的诚信义务来纠偏,这意味着受托人向信息主体负责,并接受其检查,例如个人请求查阅、复制其个人信息时,个人信息处理者应当及时提供。受托人须拥有必要信息以便履行受托人义务。透明和诚信义务也有助于确保受托人遵守注意义务和忠实义务。诚信义务不是被动地通知,而是积极确保信息主体真正意识到对其利益关系重要的事情,要求实际通知,而非推定地通知。诚信义务还要求公司对其信息实践进行评估,以便准确地向个人提供信息。通知是许多基于披露的监管制度的基础,例如隐私政策、米兰达警告、知情同意和不健康产品的健康警告,然而对于通知,个人不需要完全理解风险,只

① Daniel J. Solove. The Virtues of Knowing Less: Justifying Privacy Protections against Disclosure. *Duke Law Journal*, Vol. 53, No. 3, 2003, pp. 967 - 1066.

需要变得足够怀疑,以避免错误的信任。如果处理者想避免个人产生怀疑,必须维护用户对他们的信任,做到诚实和透明。

三是安全义务上升为保护义务。公平信息实践原则要求个人数据应受到合理安全保障措施的保护,以防止数据丢失或未经授权的访问、破坏、使用、修改或披露等风险,包括定期审计数据资产和风险,最小化数据,实现技术、物理和管理保障,以及创建和遵循数据泄露响应计划。数据安全应采取更全面的方法,而不只是保护存储的数据。受托人须采取数据管理的心态,包括保护提供给他人的信息。为了维护信任,受托人须保护数据,而不只是保护数据库,这需要超越采取防火墙、加密等技术保障措施,更积极地为了数据持有者的利益行事。保护义务在数字时代尤为重要,要求受托人对数据保护做出更全面的承诺,包括制定定期审计个人信息存储的程序,并使用更新模型持续评估风险,最大限度地减少数据收集和存储,制定程序和物理保障措施,并准备在发生违规时的响应计划。保护义务也不仅涉及数据安全,而且涉及保护存储和发布数据集中的身份和敏感属性。

四是忠实义务作为基本价值观。忠实义务是受托人的基本义务,是避免以牺牲受益人利益为代价进行自我交易的义务,其他义务都从忠实义务中衍生出来。[1] 忠实应确立为信息处理中基本概念来促进信息关系中的信任。个人信息有财产价值,是信息经济中价值的基本来源。"免费"服务只是公司不收取费用,成本往往是隐性的或不知情的交易,即客户的个人信息和基于这些数据的广告推送。信息关系中的受托人为了自己利益而使用收集的信息是由个人信息的商业价值决定的。受托人基于委托人的高度信任,管理托付给处理者的信息,故其忠实地处理信息是不悖于信义关系所依存的信赖基础。[2] 处理者应避免自我交易,背后的基本原理是切断欺诈渠道。"该规则建立在最高智慧(诚信)的基础上,其承认人性的弱点,并为自私和贪婪的行为设置障碍,通过消除欺诈动机来阻止欺诈。"受托人须为信息主体的利益行事,当创建新信息关系时,须确保将信任的基本要素融入其

---

[1]　徐孟洲:《信托法》,法律出版社 2006 年版,第 100 页。
[2]　余卫明:《信托受托人研究》,法律出版社 2007 年版,第 177 页。

中,以便信息关系基于忠实而可持续。

二、保密法路径

(一) 保密法是比隐私法更古老的法律渊源

普通法系的隐私保护实则由两条路径构成:一是以保护"不可侵犯的人格"(inviolated personality)为中心的美国隐私法;二是侧重社会交往和人际关系中保密与信任的英国保密法。虽然二者源于同一个普通法判例"阿尔伯特王子案"(Prince Albert v. Strange),但从 1890 年沃伦和布兰代斯《隐私权》的诞生开始分道扬镳。该案简单案情如下:

> 原告维多利亚女王和其丈夫阿尔伯特亲王提起诉讼,要求阻止被告威廉·斯特兰奇(William Strange)展出这对王室夫妇为家庭绘制的蚀刻版画和目录,因为他们只愿意与家人和亲密的朋友分享该蚀刻版画。斯特兰奇是从一位宫廷印刷厂的助手处得到用来复制蚀刻版画的印版,这位助手被认为"违反了他人对其授予的信任。"[1]

一般认为是沃伦和布兰代斯创造了隐私权,但有学者提出隐私权实际上是保密法的产物。[2] 保密法并非保护隐藏起来的信息,而是保护人们在社会关系中基于信任和依赖的期望与他人分享的信息。在"阿尔伯特王子案"的基础上,沃伦和布兰代斯为美国普通法指明了一个新的方向,即更普遍地保护"不可侵犯的人格"免受陌生人的侵犯。普罗塞不仅将美国隐私法确立为四种相关侵权行为,巩固了这一方向的变化,而且将保密概念在美国法上的重要性降到最低。[3] 相比之下,英国法从"阿尔伯特王子案"中发展出了一套灵活而有力的保密法。

"阿尔伯特王子案"是著名的保密和文学财产案件,沃伦和布兰代斯巧

---

[1]　Prince Albert v. Strange, (1848) 41 Eng. Rep. 1171.

[2]　Neil M. Richards and Daniel J. Solove. Privacy's Other Path: Recovering the Law of Confidentiality. *Georgetown Law Journal*, Vol. 96, No. 1, 2007, pp. 123 - 182.

[3]　Neil M. Richards and Daniel J. Solove. Privacy's Other Path: Recovering the Law of Confidentiality. *Georgetown Law Journal*, Vol. 96, No. 1, 2007, p. 125.

妙地将其重新描述为隐私案件。该案大法官同意斯特兰奇无权印刷和出售这些蚀刻版画或目录，认为阿尔伯特亲王对未出版的作品拥有普通法的文学财产权（版权），作者有权不出版他的作品，以保护他的"私人使用和快乐。"沃伦和布兰代斯将该案从保护知识产权的视角转变为保护个人感情和情绪免受不必要的公开带来痛苦的案件。"保护个人作品不是针对实物的盗窃和侵占行为，而是针对任何形式的财产，不是依据私有财产原则，而是不受侵犯的人格这一原则"，①因此，他们推断该案中所保护的权利是"更普遍的个人豁免权的一部分，即人格权利。"沃伦和布兰代斯还淡化了"阿尔伯特王子案"中第二个依据——失信，即被告斯特兰奇获取案涉蚀刻版画的副本是由于印刷厂职员违背了信任、保密或合同。印刷商等受信人负有与职员同等的保密义务，违反保密义务披露他人信息是一种失信行为。沃伦和布兰代斯最关注的是新闻界公开令人尴尬的事实本身属于私密与否，而不涉及社会关系的信任保护，故将该案的保密义务法理弱化，即不保护社会关系中不得泄露个人信息的这份信任，而是试图寻求一种对世性的权利来保护受伤害的情感。隐私保护的目的不是加强人际关系的规范和道德，而是保护"不可侵犯的人格"和个人的感情不受伤害。

　　英国法拒绝适用隐私权，而是扩大保密法的适用，将保密义务作为附加义务，不仅适用于已收到保密信息的受信人，而且适用于该受信人违反其义务向其披露信息的任何第三方。从词源上，保密更早的术语是信心（confidence）。信心是英美普通法中的古老概念，英国早期法律历史学家F. W. 梅特兰（F. W. Maitland）引用16世纪的古诗："这三种人应该接受良心的审判：欺诈、事故和失信。"在医患关系中，大约公元前400年的希波克拉底誓言（Hippocratic Oath）写道："无论在我的专业服务中，还是在与之无关的情况下，我在人们的生活中看到或听到了什么，这些不应该对外提及，不会透露，因为我认为所有这些都应该保密。"②最古老的保密法律保护之

---

① Samuel D. Warren and Louis D. Brandeis. Right to Privacy. *Harvard Law Review*, Vol. 4, No. 5, 1890－1891, p. 205.

② Daniel J. Solove and Paul M. Schwartz. *Information Privacy Law*. New York：Wolters Kluwer Law & Business, 2018, p. 641.

一是证据特权,关系中的一方可以禁止另一方在法庭上透露秘密,例如律师—当事人保密特权,以防止律师在法庭上泄露客户在法律代理过程中提供给他们的信息。这项特权不是为了保护委托人的个人权利和不可侵犯的人格,而是为了通过促进完整和坦诚的沟通来确保律师与委托人关系的完整性,也是附属于"保密关系"的保密义务。这些关系是现代受托人法律体系的先驱。保密关系保护一方将自己的利益委托给另一方的各种特殊关系。如果另一方滥用这种信任,授予信任和信心的一方极易受到伤害,故法律介入保护这种信赖。因此,保密法的对象并非私密的、隐藏的个人信息,而是基于社会关系中信任他人和合理信赖期望而与他人分享的信息,故避免向未经授权的个人透露个人信息。① 例如在英国"巴里摩尔诉新闻集团报业有限公司案"(Barryrmore v. News Group Newspapers, Ltd.)中,原告演员巴里摩尔(Barrymore)与保罗·温科特(Paul Wincott)存在同性恋关系,温科特将这段关系的细节,包括巴里摩尔写给他的私人信件透露给了一家报社。法院认为,这种行为破坏了两人之间原本的信任关系。因为当他们建立这种性质的个人关系时,并不是为了之后在任何报纸上公之于众。② 这个案件若发生在美国,其结果很可能会有所不同:法院要么认定这些信息不属于私人信息,因为其他人已经知道;要么认定这些信息是"公众合理关注的"信息。③ 1948 年"萨尔特南工程公司诉坎贝尔工程公司案"(Saltnan Engineering Co. v. Campbell Engineering Co.)确立了失信可作为一项普通法诉讼,法院认为:"尊重保密义务不限于当事人之间存在合同关系的情况。"④该案将违反保密义务作为一项独立于合同的侵权救济。这一结论在"阿盖尔诉阿盖尔案"(Argyll v. Argyll)中也得到证实,阿盖尔公爵向记者泄露了他妻子的秘密,法院认为违反信任是个人事务的补救措施,而非只是商业事务。⑤ 1969 年"可可诉克拉克案"(Coco v. Clark)确立保密

---

① Neil M. Richards. The Information Privacy Law Project. *Georgetown Law Journal*, Vol. 94, No. 4, 2006, pp. 1087 - 1140.
② [1997] ES. R. 600 (Ch.) (U. K.) at 602.
③ Restatement (Second) of TORTS § 652D (1977).
④ (1963) 3AllE. R. 413 (1948) (U. K.).
⑤ [1967] Ch. 302 (U. K.).

义务之诉须满足三要素：一是案涉信息须具有"对其必要的信任质量"；二是信任"须嵌入在需要承担信义义务的情况下"；三是须有未经授权使用该信息的行为，损害施信的一方。① 20 世纪 90 年代末，英国《保密法》通过"可可诉克拉克案"等判例演变成一个强大而灵活的法律体系以保护个人和商业信息，保密义务的概念延伸至与施信人没有法律关系的第三方。②保护对象不是原告的情感和不受侵犯的人格，而是基于社会关系中的信任和信赖为理由的保密规则，即不受"熟人"背叛，不受"陌生人"带来尴尬。1982 年，《保密法》才开始在美国发展。原告可以通过证明被告保密义务的存在及其违反了前述保密义务来提起诉讼，法院则通过认定当事人之间法律关系的性质，参照信托法或默示保密合同来确定是否存在原告主张的保密义务。最适用于医生、银行、医院、保险公司、精神病学家、社工、会计师、学校人员、律师、雇员等。部分法院认可违反保密义务的侵权责任也延伸至"导致受信人违反忠实义务的第三方，或此类违约行为的参与主体，或故意接受此类违约行为的任何利益的第三方。"③随着 1998 年《欧洲人权法案》开启了隐私与个人信息保护，美国的隐私法和英国的保密法再次开始趋同。

（二）概念差异

沃伦和布兰代斯的"隐私"概念是高度个人主义的，描述隐私权的核心术语"独处的权利"强调独居和孤立的个人以及抵御他人侵入的能力，他们认识到八卦猬獭对社会的负面影响，但其将隐私权建立在保护个人而不是社会关系的基础上，并不关注社会关系以及个人信息在不同保密期望的人之间传播的程度。美国法院宣称："隐私本质上是个人的。隐私权承认个人主权。"④布

---

① Coco v. A. N. Clark (Engineers) Ltd., ［1969］R. P. C. 41 (U. K.).
② Neil M. Richards and Daniel J. Solove. Privacy's Other Path: Recovering the Law of Confidentiality. *Georgetown Law Journal*, Vol. 96, No. 1, 2007, p. 178.
③ Biddle v. Warren Gen. Hosp., 715 N. E. 2d 518 (Ohio 1999).
④ Smith v. City of Artesia, 772 P. 2d 373, 376 (N. M. Ct. App. 1989).

鲁斯丁认为个人尊严是隐私权侵权背后的统一主题。[1] 隐私法奠定了美国个人信息控制理念,试图在个人与集体、自我与社会之间划清界限。保密法不仅来自个人尊严的规范,还来自社会关系、信任和依赖承诺的规范。美国隐私法从来没有完全包含社会关系中的隐私,公开的信息不再是隐私。与沃伦和布兰代斯的个人主义隐私观相反,英国保密法侧重于社会关系而不是个人。保密远远不只是独处的权利,而是关注社会关系中信任的规范。事实上,人们的大量个人信息早已为他人所知,知晓者包括医生、配偶、孩子和朋友,以及企业机构(例如互联网服务提供商、银行、商人、保险公司、电话公司和其他企业)。即使人们选择和特定的人分享信息,甚至向别人透露一个秘密时,仍然会将所分享的内容视为秘密,并不会因为告诉别人就不再是秘密。这是因为基于信任的分享行为本身具有脆弱性:信息主体希望他人不会背叛自己,并相信对方会保密。然而,这种信任概念在隐私权中常被忽略。直到 1992 年迈克尔·哈维(Michael Harvey)评论称:"失信侵权行为最近在美国普通法中重新合并。"[2]英国失信侵权与美国公开披露私人事实侵权的关键区别在于受保护对象的性质。违反保密义务侵权的焦点在于关系的性质是否属于信任关系,公开披露侵权行为关注的是被公开信息的性质是否属于隐私。[3] 在许多公开披露侵权的案件中,法院很难承认与他人分享后的信息仍是隐私,因为"隐私"通常被理解为完全保密。保密则涉及与他人分享信息以及关系中的人们处理彼此个人信息的规范,要求承认和执行对信任的期望。

(三)适用差异

尽管保密和隐私保护相关利益,两者之间存在大量重叠,但在违反保密协议和隐私侵权行为所导致的案件实际结果之间存在理论差异。首先,美

[1] Edward J. Bloustein. Privacy as an Aspect of Human Dignity: An Answer to Dean Prosser. *New York University Law Review*, Vol. 39, No. 6, 1964, pp. 962 – 1007.

[2] G. Michael Harvey. Confidentiality: A Measured Response to the Failure of Privacy. *University of Pennsylvania Law Review*, Vol. 140, No. 6, 1992, pp. 2385 – 2470.

[3] Peter A. Winn. Confidentiality in Cyberspace: The HIPAA Privacy Rules and the Common Law. *Rutgers Law Journal*, Vol. 33, No. 3, 2002, pp. 617 – 682.

国一些隐私侵权条款要求公开的信息须"对一个理性人具有高度冒犯性",很多个人信息泄露影响程度未达到这个程度,例如披露家庭住址、财务状况和购物习惯等信息可能并不会让很多人感到非常尴尬或羞辱,因此隐私侵权在适用于企业披露个人数据时往往举步维艰。但违反保密义务侵权并不包含"高度冒犯性"要求,因其损害不仅包括信息泄露所造成的羞辱,而且将违背当事人之间信任视为损害。隐私侵权关注的是信息的内容,而不是信息的来源,违反保密侵权行为关注的是信息的来源,并对保密信息进行保护,而不考虑其冒犯程度。① 其次,"公开性"为隐私侵权提供了额外约束,要求向一定范围的人公开。将原告私人信息告知一个人或一小群人,通常不是对隐私权的侵害;相反,即使信息只传播给少数人或一个人,也可能因违反保密义务担责。此外,隐私侵权还受到新闻价值标准的限制,即信息若具有新闻价值(引起公众的合理关注),其公开便不构成对隐私的侵害。这几乎使原告永远无法提出成功的索赔,只有当信息包含"为了自己的利益而病态地、耸人听闻地窥探私人生活"时,②才会得出不具有新闻价值的结论。对于违反保密规定则没有这样的限制。

普通法系中隐私与个人信息保护远比康德范式、洛克范式中的价值更为复杂,无论是基于个人尊严还是个人自由的隐私观都是高度个人主义的。基于对社会关系中信赖保护的保密法比隐私法有着更深层次的法律渊源,当进行信息隐私侵权判断时,焦点在被公开信息的性质,例如私密信息与非私密信息、敏感信息与非敏感信息等,违反保密义务侵权认定的焦点在于关系的性质,即是否存在合理信任。美国侵权法仅限于特定关系;英国侵权法则考量任何特定关系中当事人的期望,故更具有开放适用性。当一个人出于有限目的向他人分享信息时,通常会产生信义义务,且这种义务可约束获取前述信息的第三方。因此,保密法保护各种涉及信任的信义关系,除了明示的保密合同、商业秘密和婚姻秘密外,还包括各种各样的个人和职业人士特定关系,例如律师与客户、医生与病人、雇主与雇员、银行与消费者、受托

---

① McCormick v. England, 494 S. E. 2d 431, 438 (S. C. Ct. App. 1997).
② Neil M. Richards and Daniel J. Solove. Privacy's Other Path: Recovering the Law of Confidentiality. *Georgetown Law Journal*, Vol. 96, No. 1, 2007, p. 176.

人与受益人、调解人或仲裁员与当事人等,以及数据的收集,即使每个数据片段来自公共领域。衡平法的介入旨在保护弱势一方,防止因这种关系中的权力或影响力的失衡而遭受滥用。保密法则通过对"受信任的关系"(confidential relations)课以保密义务,提供了对未经授权披露个人信息进行监管的另一种路径。个人控制范式可从保密法路径吸取的经验是:并非所有向他人分享的信息都因进入公共领域而失去法律保护,其信任利益并不因为公开而丧失。保密法承认了介于完全私有(例如只有自己知道)和完全公共(例如社会公众知道)之间的中间状态,颠覆了公私二元对立的预设。

三、个人数据监护人制度

个人数据监护人制度由杰瑞·康等人针对"自我监控"的新兴数据实践所提出。[①] 自我监管数据是指利用各种新兴技术,例如支持 GPS 的智能手机对自己的睡眠时间、去向、呼吸、心率、饮食习惯、偏好等细节进行精确测量,并将这类数据存储在"云"上,且给第三方提供广泛访问权限。自我监控由自我发起,使用自己控制的传感器,主要目的是测量自我。"测量自我"是对自己观察的记录数据,包括非主观和通过自动传感器收集的数据。"非主观"是指记录数据而不要求个人进行主观反思或自我报告,"自动"是以设置即忘模式收集数据,在个人进行初始配置后,不需要手动输入逐个事件的信息。自我监控存在减损信息隐私的风险。个人数据监护人(PDG)是设想出来管理个人数据的新专业人士,帮助信息主体管理自我监管数据的个人数据保险库(PDV)。

信息隐私的传统标准是个人控制,即个人在何种程度上控制个人信息的收集、披露和使用。隐私是衡量个人在处理有关自己信息方面的权力,对个人信息控制力越强,隐私越多。[②] 若个人同意放弃对信息的控制,例如自

---

① Jerry Kang, et al. Self-Surveillance Privacy. *Iowa Law Review*, Vol. 97, No. 3, 2012, pp. 809 –
848.

② Helen Nissenbaum. *Privacy in Context: Technology, Policy, and the Integrity of Social Life*.
Stanford Law Books, 2010, pp. 70 – 71.

然人 A 决定自愿在网络摄像头前脱光衣服,以裸体图像的形式公开其个人数据,对所有人可见且他人分享与转发不受限制。从控制意义上,A 仍享受到了完全的隐私,[1]自然人 B 将自己的数据加密、隐匿和不对他人公开所享有的隐私并不比 A 多。

信息隐私的另一种标准不是通过个人控制来界定的,而是使用更宏观的术语来描述信息生态系统中各类个人数据的"流动"。对于特定类型的信息(例如公共记录数据、医疗数据或电子邮件内容),个人有权询问此类信息通过推送、广播或搜索等途径在何处、以多快的速度以及以多大的带宽流动。流动量越大隐私越少。例如,投票等公共记录数据比一般要求保密的医疗健康数据流动更快,那么,与医疗数据相比,公共记录数据的隐私性更少。流动论不关注个人控制,更关注各类数据在具体信息环境下如何传播。还有若社会中大多数人定期自愿在互联网上传播自己的裸照,根据个人控制论,隐私不会减少,但根据流动论,这些信息的流动增加,隐私在流动意义上则减少。

在自我监控数据场景中,根据"控制"标准不会减损隐私,因为个人数据的上传依据是个人与网络服务提供商的合同条款,个人信息处理有明示或默示的同意。但个人的认知限制、信息不对称、成本分析错误等,市场竞争不足、产品和服务捆绑、锁定和转换成本等都导致"控制"只是形式上的。根据"流动"标准会减损隐私,因为自我监控意味着将收集高度细粒度(finely grained)的个人数据"流"上传到"云"中,信息系统定期将数据传输到远程服务器,个人分享这些数据但很少能完全知晓与理解数据的受访问情况,增加了个人维护隐私水平的机会成本。处理者受益于制定标准,保持最大限度地披露信息的现状,一旦网络行业能够"锁定"低水平隐私作为主导做法,用户个人除了不使用产品或服务,别无选择。[2]

自我监视不同于社会监视。自我监视的全部意义在于只监视自己。个

---

[1] Anita L. Allen. Privacy—as—Data Control: Conceptual, Practical and Moral Limits of the Paradigm. *Connecticut Law Review*, Vol. 32, No. 3, 2000, pp. 861 – 876.

[2] Paul M. Schwartz. Internet Privacy and the State. *Connecticut Law Review*, Vol. 32, No. 3, 2000, p. 823.

人数据监护人制度作为一种新颖的应对策略,由其创建并管理个人数据保险库。用户将个人数据流上传到该保险库中,而不是上传到某个难以知晓的由第三方运营的无定形的"云"上。

(一)个人数据监护人(PDG)

客户与个人数据监护人之间的法律关系属于信义关系。个人数据监护人作为具有专业知识和专业服务身份的顾问,就像律师、会计师、财务规划师和图书管理员等其他专业人员。该角色是作为客户值得信赖的"知己"代表客户对抗第三方窥探、传票和政府监视,与第三方应用程序服务提供商谈判最佳信息条款,以及向个人客户提供有关自我监控数据决策的意见。个人数据监护人可以是由州行业协会颁发专业执照的自然人。该协会将采用行业最低标准,包括基础设施能力以及技术、法律和业务能力、教育程度等最低要求,以及采用内部道德和职业行为示范规则,违反这些规则可能导致协会纪律部门采取执法行动,以及客户的渎职诉讼。与律师类似,个人数据监护人可以通过普通合伙或有限合伙来创建公司。

(二)个人数据保险库(PDV)

该数据存储库有三项基本功能:安全存储、用户易读性和指引第三方访问。安全存储是指通过自我监控收集的个人数据流安全地上传到 PDV 中存储。PDV 必须包括安全存储、管理个人和第三方身份的方法、访问控制、选择性共享、在保险库中执行某些计算的能力、数据管理和可审计性、数据可视化接口以及与第三方集成的服务接口。PDV 应跟踪数据来源和记录对数据的访问、用户对共享规则的更改。对用户和第三方应用程序进行身份验证,将个人识别信息与数据流分离,管理何时以及如何与第三方应用程序分享用户身份。PDV 设计者需要考虑用户如何识别到 PDV 运营商,以及如何识别手机上捕获的数据,从而恶意方可能不会向 PDV 发送未经授权的数据。相较于本地存储数据,PDV 被托管在多个服务器上,并具有一定程度的安全性、稳定性和易备份性。用户易读性是指用户能以易读、可视化的方式访问 PDV 中存储的个人数据,因为 1 和 0 的比特对普通用户个人来说毫无意义。易读性应包括以基本描述性和相关统计形式的数据可视化，以及跨空间和时间维度的可视化，允许通过使用地理信息系统工具与地理空间数据进行简单的混搭。监护人还应提供基本工具来表示跨时间的数据以显示时间序列和趋势。指引第三方访问是指 PDV 结构允许个人以灵活的方式使用第三方应用程序，而不是只能选择全部披露和完全不披露自我监控数据。一般保险柜中的数据不离开 PDV（原始数据不出域）。如果必须向第三方服务提供商分享信息，PDG 须遵守最小必要原则，即披露执行所请求的分析所需的最少数据量，可能只提供摘要统计数据（而不是原始数据）、数据子集或过滤数据。例如，PDG 可能会向不需要细粒度位置信息的第三方应用程序发布 GSM 基站三角测量数据，而不是更精确的 GPS 数据，或者如果实际位置不是必须的，PDG 可以只分享驾驶时间。选择性访问可以使用过滤器，根据时间、活动和第三方请求的性质等变量分享或保护数据，个人更容易表达数据分享偏好。例如，只分享早上 8—10 点收集的数据、只在开车时分享数据，或者只与医生分享数据。当任何数据离开 PDV 时，PDG 可以对数据进行擦洗和匿名化处理。

（三）法律关系

个人客户与 PDG 的基本关系是委托人与代理人关系，这意味着 PDG 在处理客户的自我监控数据时，对其客户负有信义义务。作为专业顾问，PDG 负有注意义务，须在安全存储、保护、删除、分析和呈现（使其清晰可读）个人自我监控数据方面具备最低限度的能力，这主要是通过行业协会内部行为标准和普通法上不当行为侵权来执行的。PDG 对个人客户负有与律师或会计师一样的保密义务。作为受托人，PDG 对个人客户还负有忠实义务，但若 PDG 与第三方服务提供商垂直整合，就可能产生利益冲突，PDG 可能从个人使用自己的第三方应用程序服务中获益。如同禁止律师事务所提供垂直整合服务一样，也禁止 PDG 提供该服务，因为这种情形下的违反信义义务的行为难以监管。PDG 除了负有忠实、注意、保密的信义义务外，还享有类似商业秘密的证据特权，即 PDV 中存储的数据不能被传唤或引入法律程序，除非个人明确放弃该特权或法律规定的例外情形。

个人数据监护人的原型是 20 世纪 90 年代末约翰·哈格尔(John Hagel)和马克·辛格(Marc Singer)提出创建的信息中介,负责在个人和营销人员之间协调,既了解个人偏好并积极提供最低成本满足其偏好的方法,又保护个人信息不受营销人员的侵害。[①] 与信息中介不同的是,PDG 的根本目的不是通过促进双边市场交易来获利,而是保护自我监控数据。其有意识地、谨慎地减缓个人数据"流动",向个人客户提出潜在危害后果的决策建议,并采取符合个人最佳利益的实践。此外,PDG 与个人是信义关系,受信义法约束,避免可预见的利益冲突。从控制意义上而言,忠实的 PDG 可能会增强个人对其信息的实际控制力,就好比忠实的专业医生会增加患者对自己身体情况的实际掌控;从流动意义上看,PDG 主要是减缓而非加速个人数据的流动,要求其按照信托法将个人客户利益置于第三方利益之上。创造 PDG 这一职业将间接促进 PDG 与个人客户之间建立自愿的信义关系。与典型个人信息处理不同,自我监管并非第三方处理者对信息主体的监控。PDG 作为专业性中介引入个人客户与访问其自我监控数据的处理者之间,任务是维护个人数据保险库,个人数据存储在监护人管理与维护的数据保险库,而非第三方处理者运营的"云"中。实践中需要调查个人客户是否愿意购买 PDG 服务,以及其付出的价格能否促使 PDG 这一行业的产生。

第三节　基本共识:信任基础
之上的信义权力

个人信息处理中信托型与非信托型理论的共性在于:受托人负有信义义务,以平衡关系中的不平等性。从具体关系结构角度,一方主体授信另一方处理或管理其个人信息,受托人实际控制个人信息或对个人信息数据利

---

① John Hagel III and Marc Singer. *Net Worth: Shaping Markets When Customers Make the Rules*. Harvard Business School Press Books,1999,pp. 28 - 29.

益享有较大自由裁量权。从抽象理念的角度看,各理论均包含关系中的信任因素。信任是个人信息处理中关系建立、维系、运营的动力,具有道德属性,处理者需收集更多的个人信息以开展商业模式,个人也需分享信息参与数字社会生活,当各主体须相互依赖时,则不希望滥用信任。因此,个人信息处理中受托人信义义务可描述为:个人信息处理者对信息主体享有信任基础上的信义权力(影响力)。

一、信义权力因素

在信义关系中,一方对另一方的"信义权力"或"影响力"源于信任的事实状态,这通常表现为一方对另一方道德及专业能力或身份的信任。此时授信人倾向于依赖或采纳受信人的判断与建议,并做出决策。因为当一个人获得代表另一个人做决定的权力时,自治权会部分转移。莱昂内尔·史密斯(Lionel Smith)认为在每一种信义关系中,受托人都获得了对另一个人全部或部分自治权的控制,自治权本身因其关涉个人自主性,不能全部或部分转让。但当法律允许一个人作出具有法律效力的决定(例如关于财产处置或医疗保健的决定)而不影响决策者,只影响另一方主体时,便实现了自治权的转移,则法律规定该决策者须按照其认为对另一方最有利的方式来行使权力,权力源于对他人的部分或全部自主权拥有法律控制。[①] 因此,若受托人获得了为他人做出决策的权力,就会受到信义义务的约束。

换言之,"信义权力"是指在信任基础上 A 倾向于采纳 B 的判断及接受 B 行为中的积极风险,B 得以向 A 的关键利益施加强制影响的事实状态。权力比自由裁量权更宽泛,因为任何存在等级制度、存在脆弱性的社会关系都会产生权力,是信义关系的普遍特征,因此信义权力被限缩为以系统性、结构化的样态存在,结果上否定了立法最初对平等主体地位的假设,改变了自主平等交易的模式。系统性是指权力滥用并非随机个案,而是受影响的

---

① Lionel Smith. Fiduciary Relationships: Ensuring the Loyal Exercise of Judgement on Behalf of Another. *Law Quarterly Review*, Vol. 130, No. 4, 2014, pp. 614 – 615.

社会群体数量较多或重复发生,产生足够大的社会影响以致需要法律干预;结构化是关系中 A 和 B 的权义关系总是可预测的。① 只有当结构化权义关系失衡,对相对弱势一方的关键利益施加影响,无法维系法律对主体平等地位的预设时,才允许信义义务的干预。

在信息受托人理论中,巴尔金证成信义义务的正当性基础是个人信息处理中被处理者的脆弱性与不平等性,视网络服务提供商等数据控制者为受托人,负有信义义务。他认为用户个人和数字企业双方主体在能力、信息、专业背景等方面均不对称,存在事实上的权力不平等,受托人在个人信息处理中处于主导地位,是数据与算法等技术的实际控制者。② 用户为了参与数字社会生活使用产品与服务而分享个人信息时,不得不依赖实际控制信息的数字企业,接受分享信息带来的积极风险,相对于数字企业具有明显脆弱性。网络服务提供商等处理者对用户的"影响力"决定其法律关系具有不平等性、依赖性与脆弱性三大形式特征,均是信义权力运用的结果。因此,信息关系是受托人对特殊弱势地位的人负有信义义务的忠实关系。该理论的重要启发是将研究视角从传统关注单个个人信息内容及性质转向关注社会关系及关系中的信任保护上。比起专业律师客户关系或医患关系保护特定主体免受个别伤害,信息受托人能保护更多信息主体群体免受更广泛的信息处理危害与风险。从这个意义上看,信息受托人与其说是信任某个特定的人,不如说是信任信义机制所带来的客观可信度。

在数据信托方案中,基于古老的信托制度与经验,其采用描述性路径将用户数据视为具有财产属性的标的,将独立第三方作为受托人,并对用户数据进行控制和管理,类比信托架构设计。与信息受托人不同,数据信托通过信托架构聚合起数据权力再返还给个人。在忠实义务的约束下,受托人代表信托受益人行使 *GDPR* 或其他自上而下的法规所授予的数据权利。受

---

① Mario L. Barnes and Erwin Chemerinsky. What Can Brown Do for You: Addressing McCleskey v. Kemp as a Flawed Standard for Measuring the Constitutionally Significant Risk of Race Bias. *Northwestern University Law Review*, Vol. 112, No. 6, 2018, pp. 1293 – 1336.

② Jack M. Balkin. The Fiduciary Model of Privacy. *Harvard Law Review Forum*, Vol. 134, No. 1, 2020, pp. 11 – 33.

托人根据信托条款作为数据主体与数据访问者之间的独立中介来协商数据的使用,而享有"信义权力",促进对聚合数据访问的信息主体"预授权",此时受托人同意第三方访问信托数据是一种集体基础上的协商。该信义权力属于系统性权力,因为数据信托中参与者数量众多且滥用权力的风险是可重复性出现的并属于结构性权力,因为在该关系中始终如一地由受托人享有固定、特定的权力。此外,数据信托还认识到信任应该通过信托制度"明示",而非像信息受托人一样隐含在关系中。

可信任信息关系理论反思了个人主义的信息隐私保护框架。尽管个人选择、偏好、责任迎合了美国个人主义、民主和消费主义理想,但可信任信息关系强调数字经济中的权力失衡问题,真正的权力不是掌握在个人消费者与公民手中,而是掌握在监控他们的政府和企业家手中,从而形成"数字鸿沟",即大多数人的权力远远低于创造和控制数字技术以及这些技术所依赖的个人数据的政府和企业机构。[1] 消费者群体被称为数字弱者和无权者,其通常缺乏知识或手段来有效保护自己的数字生活不受监控。受托人应该确保自己可信任而负有信义义务是为了对抗权力失衡。更重要的是,可信任信息关系的目的是通过信任来促进信息分享与释放经济价值,尤其强调受托人的忠实义务。信任对于可持续的数字未来是必要的,促进信任的隐私规则可以创造个人和社会价值。

在保密法路径中,信任既是其关注核心,也是社会关系的基础。它可以是明示的,也可以是隐含的。保密关系也被视为信义关系。普通法上的受托人不仅被视为真正的权利人,而且能够被选作受托人是一种社会关系的认可与荣耀。仅靠受托人自律,尚不足以维系社会关系中的信任。受托人对用户的信任"邀请"而使授信人易受到受托人行为的影响,例如网络服务提供商通过语言、界面设计等"邀请"消费者信任,并将个人信息托付给他们。信任邀请不仅是诸如隐私保护政策等明确的信任,而且有保密法路径下隐含在社会交往关系中的信任。

---

[1]　Neil M. Richards and Woodrow Hartzog. Privacy's Trust Gap: a Review. *Yale Law Journal*, Vol. 126, No. 4, 2017, p. 1182.

在个人数据监护人制度中,个人数据监护人与律师、医生等职业类似,属于具有专业知识背景、由专门行业协会颁发执照的新职业类型,并对自我监管数据拥有管理与处分权。例如,对第三方访问客户个人自我监管数据的管理,依赖于个人数据监护人的自由裁量权,因此,个人数据监护人在享有信义权力的同时也负有信义义务,尤其是个人数据监护人须为了客户个人的利益服务,并向其提供符合客户最佳利益的信息决策。这与数据信托方案的独立第三方受托人类似。

二、信任因素

"信任"因兼具感性与理性而在社会学、心理学、经济学等众多学科中"大放异彩"。在信义法中,与信任相近的概念,诸如信义(fiduciary)、信托(trust)、信赖(reliance)和信心(confidence)都在不同程度上混用。因此,信任因素的考察须从语源上进行辨析。

"信义"(fiduciary)一词最早出现在 17 世纪,《布莱克法律词典》(*Black's Law Dictionary*)将其界定为:"这个词源于罗马法,作为名词是指具有受托人特征或类似受托人特征的人,特征涉及信任和信心以及所要求的一丝不苟的善意与坦诚;因此在具体法律关系中,一方是受托人,被授予权利和权力,为另一方的利益行使。作为形容词是指信托的性质;信托的;具有信托特征的;类似信托的;信任的或与信任有关的或建立在信任之上的。"[1]在《元照英美法词典》中"信义"被解释为:"a. 受信托的;信用的;信托的;n. 受托人。源自罗马法,指受托人及其他类似信任关系中的受信任者。受托人应尽恪尽诚信勤勉职责,为委托人的利益处理有关信托事务,且须达到法律或合同所要求的标准。受托人、破产管理人、遗嘱执行人、监护人等均属受托人之列。"[2]可见,信义既可作名词,也可作形容词。作名词时指包含信托受托人在内的广义的受信人;作形容词时则用来形容存在信任的各种关系,

---

[1] Black's Law Dictionary, https://thelawdictionary.org/fiduciary/,最后访问日期:2024 年 8 月 21 日。

[2] 薛波:《元照英美法词典》,法律出版社 2003 年版,第 549 页。

即信义关系。① 在内涵上，信义与信托、信任、信心结合在一起。早期衡平法院并没有广泛使用"信义"一词，往往直接用信任、信心来描述那些非信托法律关系的"准信托"（quasi-trust）或"与信托相似的法律关系"（trust-like relationship）。

在人类社会所有情感中，维系良性关系的文化因素主要是信赖（reliance）或信任（trust），二者在语义上是相通的。"信赖"在中文词源上被《现代汉语词典》解释为："信任并依靠"；在英语词源上"reliance"被《布莱克法律词典》定义为："一个人的依靠或信任，特别是与因此依靠或信任而发生的行为相对关联时。""信任"在中文词源上被《辞海》定义为："信得过而托付重任"；英语词源"trust"被《柯林斯英语词典》解释为："reliance on and confidence in the truth."可见，对信任和信赖的解释均须借助对方来实现。"信赖"在公法和私法领域均发展出具有丰富内含的信赖保护原则，与信任相比，更强调"依赖性"（rely），是法律保护基于信任而实施某种行为的原因。信赖可理解为主动的信任。在私法领域，早在 1936 年富勒借鉴耶林信赖保护的观点，首次在《合同损害赔偿中的信赖利益》中提出了"信赖利益"的概念和对损害信赖利益的赔偿。② 在公法领域（主要集中在行政法），信赖保护所保护的对象是公民基于公权力行为的信赖所形成的信赖利益。我国《行政许可法》第 8 条③诠释了信赖保护的基本精神，即在现代法治国家中，当人民对国家机关的行为形成合理信赖，且该种信赖值得保护时，国家机关必须遵守信用，以此维护人民的信任和法律秩序的安定性，而不得随意变更，即使是基于重大公共利益不得已进行变更也应对信赖利益予以合理补偿。④ 信赖具有信任、相信、信心、可托付等多重含义，例如甲对乙能按照甲的意志行事存在期待；甲可以指望乙去做甲期待的事，乙对此不得加以拒绝；甲在要

---

① 徐化耿：《信义义务研究》，清华大学出版社 2021 年版，第 13 页。
② 佟强：《信赖之债》，北京大学出版社 2020 年版，第 249 页。
③ 《行政许可法》第 8 条："公民、法人或者其他组织依法取得的行政许可受法律保护，行政机关不得擅自改变已经生效的行政许可。行政许可所依据的法律、法规、规章修改或者废止，或者准予行政许可所依据的客观情况发生重大变化的，为了公共利益的需要，行政机关可以依法变更或者撤回已经生效的行政许可。由此给公民、法人或者其他组织造成财产损失的，行政机关应当依法给予补偿。"
④ 李继刚：《信赖保护原则的立法运用研究》，山东大学博士学位论文，2020 年，第 40 页。

求乙进行某种行为时不需要支付对价;甲不能要求乙完成甲的任意愿望,这个愿望须有严格限定条件,只有属于合理期望才可以要求乙完成;合理期望产生的真正原因是甲与乙是基于某一特殊紧密社会关系的共同体。

"信托"被认为是衡平法最伟大的功绩,信托一开始是作为规避法律的工具存在,让财富能为自己和自己家人所用,英国地主们创设了土地所有权利益与所有权负担分离的用益制度,但若受托人背信弃义拒绝将收益给予受益人,则受益人无法获得普通法院救济。后来衡平法院大法官运用良心规则,对违背信义义务的受托人予以否定性评价。英国学者勒温(Lewin)定义信托是由受托人负担的职责或累积而成的全部义务;这种责任关系在其名下或在其控制范围内的财产;法院根据其衡平法管辖权可强制要求受托人按照信托文件中的合法规定来处理该财产,如果书面上或口头上均无特别规定,或虽有规定但该规定是无效或不充分的,则法院会强制要求受托人须按照衡平法的原则去处理该财产;这样的管理方式将使与财产有关的利益并非由受托人占有,而是由受益人享用(如果其人存在),或(如果没有受益人)按照法律所认可的用途来处理;如果受托人同时也是受益人,则他可以受益人的身份得到应得的利益。①

"信任"主要作为一个社会学概念使用,可分为一般信任、制度信任和特定的社会信任。一般信任是指人与人之间无条件地相信对方,往往发生在自然经济时代的家人、亲友、邻居之间,即基于熟人关系的社会信任。制度信任是指人们对社会机构、政府组织或公司实体的信任,包括对自动化的信任,例如人们自然而然地相信机器会比人工作得更好。特定的社会信任是指对特定他人的信任。② "信任在人类关系中的普遍存在及其必要性;没有一些信任和共同的意义就不可能构建持续的社会关系。"③信任流转于一切社会关系主体之间,信任的正向效果是基于双方的意思表示及双方行为的保障,然而在当事人双方地位不对等时,对于弱势一方而言,则需要对抗信

---

① 张淳:《信托法哲学初论》,法律出版社 2014 年版,第 5 页。
② Ari Ezra Waldman. *Privacy as trust: information privacy for an information age.* New York: Cambridge University Press, 2018, p. 51.
③ [波] 彼得·什托姆普卡:《信任:一种社会学理论》,程胜利译,中华书局 2005 年版,第 1 页。

任风险的机制,①即信任保护。

个人信息处理中的"信任"因素是第三种"特定的社会信任"。信任是两个及两个以上社会主体之间的社会资本,是一方对他人将按照公认规范行事的期望。社会资本是一种源于社会关系和网络的资源。社会学家罗伯特·普特南(Robert Putnam)描述社会资本是"社会生活的一个特征——网络、规范和信任——促进互利合作与协调。"②因此,信任是在社会关系中对他人行为和意图的有利期望,或相信他人会根据公认的规范以可预测的方式行事。信任意味着愿意接受某些风险和信息关系中固有的脆弱性和依赖性。社会生活中他人行动充满不确定性,信任是一种应对不确定性的积极策略,是信息和知识不对称问题的解决方案。社会信任建立的方式有反复互动、明示或隐含、互惠,以及因已知的可信赖方而信任未知的陌生人或熟人(移情)。每一种方式均使得信息分享成为可能。反复互动是指信任随着时间推移而理性发展,A 和 B 在一段时间内互动,B 在这些互动中以值得信任的方式行事,那么,A 更好地预测 B 下次行为是否可信任,互动越多,分享信息一方建立信任的数据点就越多,将来与之继续分享的可能性就越大。明示或隐含是指根据保密协议或以警告开始的对话("这是我们之间的秘密")等方式明示希望维持信任,或特殊社会关系(例如医患、受托人—受益人)中隐含的信任。通过信息安全的明示或暗示促使分享者相信相对人会遵守保密安全规范,从而降低信息泄露风险而鼓励更多分享。互惠是指即使没有明示或隐含信任,也可通过互惠原则产生信任。例如,在用户与社交网络平台之间,当用户期望获得更大的互惠性(例如好友点赞、粉丝增加),分享就会更多;③再如,交友软件需要用户分享大量个人信息,否则,难以实现交友目的,其信息也更容易泄露。移情是指将对熟人的信任转移给陌生人,例如基于专家和其他专业人士的学位而信任他们,对学校声誉的信任转移到该校毕业学生,基于对公司或医院隶属关系的信任转移到律师和医生。

① 曾坚:《信赖保护:以法律文化与制度构建为视角》,法律出版社 2010 年版,第 2 页。
② Axel Hadenius ed. *Democracy's Victory and Crisis*. Cambridge University Press, 1997, pp. 27 - 31.
③ Jerzy Surma. Social Exchange in Online Social Networks. The Reciprocity Phenomenon on Facebook. *Computer Communications*, Vol. 73, Part A, 2016, pp. 342 - 346.

在所有这些情况下，对专家的信任使我们更愿意与他们分享重要信息。

小　结

本章梳理了个人信息处理中信义义务证成的学说理论。信义义务是由法官造法抽象而来，基本方法是通过类推（analogy），即类比已知信义义务类型法律关系的相似性，推出法律适用的特殊的未知类型。将个人信息处理关系类比信托且利用信托基本原理来运作的学说提出了信托型信义义务（信息受托人理论、数据信托方案）；将个人信息处理关系不按照信托的具体法律原理运作，但抽象意义上与信托有一定相似性认定的学说提出了非信托型信义义务（可信任信息关系理论、保密法路径、个人数据监护人制度）。当弱势方被要求信任另一方，他们就建立信义关系。在个人分享信息的场景中，个人因其固有的脆弱性和依赖性（信义利益）而对处理者授予信任（信义关系），进而分享自己的个人信息，相对人因被授信对其负有保护其合理信任的义务（受托人信义义务）。

以上学说均反映了个人信息处理中信义义务的共性：信义权力因素和信任因素。信义权力反映了对处理者课以额外信义义务的根本原因；信任反映了对处理者课以额外信义义务的价值追求。

第三章

个人信息处理中信义义务的
可行性评介

根据欧内斯特·J. 温里布(Ernest J. Weinrib)的法律形式主义(legal formalism)和本杰明·齐普斯基(Benjamin Zipursky)的概念实用主义(pragmatic conceptualism),信义义务以信义关系的存在为前提,即信义关系引起信义义务,违反信义义务产生信义责任,而信义关系的认定因素是多方面的。① 通常隐含在"信任、信心、权力、脆弱性或自由裁量权的情况下",这些因素是否使得"一个理性人理解或合理期望相对方会以某种特定方式行事(例如不将自己置于利益冲突的境地,或者不获取未经授权的利润,而是本着善意为受益人的最佳利益行事)。"②英美法系的法官使用类推的法学方法将最早的信托关系扩大至类似信托的信义关系,形成了广义上的信义法。信义关系的认定通常采用描述性路径,诸如脆弱及不平等、信任或信赖、权力或自由裁量、财产、合理期待等理论,③这也使得信义关系成为一个开放性概念。

个人信息处理规制中引入信义义务也须遵循信义义务派生于信义关系的基本逻辑。随着信义关系扩张至诸多重要社会关系,既有有偿的商事关系,也有无偿的公共利益关系,兼跨人身性与财产性,但即使在其起源地英美法中也有"最难捉摸的概念之一"的评论。④ 因此,鉴于中国法信义义务的适用范围远非英美法系之广泛,为避免泛化适用倾向,应结合信义关系的共性特征来确定个人信息处理中创设信义义务的边界。

---

① Paul B. Miller. Justifying Fiduciary Duties. *McGill Law Journal*, Vol. 58, 2013, p. 973.

② James Edelman. When Do Fiduciary Duties Arise? *Law Quarterly Review*, Vol. 126, 2010, p. 315.

③ 徐化耿:《信义义务研究》,清华大学出版社 2021 年版,第 79—80 页。

④ Karen E. Boxx. The Durable Power of Attorney's Place in the Family of Fiduciary Relationships. *Georgia Law Review*, Vol. 36, 2001, p. 15.

第一节　个人信息处理中信义义务的 起源：信息信义关系的证成

一、基于身份类比证成信息信义关系

基于身份类比是指若新型法律关系与既定信义关系中法律确定的身份类别相似，则视为信义关系，具有确定性。英美法上主要有三类法定信义关系：一是直接适用或类推适用信托理论形成的传统型信义关系，例如"受益人—受托人""本人—代理人""公司—董事"；二是因受信人具有特定资格或资质且具有特殊技能形成的专业型信义关系，例如"患者—医生""委托人—律师""客户—提供专业咨询服务者"；三是因当事人间存在某种法定身份且基于此特殊关系而使得一方对另一方的财产或权益具有影响力，例如"被监护人—监护人""当事人—调解人"及夫妻关系。[①] 杰克·巴尔金的信息受托人理论便是基于该方法，认为"信息主体—处理者"与专业型信义关系及"受益人—受托人"类似。[②]

律师、医生、证券经纪人等专业人士若将相对方个人信息非法出售给第三方，或为了自己的利益利用信息操纵构成职业不当行为，即使专业人士没有明确承诺不披露、使用或出售信息（合同义务），也有义务不以损害相对方利益的方式处理信息（信义义务），因为专业人士与相对方的信息、权力不对称而存在特殊信任，专业人士被视为"信息受托人"。[③] 类似地，处理者通过发布隐私政策、服务协议等方式邀请信息主体信任，信息主体通过个人同意表明其因信任而愿意分享并让渡部分控制权，从而建立起信息信义关系。

---

① Tamar Frankel. *Fiduciary Law*. New York: Oxford University Press, 2010, p. 53.
② Jack M. Balkin. Information Fiduciaries and the First Amendment. *U. C. Davis Law Reviews*, Vol. 49, No. 4, 2016, p. 1205.
③ Jack M. Balkin. Information Fiduciaries and the First Amendment. *U. C. Davis Law Review*, Vol. 49, No. 4, 2016, pp. 1183 - 1234.

例如《微信隐私保护指引》以"为更充分保障你的权利……"开头,并做出"我们不会主动分享或转让你的个人信息至……外的第三方"等承诺。

但不同于患者、委托人期望医生、律师解决健康或法律相关专业问题,信息主体通常并不期待处理者提供某项专业信息技术,而是能实现参与社交、娱乐、新闻等数字生活;不同于专业型信义关系,关注敏感个人信息和对某个特定患者或委托人的损害,处理者具备获取更多信息数据并利用算法等进行预测甚至操纵的能力,受托人信义义务保护的是信息主体群体免受更广泛的系统性操纵、错误、歧视等抽象性妨害;不同于专业型信义关系对特定个人的信任,受托人信义义务确保的是行业或数据生态的可信度。这些区别意味着处理者的信义义务范围比专业人士更窄、更宽松。在互联网时代,信任是"货币",处理者打造一种对用户个人信息利益负责任的管理者形象,旨在建立更长远、可持续的信息分享关系。

二、基于特定事实证成信息信义关系

基于特定事实是指若新型法律关系具有既定信义关系的某些核心特征或标志而在具体个案中被推定为事实信义关系,具有不确定性。著名的信义学说包括合同理论、财产理论、信赖理论、不平等理论、效用理论、权力与自由裁量权理论等。因为没有一个理论是完美无缺的,也没有一个理论被认为比其他理论更优越,[1]即使在英美法系法官和学者也通常将两种或两种以上的理论结合起来以界定信义关系与信义义务。

(一)"不平等、脆弱性和依赖性"与信义关系的认定

伦纳德·罗特曼(Leonard Rotman)认为信义关系产生于信任与不平等(inequality)、脆弱性(vulnerability)和依赖性的事实特征。[2] 不平等理论

---

[1] Paul Finn. Contract and the Fiduciary Principle. *University of New South Wales Law Journal*, Vol. 12, No. 1, June 1989, pp. 76 - 97.

[2] Leonard I. Rotman. The Vulnerable Position of Fiduciary Doctrine in the Supreme Court of Canada. *Manitoba Law Journal*, Vol. 24, 1996, pp. 60 - 91.

的前提是受益人相对于受托人的权力通常处于劣势地位,而信义法通过对受托人施加严格的义务来为受益人的最大利益行事,从而缓和了这种不平等。当受托人未能履行其义务时,受益人有权对受托人提出违反义务的索赔,并在适当情况下获得补救。不平等性引起了信义关系,但并非所有信义关系都是不平等当事人之间的关系,因为诸如合伙人、配偶和专业服务机构等平等当事人之间也存在信义关系。脆弱性是不平等理论的主要焦点。

1. 不平等

不平等性是当事人在事实或法律上的地位不对等。例如"监护人—被监护人"之间的关系,由于年龄、身体或精神上的无行为能力,被监护人没有能力承担对某些事项的控制,关系中的实际权力属于监护人,且对其有利,关系的不平等可能造成监护人滥用其受托人地位谋取个人或第三方利益的结果。若监护人滥用其权力,信义义务便是对被监护人的一种保护机制。监护人对被监护人的利益负有法律责任。不平等理论认为只有在权力关系失衡以至于受益人受到受托人摆布的情况下,信义义务为受益人提供法律上的索赔请求权基础。在个人信息处理这一法律关系中则因主体的日益复杂带来了不平等性。个人信息处理中主体分为个人信息主体与个人信息处理者两大类。"个人信息主体"是自然人,不包括法人和非法人组织。根据现行法律规定,法人和非法人组织享有名称权、名誉权和荣誉权(《民法典》第110条),自然人的个人信息受法律保护(《民法典》第111条、《个人信息保护法》第2条),因此对于企业法人信息,法律上仅禁止未经允许冒用其名称的行为,企业并非个人信息权益主体,例如"城市链接诉企查查侵权案"判决否定了企业法人作为个人信息权益主体的地位。[①]"个人信息处理者"指个人信息处理活动中自主决定处理目的、处理方式的组织和个人(《个人信息保护法》第73条第1款),是我国立法经历多次草案与规范性文件而最终选择的主体概念,吸收了控制者、收集者、持有者、提供方、接收方等不同主体类型。个人信息处理者既包括国家机关处理者,也包括非国家机关处理

---

① 北京互联网法院(2020)京0491民初10214号民事判决书。

者。国家机关是依据宪法和法律规定行使国家权力的机关,在个人信息处理活动中发挥主体作用的是诸如财政税收、文化、教育、卫生等作为特殊个人信息处理者的国家机关。非国家机关处理者出于经营目处理个人信息,与信息主体处于权力、经济、知识、信息、技术等事实地位不平等;国家机关处理者为履行公共管理职能处理个人信息,与信息主体处于法律地位上的不平等。

2. 脆弱性

不平等理论强调了信义关系的一个重要特征——受益人相对于受托人的脆弱性。受益人会被动产生信任。当双方在履行承诺的知识或权力方面差距过大,或当一方声称自己值得信赖使得另一方授予信任,为缓解法律关系中固有的不平等性,优势方将负有保护信任或信赖的义务,否则,相对人将因脆弱性而任其摆布。受托人凭借其事实上的地位,有能力对其受益人的利益产生积极或消极的影响。这是信义关系所固有的"信义权力"或"影响力"特征。受益人在信义关系中的脆弱性源于当事人在信义关系中的相对地位和权力分配的平衡。信义法要求受托人行为须对受益人利益产生积极影响,当造成不利后果时,受益人有权请求对受托人适当制裁。

3. 依赖性

依赖性是脆弱性的必然后果。例如被监护人因其脆弱性需依赖监护人代为其行使权利,监护人有义务对其利益负责。信息主体同意处理内含信任的意思表示,其基于对处理者不违背自己信任的积极预期而接受法律关系中的脆弱性,尽管事实上处理者可能以损害其利益的方式行事,但其不得不依赖处理者保障其信息安全。[①]

计算机的出现使得个人信息处理从原始的小记录走向"自动化",而大数据分析技术和人工智能的发展使得个人信息处理从"自动化"走向"智能化"。"自动化"对应小数据时代,主要是指利用数据进行统计、量化和抽样

---

① Claire A. Hill and Erin Ann O'Hara. A Cognitive Theory of Trust. *Washington University Law Review*, Vol. 84, 2006, p. 1723.

调查技术等传统统计科学。1951 年电子计算机从军到民的开放,使得数据从纸上走向"0"和"1"的电子化形式保存在磁盘上,电子化数据的积累是迈向大数据时代的起点,是小数据向大数据的过渡。[①] 在技术角度,通常使用"3 - v"来描述,即高容量(high-volume)、高速度(high-velocity)、高多样性(high-variety)的信息资产,需要符合成本效益、创新的信息处理形式,以增强洞察力和算法决策。[②] 在社会影响角度,大数据是指只能在大范围内做而在小范围内做不到的事情,以获取新的见解或创造新的价值形式,从而改变市场、法人、组织、公民和政府等社会主体之间的关系。[③] "智能化"对应大数据时代,网络世界就像我们共同构建的一台非常大的元数据计算机,而每个社会主体生活其中。除了在社交媒体和各大网站上披露个人信息外,更多的个人信息在企业之间交易。一方面,信息时代产生很多新的个人信息类型,例如网络通话记录、GPS 定位位置记录、社交网络连接、搜索记录、购买记录和面部识别等;另一方面,出现了大量本身不足以识别出特定自然人但与其他信息结合后能够识别出特定自然人的间接识别信息。[④] 云存储等新方法效率更高、成本更低,有助于大量数据保留更长时间。具有强大分析能力的新兴的机器学习技术使大规模数据集的挖掘能够推断出自然人特征和行为的新见解。这些发展使得信息处理者能够更频繁地测量人类活动,收集和存储更长活动周期的个人数据,并从大量的个人数据中分析出关于自然人的推论。信息主体的脆弱性和依赖性也被强化。信息处理技术在实践层面的应用在给人们生产生活带来便利的同时,也极容易侵害个人隐私和个人信息权益(例如人脸识别技术如果不加以规制会造成个人敏感信息的泄露,垃圾邮件、骚扰电话等各类精准广告推送对个人私生活安宁造成侵害等)。个人信息权利体系被扩大,与此同时,其失权事实也在加剧,例如处理者与信息主体之间的信息不对称是知情同意功

---

① 涂子沛:《数据之巅:大数据革命、历史、现实与未来》,中信出版社 2019 年版,第 215 页。
② Doug Laney. 3D Data Management:Controlling Data Volume, Velocity and Variety. *META Group Research Note*, 2001, p. 6.
③ Viktor Mayer-Schönberger and Kenneth Cukier. *Big Data: A ReVolution That Will Transform How We Live*, *Work and Think*. New York:Houghton Mifflin Harcourt, 2013, p. 6.
④ 程啸:《论我国个人信息保护法中的个人信息处理规则》,《清华法学》2021 年第 3 期。

能实现的最大障碍,隐私政策难以完全披露信息的使用流转,用户自身理性的薄弱也难以理解条款内容,这一结构性差距使得信息主体几乎不能做出控制信息的有效决策。控制预设与失控事实存在配置上的错位,形成了信息处理中参与者之间权力、知识、信息的严重不对称:个人越来越透明,信息控制者越来越幽暗。

(二)"权力、自由裁量权"与信义关系的认定

保罗·米勒认为信义义务基于信义关系的不平等、依赖性、脆弱性等特征是外在、间接的性质,具有不确定性,而内在结构性质是受托人对受益人的实际利益行使自由裁量权(discretion),即信义权力(power)理论;首席大法官麦克拉克林(McLachlin)明确信义义务不同于侵权或合同路径,基础是承认受托人与受益人之间固有的权力势差,"如果一方被授予对另一方利益享有权力,另一方相应就被剥夺了该权力或者是'易受损害',拥有该权力的一方则有信义义务为相对方最佳利益而行使权力。"[1]因此,权力是信义关系最基本的构成属性,受益人的实际利益是信义权力的焦点,是由信义权力的关系性质所决定的。该理论解释了信义关系的不平等性、脆弱性和依赖性的形式特征。以忠实为核心的信义义务源于受益人因受托人滥用权力遭到损害的固有脆弱性。信义义务的范围由信义关系范围与存续期限来确定。

戈登·史密斯和乔丹·李基于不完全契约理论,进一步阐述信义权力。[2] 对于信义关系中的自由裁量权,法律要么剥夺权力,要么课以信义义务,因为剥夺权力使受托人无法从事对受益人有利的交易,现代信义法用信义义务取代剥夺权力作为首选的监管策略。[3] 信义义务的适用遵循"用尽原则"(doctrine of last resort),意味着只有在宪法、法律、法规、规章、普通法

---

① 〔1995〕4 SCR 344 at para 115, 130 DLR (4th) 193.

② D. Gordon Smith and Jordan C. Lee. Fiduciary Discretion. *Ohio State Law Journal*. Vol. 75, No. 3, 2014, pp. 609 - 644.

③ Robert H. Sitkoff. The Economic Structure of Fiduciary Law. *Boston University Law Review*, Vol. 91, No. 3, 2011, pp. 1039 - 1050.

决定和合同中所有其他可能适用的命令都用尽时才会被激活。自然状态下可能发生的所有行为,其中一些行为受到实体法的限制,即监管约束(regulatory constraints)缩小了自由裁量的决策空间;接着是各方主体因参与承诺约定而受到合同约束(contractrual constraints),包括合同条款明示与默示义务以及由善意与公平交易派生的义务,又缩小了自由裁量的决策空间;剩下的契约关系中受到诚信决策的限制,如果其中本质上构成信义关系,那么,自由裁量决策将进一步受到信义义务(忠实)的限制,禁止"受托人对受益人的重要资源行使自由裁量权而导致对受益人构成错误的自利行为;"①最后剩下的才是受托人基于非法律约束(市场力量、声誉、行业习俗、社会规范和道德价值观)的自由裁量权。② 法院在司法裁判中对属于适当行使自由裁量权还是违反信义义务之间划清界限。当契约不完全时,一方或多方将对履约拥有一定自由裁量权,可能引起机会主义。合同义务履行规范的不完整性受诚信和公平交易义务约束,信义义务履行规范的不完整性受忠诚义务约束,从而减轻机会主义。③

因此,关于信义权力内容:一是权力是访问、获取(access),即一个人能获得另一个人的实际利益时便享有受托人权力;二是权力是影响力(influence),即一个人有能力影响另一个人的实际利益便享有受托人权力;三是权力是权威(authority),即一个人的行为与另一个人的实际利益相关时便享有受托人权力。三种含义相似,影响力以访问、获取为前提,权威反过来意味着影响力和获取。将权力视为权威的理念与信义权力是自由裁量权更为一致。因为信义关系的成立都是有目的的,一个人可能随时有机会获取或影响另一个人的实际利益,但对他人实际利益的权威并非普遍存在,权威是托付、承担或法定的,受到条款约束,获得的权力既可以是无限制的,也可以是自由裁量的。

---

① D. Gordon Smith. The Critical Resource Theory of Fiduciary Duty. *Vanderbilt Law Review*, Vol. 55, No. 5, 2002, pp. 1397 - 1398.

② Rafael La Porta et al. The Economic Consequences of Legal Origins. *Journal of Economic Literature*, Vol. 46, No. 2, 2008, pp. 285 - 332.

③ D. Gordon Smith and Jordan C. Lee. Fiduciary Discretion. *Ohio State Law Journal*, Vol. 75, No. 3, 2014, p. 617.

根据权力理论,当一个人对另一个人的实际利益享有自由裁量权时,意味着关系是不对称的。数字社会通过对信息收集、使用、分析、聚合等技术处理,以"知识产权、信用、信息安全和大数据"四种重要财富形式形成了一种新的权力经济,产生了从"私权利"到"私权力"的结构性变化。互联网中"一个全新的不平等边界将被撕开个口子,将世界分割成掌握数据的一拨人和不掌握数据的另一拨人,"[①]例如苹果公司通过其应用商店,有能力控制全世界各地的 iPhone 和 iPad。人类创造了用来获得权力和统治他人的信息技术,调整人与其他人之间的权力关系。工业时代为契约自由和财产权而斗争,算法时代则为了个人信息处理(收集、传输、使用、分析等)的权力划分为斗争。[②] 自然人本能地渴望对个人身份拥有主权,源于自由选择与定义"我是谁"的权利。在个人信息"流动"中,即使是电话记录、浏览历史记录、购买消费记录、社交网络帖子等也可能通过分析将"我是"和"我喜欢"变成"你是"和"你会喜欢"的个人偏好预测,若不对个人身份主权予以保护,"你现在是"和"你会喜欢"就可能变成"你不能"和"你不会",个人偏好预测将变成人工智能歧视。人工智能基础设施及个人信息"流动"由政府和企业实体等处理者掌握,而非普通自然人,有着以牺牲普通自然人利益为代价为处理者提供特权的特征,即自由裁量权。信息主体既难以依赖法律赋予的个人信息权以及相应的侵权规则,在意思自治下维护自己的个人权益,也难以在完整合同语境下限制处理者的自由裁量权。作为用户的信息主体基于对个人信息处理活动的知晓,对信息的收集、使用等做出允许与否的决定,体现了自然人的自主决策能力,然而这种自主性受到隐私政策、暗示个人能控制的信号等环境因素、默认勾选与默示同意等结构性因素的影响,难以实现真正的自主、自治。其中,暗示个人控制的信号是指隐私政策的使用会影响个人对其控制程度的感知,当信息处理者通过使用暗示用户能控制的内容而使其相信能够控制自己的个人信息

① 〔英〕阿里尔·扎拉奇、〔美〕莫里斯·E. 斯图克:《算法的陷阱:超级平台、算法垄断与场景欺骗》,余潇译,中信出版社 2018 年版,第 314 页。

② Jack M. Balkin. Free Speech in the Algorithmic Society: Big Data, Private Governance, and New School Speech Regulation. *U. C. Davis Law Review*, Vol. 51, 2018, pp. 1149 - 1210.

时,信息主体最终会披露更多的个人信息。

类似戈登·史密斯和乔丹·李所举的贷款协议的例子。贷款协议关系中贷款人通常享有广泛自由裁量权,以确定借款人是否满足协议履行要求,加之难解的详细条款,借款人处于相对弱势地位。克莱尔·希尔(Claire Hill)甚至认为,若贷款协议用语根据字面意义解读,贷款人的自由裁量权将是不受限制的,即任何时候,每份贷款协议中的借款人都可能处于"技术性"违约状态。[①] 信息主体在与处理者的隐私政策或服务协议中,几乎失去对条款的控制,每份隐私政策中的信息主体都可能处于"被迫同意"的状态,例如用户不理解隐私政策内容或对其处理目的知之甚少,且大多数隐私政策难以有效传递应告知的信息,因为很多情况下收集者无法披露用户个人信息的流转去向。自然人在数字经济中被剥夺权力、被边缘化,其无力对抗处理活动中的风险与损害,甚至不知道处理者的存在。

(三)"个人信息财产权益"与信义关系的认定

1. 财产理论与重要资源理论

财产理论并非用财产法来取代信义法,而是通过描述信义关系的财产性特征来解释信义义务的正当性。信义义务通过促进财产的权力下放来产生普通法上受托人实际享有的财产权,并通过防止权力滥用或挪用财产来保护衡平法上受益人的财产性权益,这意味着:一是许多信义关系涉及受托人对受益人拥有的财产或财产性权益行使权力;二是通过限制对财产或财产性权益的权力行使,信义义务得以阻止对财产的滥用或挪用;三是信义权力具有财产权的外观,确保了受益人在行使受益权时的排他性。财产理论将信义关系本质描述为有关财产权利的再分配,具有财产属性。信义关系以所有权(受益人享有)和财产控制权(受托人享有)分离为特征,受益人有权从受信托管理的财产中获得"剩余收益"(residual benefit),受托人则对该财产行使控制权,"受托人的自由裁量权在不损害授信目的的情况下,不易

---

① Claire A. Hill. A Comment on Language and Norms in Complex Business Contracting. *Chicago-Kent Law Review*, Vol. 77, No. 1, 2001, p. 50.

受到信义义务以外的其他手段的约束。"①

但并非所有信义关系中的信义利益都属于财产。戈登·史密斯试图为信义义务创设统一的论证理论:"重要资源"作为信义关系与非信义关系的区分,并使信义义务的内容合理化。② 即当一方(受托人)代表(on behalf of)另一方(受益人)对属于受益人的重要资源(critical resource)行使自由裁量权时即形成信义关系。首先,"代表"描述了在具体法律关系中,一个人的行为主要是为了另一个人的利益实现,即使这些行为会给受托人带来成本,但受托人的管理和控制可以得到补偿。并非所有关系都有该目的,例如在租房关系中,租客对属于房东的重要资源(即出租房屋)行使自由裁量权,但并不主要是为了房东的利益行事。其次,"自由裁量权"意味着受托人可以选择如何履行其义务,但将受托人与其他缔约方区别开来的是受托人对受益人的重要资源行使自由裁量权,而大多数缔约方仅对自己合同项下的内容行使自由裁量权。受托人主观上受到利己诱惑,客观上也有利用重要资源利己的机会。最后,"重要资源"是最具创新性的特征,既可以是有形,也可以是无形的,被用来泛指具有财产价值的客体和为受益人重视但通常又不属于财产权的客体。"重要资源"比财产权的客体范围要大。该理论揭示了受益人的脆弱性源于无法防止受托人对其重要资源的机会主义行为。"重要资源"的权利人不必拥有像财产权尤其是所有权一样排他性的支配权利,但须拥有剩余控制权,至少能对资源有实际控制,例如客户因信任律师而分享的私人信息,对该私人信息尽管没有财产权,但客户控制着该信息的初始披露,即作为信息的来源者。

2. 个人信息属于具有财产价值的重要资源

个人信息处理关系能否根据财产理论及重要资源理论认定为信义关系,关键是个人信息作为受托客体是否存在财产性权益或者属于信息主体的重要资源。该权益一开始由信息主体控制,但个人信息一旦分享后,则由

---

① Larry E. Ribstein. Are Partners Fiduciaries. *University of Illinois Law Review*, Vol. 2005, No. 1, 2005, p. 215.

② D. Gordon Smith. The Critical Resource Theory of Fiduciary Duty. *Vanderbilt Law Review*, Vol. 55, No. 5, 2002, pp. 1399 - 1498.

处理者实际控制与管理,形成一种权利分割架构。个人信息上存在财产性权益,信息主体分享个人信息时转移了对其个人信息的控制权,从而相对于处理者具有脆弱性,难以防止处理者滥用个人信息的机会主义行为。

(1) 个人信息是"天然内置"财产属性的人格利益。首先,财产属性的判断源于互联网社会中个人信息商业化利用的实践。个人信息在传统社会中一直存在,但是直到进入网络时代后个人信息才产生法律层面的问题,故我们在谈论个人信息时大多数是基于数字社会背景。传统社会,个人信息不能商业化利用的,则无法交易,故通过消极防御的隐私保护就已经足够解决社会问题。到了互联网时代,信息可以剥离下来,甚至进行交易,交易使其产生经济价值。互联网为个人信息的海量收集、存储、分析提供滋养的土地,新商业模式不断出现。个人信息的商业化利用追求的是财产性利益的实现,尤其在数据竞争中,数据企业为了在竞争中获得优势地位,往往想取得个人信息利用的稳定的、排他性的地位,[1]法院也因此从"反不正当竞争"的视角来审视企业数据权益纠纷。其次,个人信息与其他人格利益有所不同。除个人信息外,人格要素里面还有姓名、肖像等表型人格要素,隐私、名誉、荣誉等精神型人格要素。[2] 几乎所有人格要素都包含交易属性,即使是生命、身体、健康等物质型人格要素,但原则上这些人格要素都不能交易。然而个人信息之所以具有交易属性,正因其人格利益上"天然内置"的财产属性。以个人信息与健康为例,身体健康是人格利益,但不能说身体是财产可以交易;以个人信息与隐私为例,个人主观上往往有交易个人信息的意愿,希望他人知道或者不在乎他人知道与否,客观上因参与社会生活等实际需要而使其个人信息可为他人利用;隐私虽然也属于人格利益,但个人主观上不希望私密信息被公开,客观上隐私也不能自由交易和任意处分。最后,个人信息上的财产属性并非一项直接、独立的财产利益,需要一定路径的转化。这是因为个人信息上的人格利益和财产属性可能并非等量,例如个人信息的财产价值通常很低,若按照人格利益和财产属性等值看待,并相互分

---

① 于晓:《自然人人格标识商业利用民事权利独立设为新型财产权研究》,《山东大学学报(哲学社会科学版)》2017 年第 3 期。

② 郭少飞:《新型人格财产权确立及制度构造》,《暨南学报(哲学社会科学版)》2019 年第 5 期。

离,各自承载和实现不同的功能的观点,而将其直接视为特殊物权客体或将个人信息中蕴含的商业性使用价值视为被支配的客体,①一旦经过出售或披露后,将由买受人完全控制,不利于个人信息保护。

　　(2)个人信息上财产价值需从人格中外化出来。一方面,个人信息客体的人格利益属性决定了个人信息受保护本质上是一项人格权益。至于是否权利化,即从利益上升为权利则取决于立法、伦理等对个人(人格尊严利益)、信息处理者(合理使用利益)乃至社会(公共利益)之间的利益衡量。目前,我国《民法典》在规范构成上并未将个人信息权利化,而是采取"个人信息受保护"表述的利益保护模式,但这并不影响个人信息在权利层面的人格属性本质。另一方面,个人信息人格利益上"天然内置"着财产属性的特征,决定了这项具体人格权益呈现"人格—财产"二象性。个人信息上人格利益并不排斥内蕴的财产属性,因为财产属性从人格利益转化脱离之前,个人信息就是界定为人格的。换句话说,财产属性天然存在并内嵌在个人信息的人格利益中,并不能直接交易,财产属性需要通过一定途径转化后变成财产利益或财产价值方可为他人利用,且能够交易的也只有财产部分,这就解释了个人信息不仅具有交换价值,而且能切实地为他人利用,包括商业化的利用。从这个意义上,个人信息权利的二象性是人格利益与财产属性的对立统一。为了更清晰地描绘抽象的权利,法律隐喻是法学方法论中常用的界定和认知方式。正如黑格尔在其《法哲学原理》中解释"法的理念"与"实在存在"以及"人格"与"财产"这对法律问题时,他先是将其比作"灵魂"与"肉体"的关系:"法的理念""人格利益"就如"灵魂","实在存在""财产属性"好比"肉体",理念与实在的结合就是理性,财产属性就是人格利益在现实中的定在,即人格利益和财产属性的结合是个人信息的自身特征,转化后的财产价值是个人信息现实中可交易的那部分定在,是对人格价值的表达,个人对其信息利用表现出自决与控制。他再将其比作"种子"与"树"的关系:种子

---

① 余筱兰:《信息权在我国民法典编纂中的立法遵从》,《法学杂志》2017 年第 4 期;龙卫球:《数据新型财产权构建及其体系研究》,《政法论坛》2017 年第 4 期;刘金瑞:《个人信息与权利配置:个人信息自决权的反思和出路》,法律出版社 2017 年版,第 256 页。

已包含树的全部力量,树叶完全符合种子的规定性。① 人格利益的"种子"里具有财产属性的基因,通过质变和"光合作用",长出财产价值的"树",而财产价值完全符合人格利益的规定性,例如从利益衡量角度,个人信息上的人格利益一般高于财产利益。这两组比喻完美契合了个人信息中的人格利益与财产属性的关系。

(3) 个人信息财产权益的法律化路径:一元模式与二元模式。第一种是一元模式,即将财产利益注入人格权中,通过扩展人格权内涵保护人格要素的财产利益。此时财产利益无法脱离人格权而单独存在,但在遭受侵害后可获得赔偿。人格权中的财产利益是指对姓名、肖像、声音等人格要素中的财产价值商业化利用获得一定的经济利益。德国法历时百年方从具体个别人格权②发展至一般人格权,③从初始仅保护人格要素上的精神利益扩张至财产利益,从人格权的消极防御权能发展至积极利用权能。在一元模式中,人格权与财产利益被比喻为"茎干—树根",人格权犹如树的"茎干",而精神利益和财产利益为其"树根",均以人格权为本,享有同等价值,并受同等保护。④

第二种是二元模式,以美国法为例,即将财产价值从隐私权保护的人格利益中剥离出来,新设"公开权"单独保护。虽然美国联邦立法中并未明确规定"公开权",但是这一权利最初由判例法确立,并随后被大多数州通过立法形式承认和采用。"公开权"是指个人对其肖像、姓名、身份等人格特征或要素(persona)的商业化利用及价值控制的权利。⑤ 美国之所以创设一项独立于隐私权的公开权,是因为隐私权是"独处的权利",保护人的尊严和精神情感,不可让与且不得继承,故其内容不足以涵盖财产利益。例如当名人的姓名、肖像等被公开并用于广告目的时,难以认定他受到了干扰或

---

① 〔德〕黑格尔:《法哲学原理》,杨东柱、尹建军、王哲编译,北京出版社 2007 年版,第 1 页。
② 《德国民法》第 12 条"姓名权"和《德国艺术著作权法》第 22 条"肖像权"。
③ 《德国民法》第 184 条。
④ 王泽鉴:《人格权法:法释义学、比较法、案例研究》,北京大学出版社 2013 年版,第 275、302 页。
⑤ Dustin Marlan. Unmasking the Right of Publicity. *Hastings Law Journal*, Vol. 71, No. 2, 2020, p. 426;Thomas McCarthy. *The Rights of Publicity and Privacy*. New York:Clark Boardman Callaghan, 2003, p. 58;Brown v. Ames, 201 F. 3d 654, 658 (5th Cir. 2000);Factors Etc., Inc. v. Pro Arts, Inc. 65, 2 F. 2d 278, 289 (2d Cir. 1981).

某种精神痛苦而侵害其隐私权,若没有公开权,损害赔偿将缺乏请求权基础。Persona 一词源于拉丁语,原意为演员表演时戴的"面具",由此可见,传统的隐私权和公开权就好似"表演者"和"面具",隐私权好比"表演者",公开权即为其戴的"面具"。表演者可摘下面具随心所欲使用,公开权也能从根植于隐私的人格权中脱离转变为一种外在的财产性权利。面具体现出公开权的可让与性和商业性。此外,即使"表演者"死去,"面具"也可继续存在,故某些州法律承认公开权的可继承性。① 因此,在二元模式中,人格要素的精神利益和财产利益受到隐私权和公开权的区分保护。

（4）一元模式与二元模式的根本差异。一是保护目的不同,即一元论中更强调保护"人格尊严"而二元论中则更强调保护"财产价值"。基于康德哲学和萨维尼的权利论德国法上的人格权强调其人身专属性,首要目的并非保护财产价值,而是保障人的尊严和人格自由发展的价值。相反,二元论中"隐私权"与"公开权"是主体与客体的关系,公开权的关注焦点在经济利益,保护个人对身份上财产价值的利用及个人行为自由,因为人格利益已经落入隐私权的保护范畴。二是权利性质不同,即一元论下人格权上的财产价值不得让与但死后得为继承,而二元论下人格权上的财产价值则得为让与且得为继承。人格权上的财产价值能否让与,取决于它是否具有可与人格分离的性质。德国法中的姓名、肖像等人格特征虽然具有财产价值,但不能与人格权分离,故原则上不得让与,但人格权上财产价值的可继承性在 Marlene Dietrich 案中得到了肯定,由继承人在精神利益受保护期内享有,因为德国法院认识到随着社会科技进步和社交媒体的发达,姓名等人格特征的商业化利用会更加频繁,财产属性也就愈加突出,在人死后继续保护这种价值更加符合宪法理念。公开权一般被描述为可自由或完全让与的财产权,格鲁吉亚最高法院甚至认为如果不能自由让与,公开权很难被称为"权利",②但近年来公开权这种不受

① Melville B. Nimmer. The Right of Publicity. *Law and Contemporary Problems*, Vol. 19, No. 2, 1954, p. 204；Jennifer E Rothman. The Right of Publicity's Intellectual Property Turn. *Columbia Journal of Law & the Arts*, Vol. 42, No. 3, 2019, p. 279；Jennifer E. Rothman. *The Right of Publicity*. Harvard University Press, 2018, p. 7.
② Martin Luther King, Jr., Ctr. for Soc. Change, Inc. v. Am. Heritage Prods., Inc., 296 S. E. 2d 697, 704 (Ga. 1982).

限制的自由可让与性逐渐受到质疑。另外,受隐私保护的人格利益在死亡时终止,继承人不能就死后侵犯死者隐私起诉,但继承人可依据公开权控制死者形象等的商业化利用,公开权在部分州具有可继承性。三是权利观念不同：权能论 vs 结果论。德国法从康德的道德哲学基础上的一般人格权出发,逐渐承认人格权中经济价值的商业利用权能,此种积极权能内化在人格权的权能中,因此仅是对人格权上财产价值的肯定,并非对人格权的财产化,具有"义务论"意味。美国公开权则显然是结果论的产物,"Haelan 案"中弗兰克法官是在借鉴以往商业惯例的基础上出于实用主义创设的公开权,即应对商业实践中对一项可让与的权利的需要,以最大化经济效率,具有明显的"功利主义"特征。① 四是救济效果不同：赔偿金低、不能对抗第三方 vs 赔偿金高、得对抗第三方。商业化利用他人肖像、姓名等的被许可人在德国法上享有的保护是有限的,其没有资格阻止第三方未经授权的使用许可方的前述人格要素,即使是在独占许可的情况下。公开权的可让与性使得个人身份的商业化利用中的经济价值提高,相较而言,美国法院更愿意给予受损害一方更高的赔偿金。②

（5）一元模式与二元模式的障碍。一元模式难以解释个人信息的可交易性。我国学界的主流观点认为应在精神利益和财产利益不分离的一元模式下以人格权来扩张保护人格上的财产利益。③ 但在个人信息语境下,值得商榷的内容包括：第一,人格权的不可让与性与个人信息流通、利用的可交易性存在根本冲突。"人格权包含经济价值"的提法忽略了作为权利对象的人格要素与权利的人格权之区别。人格要素,即人格特征,包括姓名、肖像、名誉、荣誉、隐私等精神性人格特征,以及生命、身体等物

---

① Melville B. Nimmer. The Right of Publicity. *Law and Contemporary Problems*, Vol. 19, No. 2, 1954, p. 218.

② Susanne Bergmann. Publicity Rights in the United States and Germany: A Comparative Analysis. *Loyola of Los Angeles Entertainment Law Review*, Vol. 19, No. 3, 1999, p. 479.

③ 王利明：《论人格权商品化》,《法律科学(西北政法大学学报)》2013 年第 4 期；郑观：《个人信息对价化及其基本制度构建》,《中外法学》2019 年第 2 期；徐彰：《关于人格权中财产利益可让与性问题的分析》,《安徽大学学报(哲学社会科学版)》2015 年第 5 期；朱广新：《形象权在美国的发展状况及对我国立法的启示》,《暨南学报(哲学社会科学版)》2012 年第 3 期；张善斌：《人格要素商业化利用的规制模式选择及制度构建》,《汉江论坛》2015 年第 2 期。

质性人格特征。从某种意义上而言,这些人格要素均包含经济价值(例如器官移植),但不代表人格要素均可交易。人格权是具有绝对性、不可让与性及不可继承性的权利,所以准确表述应是"人格要素包含经济价值"。个人信息与其他人格要素的区别在于其不仅具有经济价值,而且可在现实中进行交易和让与,但人格权论中的不可让与性与个人信息的交易、对价性客体特征相悖。第二,个人信息的人格利益与转化后的财产利益不可通约,人格是人格,财产是财产。"经济价值不能脱离人格权"的一元论意味着精神利益和财产利益均援引人格权作为同一请求权寻求保护,财产利益不具备单独的请求权基础。人格权立法是以突出保护人之为人的尊严、自由及独立价值为目标的,那么作为一般人格权势必应起到统领作用,强调人格权的精神利益不可让与。① 若像个人信息这种具有财产属性且能够交易的人格要素,以特例或单列等形式纳入人格权,反过来恐造成对一般人格权概念的破坏。第三,个人信息是人格权,若其财产价值的交易以积极利用权能的方式纳入人格权,从文义上看就有内在矛盾。积极利用意味着不仅可以自己对人格要素加以利用获得一定经济利益,而且能许可他人商业化利用,学界称其为"商品化"。但是人格权具有人身专属性,与权利主体不可分离,是自然人的固有权,则自然也难以被商品化,正如我国《民法典》第 992 条明确人格权不得放弃、转让或继承。扩张人格权权能的前提是不能逾越人格权的制度设计目的,延伸人格权利益范围的前提是不能逾越人格权的适用范围,人格权的专属性使得加入的积极用益权能和财产利益无法与权利分离而独自存在。② 一元论将人格权的内涵不断扩张,不再纯粹、无所不包的人格权反而有弱化其原本的立法目的之嫌。第四,个人信息人格利益保护或个人信息自由流动的任何一种价值的偏废。一是不同个人有着不同的"隐私偏好",即社会主体对其个人信息被他人获取的接受程度并不完全相同。出于社交生活和通信的需求,一方面,其希望实现信息交换以与他人自由交流;另一方面,其又希望自己的

① 李大何:《未来民法典中人格权财产利益的保护模式》,《华东政法大学学报》2017 年第 4 期。
② 陈传法:《人格财产及其法律意义》,《法商研究》2015 年第 2 期。

通信秘密不被知悉。二是个人关心自己的个人信息是否被获取,但同时又疏于采取行动保护自己的隐私,主观态度和客观行为存在"隐私悖论"式的差异。这也是区分隐私与个人信息的目的之一,就是对隐私严格保护的同时,让个人信息可以为他人利用。

二元模式具有个人信息过度让与的非正义性。我国也有学者提出应引进公开权来解决人格权的商业化利用问题。[①] 但与个人信息不可让与的一般人格权相比,公开权将个人信息视为完全的财产或商品,不受限制地自由让与。第一,权利内容构造上的差异性。传统公开权的法律构造相当于知识产权。在 Haelan 案中,弗兰克法官根据个人客观外部形象的经济价值首次明确公开权是一项可让与的知识产权。1977 年,在 Zacchini 案中美国最高法院再次确认公开权的知识产权属性,认为如同专利法、版权法,公开权几乎与情感或名誉等精神价值没有关系。[②] 公开权的正当性理论之一是洛克的劳动财产理论,外部形象具有财产价值是个人耗费心力地投资、努力,自然人相当于播种者,其应收取成果,即人格特征上的经济利益,[③]但是个人信息不同于知识产权客体之处在于其不具备独创性,甚至没有劳动投入。第二,公开权具有严格的商业性质,可完全自由让与,带着功利主义的基因,排斥人格、尊严和自治,不利于个人信息中人格权益的保护。美国隐私权和公开权的"表演者—面具"关系具有二元分离的特征,公开权作为一种客观化商品,属于纯粹的经济财产权。[④] 如果公开权是自由让与的,则公开权持有人(publicity-holder)和身份持有人(identity-holder)不必是同一人,身份持有人是姓名、肖像及其他人格特征被商业化利用的人,公开权持有人是拥

---

① 于晓:《自然人人格标识商业利用民事权利的创设与保护》,《法学论坛》2017 年第 1 期;王旭玲:《引入公开权制度的正当性分析》,《兰州学刊》2015 年第 8 期;李大何:《未来民法典中人格权财产利益的保护模式》,《华东政法大学学报》2017 年第 4 期;蒋继菲、王胜利:《谈公开权对我国人格权立法的启示》,《前沿》2010 年第 22 期;蓝蓝:《人格与财产二元权利体系面临的困境与突破:以"人格商品化"为视角展开》,《法律科学(西北政法大学学报)》2006 年第 3 期;于晓:《自然人人格标识商业利用民事权利独立设为新型财产权研究》,《山东大学学报》2017 年第 3 期。

② Zacchini v. Scripps-Howard Broad. Co., 433 U. S. 562, 563 64, 572 (1977).

③ Melville B. Nimmer. The Right of Publicity. *Law and Contemporary Problems*, Vol. 19, No. 2, 1954, p. 203.

④ Alice Haemmerli. Whose Who-the Case for a Kantian Right of Publicity. *Duke Law Journal*, Vol. 49, No. 2, 1999, p. 407.

有该身份的商业利用的财产权益的人，[①]例如歌手 A 是身份持有人，若他将公开权转让给音乐公司 B，则 B 就是公开权持有人。歌手 A 等身份持有人在合同谈判中就可能因为这种长期的许可或完全让与导致失去对自己姓名、肖像或人格特征的控制。再如用户 C 是个人信息持有人，若他将公开权转让给社交媒体平台 D，那么，D 是公开权持有人，D 既可以通过改变服务条款或隐私政策允许自己获得用户更多的个人信息，也可以将用户的个人信息用于其他目的。这种不受限制的公开权将有利于公开权持有人，而并不符合身份持有人的最佳利益。个人信息若能如同商品一样自由交易，就意味着一旦让与后个人将无法再干涉受让人对个人信息的任何处理，即信息主体完全失去了对个人信息的控制，不利于人格利益的保护，表现出"非正义性"。

（6）基于意志自由的二元模式修正。我国确立了隐私与个人信息的二元区分保护格局，个人信息的可交易、可让与性是从隐私中脱离出来的根本原因，但需克服公开权路径中过度的可让与性。即使在美国，公开权的初始正当性也受到了质疑，隐私权和公开权被逐渐认为是交织在一起的权利，公开权保护的是"个人的身份，而非单独的、纯粹的经济利益"，[②]包括公众人物和非公众人物在内的自然人因财产人身伤害均可获得赔偿，公开权被呼吁应受到合理限制。

首先，从"自我二元隐喻"转到"互为主体性理论"。二元模式是基于一种"自我的二元隐喻"。受笛卡尔的心物二元对立哲学思想影响，人的心和身体分开，心是能"思考的东西"，属于"真自我"，是主观的和心灵的，即私领域；身体是指"观察到的外部世界"，属于"假自我"，如同"面具"，是对人的外部识别，是客观的和物质的，即公领域。这种形而上学的二元论具体化了思想和世界、主体和客体之间完全分离的观念，导致美国关注内在现实和精神利益的隐私与关注物质形象和经济利益的公开权之间的分裂。由此，沃伦和布兰代斯创造的隐私权注重内在情感、尊严，从第一人称的角度来看待人格，内在地认可无形的身份存在于每个有形的人；弗兰克法官创设的公开权注重外在形象，从第三人称角度来看人格，其意味着人是有形的人和无形的

---

① Jennifer E Rothman. The Inalienable Right of Publicity. *Georgetown Law Journal*, Vol. 101, No. 1, 2012, pp. 187－188.

② Jennifer E Rothman. *The Right of Publicity*. Harvard University Press, 2018, p. 183.

不朽的身份结合。① 但是随着社交媒体出现,现代科技逐渐模糊了私人空间与公共空间之间的界限,网络空间的个人身份越来越可能刻画出人的"真自我",对其人格画像。在弗兰克法官时代,将公众人物与个人分开,公开权与隐私权分开是合乎逻辑的,但在能识别出特定个人、对个性展示的网络空间,这种区别就不再明显,例如"网红"现象、在朋友圈分享生活等。这种社交媒体时代通过社会关系构建自我的方式被称为"互为主体性理论"(intersubjective personality theory),网络数字人格和身份成为自然人重要的自我表达和自决。"互为主体性理论"中个人信息服务于现实世界和虚拟世界中与他人广泛的社会关系,可能涉及人格或者财产的,即可能涉及隐私保护或财产价值转换,个人信息的人格利益和财产属性是"种子—树"的交互关系,公开权仅是一种工具,将财产从人格中转化出来,从人格"种子"中长出财产的"树",使得人保留(但不一定拥有)对个人信息的某种控制,例如在"Fraley案"中,如果基于二元模式,原告的诉求将难以得到支持。一是虽然公开权关注焦点是经济利益,但作为单个私人用户的个人信息几乎没有经济价值,难以评估其遭受的财产损害;二是用户通过点击同意了 Facebook 平台的服务条款,其中包含对其个人信息利用的广泛同意,同意会成为 Facebook 公司的抗辩理由。但若基于"种子—树"的二元模式,关注的焦点会从经济利益转移到人格保护,即使单个用户个人信息上缺乏财产价值,但依然允许用户对其在线身份进行一定程度的控制。

其次,从"为了人格的财产"到"基于意志自由的财产"。人格与财产并非不可调和的二元对立;相反,人格与财产关系密切,除了绝对的人格和财产,一般情况下,人格中有精神利益和财产利益,甚至几乎所有财产理念背后都涉及某种人格理念。精神利益和财产利益在人格权和财产权中的比例是不同的,且这种比例处于动态变化之中,影响其变化的因素是特定社会的科学技术和伦理道德。② 个人信息中财产属性的转化路径选择是根据个人信息的自身特征而做出的,财产利益是基于意志自由,例如同

---

① Werner Bohleber. The Concept of Intersubjectivity in Psychoanalysis: Taking Critical Stock. *The International Journal of Psychoanalysis*, Vol. 94, No. 4, 2013, p. 799.
② 姜福晓:《人格权财产化和财产权人格化理论困境的剖析与破解》,《法学家》2016 年第 2 期。

意、知情决定权等,从人格中转化出来的。拉丹基于黑格尔在《法哲学原理》一书中的人格视角观察财产,提出人之所以成为人就要实现自我的全面发展,需要对外在资源有所支配,而财产乃是确保该支配的必要形式,进而提出"为了人格的财产"或"为了人格自治和自由的财产",①以区别于"可替代的财产"。这种财产存在的重要性在于若一个人不拥有此类财产,其将不再是特定某个人。与"为了人格的财产"一样,个人信息属于实现个人自治和自由所需的一类资源,如果缺乏,就会阻碍个人自治的实现。在个人信息语境下,个人信息被视为个人自决利益的实现,这种自决不仅是消极的防御,而且是对个人信息中财产属性的积极利用,即个人信息产生财产价值可以交易,个人信息是对人格的积极财产化;反之,不允许个人信息的积极财产化,会阻碍其自治的实现。积极财产化是人格权益的主体主动利用人格要素来为自身谋取经济利益或通过交易、让与来满足他人的物质和精神需求。② 对于个人信息而言,一方面,法律许可个人信息的财产化是人格自由发展理念下的允许自然人自决(以知情权和决定权为核心的基本权利)其个人信息的利用,并通过利用个人信息来获得好处或经济利益;另一方面,当某种利益具有可估价性、可转让性和可继承性时,这种利益便可设定财产权。③

(7) 个人信息财产权益的特点。一是财产属性转化为财产利益,不仅说明了个人信息内蕴财产属性的特点,而且为个人信息可交易提供了正当性依据,但并不意味着一定具有排他性,财产属性旨在说明可让与性。人格要素上存在财产价值,姓名权、肖像权、声音权和个人信息权完全可以成为财产权。④ 根据韦斯利·霍菲尔德的财产理论,财产是不同利益的"复杂集合",视财产为"权利束"。⑤ 讨论个人信息中可交易的部分究竟是财产中的"哪一束"时,转让的规范权力与排斥他人干涉的规范权力是应当加以区分

---

① Margaret Jane Radin. Property and Personhood. *Stanford Law Review*, Vol. 34, No. 5, 1982, pp. 957 - 1016.

② 陈传法:《人格财产及其法律意义》,《法商研究》2015 年第 2 期。

③ 尹田:《物权法理论评析与思考》,中国人民大学出版社 2004 年版,第 46 页 。

④ 韩强:《人格权确认与构造的法律依据》,《中国法学》2015 年第 3 期。

⑤ Wesley Newcomb Hohfeld. Fundamental Legal Conceptions as Applied in Judicial Reasoning. *Yale Law Journal*, Vol. 26, No. 8, 2017, pp. 710 - 746.

的。斯瓦茨教授基于霍菲尔德的财产权概念,进一步将个人信息视为多种利益"捆绑"的总和,他认为可让与性在财产中的作用比排他性公理的内涵更为复杂,对于财产性质的权利可以让与,但不一定排他,①个人信息正是这种财产。二是个人信息的财产性质类似于"有限的财产权",与货币等"可替代财产"相比具有更高的道德诉求。虽然个人信息上的财产属性转化后是财产,但其来自人格,受到人格的限制,这意味着信息主体并不能像拥有汽车、房子、工具等物一样拥有个人信息。"有限的财产权"概念源于财产理论中对身体权的理解,即在不伤害他人的前提下,人有权自由决定其身体的利用,但这种利用不同于拥有汽车、房子、工具等物的方式,故这种权利是有限的。② 三是个人信息中财产属性的转化并不表示自然人因财产化而降为"物格"。个人信息客体一端是人格利益,自然人享有的必然是一种人格权益。个人信息客体的另一端是财产属性,通过转化而变成可交易的财产,这种财产来自人格,为了尽量维持人格概念的纯洁性,不应在人格中掺杂过多非人格因素,不能迁就财产化而降为"物格",故称人格性财产,而非财产性人格。③ 四是财产性使得个人信息可以自己处分、转让、许可和可有限继承,而人格性决定了个人信息利用和让渡上的特殊性,包含自我利用的限制和他人利用的限制以及让渡上的限制。具体而言,让渡不能达到危害人格尊严的地步,不能违背公序良俗及言论自由。④ 个人信息的利用不得超过现行社会所通行的道德所能接受的程度。

---

① Paul M. Schwartz. Property, Privacy and Personal Data. *Harvard Law Review*, Vol. 117. No. 7, 2004,pp. 2056 - 2128.

② [美]斯蒂芬·芒泽:《财产理论》,彭诚信译,北京大学出版社 2006 年版,第 37 页。

③ 陈传法:《人格财产及其法律意义》,《法商研究》2015 年第 2 期。

④ 美国公开权抗辩理由主要有同意和言论自由。一是权利人可以同意对身份的商业化利用。同意拍照并不等同于同意照片的商业化利用,例如当摄影记者为参与公共事件的人拍照时,当图片用于说明有新闻价值的事件时,默示同意可以适用,但当图片用于广告时,默示同意不适用。二是为了表达自由和新闻自由的利益,公开权受到限制,例如如果肖像印在 T 恤或咖啡杯上,则该用途被视为"商业用途",不受《美国宪法(第一修正案)》的保护,相反,如果在媒体上发表来说明有新闻价值的事件,这种使用被认为是交际性的,并仍然受到宪法的保护。类似地,我国同意是个人信息处理的合法性基础之一(《民法典》第 1035 条),新闻自由则属于对个人信息的合理利用(《民法典》第 999 条)。

三、信托型与非信托型信息信义关系

（一）信托型：独立第三方数据信托

数据信托是利用信托基本原理来运作数据共享，即受托人为信息主体群体利益持有、管理并使用数据或数据权利。一是通过聚集不同来源者的数据权利，为信息主体提供更多议价能力并促进数据的有益使用，降低供需双方的谈判成本，实现复杂的价值分配，其风险隔离功能也能更有效地保障信息主体权利。[①]　二是通过在信息主体与处理者之间设立独立的数据受托人，由其代表信息主体集体进行谈判和行使权利，将个人信息数据集合中产生的权力返还给个人。三是信息主体的个人数据权益得到受托人的科学专业管理，数据信托有多种结构形式，允许信息主体根据特定数据类型或目的选择不同数据治理方案。[②]　信托型信义关系侧重信息数据财产价值的释放，更适合于数据共享治理，旨在对处理活动监管，引导个人信息在合规、安全、可信的环境下流通利用，协调数据供需。

首先，数据信托的法律关系构造。数据信托之所以有用是因为受托人作为忠诚的中介，对委托数据的个人负有信义责任，因此，竞争性信托比简单的"委托人—受托人"两方模式更合适。数据信托至少需要数据提供者、数据受托人和数据使用者。在上游，受托人作为数据汇集管理、存储与运营访问的平台，与作为受托人—受益人的无数数据提供者以同意、合同等方式合法取得，并实际控制数据的访问。在中端，受托人必要时与各类服务提供商签订互操作协议，以便获得信托内部管理的基本专业服务，实现最有效、最具竞争力的信托运营。在下游，受托人与需方订立许可使用协议，使得有正当目的的数据使用者访问数据，以实现数据的共享、交易、交换和捐赠等。数据信托成为数据供需匹配的中心节点，由一系列合同构成。与传统信托类似，受托人购买、出售和持有资产，酌情做出判断，并将"回报"分配给不同

①　Keith Porcaro. In Trust, Data. *Minnesota Law Review Headnotes*, Vol. 105, 2021, p. 337.
②　Sylvie Delacroix and Neil D. Lawrence. Bottom-Up Data Trusts: Disturbing the "One Size Fits All" Approach to Data Governance. *International Data Privacy Law*, Vol. 9, No. 4, 2019, p. 243.

的信托成员。[1]

其次,委托人是个人信息的持有者,最常见的是信息主体及其群体;当信息由公共机构控制与管理时,委托人是公共数据的持有权人——公共机构。委托人享有对数据信托管理运营情况的知情权、参与信托相关事务、受托人解任权以及监督数据财产运作及使用。受托人是与信息主体建立信义关系的第三方独立机构,代表信息主体群体行使权利、运营与管理。欧盟《数字治理法案》要求经登记注册的数据中介机构作为受托人,通过技术、法律或其他手段在数量不确定的数据主体、持有者和使用者之间建立以数据共享为目的的商业关系。类似律师、会计师等专业人员,个人数据监护者的新兴职业类型可代表客户与第三方应用程序服务提供商洽谈最佳个人信息处理协议,以及作为专业顾问向客户提供自我监控数据的决策,合伙创建事务所,并受相关行业协会的指导与监管。[2] 智能合约的分布式账本技术、微指令等人工智能增强算法也可创建自动化合同,降低交易成本,使数据信托的运营更高效。[3]

再次,信托标的是任何有价值的可让与性权利,数据信托的标的是数据上的财产性权益,因为拥有对数据的控制权才具有经济价值。公共数据是公共机构持有并控制的数据资源,因此,含有个人信息的公共数据持有权是信托标的。个人数据通过复数性叠加,形成重要资源而成为信托标的。一是单个信息主体 A 的个人信息数据集合,例如 A 通过可穿戴设备提供 1 年包括心率、血压、血氧、体重等生命健康个人数据;二是多个信息主体 ABC……的个人信息数据集合的叠加,例如 A＋B＋C……的遗传数据;三是 ABC……作为一个社会群体的整体信息数据利益,例如特殊用药人群数据集、专病数据集、自然人群队列数据集、医疗

① John Morley. The Common Law Corporation: The Power of the Trust in Anglo-American Business History. *Columbia Law Review*, Vol. 116, No. 8, 2016, pp. 2163－2164.

② Kang Jerry, et al. Self—Surveillance Privacy. *Iowa Law Review*, Vol. 97, No. 3, 2012, pp. 809－848.

③ Scott J. Shackelford and Steve Myers. Block-by-Block: Leveraging the Power of Blockchain Technology to Build Trust and Promote Cyber Peace. *Yale Journal of Law and Technology*, Vol. 19, 2017, pp. 342－343.

保险人群数据集,例如全国首例委托人将自己的简历数据以数据信托的方式托管给受托人贵阳大数据交易所,再由受托人委托给某网络科技公司进行运营。

最后,数据信托一般不需要立法干预,运行模式有合同模式、公司模式和公共模式,具体运营模式的选择是灵活的。合同模式是委托人与受托人通过自愿订立数据信托协议而设立的意定信托,例如北京国际大数据交易所的试点项目"数据授权平台",信息主体通过微信小程序对个人信息使用进行管理,可以选择特定数据主动授权给他人,或以接受他人授权申请的方式允许数据被访问使用。公司模式即由公司或合伙企业作为受托人管理个人数据,例如日本的"个人信息银行",公民将个人信息托管给经过认证的运营商,由运营商集中运营以实现个人数据资产的交易和变现。公共模式即由监管机构牵头制定适用于所有数据信托的统一标准或规则,例如英国"MiData"是政府牵头与行业合作开展的自愿计划,参与者同意将数据回传给消费者,使其通过聚合这些数据更直观全面了解自己的消费行为以及控制有限主体范围的处理者访问其数据。

(二)非信托型:受托人信义义务

非信托型是不按照信托的具体法律原理运作,但在抽象意义上与信托有一定的相似性,因为并非所有信义关系都自动视为信托,但所有信义关系中均有信任或信赖。与数据信托中第三方受托人作为管理性数据中介不同,"信息主体—处理者"这一持续性不平等关系中的处理者被视为信息受托人。一是因为处理者是数据的实际控制者,基于信息主体同意或其他法定事由处理信息并向信息主体提供网络商品或服务,在处理活动中可能利用专业技术优势对用户个人自决产生不当影响,如同"银行"接受个人信息作为"存款"并使用信息为个人换取回报,同时从中获取一定利益。[1] 二是当处理者向公众表明自己是尊重和保护信息隐私的组织以获取用户信任时、当处理者使其用户有理由相信不会披露或滥用个人信息时、当受影响用

---

[1] Kenneth C. Laudon. Markets and Privacy. *Communication of the ACM*, 1996, p. 101.

户根据现行个人信息处理规范、实践模式或其他客观因素证明其合理地相信处理者不会披露或滥用个人信息时,处理者一般被认定为信息受托人。三是处理者的信义义务范围对每个实体并不相同,取决于关系的性质、信任的合理性以及防止实体自我交易和损害对用户或受益人的重要性等。四是与数据信托的制度目的不同,处理者作为信息受托人而负有信义义务是考虑了信息主体特殊的脆弱性地位,超出了一般商业道德和社会诚信义务范畴,侧重信息上人格利益的保护。

第二节 个人信息处理中信义义务的性质:道德、身份与法定性

一、信义义务的道德属性

从起源看,信义关系的道德属性突出。许多信义义务相关判例将信义义务定义为法律确定的(国家可以合法执行的)道德义务,衡平法对受托人课以信义义务的初衷也是惩治违信行为,以提升社会生活信任度。例如在管理他人资产时,受托人使受益人更易参与自己的生活项目;具有专业知识与技能的受托人在为不专业的受益人提供专业建议时,受托人使受益人对自己的身体和财产做出知情的选择。无论是职业行为,还是对朋友的一次性恩惠,信义关系都能为受托人提供充分的行善机会。判例中法官体现出一定程度的"道德审判"倾向,即对受托人设置了超出一般人的义务标准和道德要求,以限制其机会主义行为和自利倾向。[1] 中国传统文化中"义"包含着"信"的道德因素,"信"的内涵有能力、状态、用力、人道,从而形成保护性规则,"义"的内涵有道德、自然、天道、品性,从而形成防范性规则。[2] 我国具有引入信义义务的内在逻辑基础。

---

[1] 徐化耿:《信义义务研究》,清华大学出版社 2021 年版,第 60 页。
[2] 王莹莹:《信义义务的传统逻辑与现代构建》,《法学论坛》2019 年第 6 期。

　　信义义务的道德属性也是康德先验伦理观念保护个人的自由和尊严的体现。例如马修·哈丁(Matthew Harding)在为信义义务中的无冲突规则辩护时认为,信义保护是尊重自然人人性、人权的义务,信义关系的核心是信任,而不是自身利益。① 在未经委托人许可的情况下,利用作为受托人的机会,将委托人或受益人利益作为达到自己的手段是不道德的;反之,为委托人或受益人的最大利益行事的受托人则是对前者人性自由尊严的尊重。莱昂内尔·史密斯(Lionel Smith)进一步总结,当一方享有代表他人做决策的权力时,便获得他人让渡的部分自主权,若受托人将这种基于部分自主权的控制作为获利的资本,就是将他人作为达到目的的手段;反之,当受托人不滥用控制权力,专注于受益人的利益从事有道德价值的活动时,便是尊重了受益人的人性。阿瑟·B.拉比(Arthur B. Laby)认为受托人的义务与康德的不完全义务类似,是开放式的,完全义务要求某人必须采取具体行为或不作为,不完全义务是采取某种目的的义务,但如何履行则可自由裁量,因此,信义义务是"采纳委托人的目标、期望或目的",体现了尊重他人自主本质的道德追求。② 艾里特·萨姆特(Irit Samet)以忠实义务为例,忠实不仅有受托人为受益人的最佳利益行事的技术要求,而且有丰富的道德情感概念,因为受托人处于凌驾于他人之上的独特权力地位,加上信息差距使其滥用权力更难以被监管,这就需要受托人有诚实、善意、不违背信任的道德感。③ 在《信义法原理》一书中,出租车与乘客的故事诠释了非人格道德法则与信任:纽约一位吝啬的乘客给出租车司机很少的小费,但当司机发现该乘客将一袋钻石遗落在车上时,这个司机花了数个小时寻找该乘客,并归还钻石,但司机只愿意接受其为了寻找乘客所损失的金钱作为补偿。有人认为司机是非常有道德且值得信赖的,但也有人会觉得司机是为了摆脱私吞钻石的嫌疑而不得不找到乘客。这两种观点反映了两种不同的信任方

① Matthew Harding. Trust and Fiduciary Law. *Oxford Journal of Legal Studies*, Vol. 33, No. 1, 2013, pp. 81-102.

② Arthur B. Laby. Fiduciary Obligation as the Adoption of Ends. The *Buffalo Law Review*, Vol. 56, No. 1, 2008, pp. 99-168.

③ Gold et al. *Philosophical Foundations of Fiduciary Law*. Oxford University Press, 2014, pp. 129-131.

式：一种观点认为司机值得信赖是因为其是一个自我约束的有道德的人；另一种观点认为司机值得信赖是为了保住自己的工作或者避免法律上的风险而不得不为之。① 前一种意味着受托人对自己的行为原则有特定的情感和理性取向，后一种则是基于法律上的忠实，要求受托人为受益人的最佳利益行事。

个人信息处理中信义义务与其他法定义务的区别之一是其具有突出的道德性。信息主体分享信息而让渡部分自由裁量权给处理者，被视为是其法律人格的延伸，行使该权力的利益合法地属于受益人。虽然私法中的诚实信用原则也是一项道德性原则，但信义义务对道德的要求比诚实信用原则更高，这是由数字社会的内在要求和社会分工决定的。涂尔干对于"社会分工"作出合作化解读，认为社会分工虽然有提高劳动生产率的作用，但不是主要作用，社会分工的主要作用是实现人与人间的联系与协作，建立起"依存式"的新型合作关系，由此社会分工便产生了道德价值，个人意识到自身对社会的依赖关系，社会也产生了牵制个人无法脱离自身限度的力量，分工变成道德秩序的基础。② 社会可以通过成员相互作用的社会关系和法律关系来区分，并不是说任何一个特定社会中只存在一种关系，而是某一种关系是主导的，例如从身份关系到契约关系，再到信义关系的基本变化。③ 数字社会对信任、信赖的内在价值需求，引领社会演变成一个基于信义关系的社会。个人信息处理关系中既有保护个人权益的需求，也有分享个人信息推动数字经济发展的愿望，信息主体对处理者产生依赖性；反过来，这种依赖也会限制处理者的选择自由。信义义务在个人信息处理关系中的作用正是对双方需求的提供、对双方不受对方胁迫的自由，以及对双方不平等权力结构的平衡。

信息信义义务的道德属性与个人信息传统规范基础契合，受康德的道德权利哲学影响，隐私权和个人信息受保护在欧盟被视为一项基本权利。欧盟作为一个超国家的权力机构，有权约束各成员国，但其面临最重要的障

---

① ［美］塔玛·弗兰科：《信义法原理》，肖宇译，法律出版社 2021 年版，第 271—272 页。
② ［法］埃米尔·涂尔干：《社会分工论》，渠东译，生活·读书·新知三联书店 2000 年版，第 359 页。
③ Tamar Frankel. Fiduciary Law. *California Law Review*, Vol. 71, No. 3, 1983, p. 798.

碍之一是"民主赤字"(democratic deficit),即普通欧洲公民感觉和自己本国密不可分,却与欧盟关系甚为疏远。针对民主赤字,欧盟的一种回应是增加欧洲议会的权力;另一种回应则是通过执行宪法权利来创造一种欧洲公民意识,即欧盟由欧洲国家和成员国的公民组成,每个公民都以双重身份参与欧盟:既作为欧洲公民,也通过其在自己祖国而发挥作用,欧盟必须为其公民提供公正和自由的宪法保障,人的尊严则是宪法保障的基础。于是,第二次世界大战后,欧盟开始制定广泛的宪法权利,发展出一种超国家的基本权利体系,将人格尊严从国内宪法中的基本权利上升到欧盟宪法中的基本权利,扩大了"宪法政治"在欧洲国家内部的重要作用。亚历克·斯通·斯威特(Alec Stone Sweet)将欧洲这一发展过程描述为:"在欧洲制定广泛的战后宪法权利,随后赋予司法在政策制定中的特权。"[1]随着时间推移,"权利对话"的宪法保障变得更加核心,欧洲的基本权利文化一直在增长,而数据保护则可称为这一努力的前沿,体现了为"泛欧洲身份"建立宪法基础的一方面。

二、信义义务的身份属性

信义关系包括基于身份的法定信义关系和基于事实的推定信义关系。本节主要关注基于身份的法定信义义务,因为基于法律身份识别信义关系是最广泛和最长期的方法。法律通常会预设受托人与受益人之间存在信赖、信任关系,例如基于债务人—债权人、律师—委托人、医生—患者、公司—董事等法律确定的身份关系,在这些关系里,当事人之间往往存在着高度的信任与默契以及较高的自由裁量权。这种信任是比契约关系中信赖程度更高的关系,是一种更为紧密的"人格信赖";而专业型信义关系中的主动信赖源于"专业认可",甚至近似于对具有专业知识与技能一方的依赖,因为其更不易被监督。授信目的的实现依赖当事人的高度自律,事前无法就其行为活动做出

---

[1]　Paul M. Schwartz and Karl-Nikolaus Peifer. Transalantic Data Privacy Law. *Geogetown Law Journal*, Vol. 106, No. 1, 2017, p. 124.

契约性承诺,例如医生客观上无法承诺手术结果。基于信义身份的信义关系是通过法律固定下来,也随着社会专门化程度加深,人们分领域和技能提供某一方面的"帮助",且在社会生活中越来越依赖这样的能力才能更好实现自己的利益,产生了保护社会关系中信赖的需求。如果自然人拥有确定的信义关系中的身份,通常被视为受托人,如果不具备,则需要在个案中结合事实特征判断是否具有受托人的地位,即基于对事实的调查以确定双方之间形成了信义关系,核心是判断一方对另一方授予了信任。①

一种特定的身份根据法律、道德原则或社会结构与实践类型可区分为社会身份、道德身份或法律身份。社会身份反映了根据社会结构中的地位对个人、关系和社会群体的分类,是社会结构的核心构成要素。在平等的民主社会中,社会身份的归属往往造成结构性的社会不平等,并使之永久化。在信息关系中,处理者与信息主体之间因其所处的强势与弱势地位不同,导致法律关系实际上存在结构性的不平等问题。道德身份通常被呈现为一个平等概念,即社会存在某种普遍的道德身份衡量标准,杰里米·沃尔德伦(Jeremy Waldron)援引平等道德身份的理念,为禁止歧视和支持人权的平等原则证立进行辩护,反映了人类须有平等尊严和个体尊重的内在要求。②信义身份是一种"法律身份",由法律规定的受托人的权力、义务和责任的规范构成。指定一种特定关系为一种特定法律形式,信息关系也需通过法律指定为一种特定信义关系。信息关系中参与主体有着不同的身份表达,例如欧盟数据保护模式下的"数据主体—数据控制者"、美国隐私保护模式下的"消费者—经营者"和"用户—服务提供商"、中国《个人信息保护法》中的"自然人—个人信息处理者"。在这些信息关系中,被处理者和处理者均须相互依赖,以满足各自的需求。一方面,个人参与数字生活需使用网络服务商提供的产品和服务;另一方面,出于人格尊严保护,也需处理者不侵犯其个人权益。但同时,处理者商业模式和数据分析等业务的展开也依赖个人信息的提供与分享,尤其在现今数字社会中,个人分享信息的模式正从一般

---

① Roy Ryden Anderson. The Wolf at the Campfire: Understanding Confidential Relationships. *SMU Law Review*, Vol. 53, No. 1, 2000, pp. 315 - 370.
② Jeremy Waldron. *Dignity, Rank and Rights*. Oxford University Press, 2012, p. 57.

的偶发性分享转向一般的持续性分享。机器连续不断地记录个人相关的各种信息,便说明了信息主体与处理者之间存在信息信义关系。

在信义身份关系中,权力持有者通常对满足相对方需求的手段拥有部分或全部自由裁量权,可通过操纵、增加或减少满足相对方需求来强迫其服从。权力持有者可能试图最小化相对方的利益,最大化自己的获利,因此有必要采取合理限制以避免权力持有者严重滥用权力来促进自己的利益。在信息关系中,处理者是用户数据的实际控制者,即权力持有者,对个人信息的安全保障等措施拥有部分或全部自由裁量权。例如利用个人信息进行自动化决策(automated decision-making),以评估个人的行为习惯、经济健康信用等状况,并进行特定决策,以实现购物中的个性化推荐、信用贷款评估、精准广告推送等商业目的。一旦其滥用权力,被决策主体很难有质疑、参与或反对自动化决策的机会,算法的不透明性等亦可能产生严重歧视、偏见等不公正后果,因此,个人信息处理者权力的滥用应受到信义义务的合理限制,包括反歧视、反操纵、反监控等。

三、信义义务为法定义务

义务以发生根据为标准可分为约定义务和法定义务。法定义务既可以是立法所创设的,也可以是法官基于自由裁量权在司法中创设的,当一项司法创设的义务得到足够认可、内容较为成熟后,可能上升为立法创设的义务。信义义务依据合同理论被视为约定义务,詹姆斯·埃德尔曼认为只有当信义义务作为基于对另一个人的自愿承诺时才产生。在自愿关系中,信义义务是由明示或默示的合同条款来规定,不一定与某种特定关系或地位有关,而是基于同意的问题。例如受托人有义务不将自己置于其自身利益可能与其对受益人的义务相冲突的位置,这涉及高度信任,且这些义务被认为是不完全合同中的默示条款(implied terms)。① 信义义务总体上是私法

---

① James Edelman. When Do Fiduciary Duties Arise? *Law Quarterly Review*, Vol. 126, No. 2, 2010, p. 315.

领域的产物,在很多情形下,信义关系的产生的确存在当事人之间的约定与合意,以合同关系作为基础,例如个人信息处理关系中实现同意的隐私政策或服务协议等,这也说明了信息主体对处理者的隐私政策及服务协议的同意本身内含着对其信任。

但是合同义务不能涵盖由合同以外的关系产生的信义义务。与权利义务对等的合同关系不同,受托人为了受益人的利益管理和处分信托财产,其义务内容高度定型,不能通过信托文件等减免。信义义务中无论是忠实义务,还是注意、勤勉义务,皆为法定义务。我国信义义务在《信托法》中确立,在《公司法》中发展,董事作为受托人的义务无需公司与其在劳动合同中约定,各方主体依据《公司法》的规定行事即可。《信托法》明确了受托人的一系列义务,第 25 条规定其为受益人的最大利益处理信托事务和管理信托财产,应秉持诚实、信用、谨慎等义务;第 26 条禁止受托人利用信托财产为自己谋利;第 27 条禁止将信托财产转为固有财产;第 28 条禁止自我交易等。《公司法》第 147—149 条规定了董事、监事、高级管理人员的忠实注意义务。

通过设置受托人信义义务,将关注他人信赖利益上升为"当为"的法定义务。法律上的"当为"是一种介于自由与责任的中间状态。尽管私法自治和个人控制仍然是个人信息治理的主旋律,但个人信息上公共利益应获得与个人利益同等的重要地位,而个人信息处理中这一公共利益主要指的是信义利益。如果过分强调个人控制和个人利益,会忽视对信息主体信义利益的关注,如果将其信义利益时刻置于国家强制力直接保护下,既缺乏实际可执行性,更会使个人自由和控制受到不应有的削弱。① 因此,信息信义义务是一种折中状态,信义利益被视为一种受保护的利益,而这种保护和利益平衡尽可能交由当事人自己来完成。信息信义义务是一种法律上的当为,而非法律上的强制。

信息信义关系引起处理者的受托人信义义务宜被认定为一项法定义务。一是若信息信义义务是约定义务,由信息主体和处理者之间的合同关系来确定,信息主体不仅面临个人同意制度的有效性困境,而且合同鼓励自

① 佟强:《信赖之债》,北京大学出版社 2020 年版,第 310 页。

利,在交易中最大化自己的利益,显然对信息主体不利;反之,信义义务赋予个人信息处理关系一种利他属性,要求处理者作为受托人对信息主体保持忠诚。二是同意虽然具有信任的内涵,但实践中个人同意几乎流于形式,难以真正建立起信义关系。三是从程序上来讲,若信息信义义务是约定义务,违约义务举证将遵循原告对自己的诉求负证明责任的规则,将面临举证不能的现实困境;反之,违反法定义务,信息主体只需承担初步举证责任,然后由处理者自证其作为受托人没有违反信义义务。四是信义义务通过法律明确保障信义关系,总体上具有强制力效果。虽然处理者也可能通过签署协议排除其信义义务。例如,美国富国银行(Wells Fargo)在其广告中承诺安全保障,但在实际服务协议中表示:"您承认,通过向我们存储您的电子记录副本,您和我们之间不会产生任何信义关系。"五是信息信义义务视为法定义务是从范式层面实现从个人控制到社会控制的转型;责任层面信义义务还可以阐释出企业等受托人的社会责任,尤其是应对算法治理;救济层面为信息主体提供了一条救济途径,除了合同索赔外,还可以寻求违反法定义务的侵权救济,以及通过群体主义归责来补充个人主义归责,例如数据信托中涉及多个参与主体,公益诉讼补充民事主体个人诉讼也可作为实现社会控制的有效机制。

第三节　个人信息处理中信义义务的创设:中国法的可实践性

一、基于信义权力因素的具体法律关系结构

(一)法律架构:管理权与利益相分离

信义义务源于英美法中的信托制度。信托是以"双重所有权"(double title)为特征所设计的一种财产分割制度,介于财产与合同之间。普通法由普通法院的法官们创立并发展,衡平法由衡平法院的法官们创立并发展。当普通法院无法提供救济或者适用效果过于严苛而致不公平时,当事人可

向衡平法院申诉并经其自由裁量获得裁判,衡平法的根基在于公平、公正及道德。当受托人为了他人利益而持有财产时,由受托人享有普通法上的法定所有权(legal title),属于"对人权";当由委托人享有衡平法上的所有权或信托受益权时,则属于"对物权",因为从衡平法角度,受托人仅为替他人持有该财产,负有为受益人的利益管理信托财产的义务,与受益人形成信托关系。一旦受托人未能审慎管理财产,将可能因违背信义而承担责任。①

转移并分割"所有权"或"管理权"的设计是信托架构的精髓。② 合同是设立信托的主要方式,即"信托合同论",其中,伊斯特布鲁克(Easterbrook)和菲舍尔(Fischel)主张信义义务本身是合同中的默示条款而具有合同法上的正当性。忠实义务是信托服务合同中的隐含条款,由非专业人员雇用具备专业知识的受托人管理其信托财产而引起信义关系。③ 埃德尔曼主张信义义务具有合同上的正当性是因为设立信托的信托文件(trust instrument)需当事人的合意(consent),为了强调合同与自愿承诺的连续性,他将同意视为信义义务的必要条件。④ 信托文件在大多数情况下视为合同。基于意思自治的约定,信义义务的适用和法律后果可以部分地由双方同意决定。

然而,信托文件是合同并不表示信托法律关系是合同关系,因为合同的目的仍是达成财产分割,以实现信托的核心功能:管理和处分信托财产。受托人往往需要利用专业知识及能力积极作为,使其管理的信托财产保值、增值。英美法上的关系性合同和霍菲尔德财产权理论为管理他人财产奠定了基础。财产权是由权利或主张(rights or claims)、特权(privilege)、权力(power)和豁免(immunity)等具体要素集合而成的"权利束",并非单一的权利,信托是对权利束中的要素重新组合分配,表现为一种权利分割的过程。⑤

---

① [英]格雷厄姆·弗戈:《衡平法与信托的原理(上册)》,葛伟军、李攀、方懿译,法律出版社 2018 年版,第 5、17 页。

② 方嘉麟:《信托法之理论与实务》,中国政法大学出版社 2004 年版,第 2 页。

③ Frank H. Easterbrook and Daniel R. Fischel. Contract and Fiduciary Duty. *Journal of Law & Economics*, Vol. 36, 1993, p. 426.

④ James Edelman. When Do Fiduciary Duties Arise? *Law Quarterly Review*, Vol. 126, 2010, p. 302.

⑤ Hanoch Dagan. The Craft of Property. *California Law Review*, Vol. 91, 2003, p. 1532.

在大陆法系中,信托强调受托人对信托财产的实际控制(control over property),处于债物二分的交叉地带。与大陆法系注重"行为"不同,英美法系更注重"关系",例如罗斯科·庞德(Roscoe Pound)提出"我们的法律中心的观念是关系。"[1]信托制度则表现出两大法系的互补融合,例如我国台湾地区"信托法"(2009年)第1条规定:"称信托者,谓委托人将财产权移转或为其他处分,使受托人依信托本旨,为受益人之利益或为特定之目的,管理或处分信托财产之关系。"其落脚点在"关系"。日本《信托法》(2006年)第2条规定:"本法所称信托,是指特定人采用下列条款所列的任何方式,根据特定目的(不包括专门促进个人自身利益的目的)管理或者处分财产,或采取为实现上述目的所需的任何其他行为。"其落脚点在"行为"。因此关于法律行为的基本原理及法律规定同样适用于信托。

"双重所有权"本质是"管理权与利益相分离"。名义上对信托财产享有权利的受托人承担了随着该信托标的流转而产生的责任与风险,受益人则享有信托利益。责任与利益的分离建立在信义关系之上,基于信义关系对受托人课以相应的信义义务,从而确保受益人的受益权实现,信托架构运营的前提是信托财产的独立性。[2]在信托制度引入中国立法时,由于"双重所有权"与大陆法传统物权理论中的"一物一权原则"不同,《信托法》作出了本土化修订,其第2条规定:"本法所称信托,是指委托人基于对受托人的信任,将其财产权委托给受托人,由受托人按委托人的意愿以自己的名义,为受益人的利益或者特定目的,进行管理或者处分的行为。"在第28条中"委托人的信托财产"一语表明《信托法》不仅没有明确规定财产权归属于受托人,而且实际确认了由委托人享有。[3]因此,信托的核心内涵也具体化为"管理权与利益相分离":享有信托财产管理权者不享受信托利益,享受信托利益者不享有信托财产管理权。[4]

---

[1]　〔美〕罗斯科·庞德:《普通法的精神》,唐前宏、高雪原、廖湘文译,法律出版社2013年版,第12页。

[2]　彭插三:《信托受托人法律地位比较研究:商业信托的发展及其在大陆法系的应用》,北京大学出版社2008年版,第19页。

[3]　董慧凝:《信托财产法律问题研究》,法律出版社2011年版,第27页。

[4]　张淳:《信托法哲学初论》,法律出版社2014年版,第30、79页。

信托制度中的受托人、委托人、受益人对信托财产的权益分配,与信息关系中的处理者(含控制者)、信息主体、使用者(如在数据信托中)之间的权益配置具有高度契合性。尽管数字社会中的数据源于信息主体,但价值创造、成本投入却基于处理者对大量数据的聚合、挖掘、创新应用、匹配、交易等处理。信息主体是信息资源的供给者或来源者,经收集后处理者才是信息价值的生产者。一是处理者对于信息价值,因其"处理"而产生财产价值,如同受托人对于信托财产,因其"管理与处分"而产生财产利益。二是信息主体对于信息价值,其个人信息上财产性权益的意义仅限于作为来源者受到人格权的一体化保护,如同委托人对于信托财产,作为原始信托财产受到普通法产权的保护。"信息受益权"的意义在于能分享由处理者创造的数字经济利益,如同受益人对于信托财产,"受益权"意味着享受受托人管理财产所生利益。个人信息一旦从信息主体流向处理者,存储在其云端或与特定技术关联的范围内,信息主体便丧失了对其占有、支配的能力,信息主体的个人信息权益由于控制能力丧失而沦为一种名义上的权利。处理者不仅事实上持有数据,而且能组建、分析数据库,向消费者定向推送广告,向第三方销售、分享数据,开发数据可交易价值等,处理者享有一项基于事实控制的不完全支配性权利,重在"使用",而非"所有"。信息信义义务限制处理者基于事实控制和法律控制行使的权力,其只能根据信托文件条款并为信息主体的合理利益考量而处理,从而减轻了信息主体在信息关系中因知识、资本等不平等带来的脆弱性。信托架构比"专业人士—客户"基于身份的关注单个信息的信义义务更具有开放性,更注重受益人集体或群体免受侵害。信息主体实际上信任的是信义机制带来的保护。

(二)信托标的:个人信息财产权益

个人信息利用具有"动态—有限"的可让与性。个人信息既不是物,也不是智力成果或权利,虽然个人信息涉及人格利益,但不同于隐私、身体、生命等其他人格利益,个人信息被允许甚至鼓励交易,以实现巨大的经济价值,个人也参与到个人信息的商品化中。本章关于个人信息上财产属性的转化解释了个人信息可以交易的正当性。至于如何交易则在于法律对于个人信息"可让与性"的模型设计,一方面,作为重要经济战略的数字经济的发展离不开个人信息的流通与共享;另一方面,个人信息的流通反过来可能使特定自然人极易被识别,人格尊严受到威胁,人类历史无法也不能忘记法西斯主义、极权主义和纳粹主义的毁灭性教训。因此,我国寻求的是一种既能保护人格利益,又能建立个人信息上的财产属性,得以转让、交易从而促进数据流通的法律模型:"动态、有限"的可让与性制度。

　　该模型呈现"两头强化、动态制衡"的特点。"两头强化"是指一方面加强对个人信息上人格权益的法律保护,实施普遍的非商品化,落入"不可让与性"(inalienability)范畴,人格权益无条件受到保护;另一方面,促进对个人信息上财产属性的转化即个人信息的流通与共享,实施普遍商品化,落入"可让与性"(alienability)范畴,原则上个人信息无条件流通。禁止对人格权益交易的正当性理据可溯源至个人的人格尊严乃至人类整体的繁荣。伦理学上的人类整体繁荣是指在积极自由、消极自由和自主的基础上发展和实现人格,正如禁止买卖儿童或人体器官是因为这是对人格本身的侵害,①个人信息上的人格权益应当受到严格保护。允许对个人信息的利用出于数字经济发展的战略考量以及个人对其自身信息积极利用并参与数据红利分配的现实需求。"动态制衡"是两头强化、利益平衡的必然结果,是由个人信息人格、财产之间的天然关系决定的。虽然能够交易的只有财产,个人信息的财产属性使其具有可让与性,但财产受限于人格,于是这种可让于性也让位于人格权益保护的要求。原则上,个人信息的交易如同商品交易规则一样,有约定按约定,没有约定时要以不违反法律的强制性规定或违法犯罪为限。当然个人信息首先受到公共利益的普遍的限制,例如疫情期间出于社会公共安全的考量对个人信息的收集和处理,可让与性更多的是在私法范畴内的。在个人信息语境下,其"可让与性"呈现出"动态、有限"的特点。

　　"动态、有限"式的可让与性源于拉丹人格财产理论的另一重要观点:

----

① Margaret Jane Radin. Market—Inalienability. *Harvard Law Review*, Vol. 100, No. 8, 1987, p. 1852.

与人格越密切,权利保护越严格。个人信息与隐私相比,离人格相对较远,故隐私不能自由交易和公开,哪怕权利人同意也不能任意处分,受到法律的严格限制和保护,而个人信息的财产属性允许其利用。个人信息与其他"可替代财产"相比,显然又离人格相对较近,故个人信息不能像其他财产一样完全自由地让与,允许个人信息让与和交易的同时需辅以人格利益保护作为底线。因此,"动态"体现在人格利益并不随着个人信息流动而被破坏,反而随着个人信息的交易而延伸至下游环节。"有限"体现在个人信息原则上允许交易,但交易不总是由权利人自由处分。个人信息在利用和转让中不仅赋予信息主体一系列权利(例如访问权、更正权、删除权等),而且要求信息处理者遵守一系列个人信息处理规则(例如合法必要、目的限制等基本原则、合法性基础要求)。当法律规定的处理要求未被满足时,即使个人信息具有可让与性,也可能因为不具有合法性而禁止交易。

个人信息权益可作为信息信义关系中的信托标的。财产权以价值创造为核心,理论上只要个人生产出的个人信息具有价值,就可以积极分享的方式实现财产利益,但在一般情况下,个人主要以消极方式"分享"价值创造者带来的经济利益,实现有限的个人信息财产权益。这种分享的基础源于个人信息上的人格,即个人让渡了自由——"个人被分析"。"控制"是个人信息保护法的核心价值,但随着社会语境变化,其内涵迭代升级,由传统个人控制范式下的"信息控制"更新为"识别控制"。因为在如今的泛在网络时代,个人信息处理是以识别分析为核心的,因此,个人信息不仅具有社会"可识别性",而且要求个人可以控制。控制使得个人通过对个人信息的"支配"参与到个人信息处理过程中,社会可识别性使得个人"换取"经济利益。该控制力来自个人信息上的人格,个人信息中的"动态—有限"的可让与性使得人格流转至个人信息处理的事前、事中、事后各环节,相应的《个人信息保护法》在各环节给个人配置事前同意、事中限制或拒绝和事后删除等消极性权利,因此,个人可利用这些消极性权利分享财产利益。例如在经典的"数据作为付费"场景中,经营者通过其提供的产品或服务收集用户个人信息时一般以隐私政策或服务协议形式征求用户同意,以获得合法性前提,而用户不同意则不能使用产品或不能享有完全的服务,因为经营者生成其产品或服务是免费的,用户无需付费,结果是用户无法享受到数字社会带来的生活便利等价值。"无偿性"面纱的背后是经营者海量收集用户提供的个人信息以及用户在使用产品或服务过程中产生的行为信息,即用户是以个人信息作为对价交换而享受产品或服务的"无偿"。然而,实际上具备有偿性,或毫不夸张地说,不具有价值的个人信息是不存在的。经营者对这些信息的商业化利用所产生的价值甚至超过了个人所获得的产品或服务的价值,经营者是利用个人信息获利的主要推动者,是通过个人信息实现交易价值转换的最大份额的既得利益者。因此,《个人信息保护法》第 16 条规定:"个人信息处理者不得以个人不同意处理其个人信息或者撤回同意为由,拒绝提供产品或者服务",以保障用户能参与数字生活享受数字红利,但个人也能有条件地积极"交易"有价值的个人信息来获得折扣、优惠,甚至直接经济利益,例如在美国隐私付费模式(pay for privacy)中,消费者支付额外费用,以防止其个人信息被收集和挖掘并用于广告目的,实际是将个人信息转化为一种可交易的产品;在数据洞察模式(data-insights model)中,互联网企业为用户提供控制、汇集、聚合个人信息以及从中获得洞察分析结果的平台,同时在某些情况下为用户提供将其个人信息货币化的市场,消费者通过将自己的信息货币化来换取个性化交易,从而成为数据市场的主动参与者,而非被动参与者,消费者可以分享数据创造的红利。① 虽然单个信息主体难以享受个人信息上的非常有限的财产性价值,但通过财产外化路径以及数据信托等集体路径可参与数字红利的分配。

财产不限于有体物,而是扩展到任何有价值的可让与性权利。将信息信义关系中的标的界定为一项权利(个人信息财产权益,包括分享财产价值的个人在信息处理中的权利),而不是一项具体无形财产(个人信息)更合适。即使信托财产是有体物时,以土地为例,信托标的是受托人对土地的权利,而非土地本身。每个信托都至少是两个主体(受益人和受托人)之间的关系,几乎任何权利都可托管。"关联分类法"将个人信息分为由信息主体自己提供的、信息主体行为产生由处理者自行记录的(例

①　向秦、高富平:《论个人信息权益的财产属性》,《南京社会科学》2022 年第 2 期。

如 cookie 等行为产生的数据)、加工后的数据产品(例如信用评级等分析数据)三个层次。① 行使权利的强度按照这三个层次依次递减,一直减少到零。中间层处理者自行记录的信息最复杂,类似"共有的":用户对其他可能处理其个人信息的处理者享有排他性权利,虽然控制者对于其他具有竞争利益的处理者享有排他性权利,但不能对信息主体行使排他性权利,信息主体的利益优先。第三层的信用评级等数据因"公司的准财产权优先于个人的控制权",此类"弱关联数据"个人仅享有相关的消极防御性权利,但不具有任何产权特征,类似消费者保护权,②因此,个人信息权益上的有限财产利益既可通过消极方式分享价值创造者所带来的经济利益,也可以积极方式分享个人信息参与利益分配,而信息信托就是一种个人信息上财产价值实现的积极利用方式,信托标的为个人信息权益上转化出来的财产利益,而非信息本身,意味着信息主体将该财产部分权利让渡给受托人。

(三) 信息(数据)受托人及其信义义务

个人信息处理中的受托人既可以是处理者作为信息受托人,也可以是独立第三方中介作为数据受托人。

一是网络服务商等信息控制者。收集和使用用户数据的网络服务提供商(例如微信、百度、微博、滴滴等)等处理者是数字时代的受托人,因为用户基于信任处理者而分享个人信息。处理者是数据收集和使用实践的专家,用户因依赖他们而易受损害,因此,信息受托人承担特殊义务,以不损害信息主体利益的方式行事,否则,构成违反信义义务。当双方建立信义关系时,弱势方让渡受托人帮助其做出决策的权利,并因此信任受托人将以不损害其合理利益的方式处理信息。用户对处理者的信任是可预测的合理期望,当用户无法预测信息处理方式、目的时,信任就可能被打破。

---

① Gianclaudio Malgieri. "Property and (Intellectual) Ownership of Consumers" Information: A New Taxonomy for Personal Data. *Privacy in Germany PinG*, No. 4, 2016, p. 133.

② Sylvie Delacroix and Neil D. Lawrence. Bottom-up Data Trusts: Disturbing the "One Size Fits All" Approach to Data Governance. *International Data Privacy Law*, Vol. 9, No. 4, 2019, p. 246.

二是数据科学家（例如数据行业从业人员）。基于数据科学的专业性，立法不能忽视机器和算法背后的人。数据专业人员通过编写代码来下达指令，有学者称"代码就是法律"，[①]但是数据专业人员若没有统一的能力要求，将不能保证数据质量。若缺乏从业人员共同道德行业准则，将没有评估数据专业人员职业道德水平的标准，也没有可问责的执行依据，因此数据专业人员若缺乏外部政府监管和内部行业监管，会削弱人类控制"恶意代码"的能力。与其他在信息不对称领域（例如法律或医学）工作的专业人士一样，数据科学家应作为信息受托人受到监管，这不仅是确保数据科学家与客户之间信任的最佳方式，而且是保护社会公众利益的最佳方式。[②]

三是独立的第三方机构，例如行业协会、律师事务所以及"个人数据监护人"这种管理个人数据保险库的新专职人员，其对信息主体负有信义义务。数据信托预设了可信的第三方主体，该主体将数据权利汇集，在数据处理过程中，代表信息主体利益，监督其他处理者行为。例如个人数据监护人像律师、会计师、财务规划师和图书馆员等其他专业人员一样，拥有专业知识和服务的专业身份，作为客户所信任的服务者对抗第三方的窥探、政府监控等，代表客户与第三方应用程序服务提供商协商最佳信息实践条款，以及为客户提供数据管理的决策建议。由相关行业协会等组织授予其专业资格，需符合基础设施能力、技术、法律和业务能力等相关要求，个人数据监护人之间也可以搭建类似律师事务所的合伙。[③] 但第三方数据管理者作为一个独立于处理者的主体，可能难以直接参与处理者内部的相关业务和数据处理活动中，为避免监督流于表面，第三方数据受托人需具备类似个人数据监护人的技术能力。

---

① ［美］劳伦斯·莱斯格：《代码 2.0：网络空间中的法律》，李旭等译，清华大学出版社 2009 年版，第6 页。

② William Goodrum and Jacqueline Goodrum. Beyond the Three Laws: An Argument for Regulating Data Scientists as Fiduciaries. *Richmond Journal of Law & Technology*, Vol. 27, No. 3, 2021, pp. 1 - 46.

③ Jerry Kang, et al. Self-Surveillance Privacy. *Iowa Law Review*, Vol. 97, No. 3, 2012, pp. 809 - 848.

此外,受托人负有信义义务。信义义务的产生基于信义关系的存在。首先,同意含有信任内涵。同意使得委托人将财产或财产权委托给受托人代为管理,其起源可追溯至 13 世纪被作为一种土地转让机制,用以规避财产继承时的财务责任和限制,前身为用益(use)。时至今日,信托已成为一种管理金融证券资产的重要商业工具。[①] 而一直以来,信托的成立都以委托人自愿移转或设定他人财产权为必要条件,即其做出同意移转财产权的意思表示是信托成立的前提。个人信息保护中的核心制度知情同意,本质是风险配置机制。同意授权是一种程序意义上的行为,但产生了实体法意义上的效果,经司法实践所认可。其本质是基于信任而将相应风险交给实际掌控的初始信息处理者,同时后者基于此种信任的授权而从事一种值得信任的个人信息处理活动。[②] 其次,信息受托人天然具有信息优势处于实际控制地位。处理者表现出专家地位,专业人员和一般客户之间不平等,专业人员拥有某种客户缺乏的特殊技能或知识,客户也正因为缺乏该技能或知识而无法控制和指定专业人员执行其管理任务,更无法做到实质、实时监督,因此须依赖受托人的行为,并相信其会为用户的最佳利益行事。用户具有脆弱性,其很难发现信息处理者的行为是否背叛其信任。信托一旦有效设立,信托标的即从委托人、受托人以及受益人的自有财产中分离出来,而成为一项独立运作的权力,服从于信托目的。委托人一旦将财产交付信托,即丧失其对该项财产或权益的控制。受托人取得信托标的的管理权。信托标的不属于受托人的自有财产。受益人固然享有受益权,但这主要是一种信托利益请求权,也不属于受益人的自有财产,这就是信托标的独立性。[③] 受托人的财产管理功能成为控制者的信息管理功能,从财产到控制或治理的功能转变揭示了信息信托人的自由裁量权。控制者对信息主体的权力不再类似受托人对财产的管理,而是对其获取

[①] John H. Langbein. The Secret Life of the Trust: The Trust as an Instrument of Commerce. *Yale Law Journal*, Vol. 107, No. 1, 1997, pp. 165 – 190.

[②] 姚佳:《知情同意原则抑或信赖授权原则:兼论数字时代的信用重建》,《暨南学报(哲学社会科学版)》2020 年第 2 期。

[③] 周小明:《信托制度比较法研究》,法律出版社 1996 年版,第 13—14 页。

的数据的控制和支配。因此信息信托人与信托的重点不同,不在于财产,而在于数据治理方面。①

信义义务的内容在不同信义关系中可能不同。基于社会关系的不同性质,信息受托人承担的义务取决于其业务的性质和信息主体的合理期望,因此,当控制者提供的是专业人员性质的服务时,传统专业人员的受托责任仍适用。例如患者在医疗网络平台进行医疗咨询,服务由平台算法提供而非由普通医生提供时;又如心理咨询小程序与微信建立关系,为微信用户提供心理健康咨询服务时,适用于医生、心理治疗师的传统信托责任应适用于该关系。在"谢某诉某互联网医院冒用个人身份案"中,某互联网医院在阿里健康医疗网络平台利用原告的身份向用户开具处方,此时用户的信赖利益受到保护。

二、基于信任因素的数字社会治理范式转型

数字社会信任问题突出,其发展仰赖可持续的信息分享。在个人信息处理中,信任是指信息主体分享个人信息,相信处理者不会滥用权力的合理期待。个人信息分享者是委托人[施信人(trusters)],分享个人信息的行为是委托[授信(entrusting)],此类信息的接收方成为受托人[受信人(entrustees)]。但授信具有一定风险性,合理期待可能无法兑现。人工智能的三要素:数据、算法、算力强强联合建立起"算法权威",个体意志和主体性呈现"客体化"倾向,带来的后果是算法对个体信息控制,个人与算法之间会走向单向依赖而非双向信任,②而算法的背后是人和组织。算法控制的伦理道德是构建可信任的社会,其标志是社会对人际关系中信赖利益的尊重已达到对个体利益同等尊重的程度,或者更甚。只有当一个社会成为可信任社会,人们的信赖利益才会得到普遍的尊重和保护,而信赖关系的基础既不是个人自由意志,也不是人与人之间的约定,而是共同居住的社会共

---

① Claudia E. Haupt. Platforms as Trustees: Information Fiduciaries and the Value of Analogy. *Harvard Law Review Forum*, Vol. 134, No. 1, 2020, pp. 34 - 41.
② 杨慧、吕哲臻:《算法诚信与现代社会信用体系再构》,《中国特色社会主义研究》2021 年第 3 期。

同体规则。① 与传统线下社会不同,数字社会个人信息不再是零散的数据,而是逐渐形成一种社会关系,关系中存在明显权力差异,因此须重新审视个人信息处理这一法律关系。从义务角度赋予处理者保护社会关系中核心要素"信任"的义务,以提高处理者违法行为的成本,从而缓和参与主体实质不平等的地位,②构建数字社会的信任关系。

个人控制理论是一种负面的信息隐私观。信息被视为个人在"数字丛林"中自我保护的负担。赋权也偏向于一种消极防御,导致人们更关注个人信息处理的违法行为、侵害隐私和个人信息的危害程度,过度强调个人自主选择对抗不法处理行为的能力。个人信息自主决策将个人置于信息关系的中心,通过个人对其单个信息的自我管理将他人的访问隔离开来。美国隐私控制理论还鼓励将个人信息视为一种资源,转换为完全可让与的商品,转向隐私知识产权制度。但消极信息隐私观是不完整的、不准确的,缺少对信息隐私潜在积极好处的理解,即如果通过制度构建起信息关系中的信任,不仅能更好地保护自然人主体,而且能促进信息的积极分享与利用。但个人控制不仅存在自治陷阱、数据保密欺诈和商品化错觉等问题,而且忽视信任,因为其立法理念是个人对他人和社会的紧张对立关系。如果数字社会缺少信任,则个人信息分享就会更少,甚至成为"信息孤岛"。信息主体与处理者在知识、信息的不对称性最大时也是信息主体最易受到危害时,例如算法操控是个人控制范式最难实现时。

信息关系中嵌入信义义务可为数据治理构建适应数字社会需求的统一治理架构,实现从个人控制转向社会控制,平衡信息关系中复杂主体的利益。信任是维系几乎所有信息关系的黏合剂,信义义务作为个人信息处理规则的补充是维系社会信任的重要机制。一是维护数字社会商业(Commerce)模式的信任。商业关系是经济引擎,完全是信任的产物。没有信任,就没有现代社会生活方式。当个人信息处理被概念化为信任时,其对商业的重要性就将凸显。如果消费者不能信任拥有信息的数字企

---

① 佟强:《信赖之债》,北京大学出版社2020年版,第135页。
② 陈林林、严书元:《论个人信息保护立法中的平等原则》,《华东政法大学学报》2021年第5期。

业，则会犹豫是否购买需要建立信息关系的服务或产品，在线网络服务场景尤其依赖信任保护。例如合同作为商业中最重要的工具，本质上是一种鼓励和保护信任的机制。企业隐私保护人员或个人信息保护人员的重点是促进消费者信任，而不是保护个人隐私与信息。① 二是维护社会互动（social interaction）中的信任。信息关系作为社会互动的结果，这些信息往往是敏感的，如果缺乏对信息处理的信任，人们就无法亲近彼此及参与数字社会生活。正如传统线下社会中个人把自己的希望和恐惧、愿望和秘密、身体和欲望等信息分享给亲密的人的同时，信任他们不会把这些分享的个人信息泄露出去。社会人际关系的强度取决于相互披露信息的频率和相互披露造成的脆弱性程度；取决于我们在多大程度上信任彼此，并分享个人信息。② 该理论解释了当社交平台用户采取隐私设置等措施后，反而披露了更多信息的现象，因为信任会分享更多信息。数字社会不仅应保护信任，而且更重要的是如何以制度构建方式在复杂社会关系和实践中实现信任与信任保护，因为信任的可靠程度与信任对象的制度化程度是呈正相关性的。③

从根本上说，"信任是一种心理状态，使其有意愿让自己承担相对于他人的脆弱性，尽管他人可能会以损害其利益的方式行事，但仍选择依赖相对方而承受一种积极风险。"④信息关系中信任是一种特定事实状态：处理者提供专业性服务换取同意分享个人信息；信息主体依赖处理者；信息主体与处理者之间存在控制权失衡；信息主体有合理预期处理者会尊重和保护其人格和信息安全，不会滥用其信任。处理者不仅知道个人信息对其经济价值并希望从中获利，而且更希望将个人信息加工（投资）形成更有价值的数据产品。大多数处理者的隐私政策中都包含保护个人信息的承诺，且在与

① Kenneth A. Bamberger and Deirdre K. Mulligan. Privacy on the Books and on the Ground. *Stanford Law Review*, Vol. 63, No. 2, 2011, p. 260.

② Neil Richards and Woodrow Hartzog. Taking Trust Seriously in Privacy Law. *Stanford Technology Law Review*, Vol. 19, No. 3, 2016, p. 453.

③ 曾坚：《信赖保护：以法律文化与制度构建为视角》，法律出版社 2010 年版，第 66 页。

④ Claire A. Hill and Erin Ann O'Hara. A Cognitive Theory of Trust. *Washington University Law Review*, Vol. 84, No. 7, 2006, pp. 1723–1724.

第三方合作分享中也要求第三方不侵害用户个人信息和隐私,即将自己展示为值得信赖的处理者,以提高自己在数据市场的竞争力。这是一种"诱导",目的是与用户建立信任关系,使用户长期使用其产品或服务而产生更多的数据。正如巴尔金的主张,数字时代信息信义义务理念的最佳方式是处理者"不能像骗子一样行事",处理者不能为了获得信任标签和更多信息,但在之后的个人信息处理活动中损害个人权益而违背信任,这就好比"如果诱使他人对你充满信心与信任,你就不能转身背叛该信心和信任",否则,构成欺诈游戏(con games)。① 当处理者诱使个人对其产生信赖而使用产品或服务,用户将其个人信息分享给处理者,处理者便不能背信。至少,当处理者认为自己是可信赖的,并且鼓励用户分享个人信息,从而将用户置于易受损害的地位时,处理者应对其信任负责。例如谷歌地图的服务是为用户提供从 A 地到 B 地"最佳"或"最快"路线,便不应仅因为 C 公司向其支付了 2 万美元就提供了一条通过 C 公司的路线,即使谷歌从未明确承诺其地图为用户提供最快的路线,但当谷歌与其他信息受托人以任何方式诱导用户信任并使用其服务而又打破信任时,应承担责任。②

三、中国法中创设信息信义义务的兼容性评介

(一) 与数据治理理念的契合

个人信息数据是作为社会可利用资源的事实存在,存在除了信息主体之外其他人、使用者和公共利益代表者等不特定社会主体的利益,以及国家安全利益,不能仅将其锚定在个人人格利益。③ 在比较法上,各国均已完成从保护到治理、从单向赋权到个人信息社会化利用的"数据利他主义"的战

① Lionel S. Lewis. *Con Game: Bernard Madoff and His Victims*. Transaction Publishers, 2012, pp. 2 - 3.

② Jack M. Balkin and Jonathan Zittrain. A Grand Bargain to Make Tech. Companies Trustworthy, https://www.theatlantic.com/technology/archive/2016/10/information-fiduciary/502346,最后访问日期: 2021 年 12 月 20 日。

③ 高富平、尹腊梅:《数据上个人信息权益:从保护到治理的范式转变》,《浙江社会科学》2022 年第 1 期。

略思维转型。例如,欧盟转变为立法主导下的强数据共享模式,《数据治理法》(2022 年)的通过标志着自"产权私有"到"权益共享"的底层逻辑迭代;美国延续判例主导下的强数据开放模式,《联邦数据战略》(2020 年)及配套行动方案阐明未来 10 年美国将围绕数据流通与价值挖掘布局。数字社会若要保持可持续的信息分享关系,信息主体应在可信任的环境中分享,并由受托人凭借其专业知识与能力来增强保护,从而使得信息主体与处理者之间不平衡的权力关系因受托人的介入而趋向于平衡。

信息信义义务是介于个人控制与强制共享之间的数据治理模式。个人信息分享关系中的"信任"包含信任(trust)和可信任(trustworthy)双重信任价值。信息主体与处理者之间存在紧张对立关系,确保信息主体自主控制的个人信息保护法律规范并不能有效增强二者的互信。信任既可以促使信息主体分享个人信息,也能对信息主体提供多一重保护。

在信任维度,A 信任 X 而分享其个人信息,此时 X 遵守的信息处理规范将为 A 分享信息提供信心和安全感,从而减轻了信息分享中固有的风险。个人信息分享关系中向他人分享信息的一方对分享行为有受保护的信义利益,其基于一定程度信任才有了信息分享行为。在大型与小型处理者中,信息主体倾向于对大型处理者更加信任,例如腾讯网公布"每天有 10.9 亿人打开微信",内含其更值得信任的意思。网络社区的设计更让人信任。例如微信的设计使用户认为其在可控的网络空间与特定的其他人交谈,他人发布朋友圈分享自己生活信息为互动创造了安全感和熟悉感,从而建立信任。

在可信任维度,个人信息分享关系中,受托人一方的处理行为在何种程度上被界定为可信任的行为,取决于评判其行为可信度的标准。个人信息处理规则是信息分享关系中建立信任的工具。我国《个人信息保护法》等在规则设计上也隐含着通过信息保护建立信任的概念,例如同意规则使得信息主体与处理者在收集之初就达成对个人信息权利归属与处理方式、目的等合意,信息主体在做出是否同意的决定前需对个人信息让渡的风险、处理者的控制能力、服务和商品带来的经济利益等综合权衡,做出同意的决定后还需时刻关注其信息的处理状况,以便更好地行使同意撤回、删除、访问、更正等后续权能,这一过程为信息主体带来参与感,促成双方的互动与合作,开启信任经济(尽管信息主体实际并未主动参与)。① 虽然这种观点将信任视为信息保护制度的副产品,但忽略了一个事实:信任不是凭空产生的,而是以可信度来说服信息主体相信,因为分享者倾向于在已经存在信任的情形下产生信息保护的合理期待。控制范式的假定就是缺乏信任。信息信义义务的任务不是增加信任,而是将可信任与不可信任区分开来,建立有保证的信任标准,信义义务是建立这一标准的工具,这使得个人信息处理从以同意为核心的个人信息权利法转变为以受托人信义义务为核心的个人信息处理规则法。如果从规范层面将处理者及适格第三方视为信息受托人,为符合信息主体的最佳利益处理数据,那么,使用在线服务和产品的社会规范将发生根本变化。

(二)与中国立法模式的兼容

信义义务内容与我国"禁止非法"的立法模式兼容,谨慎义务、保护义务、忠实义务等信义义务以诚信原则作为信任责任法的基础。② 数字社会若要根据数字经济实现的需求保持一种可持续的、长期的信息分享关系,信任是个人信息处理中合理期望的核心。尽管有学者反对引入信义义务理论,理由是美国信息信托人理论的提出是因为《宪法(第一修正案)》限制了联邦对数字企业处理个人信息规制的能力,由法官来发现信息关系中隐藏的信义义务,从而弥补立法的不足;而我国需要的是公法规制。③ 但是在立法高效与维权低效的现实困境面前,公法规制下的个人信息处理规则的执行,仍然仰赖私人执法机制的完善。在美国《宪法(第一修正案)》的背景下,一方面,为了人类尊严需要对处理活动进行约束;另一方面,言论自由促进信息的分享与利用,这种冲突与我国个人信息保护与利用之间的矛盾是相通的。

---

① 蔡星月:《数据主体的"弱同意"及其规范结构》,《比较法研究》2019年第4期。
② 解正山:《数据驱动时代的数据隐私保护:从个人控制到数据控制者信义义务》,《法商研究》2020年第2期。
③ 邢会强:《数据控制者的信义义务理论质疑》,《法制与社会发展》2021年第4期。

（1）基于身份类比有中国法上的依据。我国《公司法》第 180 条规定董事、监事、高级管理人员对公司负有忠实、勤勉义务，因为董监高是现代企业和全体股东仰赖的受托人，承人之信、受人之托、纳人之财，须对股东履行信义义务。[①] 有学者质疑，在个人信息处理的场景下，董事既是股东受托人，又是用户受托人，不符合"禁止义务冲突"规则，即受托人不得同时为利益相冲突的两个主体服务；信息信义义务要求受托人为了用户最佳利益行事，但忠于股东的董事本身依靠用户的信息定投广告等商业模式为公司营利，不符合"禁止利益冲突"规则，即受托人不得从事与受益人实际或潜在利益相冲突的不忠行为。[②] 我国《律师法》第 38 条与《医师法》第 23 条规定了律师和医生作为专业人士的信息保密义务。律师、医生作为传统受托人没有陷入信息受托人信义义务的冲突，因为与之互动的患者或客户数量有限，根植于更亲密互利关系中，可根据委托人的偏好与专业规范来行事。

（2）与我国《信托法》的内在一致性。受托人基于信托法获得了支配信托财产、实现最大使用价值的私法自由空间。该架构与个人信息的非控制性、非排他性、复杂权益配置具有高度一致性。

以信托财产权益为中心，以受益人信息主体最大利益为目的，名义上财产价值源于信息主体、实际上财产权益归属处理者的双重架构符合个人信息社会化利用的根本目的。我国可由专业财产权利管理主体的信托公司作为个人数据受托人，负有管理与处分数据财产的义务，其专业性在于利用综合金融工具提供融资服务来管理数据信托，同时具有较为健全的组织机构、信托业务操作规程与风险控制制度，为激励信托公司参与到数据信托中，可允许其为共同受益人，以平衡公司利益与受益人利益的冲突。

（3）与我国《个人信息保护法》的功能衔接。《个人信息保护法》是一部领域法，即全面保护个人信息的基本法律，属于公法和私法的混合。信赖保护既是公法上的一项原则，例如"政府对自己作出的行为或承诺应守信用，

---

① 刘俊海：《现代公司法》，法律出版社 2011 年版，第 506 页。
② Lina M. Khan and David E. Pozen. A Skeptical View of Information Fiduciaries. *Harvard Law Review*, Vol. 133, No. 2, 2019, pp. 497 - 541.

不得随意变更,不得反复无常",①或者"受国家权力支配之人民,如信赖公权力措施之存续而有所规划或举措者,其信赖利益应受保护。"②信赖保护也是私法上的一项原则,因为信任是社会生活的基础,保护信任就如同保护人的生命一样具有正当性,③既可以让信任一方得到预期利益,也可以赔偿其信赖损失,无论是何种保护方式,目的都是保护授予信任的一方的信赖。信义义务与个人信息保护法的公私属性契合。

我国《个人信息保护法》为协调受托人义务与利益冲突提供了巧妙契合的制度。

一是大型平台信息受托人应优先履行信息信义义务。诸如腾讯、微博、淘宝等提供重要互联网平台服务、用户数量巨大、业务类型复杂的大型平台,不仅是处理者,而且是拥有更大控制权的管理者,负有更多的社会责任和保护公共利益的义务,须以用户的利益为出发点,此时大型平台应优先履行信息信义义务,一旦信任关系重建,会转化为更长期的、可持续的信息分享关系,实现多方共赢。例如"胡某某诉商务公司侵权责任案"判决认为,被告作为一家在行业内占据优势地位,并在国内享有广泛知名度的数据企业,理应负有更高的社会责任和使命,其内部管理的失范加重了消费者的不信任。④ "凌某某诉北京微播视界科技有限公司隐私权、个人信息权益网络侵权责任纠纷案"判决强调,在公民个人权益与数据行业发展并非非此即彼的取舍,而需要互联网企业承担其应尽的法律责任和社会责任。⑤

二是《个人信息保护法》第 52 条规定的"个人信息保护负责人"制度。处理个人信息达到一定标准的处理者需指定专门的信息保护负责人,对个人信息处理活动与采取的保护措施等进行监督。实践中,负责人往往由公司高管担任或董事会根据需要设立专门的数据合规或者风险管理部门。信息主体分享并委托其信息给处理者,也就是委托给了作为信义义务具体履

---

① 姜明安:《行政法与行政诉讼法》,北京大学出版社、高等教育出版社 2005 年版,第 70 页。
② 李建良、陈爱娥等:《行政法入门》,元照出版公司 2004 年版,第 87 页。
③ 马新彦:《信赖原则在现代私法体系中的地位》,《法学研究》2009 年第 3 期。
④ 浙江省绍兴市中级人民法院(2021)浙 06 民终 3129 号民事判决书。
⑤ 北京互联网法院(2019)京 0491 民初 6694 号民事判决书。

行主体的董事高管层与个人信息保护负责人,作为内部人员,由董事高管层实际运营管理受托数据,个人信息保护负责人对其运营管理进行监督,深度参与业务与处理活动,实质行使监督权限,例如在"王某与微博网络侵权责任纠纷案"中,原告以微博作为用户量过亿的网络社交平台,仅在个人信息保护政策中提供客服热线,并未公布个人信息保护负责人的联系方式为由诉至法院。① 除非个人信息保护负责人与处理者存在侵害信息主体权益的共同故意,否则,仍以处理者为责任追诉对象,而非个人信息保护负责人,其应作为内部人员间接履行信义义务,承担内部惩处或追偿责任。

（三）信息信义义务不等于受托人的所有义务

信息隐私是基于社会主体之间、信息主体与处理者之间、在线与离线互动人群之间信任的社会关系,个人信息既要在社会互动中分享和开放,违反信任的行为也被视为侵害信息隐私的滥用行为,以平衡信息分享关系中固有的脆弱性与权力不对称,这种信任关系的修护与保护是可实施的。对于处理者来说,既是"限制",也是"解放"。限制是在遵守现有个人信息处理规则上还要受信义义务的限制,但也因保护信任而被认为是可信任的处理者,从而访问与获取更多信息（解放）。信息分享是出于参与数字生活的必然性及其副产品,而非由个人自由选择所决定。在《数字人》（*The Digital Person*）一书中,作者直言凡收集我们个人信息的企业应"与我们建立信义关系。"②处理者被视为信息受托人。数字企业与用户之间的信义关系有助于解决泛在网络语境下的巨大权力失衡问题。③

尽管英美法系中信义关系已扩展为涵盖人身到财产的诸种重要关系,但在坚持大陆法传统的中国,大多数法律关系由合同与侵权制度调整,并无全盘吸纳信义义务制度的必要。中国法在商事领域及特定职业中规定了信

---

① 北京互联网法院(2023)京 0491 民初 1410 号民事判决书。

② Daniel J. Solove. *The Digital Person: Technology and Privacy in the Information Age*. New York University Press, 2004, pp. 102 - 103.

③ Ari Ezra Waldman. *Privacy as Trust: Information Privacy for An Information Age*. New York: Cambridge University Press, 2018, p. 86.

义义务,例如《信托法》《公司法》《证券投资基金法》列举了一系列禁止性规范,可见信息信义义务并不等同于受托人的所有义务,因为当事人在合同中约定的义务落入违约责任范畴,信义义务仅是在约定之外由法律课加在受托人身上的法定义务。[①] 将信义义务引入个人信息保护领域时,一是要纳入既有法律体系,以避免体系性冲突;二是应遵循大陆法系法学方法论妥善分析外来制度与固有法的关系。

信息信义义务不同于传统信托法上的信托。合同法、侵权法和信义法调整不同程度的信赖关系,其中合同因协议约定当事人权利义务,信任程度最高;侵权法规定社会陌生人互动关系中的行为规则,信任程度最低;信义法针对基于信任的社会交往中的某些特殊关系,即社会信任,信任程度在合同与侵权之间。债的种类各异,在合同与侵权之外还存在着广泛的信赖关系,信息关系就类似一种"信赖之债",处于侵权最低信赖与合同信赖之间,主体是信息主体(施信人)与处理者(受信人),基于社会信赖形成了信息信义关系。处理者基于信息主体因信任而分享个人信息负有以忠实为主的信义义务,但每个处理者的义务范围并不相同。尽管信息主体并不期望处理者如同医生、会计师、律师等专业人士给出专业意见,但仍在不同领域有不同合理期望。例如,在社交媒体领域,用户合理期望处理者提供社交平台服务而不是变成电子商务平台;再如,打车软件平台服务型处理者,用户期望在该平台上注册信息及实时位置信息等不会成为他人骚扰、危害自己的来源。原则上,信息受托人不会向未知第三方出售或提供用户数据,除非第三方遵守与信息受托人同等或类似的义务。

小　结

本章运用信义法原理论证个人信息处理中创设信义义务的可行性。信息关系中嵌入信义保护的逻辑起源是信义关系的存在。化约主义从财产、

---

① 徐化耿:《信义义务研究》,清华大学出版社 2021 年版,第 124 页。

合同、侵权等既有法律制度中证成信义义务的合理性，即信义义务从非受托形式的私法义务中派生而来，作为次要义务存在。工具主义基于政策目标、道德规范或价值平衡等独立目标，将信义义务视为实现前述价值的方式。①信息信义关系既可以从基于身份类比证成，也可基于特定事实考察。这些特征有信息关系的"不平等性、脆弱性和依赖性""权力、自由裁量权""个人信息财产权益"。尽管信义义务创设的基本要素存在不确定性与开放性，不同信义关系的认定基础有差别，但共性特征决定了信义义务适用边界，即"信任基础上的信义权力"，包含信义权力因素和信任因素。因此，个人信息处理中创设信义义务既需从具体结构上限制处理者的信义权力，防止滥用，也需从抽象意义上确立构建与维护数字社会信任的价值追求。数字社会的信任维系与信义义务要求受托人自律，并克服利己冲动。

个人与处理者之间的信息关系从以同意为核心的个人信息权利法转变为以信息受托人义务为核心的个人信息处理规则法，是将信息保护视为保护信义关系而不是隔离和排斥他人的自由的直接结果。如果法律将处理者视为信息受托人，为符合信息主体的最佳利益而非他们自己的最佳利益处理个人数据，那么，人们使用在线服务和产品的社会规范将发生变化。信息受托人灵感来源于传统信托，类比传统信托来表达信任，内核是一致的：受托人〔实际数据控制者（受信人）〕为了受益人（施信人）的利益管理和处分（处理）信托财产（个人信息上的财产权益），承担信义义务，违反义务将承担责任。信息信义义务不仅是旨在增加信任，而且重点在于建立将可信任的和与不可信任的信息受托人区分开来的标准，即构建有法律规范保障的信任。数字社会中信息处理是一种复杂、难以预测和算法权力控制的大规模分享活动。信息信义义务正当性完成了信任维度的证成。

---

① Paul B. Miller. Justifying Fiduciary Duties. *McGill Law Journal*, Vol. 58, 2013, p. 973.

第四章

中国法个人信息处理中信义义务的制度构建

信息信义义务的可信任维度是在保护信息关系中信任的基础上，完善信义义务的规范构建，因为信义义务是理论层面的法律概念，落实到法律具体规范才是信义规范。当然，除了个人信息保护法外，数字社会中个人信息处理引发的问题还涉及知识产权法、消费者权益保护法、电信法、反不正当竞争法、民法典中的隐私保护等多重领域。为应对数字社会的问题，须推动多领域的改革。

第一节　信义义务与个人信息 处理基本原则

一、信义义务与"个人信息处理"的界定

（一）个人控制范式下的"个人信息处理"

"个人信息处理"（processing of personal information），也称个人数据处理。按照个人信息处理是否包含"收集""使用"为标准，可将个人信息处理的界定分为广义说和狭义说。

1. 广义说

个人信息处理涵盖处理者针对信息主体的个人信息所做的一切操作或行为，是技术层面的收集、存储、编辑、修改、检索、使用、传递、披露、删除等具体处理行为的总称，覆盖了个人信息完整生命周期。此时个人信息处理是一个上位概念，收集、使用都是隶属于"处理"这一概念下的具体处理行为，例如欧盟《数据保护指令》和 GDPR 中的个人信息处理采宽泛定义：《数据保护指令》在《第 108 号公约》的基础上试图规范"与已识别或可识别自然人有关的任何信息"的处理，其第 2 条(b)项通过概括加列举的方式，将

"处理"界定为对个人信息进行的任何一项操作或一系列操作，并列举了"收集、记录、组织、存储、改编或更改、检索、咨询、使用、通过传输进行披露、传播或其他方式提供、排列或组合、留存、删除或销毁等"，且适用于自动化处理的电子信息以及仅存在纸张上的非自动化处理个人信息。GDPR 第 4 条第 2 款基本沿用了《数据保护指令》关于"处理"的定义，不同之处在于对非自动化处理情形提出了"结构化的文件系统"的形式要求，并举例将处理具体化为工作人员管理和薪资管理、访问包含个人信息在内的联系人数据库、发送促销广告邮件、在网站上张贴个人照片、存储 IP 地址或 MAC 地址、视频录制等实践。因此，"处理"是包括收集行为在内的一切操作，是高度抽象、概括的界定。"处理"一词在 GDPR 中出现了 630 多次，以 7 项"个人数据处理基本原则"为特征，要求信息业者确保"数据处理系统的弹性"，甚至宣称"个人数据处理应该服务于人类。"英国《个人数据保护法》(1998年)序言中明确该法是针对处理与个人有关的信息的法案，处理包括"获取、持有、使用或披露。"《数据保护法案》(2018 年)取代了前述立法，并在法案中对"处理"作出界定：信息处理中的"处理"是指对信息或信息集进行的一项操作或一系列操作，例如收集、记录、组织、结构化或存储；应用或改变；检索、咨询或使用；通过传输、传播或其他方式披露；对比或排列组合；限制、删除或销毁。可见，英国同样采用了广义的个人信息处理概念。韩国《个人信息保护法》(2020 年)是以个人信息处理为规范内容，保护个人的自由和权利，进而实现个人的尊严和价值。其"处理"是指个人信息的收集、生成、关联、连锁、记录、存储、保留、增值处理、编辑、检索、输出、更正、恢复、使用、提供、披露、销毁或者类似活动。我国澳门地区 2005 年《个人资料保护法》第 4 条规定个人信息的处理是指有关个人资料的任何或一系列的操作，不管该操作是否通过自动化的方法进行，诸如资料的收集、登记、编排、保存、改编或修改、复原、查询、使用，或者以传送、传播或其他透过比较或互联的方式向他人通告，及资料的封存、删除或者销毁。

2. 狭义说

个人信息处理不包含收集、使用，尤其是将收集单独规定，此时个人信息处理并非上位概念，而是与个人信息的收集、使用行为并列的处理行为，具体表现为存储、编辑、修改、检索、删除等操作,例如经合组织《隐私指南》(1980 年)和欧盟《第 108 号公约》。由于世界上个人信息保护立法之初是在 20 世纪 70 年代欧洲国家国内法层面兴起的,国内立法逐渐无法应对计算机技术发展带来的新问题和满足数据跨境流通的需求,催生能够协调和组织国际法律起草的国际组织来实现国际层面的规则拟定,于是经合组织和欧盟分别出台了具有软法性质的《隐私指南》和国际公约性质的《第 108 号公约》。《隐私指南》侧重于数据保护及其对国际贸易和经济合作的影响,强调成员国之间应加强协调性,在不中断数据跨境流通的前提下维护人权;《第 108 号公约》侧重于传统隐私概念下的个人信息保护及人权保护。① 《第 108 号公约》将个人信息处理限于"自动化处理",包括存储、对个人信息的逻辑分析或算法运行、更改、删除、检索或传播在内的全部或部分通过自动化方式进行的操作;《隐私指南》使用相对更一般化、宽泛的"自动化处理和跨境流动",并不限于与计算机相关的个人信息处理,因此,"处理"是指与"收集"并列的各种操作构成的处理行为。《第 108 号公约》和《隐私指南》的"差异性"表明个人信息保护立法时范围确定的基本选择:是否包括非自动化处理或手动处理;"相似性"为之后的个人信息保护框架奠定了基本路径:通过规范个人信息的处理来保护个人信息权益不受侵犯。② 美国 1974 年《隐私法案》建立了一套公平信息实践准则,旨在管理联邦机构记录系统中保存(maintain)的个人信息的收集、存储、使用和传播。虽然该立法没有使用"处理"一词,但是对"保存"的定义包含了与记录有关的各种活动,含义比该词的常用用法广泛得多,故美国早期立法在个人信息处理的界定上同欧盟一样,采用广义说。但在"Garris v. FBI"案中,③美国第九巡回上诉法院重新审议了"保存"的含义,并将"收集"从保存中区分出来,赋予这些动词各自的含义。这种区分收集和其他处理行为的理念也体现在美国 2018 年《加州消费者隐私法案》(CCPA)中,"收集"是指通过任何方式购买、出租、获取、接收或访问与消费者

---

① Jon Bing. The Council of Europe Convention and OECD Guidelines on Data Protection. *Michigan Yearbook of International Legal Studies*, No. 5, 1984, p. 272.
② 高富平:《个人信息处理:我国个人信息保护法的规范对象》,《法商研究》2021 年第 2 期。
③ Garris v. FBI, 937 F. 3d 1284, 1300 (9th Cir. 2019).

有关的任何个人信息,包括主动或被动地从消费者那里接收信息,或者通过观察消费者的行为来接收信息;"处理"是指对个人信息或个人信息集合进行的任何一个或一系列操作,无论是否通过自动化处理方式。新加坡 2012 年《个人数据保护法》的立法目的是规范个人数据的收集、使用和披露。"处理"是指对个人数据进行的任何操作或一系列操作,例如录音、持有、组织调整或变更、检索、组合、传输、擦除或销毁等。我国香港地区 1995 年出台的《个人资料(私隐)条例》规定:"处理"是对个人信息的修订、扩增、删去或重新排列,无论是否借自动化方法或其他方法。

中国个人信息保护体系的"大厦"是以个人控制理论为基石,以散见于各部门立法的保护规定为"砖瓦"而构建的。尽管 2012 年《关于加强网络信息保护的决定》具有"应急性"特征,但被认为具有里程碑式的意义,在该决定之后,个人信息保护的规定散见于《网络安全法》《消费者权益保护法》《电子商务法》及《民法总则》等中。《民法典》之前的法律均未采取"个人信息处理"的概念,相关立法采用的是个人信息"收集、使用"这一表述,而非"处理"一词。例如《关于加强网络信息保护的决定》第 2 条规定:"网络服务提供者和其他企业事业单位在业务活动中收集、使用公民个人电子信息";《网络安全法》第 41 条规定:"网络运营者收集、使用个人信息";《消费者权益保护法》第 29 条规定:"经营者收集、使用消费者个人信息";《电子商务法》第 23 条规定:"电子商务经营者收集、使用其用户的个人信息";等等。直至 2020 年《民法典》颁行才开始采用"个人信息处理"来代替"个人信息收集、使用",并在《个人信息保护法》中得以沿用。"个人信息处理"被界定为:"包括个人信息的收集、存储、使用、加工、传输、提供、公开等活动",覆盖了完整数据生命周期。生命周期理论是指单个的个人信息一旦以电子化的方式记录并被信息处理者收集就会拥有自己的生命,以个人数据的形式进入数据利用和数据财产流转的过程,从而形成一个"收集、存储、利用、转让到删除"的完整生命周期,我国立法借鉴了欧盟等立法所采用的广义界定经验。

(二) 信息信义义务下的"个人信息分享"

个人信息处理概念的宽泛定义导致个人信息处理规则适用范围的争议。

1. 全面规制说

与现行立法一致,以程啸等学者为代表。[1] 其认为个人信息保护法所规范的个人信息处理行为是全方位、动态性的规范。就个人信息处理行为类型而言,既包含利用网络信息科技自动化处理行为,也包括手工式的非自动化处理行为;既包括收集、存储、使用、加工、传输、提供、公开、删除这八种立法明确列举出的处理行为,也包括记录、检索等未列举出的处理行为;既包括为了生产经营等商业化目的而处理,也包括为了公共管理和服务的目的进行的个人信息处理。行为类型多样,从收集开始到删除结束,完整生命周期中的每个环节都不能任意切割,因为各环节的风险是多重的、难以预测的、易变的、发展中的。就调整的法律关系而言,不仅调整企业等普通民事主体出于经营目的而处理个人信息形成的平等主体间的人身财产关系,而且调整国家机关等公权力机构为了履行公共管理职能而处理个人信息的多元利益关系。全面规制说的适用范围也存在一定限制,即自然人之间因个人、家庭事务而处理个人信息的不属于个人信息保护法的调整范围。类似于欧盟 GDPR 排除适用"纯粹(purely)的个人或家庭生活中"的个人信息处理行为。"纯粹"一词意味着但凡涉及的个人信息是私人处理者但同时具有"商业"性质时,该例外就不适用。

2. 限定规制说

以高富平等学者为代表。[2] 其认为应当以"识别分析"为核心来定义个人信息处理范围,个人信息保护法所规范的不是所有个人信息处理行为,而是利用个人信息进行识别分析个人的行为。中国与欧盟立法将个人数据处理泛化为覆盖数据生命周期中的所有处理行为,偏离了个人信息处理的本质。个人信息处理作为法律上的术语需要满足确定性要求,因此,构建个人信息处理规则体系的前提是明确其语义和内涵,既使真正因处理而危害个人权益的行为得到有效规制,也避免因个人信息处理概念开放、模糊带来的法律规制对象过于宽泛。过度干预社会生活甚至选择性执法,这是与严格

---

① 程啸:《论我国个人信息保护法中的个人信息处理规则》,《清华法学》2021 年第 3 期。

② 高富平:《个人信息处理:我国个人信息保护法的规范对象》,《法商研究》2021 年第 2 期;任龙:《大数据时代的个人信息民法保护》,对外经济贸易大学博士学位论文,2017 年。

执法理念相背的。个人信息处理被限定在以识别分析为目的的个人信息处理行为。识别分析是洞察个人并进一步获得与个人或某群体相关的知识，可以是描述性、预测性、处方性的。此外，还应细分具体处理行为，例如"收集、利用、处理、传递"或者"收集、控制、分享、分析、应用"。

3. 信息流通说

该学说认为用处理来指代个人信息的所有环节难以达成共识，因为处理对象"个人信息"是动态的。识别说来界定个人信息的标准过于静态。在可识别基础上，还应加上风险评估理论，即评估个人信息处理的不同阶段存在的风险。并非民事主体的任何利益和自由都属于民事权益，只有具有合法性、确定性、可救济性的利益才予以法律保护，只有具有主观损害风险或客观损害风险的个人信息处理才是法律上受保护的个人信息。至于如何评估要在具体个案中动态衡量。① 基于个人信息的动态认定，个人信息处理被阐释为"个人信息流通"，涵盖个人信息的所有环节，包括个人信息的采集、保存、分析挖掘、转让及利用等。如果个人信息不流通，其法律风险也就不存在。

"全面规制说"从处理方式角度，将信息生命周期中对个人信息的所有利用方式均纳入规制，这是为了尽可能扩大个人信息主体控制的范围，因为隐私与个人信息保护是个人"对抗世界"的工具。"限制规制说"更贴近数字社会中个人信息处理实践的目的——识别分析。"信息流通说"考量到个人信息处理所涉环节的动态变化性，更符合个人信息的本质。但是均围绕个人信息本身的内容与性质展开，旨在全面保护个人信息，而忽视个人信息处理在社会关系中的作用，即信息数据本身的分享和流动的惯常性存在，尤其是在数字经济中，个人信息作为资源要素如何高效流通使用以充分释放生产潜能，主要是通过个人信息资源化分享或共享(sharing)。个人控制范式下的整部《个人信息保护法》缺失个人信息流通利用制度的规定。个人信息天然的可流动性、可分享性、可让与性决定其总是以主动或被动的方式分享

---

① 阳雪雅：《论个人信息的界定、分类及流通体系：兼评〈民法总则〉第 111 条》，《东方法学》2019 年第 4 期。

给他人。个人信息是每个主体参与社会生活标识自己所必需的工具,否则,就处于非自然的封闭状态。传统线下社会通过消极防御的隐私权及其他人格权足够解决问题。数字社会个人信息的交换价值和商品属性凸显出来。几乎所有主体通过分享信息作为"入场券"参与社会生活。"分享"才是个人信息处理活动的本质,且是一种持续性的分享行为。信息主体分享时期望在合理容忍限度内处理者不会给自己带来损害风险,由于信息一旦分享,个人便难以控制信息的流动与利用,故不得不信任处理者会保护其信息安全。其因信任而分享,又因分享而有受法律保护的合理期待。

二、信息信义义务与诚信原则的异同

《个人信息保护法》实施前,我国法律规范也对个人信息处理活动应遵循的基本原则作出了规定。《关于加强网络信息保护的决定》明确了合法、正当、必要以及公开四项原则;《网络安全法》第 41 条第 1 款延续了前述四项原则;《民法典》第 1035 条第 1 款规定:"处理个人信息的,应当遵循合法、正当、必要原则"的三项原则;《个人信息保护法》第 5—10 条分别规定了个人信息处理的合法、正当、必要与诚信原则、目的原则、公开透明原则、质量原则和责任原则。这些基本原则既是处理者开展个人信息处理活动的基本遵循,也是构建个人信息保护具体规则的制度基础,并为贯彻落实"让人民群众在信息化发展中有更多获得感、幸福感、安全感"这一法治理念提供了重要的制度保障。[①] 数字社会确立了"信任维系"的价值宗旨,信任要素被嵌入个人信息处理基本原则至关重要,可以诚信原则为构建受托人信义义务的理论基础。

诚信原则作为个人信息处理基本原则在个人信息保护法中得以确立。《个人信息保护法》第 5 条规定:"处理个人信息应当遵循合法、正当、必要和诚信原则,不得通过误导、欺诈、胁迫等方式处理个人信息。"较于之前的立法,在"合法、正当、必要"原则的基础上,增加了"诚信原则",该原则要求当事人秉持诚信、恪守承诺,应当真实和真诚,如实披露相关信息,不坑蒙拐

---

① 张新宝:《个人信息处理的基本原则》,《中国法律评论》2021 年第 5 期。

骗,不欺诈他人,讲求信用,[①]例如处理者的个人信息主动删除义务被视为是诚信原则的附随义务。[②] 德国《联邦数据保护法》第 47 条第(1)项规定了"合法公平地处理";欧盟《条例》第 5 条第 1 款第(a)项也规定了合法原则,且较于其他原则被放在第一项的位置,即:"合法地、公平地并且以公开透明的方式对数据主体的个人数据进行处理。"有学者认为"诚实"的适用范围应扩展至通知、协助、说明、保护等积极层面,"信用"从严格局限于遵守契约扩展至互助合作、乐于助人、主动履行双方并未约定但基于相互信任而形成的其他必要义务。[③]

诚信原则在私法体系中地位崇高,是大陆法系的一般条款,大致有三种界定诚实信用(good faith)的方法:一是列举法。诚实是指如实告知,不欺骗,不作假;信用是指恪守承诺,严格履约,不出尔反尔;随着社会关系的日益复杂,其概念被赋予忠实、公开、真诚、善意、信义、信赖等多种内涵。[④] 二是排除法。诚信原则作为一个"排除器",排除范围广泛且不同形式的恶意。[⑤] 三是归纳法,道德的诚信一旦转化为法律的诚信,则表现出不同的样态,一般有主观诚信和客观诚信两种。主观诚信转化为授予权利,是法律诱导的一种心理状态,即当事人达到主观诚信就将得到一定优惠待遇,具有个人性,在特定情境中需要依个案判断是否达到了主观诚信;客观诚信以课加义务为特征,即法律以诚信的名义要求当事人行何种事,是关于行为正当性的规则,标准对于任何人都是统一的。[⑥]

自古希腊时期开始,虽然诚实信用还未成为一个法律专有名词,但古希腊社会强调修身养性、自我克制,善是人应所具备的德性,拥有德性就是一个公正的人,而每个人拥有德性,社会才能实现正义。[⑦] 到了古罗马时代,

---

① 王利明、杨立新、王轶、程啸:《民法学(第六版)(上册)》,法律出版社 2020 年版,第 43 页。

② 张新宝:《个人信息处理的基本原则》,《中国法律评论》2021 年第 5 期。

③ 佟强:《信赖之债》,北京大学出版社 2020 年版,第 334 页。

④ 佟强:《信赖之债》,北京大学出版社 2020 年版,第 318 页。

⑤ [德]莱因哈特·齐默曼、[英]西蒙·惠特克:《欧洲合同法中的诚信原则》,丁广宇、杨才然、叶桂峰译,法律出版社 2005 年版,第 103 页。

⑥ 徐国栋:《诚实信用原则研究》,中国人民大学出版社 2002 年版,第 46 页。

⑦ [古希腊]亚里士多德:《尼各马科伦理学》,苗力田译,中国社会科学出版社 1999 年版,第 97 页。

简单商品经济较为发达,伦理观与古希腊则完全相异,个人以追求自身利益为首要目标,对他人利益无需过多加以顾及,此时诚实信用是指一个"概念",而非"原则"。罗马法能生长出诚实信用概念与其"严法诉讼"有关,例如原告起诉被告偿还 20 先令,但证据证明债务实际上是 21 先令,原告也败诉。① 诚实信用产生于这种形式主义下的"契约必须严守"。进入中世纪,教会法占统治地位,不同于罗马时期因为严格法盛行而使诚实信用受到全面废弛,诚实信用在中世纪因与基督教伦理的契合度较高,严格法的坚冰逐渐为诚实信用观念的炽热所融化,巴尔杜斯创造出"自然公平"概念,即任何人不得利用他人的受损而获利。② 19 世纪,诚信又因个人主义和自由主义成为社会主流价值观而再次退出,法律转向非伦理化,意志替代了性质和实质,成为当事人全部义务的来源,只要出于自愿,任何不对等交换对当事人而言都是公平的。③ 到了 20 世纪初期,随着 1907 年《瑞士民法典》的出台,诚实信用成为民法的基本原则。从此诚实信用迈上了从普通原则蜕变成"规则之王"之路,正如梅迪库斯所言:"帝国法院更多的是将诚实信用理解为置于各项具体法律规定之上的上位原则。"④

　可见,诚信的本质是道德的法律化,意在利用"善意"限制法律行为的效力,在司法层面则是"白纸委任状",赋予法官自由裁量权,导致其法律适用大多欠缺说理。原则的适用应遵循"穷尽规则"或者尽管有规则但因与原则冲突而被排除适用。⑤ 例如,北京互联网法院发布的 8 起个人信息保护典型案例之四——"张某与北京某信息服务公司个人信息保护纠纷案"。该案直接适用诚信原则认定查阅、复制的主体应对个人信息享有合法合理利益;在"徐红婷、苏州平泰置业有限公司个人信息保护纠纷案"中,被告未披露人脸识别系统用于"识别判客"的行为被认定为违反诚信原则。⑥ 诚实信用原

---

①　[美]罗斯科·庞德:《法理学》(第一卷),余履雪译,法律出版社 2007 年版,第 315 页。
②　佟强:《信赖之债》,北京大学出版社 2020 年版,第 329—330 页。
③　[德]莱因哈特·齐默曼、[英]西蒙·惠特克:《欧洲合同法中的诚信原则》,丁广宇、杨才然、叶桂峰译,法律出版社 2005 年版,第 95 页。
④　[德]迪特尔·梅迪库斯:《德国债法总论》,杜景林、卢谌译,法律出版社 2001 年版,第 120 页。
⑤　彭诚信:《从法律原则到个案规范:阿列克西原则理论的民法应用》,《法学研究》2014 年第 4 期。
⑥　江苏省苏州市姑苏区人民法院(2022)苏 0508 民初 5316 号民事判决书。

则是对权利的具体行使行为进行"形式审查",要求行为客观上诚信,典型的情形例如禁止权利滥用、情势变更、权利失效等。① 在个人信息处理语境下,对于信息主体而言,其享有个人信息权益,对于处理者而言,其负有合法处理个人信息的义务,因此,诚信原则在该语境下适用的是信息处理者履行义务时不得违反诚信要求。

诚信原则带来了社会关系的信赖化。拉伦茨认为:"只有当人与人之间的信赖至少普遍能够得到维持,信赖能够成为人与人之间关系基础的时候,人们才能和平地生活在一个哪怕是关系很宽松的共同体中。在一个人与人之间互不信任的社会中,大家就像处于一种潜在的战争状态中,这时候就无和平可言了。信赖丧失殆尽时,人们之间的交往也就受到了至深的干扰。"② 债法中信赖保护是作为私法自治的弥补机制,自由部分归于自治,信赖部分归于法定。诚信原则建立了与自由、自治制度体系相并列的社会信赖制度体系,"伦理学上的人格主义以每个人都有自主决定以及自己承担责任的能力为出发点,将尊重每一个人的尊严上升为最高的道德命令。不过,仅凭借这种人格主义,而不另外加入社会伦理方面的因素,那也无法构筑某项法律制度,就连构筑私法制度也是不够的。《德国民法典》中的这一社会伦理因素就是信赖保护原则……在《德国民法典》中,这项不辜负他人已经表示和付出的信赖的命令,首先体现在遵守'诚实信用'的要求中。"③

信义义务与诚信原则具有高度相似性,甚至被认为与诚信义务当前已经逐渐交融。④ 信义义务与诚信原则是私法中的信任机制。信义义务是英美法系的行为标准,目的是平衡信义社会的自由与安全,防止信义关系中强势一方滥用其"权力"。信义社会既不同于权力垄断的身份社会,亦不同于利己主义的契约社会。在身份社会中,法律赋予处于强势一方的权力持有者以权力和垄断,很少干预权力的行使,使社会关系和机构形成高度稳定,但弱势一方的利益被长期忽视或限制。在契约社会中,双方不能使用武力

---

① 于飞:《公序良俗原则与诚实信用原则的区分》,《中国社会科学》2015 年第 11 期。
② [德]卡尔·拉伦茨:《德国民法典通论》(上册),王晓晔等译,法律出版社 2003 年版,第 58 页。
③ [德]卡尔·拉伦茨:《德国民法典通论》(上册),王晓晔等译,法律出版社 2003 年版,第 58 页。
④ 朱圆:《论信义法的基本范畴及其在我国民法典中的引入》,《环球法律评论》2016 年第 2 期。

或强权来实现目的,而须通过讨价还价来说服对方交换意见,保护自己不受对方利己行为的影响,法律规定契约双方就交易内容做出独立自主的决定,但任何一方没有照顾对方利益的义务,是利己主义的,代价缺乏安全感。现代社会被认为既不是身份社会,也不是完全的契约社会,而是由无数交织的信义关系组成的信义社会。信义社会由广泛的信义关系组成。与身份关系一样,一方(委托人)依赖于另一方(受托人),但不如身份关系中依赖的普遍性,委托人须依赖受托人提供的特定服务而产生依赖性。与契约关系一样,委托人可选择受托人并协商条款建立信义关系。信义关系将契约关系中的协商自由、有限形式权力和身份关系中的依赖性结合起来。信义义务是一种仅适用于受托人单方的行为标准。

　　但是信义义务与诚信原则之间的差异决定了信义义务适用的独立语境。一方面,一般诚信义务比信义义务的范围更宽泛,属于以道德伦理为基础的义务性行为准则,在于约束和告知当事人如何行使权利或承担义务。信义义务强调信任的客观化,是由信息主体相对于处理者具有依赖性和脆弱性这一客观事实所决定的。当事人一方只要在客观上对相对方存在合理信赖的理由和需求,无论其主观是否意识到信义关系的存在,都不影响相对方对其信任的保护义务。信任是否合理是授予一方权力或强加另一方义务的原则性根据。[1] 信义义务偏重在当事人没有约定的情形下如何保持诚信,一般为法定义务。另一方面,诚信与信义义务背后的人性假设不同。诚信的"信"强调守信和不欺诈,要求当事人彼此信赖、相互合作,用对待自己事务的注意对待他人,是较低层次的道德要求,不通过不正当手段来损人利己即可,是以利己为前提的;而信义的"信"则强调一方对另一方的信任、依赖,比诚信提出更高的道德要求,即使允许受托人获利受益,但须以委托人的利益最大化为前提,其中的利他性较为突出。利己和利他是诚信义务和信义义务内在假设的根本差异。从信息关系到信义关系、从互信合作到忠实利他、从一般诚信到信义义务,规则呈现为一条渐次上升的曲线。处理者既是诚信原则的首要适用对象,也是信义义务的首要适用对象,尤其是与信

---

[1]　马新彦:《信赖原则在现代私法体系中的地位》,《法学研究》2009 年第 3 期。

息主体地位严重不对等的国家机关处理者。信义义务对处理者的道德要求比诚信更高,由数字社会对信任的内在价值需求决定:一是实现信息主体与处理者之间的利益平衡;二是信息主体对处理者的依赖性反过来会限制处理者的行为自由。[①]

信义保护是针对信息关系中权力不对称的平衡原则,是数字社会信息数据治理的思维转型。信义义务比诚信原则的内涵更加清晰。诚信原则概念的外延过于宏观,属于以道德伦理为基础的义务性行为准则,不易与信息关系直接相关。信义义务的内涵(例如忠实、注意、保密等)使得个人因信任处理者而分享其个人信息中的合理信任受保护有依据。这种信任的产生并不以个人主观上是否意识到信义关系的存在为前提,而是在信息关系中由个人对处理者具有依赖性和脆弱性这一客观事实所决定的。诚信原则的功能在于约束和告知当事人如何行使权利或承担义务,信义义务的功能则在于提示各参与主体社会信任的重要性以及合理信赖受侵害时如何保护该信任,因此信义义务是法定性评价,而非诚信原则的道德评价特征。信义义务以忠实义务为核心。合同法中的默示诚信与公平交易义务也被归为"忠实义务",但在信义法语境中忠实义务有其独特内涵。契约关系中的诚信要求忠实于交易,信义关系中的信义要求忠实于受益人。当从契约关系过渡到信义关系时,信义义务便要求受托人不断调整自己的行为,以避免对受益人造成损害的自利行为。[②]

三、信息信义义务与基本原则的关系

(一)"合法、正当、必要"原则

"合法、正当、必要"是个人信息处理的总体原则。合法是指处理个人信息须符合法律的规定,包括目的合法、程序合法、主体合法、处理方式合法、依据合法等。其中,程序合法与依据合法是具体判断个人信息处理是

---

① 许可:《诚信原则:个人信息保护与利用平衡的信任路径》,《中外法学》2022 年第 5 期。
② Gordon Smith. The Critical Resource Theory of Fiduciary Duty. *Vanderbilt Law Review*, Vol. 55, No. 5, 2002, p. 1409.

否具有合规范性的方式,例如《个人信息保护法》第 13 条。具体表现为个人信息处理活动在何种条件下是合法的,何种条件下是非法的,即个人信息处理的合法性条件或基础。

合法原则内涵包含如下方面:一是合法的主体。一类是法律特别授权的主体,例如依职权进行个人信息处理的权力机关、立法机关、司法机关等,虽非经信息主体同意,但依据法律法规的规定在法律授权的职权范围内依法处理个人信息;另一类是获得信息主体同意或有其他合法依据的信息处理者。二是个人信息处理活动本身具有合法性,包括目的、程序、方式、依据合法。① 一方面,目的合法是指个人信息的收集等处理活动必须用于合法的目的或用途,不得用于任何非法目的;另一方面,非依法律规定或当事人的约定,不得将个人为特定目的所提供的个人信息用于另一目的,不得从事违法犯罪活动或侵害他人合法权益为目的对个人信息进行处理。一方面,程序合法是指个人信息处理原则上要经过告知同意;另一方面,个人信息的获取渠道应合法。方式合法是指即使是公权力机关也不能处理与行使职权无关的个人信息;即使目的合法,收集等方式也不能非法,例如通过超越职权范围、非法跟踪等方式获取。依据合法则涉及个人信息处理合法性的判断标准。

综上可知,合法性是指个人信息处理必须符合法律的相关规定,若从相反的立场思考,"不法是不利于生物人发展的他人自由对于自由的侵扰,因此必须被作为一种'恶'而被拒绝,"②这种对"恶"的拒绝就是合法。个人信息保护的终极利益是自然人自主决定他人何时及如何收集、使用其个人信息的能力,对个人信息拟议用途享有决策自由,对于这种信息自决的侵扰就是"恶",法律应予以拒绝。

正当、必要原则是指个人信息处理的目的、方式、程序必须正当,且在必要范围内开展个人信息处理活动。正当性要求个人信息的处理在具备合法性要件的基础上还要具有社会正当性,是合法性要件的必要补充,故划定了

---

① 王利明:《人格权法》,中国人民大学出版社 2021 年版,第 389—390 页。
② [德]萨维尼:《当代罗马法体系Ⅰ:法律渊源·制定法解释·法律关系》,朱虎译,中国法制出版社 2010 年版,第 258 页。

个人信息处理的限度。[①] 具体包含三个方面：一是目的正当，符合社会一般认知的正当目的，且以合理限度为限。[②] 与信息处理者本身职能有关的目的不能超越实现确定的目的。二是方式正当，不得隐瞒。三是程序正当，不得滥用优势地位干预信息主体的自决。必要性要求个人信息的处理具有法律合法性、社会正当性之外，还要有技术必要性，即某种处理活动从技术和价值的实现来说是不可或缺的。必要性原则包括两方面：一是目的限制，即个人信息的处理不仅如传统路径中取决于被处理的个人信息的类型一般，而且取决于其被用于的目的，[③]不得收集与目的、用途无关的信息；二是数量限制，即数量最小化，是指不过度收集、不隐性收集，以及不过度公开。[④] 欧盟 GDPR 第 5-1(b) 条规定，为了特定的、明确的和合法的目的收集个人数据，且不能对个人数据进行与前述目的不兼容的进一步处理。欧盟采取缓和的目的限制原则，只要在初始目的范围内或与初始目的相兼容就可对个人信息进一步处理和再利用，例如对外提供；相反，如果是基于初始目的范围外或者与初始目的不相兼容时，则需要获得新的合法性条件。我国目的限制原则要求处理者只能在收集之初所明示的具体、明确、合理的目的范围内处理个人信息，收集后不能对个人信息进行与初始目的不兼容的处理，但"限于实现处理目的的最小范围"，信息处理者不能延展性地对个人信息进行再利用，凡再利用则要求获得新的合法性依据支持。[⑤]

尽管处理者遵守合法、正当、必要原则，并不产生信任，但是排除不可信任行为的手段之一。在认定处理行为不法性时，先根据合法、正当、必要原则判断个人信息处理合法与否，不合法将受到相应规制，但合法并不必然就不受法律规制；再根据信赖保护判断具有合法性基础的个人信息处理行为

---

① Neethling J. M. Potgieter and P. J. Visser. *Neethling's Law of Personality*. LexisNexis South Africa, 2005, p. 276.

② 梁泽宇：《个人信息保护中目的限制原则的解释与适用》，《比较法研究》2018 年第 5 期。

③ Daniel J. Solove. The Virtues of Knowing Less: Justifying Privacy Protections Against Disclosure. *Duke Law Journal*, Vol. 53, No. 3, 2003, p. 968.

④ 北京市海淀区人民法院（2018）京 0108 民初 13661 号民事判决书；北京市第一中级人民法院（2020）京 01 民终 8911 号民事判决书。

⑤ 高富平：《制定一部促进个人信息流通利用的〈个人信息保护法〉》，《探索与争鸣》2020 年第 11 期。

是否进一步符合信义义务的要求。若处理者为了信息主体的利益而处理或者利益中立的，一般不属于违反信义义务的行为，但与信息主体利益明显冲突且减损其利益的，可能因违反信义义务而问责，即使其具有合法性基础。因为法律条文得到遵守并不必然意味着法律精神就得到了尊重。可信任与不可信任行为的区分有助于实现公平与平衡权力势差。

（二）目的原则

《个人信息保护法》第 6 条规定处理个人信息的目的应符合"明确、合理"要求，即无论是公务机构还是非公务机构处理个人信息时都必须基于"明确、合理"的正当目的，意味着并非任何可以说出来的目的都是正当的，目的拘束原则被理论界称为个人信息处理中的"帝王条款"。① 齐爱民认为，个人信息处理受目的明确原则的约束，即"应当有明确而特定的目的，不得偏离有关目的收集个人信息。"②张新宝认为，个人信息处理受正当目的原则的限制，确保处理个人信息的目的具有正当性，且不能违背宪法。③ 梁泽宇认为，个人信息处理适用目的限制原则，包括目的明确和使用限制两个方面，目的明确是指收集个人信息之前就应明确告知信息主体收集、使用信息的目的，使用限制则要求在收集之后的后续处理中不得僭越收集时告知的既定目的。④ 高富平认为，个人信息处理应适用缓和的目的限制原则，即只要与原初目的相兼容或者在原初目的范围内，信息处理者就可以重新处理个人信息。⑤ 目的明确的要求过低，仅是个人信息处理的基本前提，为了有效保护个人信息，目的应进行限制，目的正当则又是更高层次的要求。正当目的的标准是"符合法定或约定的个人信息处理特定目的"，但不宜过度扩张目的限制和目的正当的内涵。⑥

信义义务的嵌入使得严格的目的限制得到缓和。如果严格限制处理

---

① 李惠宗：《个人资料保护法上的帝王条款：目的拘束原则》，《法令月刊》2013 年第 1 期。
② 齐爱民：《中华人民共和国个人信息保护法学者建议稿》，《河北法学》2005 年第 6 期。
③ 张新宝：《个人信息收集：告知同意原则适用的限制》，《比较法研究》2019 年第 6 期。
④ 梁泽宇：《个人信息保护中目的限制原则的解释与适用》，《比较法研究》2018 年第 5 期。
⑤ 高富平：《制定一部促进个人信息流通利用的〈个人信息保护法〉》，《探索与争鸣》2020 年第 11 期。
⑥ 刘权：《论个人信息处理的合法、正当、必要原则》，《法学家》2021 年第 5 期。

的目的,信息数据恐变成一个又一个的"孤岛",难以实现其经济价值。信息信义义务旨在构建长期的、可持续的信息分享与利用关系,具有关系契约理论下的目的灵活性,即信息关系并非"点对点"的,而是长期性的信义关系,允许处理者根据情势变更适当改变收集之初告知的目的,或者增加新的合理目的。为了禁止个人信息处理宽泛、抽象的目的,目的原则要求个人信息处理是特定、明确的,例如"为了提升用户体验""为了保障交易安全""为了社会公共利益""为了改善产品质量"等。由于个人分享信息的信任授予给初始处理者,对于未知第三人难以建立信任,初始处理者不得超出特定、明确目的任意分享给未知第三方,除非第三方负有同等信义义务。

(三)公开、透明原则

《个人信息保护法》第 7 条规定:"处理个人信息应当遵循公开、透明原则,公开个人信息处理规则,明示处理的目的、方式和范围。"公开是对处理方式的要求,要求处理者公开其处理规则、目的、方式和范围;透明是对处理结果的要求,是对信息主体知情权的保障。例如网络服务提供者一般通过制定隐私政策的方式来公开其处理规则以及目的、方式和范围等内容,不仅是其自律的重要工具,①而且是符合立法公开透明原则的重要方式。"数据黑箱"的现实存在使得个人信息处理过程保持一定程度的透明十分必要。欧盟 GDPR"导言"第 58 条指出:"透明原则要求任何向公众或者数据主体提供的信息都必须简洁明了、容易获取、容易理解,同时使用简单清晰的语言,并在合适的情况下使用可视化表达方式。该信息可以电子形式提供,例如通过网站提供给公众。在行为人人数众多和实践的技术复杂性导致数据主体难以知晓、理解与其相关的个人数据是否被收集以及被谁、以什么目的被收集的情况下(例如在线广告),尤其需要通过电子形式提供信息。考虑到对儿童的特殊保护,任何面向儿童进行处理的信息和通信,都应当使用儿童易理解的、清晰简单的语言。"公开透明体现在信息主体对其个人信息享

① 王叶刚:《论网络隐私政策的效力:以个人信息保护为中心》,《比较法研究》2020 年第 1 期。

有知情权；反之，处理者要基于公开透明原则履行充分告知义务。然而个人信息处理既涉及告知，其本身具有数据生命周期的特征，如何基于一定工具在不同环节增加透明度也对该原则的解释提出了更高的要求。

信义义务的嵌入可以有效应对大数据分析下的"透明度悖论"问题。透明度悖论是指大数据分析依赖于小数据的输入，包括传感器、收集、点击模式等收集人、地、物信息，小数据输入被聚合以生成大型数据集合，通过分析技术挖掘以获得洞察结论。洞察结果可以让世界变得更加透明，但其收集的工具和技术是无形的、不透明的，被设计的物理、法律和技术商业秘密层层覆盖。算法通过收集大量具有代表性和包含相关特征信息的数据进行分析、处理，从而输出结果，替代自然人进行判断和决策，一般称此过程为"算法自动化决策"。自动化决策被广泛应用于平台提供服务和管理中，例如网络平台为维护交易秩序与交易安全，运用算法自动化决策判定用户违规行为，对用户实施惩罚、处置。当大数据越来越多地被用于个人自动化决策时，信息主体有权知道决策的基础是什么。《个人信息保护法》第 24 条第 3 款明确了算法自动化决策的解释权，即个人对于通过算法自动化决策方式做出的、对个人权益有重大影响的决定，以及个人信息处理规则有权要求个人信息处理者予以说明，但算法解释与企业商业秘密存在明显冲突。例如，在"黄某某与上海寻梦信息技术有限公司网络服务合同纠纷案"中，原告要求被告解释其判定邀请好友"砍价失败"的算法原理，但被告以相关算法是其核心商业秘密、一旦公开就会失去作用为由提出抗辩。[①]因此，算法解释权事实上难以发挥预期效果。但当处理者利用"透明度悖论"操纵用户，处理者利益与用户利益发生冲突时，信义义务可以阻止其自我获利交易，至少补偿信息主体的信义损失。

（四）质量原则

《个人信息保护法》第 8 条规定："处理个人信息应当保证个人信息的质量，避免因个人信息不准确、不完整对个人权益造成不利影响。"质量原则主

---

① 上海市长宁区人民法院(2021)沪 0105 民初 7742 号民事判决书。

要是要求处理者避免因为个人信息的不准确、不完整对个人权益造成不利影响。例如在"崔某诉农行侵害个人信用案"①"刘某诉银盛达非法获取个人征信案"②"张某诉信用社侵害名誉隐私案"③等处理个人征信信息场景中,征信机构未经事前合法性审查导致个人信息错误或遗漏,致使信息主体被列入"黑户",或者在信息主体要求撤销前述不良记录后仍未及时撤销而给其个人权益造成影响。征信机构的处理行为显然不符合质量原则的要求。质量原则是在 2014 年的 Google Spain 案④中由欧盟法院(CJEU)通过解释《数据保护指令》的相关规定而提出,要求应纠正、删除或屏蔽不准确、不完整、不相关或不再相关或过度的个人数据。该原则背后的逻辑是不准确的或不完整的个人信息是有害的,而准确的个人信息则是可取的。如果个人信息处理结果过于准确,是否存在道德风险? 只要在技术上可行,不准确、不完整的个人信息是否应始终更正?⑤ 如果不准确、不完整的个人信息给信息主体造成损害,信息处理者是否必须承担民事赔偿责任? 信息信义义务要求信息受托人以受益人的最佳利益为出发点,受托人须根据信托目标谨慎管理信托标的,保证个人信息的准确、完整和质量是"谨慎"的应有之义,处理者若不能证明其已经尽到谨慎处理义务,则应对个人信息的不准确或不完整承担赔偿责任。

(五) 责任、安全原则

《个人信息保护法》第 9 条规定:"个人信息处理者应当对其个人信息处理活动负责,并采取必要措施保障所处理的个人信息的安全。"其明确了个

---

① 山东省济南市莱芜区人民法院(2021)鲁 0116 民初 547 号民事判决书。同类案例还有:吉林省通化市东昌区人民法院(2020)吉 0502 民初 1426 号民事判决书;济南市莱芜区人民法院(2019)鲁 0116 民初 5876 号民事判决书;山东省济南市中级人民法院(2020)鲁 01 民终 1779 号民事判决书;吉林省通化市东昌区人民法院(2019)吉 0502 民初 1318 号民事判决书。

② 山东省嘉祥县人民法院(2020)鲁 0829 民初 1429 号民事判决书。同类案例还有:四川省古蔺县人民法院(2018)川 0525 民初 1792 号民事判决书;四川省泸州市中级人民法院(2019)川 05 民终 1365 号民事判决书。

③ 河南省舞阳县人民法院(2018)豫 1121 民初 2099 号民事判决书。

④ Case C‐131/12 Google Spain and Google [2014] OJ C 212/4.

⑤ Jiahong Chen. The Dangers of Accuracy: Exploring the Other Side of the Data Quality Principle. *European Data Protection Law Review (EDPL)*, Vol. 4, No. 1, 2018, p. 36.

人信息处理采取问责制,首要责任主体是信息处理者,因为处理者是最大获利者,正所谓"利益之所在,风险之所归"。[①] 安全原则亦是处理者的安全保障义务,要求其实施适当措施保障数据安全。欧盟 GDPR 第 5 条第 1 款第 (f)项规定:"数据处理应当以确保个人数据的适当安全性的方式进行,包括采取适当的技术或组织措施以保护数据免遭未经授权或非法的处理,以及意外的丢失、销毁或破坏。"安全包括数据的保密性和完整性。以网上银行处理用户的个人金融信息场景为例,用户通过办理网上银行业务等产生的大量个人信息,有学者甚至提出了"个人金融信息权"[②]的概念,究其本质仍属于个人信息权益范畴。在"倪某诉银行泄露个人信息案"[③]中,银行给某学校办理教育代收业务,未经用户的同意,将用户的姓名、身份证号、手机号码、银行卡号等信息提供给该合作的学校,随后,学校老师便在微信群里公开 54 位家长的上述信息并要求其核对。对此,家长遂起诉,该案便涉及作为信息处理者的银行对其用户信息具有保密义务。因此责任原则与信义义务保护目的(使个人信息处理者具有可归责性)契合;安全原则与信义义务内容(保密义务)契合。

第二节　信义义务与个人信息处理行为规则

个人信息处理的合法性依据包括:一是基于同意的处理(processing based on consent),指告知并取得个人的同意而处理,此时处理行为合法性来自信息主体有效的同意,具体体现在个人同意制度中。二是基于法定许可的处理(processing based on a legal permission),在具备法律、行政法规规定的情形或理由的时候,信息处理者无须取得个人同意即可处理个人信息,是合法的,此时处理行为合法性来自法律的明确规定,具体体现在合理

① 程啸:《论我国个人信息保护法的基本原则》,《国家检察官学院学报》2021 年第 5 期。
② 李晗:《大数据时代网上银行的信息安全保障义务研究》,《法学杂志》2021 年第 4 期。
③ 山东省青岛市崂山区人民法院(2019)鲁 0212 民初 3207 号民事判决书。

使用制度中。①

一、事前阶段：同意功能的弱化与信义义务的强化

（一）个人同意是程序性权利

同意是指做出同意的一方基于意志自由，以某种形式作为或不作为，对提出同意请求的一方所提之请求、建议等给予肯定或否定的意思表示。② 同意既是伦理学上的概念，也是法律的重要精神，同意的本质是对人格尊严的尊重，并强调实际同意来使得做出同意的一方之自治得以实现。③ 因此，同意成为信息主体实现个人信息控制的经典方式，这种控制方式恰与人的自治和自决相关。以信息为基础的同意须满足两个条件：一是允许主体明确同意；二是为主体做出自主决策提供充分的理由。同意往往与"知情"一起构成个人信息保护语境下处理个人信息的合法性依据之一。知情要求信息处理者向信息主体发出无遗漏且充分的通知，公开处理个人信息的规则，明示个人信息处理的目的、方式和内容等，在理想化情况下，被处理一方能够对通知内容有足够理解。然后才是被收集者基于这样的知情做出是否允许处理的意思表示，即同意。沃伦和布兰代斯将同意与"独处的权利"联系起来，认为隐私权在个人公开或者征得其同意后终止。若个人同意使用其姓名或肖像，或公开分享私人事实，同意被不准确地画像，或同意公众干预其私人事务，该主体之后便不能辩称相对方故意侵害，并要求赔偿。④ 如果个人同意隐私政策条款，且这些条款是准确的，便难以证明侵害其个人信息权益发生了违法阻却的效果。同意规则的定位是实现个人选择功能、引导其从私人到公共语境的过渡手段。

我国仅对个人同意做出法律上的要求，并未界定个人同意的法律性质。

---

① 程啸：《个人信息保护法理解与适用》，中国法制出版社 2021 年版，第 115 页。

② 吕耀怀：《同意的涵义、性质及其类别》，《吉首大学学报(社会科学版)》2019 年第 5 期。

③ 吕耀怀、王思文：《论同意对人之尊严的尊重》，《道德与文明》2017 年第 6 期。

④ Dorothy J. Glancy. Invention of the Right to Privacy. *The Arizona Law Review*, Vol. 21, No. 1, 1979, pp. 1 - 40.

理论界对个人同意的性质主要有合同与侵权领域双重属性说、权益处分说、意思表示说、准法律行为说。① 同意应包含宪法、民法等多重含义与法律渊源。即使在民法层面，不同法律关系中的同意也具有不同的法律效力，不宜单一化地局限于某一部门法或领域中。

第一，个人同意不同于侵权领域的"受害人同意"，不产生绝对免责效力。侵权责任法上合法有效的受害人同意是指具有同意能力的受害人，就加害人特定行为给自己权益造成的特定损害后果做出真实、自愿的明示或默示同意，加害人须尽到充分告知、说明义务，且不得违反法律强制性、禁止性规定，以及违背公序良俗。② 受害人同意是阻却违法或抗辩的事由，从而免除加害人侵权责任。受害人同意与个人同意有相似之处：一方面，受害人同意在他人加害行为实施之前可随时撤回，个人同意也可随时撤回；另一方面，受害人的同意能力并不以行为能力为标准，而是以个案中受害人的识别能力为标准。例如未成年人在充分了解医疗行为后果前提下也可做出同意。法律仅规定个人信息处理中 14 周岁下儿童不具备同意能力，这意味着 14 周岁以上的未成年人作为限制行为能力人也可对个人信息处理做出同意，但受害人同意与个人同意有显著区别：一是受害人同意本质是对权利人自己权益自愿做出处分，即自愿表示接受他人对自己人身和财产造成的损害，这种处分行为是私法自治的体现，③但个人信息主体对其个人信息并不享有绝对支配地位，个人同意的行使受到更多限制。二是法律效果不同。受害人同意作为一种免责事由，即使加害人造成切实损害也将免责，而个人信息处理中的同意不具有绝对免责效力。个人同意就像"打开一扇门允许另一个人进来，但并不意味着他进来后实施的行为就能免责"，非经同意不一定侵权，经过同意也不一定免责。④ 个人同意并不表示其放弃个人信息上的主体权利，这是由个人信息的人格权益不受侵害的价值底线决定的，个

① 程啸：《论个人信息处理中的个人同意》，《环球法律评论》2021 年第 6 期；王琳琳：《个人信息处理"同意"行为解析及规则完善》，《南京社会科学》2022 年第 2 期。
② 程啸：《论侵权行为法中受害人的同意》，《中国人民大学学报》2004 年第 4 期。
③ 王利明：《论受害人自甘冒险》，《比较法研究》2019 年第 2 期。
④ 高富平：《同意≠授权：个人信息处理的核心问题辨析》，《探索与争鸣》2021 年第 4 期。

人仍可在合法范围内使用该个人信息以及对不当处理个人信息行为主张法律责任。

第二,个人同意不同于合同领域的"意思表示"与"法律行为"。合同是法律行为的一种,以意思表示为要素,能发生自己所欲发生的一定法律效果,目的是设立、变更、终止权利义务关系。承诺是受要约人同意要约的意思表示,①此处的同意应是一种知情的、具体的、议价交易的同意。但个人信息处理中的同意作为个人信息处理合法性依据之一的法律效果,是由《个人信息保护法》第 13 条直接规定,并非由信息主体个人法效意思的表示行为而来。有些个人信息处理相关协议的同意构成合同,例如在"郭某诉杭州野生动物世界有限公司服务合同纠纷案"中,原被告签订关于以指纹识别方式入园的服务协议。② 但目前绝大多数隐私政策与服务协议为单方制定的格式条款,应对其类型化并分别进行效力认定,考量因素有处理者是否尽到充分提示说明义务、是否显失公平、是否符合《民法典》第 497 条的无效情形等。③ 一般而言,一是信息主体不阅读或不理解;二是信息主体若未能注意或理解某一条款,便不能视为对该条款的同意,更难认定为对格式条款的整体同意;三是信息主体无法协商更改条款内容,难以达到承诺的同意效果,而变成赞成(assent),即"我赞成(知道)你在条款范围内处理我的个人信息",甚至变成强迫同意。④ 此时,个人信息处理中的同意不能产生承诺的法律效果。

第三,个人同意应为一种程序性权利或程序机制,产生启动或阻却个人信息处理进程的程序性效果。⑤ 同意指向个人信息处理行为,而非个人信息本身,即同意他人在个人主体权益范围内从事收集、存储、加工、分析、公开、删除等一系列事实上的行为。从《个人信息保护法》性质来看,其本质是

① 《民法典》第 479 条。
② 杭州市富阳区人民法院(2019)浙 0111 民初 6971 号民事判决书。
③ 杨显滨:《网络平台个人信息处理格式条款的效力认定》,《政治与法律》2021 年第 4 期。
④ Michelle Boardman. Consent and Sensibility. *Harvard Law Review*, Vol. 127, No. 7, 2014, p. 1971.
⑤ 蔡培如:《欧盟法上的个人数据受保护权研究:兼议对我国个人信息权利构建的启示》,《法学家》2021 年第 5 期。

个人信息处理规则法,规范对象是个人信息处理行为,与《宪法》《民法典》分别确立的作为基本权利的个人信息受保护权和作为民事权益的个人信息权益不同。《个人信息保护法》旨在权力不对称的个人信息处理中,为信息主体提供程序性保护,其中的权利设置也是对个人信息处理行为的程序性限制。从隐私与个人信息二元区分的真正意义来看,由隐私划分私人与公共领域、私权利与国家权力及他人行为自由的界限,由个人信息处理规则来实现处理中的合法、正当与必要性,增强算法透明度,确保个人参与个人信息处理过程,其本身既不划定公私领域,亦不增加实质自由。① 从个人同意的效果来看,同意并非唯一合法性基础,也非优先于其他合法性基础。合法性基础仅为个人信息处理的前置性条件,设置逻辑是利益衡量,而非财产权或人格权的绝对权,不产生阻却违法的绝对效力。② 同意机制是从程序上保障知情、透明和正当性,并使个人有随时退出的自由。

（二）个人同意的功能应弱化

同意若要充分发挥个人自决和选择的功能,首先,这种同意须是非强制性的;其次,相对方提供的信息必须足够全面和有用,以便个人进行自愿决策;最后,这种关系模型存在的前提是有进行协商的持续机会。目前知情同意无法有效地满足这些要求。从个人权利范式转换到信息信义义务无疑会强化个人持续做出自决利益决策,实现从程序性机制到持续商业信任关系的转变,需借鉴"同意病理学"(pathologies of consent)的概念框架来说明个人同意规则的"病症";运用经济学家理查德·泰勒(Richard Thaler)对"理性行为者"模型理论的批判来指明同意规则的"病根"。③

1. 个人同意的"病症"

（1）不知情同意(unwitting consent)。"知情"是理性社会的一项基础

---

① Bart van der Sloot. Legal Fundamentalism: Is Data Protection Really a Fundamental Right? in R. Leenes et al. eds. *Data Protection and Privacy: (In)visibilities and Infrastructures*. Law, Governance and Technology Series 36, Springer, 2017, p. 27.

② 向秦:《三重授权原则在个人信息处理中的限制适用》,《法商研究》2022年第5期。

③ Neil Richards and Woodrow Hartzog. The Pathologies of Digital Consent. *Washington University Law Review*, Vol. 96, No. 6, 2019, pp. 1461-1504.

性人权,只有充分享有并行使知情权利,公民才能据此合理安排自己的生活,并最大限度地保护自己的权益。① 在个人信息保护领域,"知情"是个人做出同意决策及限制、拒绝他人处理其个人信息的基础。② 然而,个人信息处理中大多数信息主体易陷入"不知情"状态,而这种基于不知情的同意会减损个人尊严。

第一,信息主体不理解其所同意的隐私政策、服务协议等文件。此类文件往往篇幅冗长,无法准确说明协议内容,专业性极强的语言和复杂的语法远超个人认知水平,知情权大打折扣,③这类似于要求香烟上印有包括死亡图片在内的警示图案的通知。④ 在"乔某诉钉钉网络服务纠纷案"中,隐私政策和服务协议被认为是合法生效的合同,根据合同约定,乔某的考勤信息等个人信息属于信息控制者(即其用人单位)所有。该判决代表了将隐私政策视为合同的观点,即个人通过点击"我同意"按钮等方式对相关个人信息处理条款予以接受,条款对双方具有合同约束力。⑤ 然而,隐私政策由信息处理者单方制定并不定时更新,处理者享有充分自由裁量权,而用户"讨价还价"能力有限,尤其是在权力不对称时,个人几乎没有选择。这种同意缺乏内心真实意志的表达,仅具有形式意义上的合法性。⑥ 理想化地假设用户阅读并理解了隐私政策,并不会促进个人自主意志的实现。

第二,信息主体不理解其所同意的个人信息处理技术。以算法为核心的信息技术是数字社会与传统线下社会的关键区别,知情权等具体权利的行使具有可计算性。然而,信息技术的实际工作方式对用户而言很大程度上是不透明的,用户往往基于对处理者系统设置默认保护其个人信息的假设而同意,但不知道同意的内容究竟为何,"算法黑箱""算法错误""算法歧

---

① 汪习根、陈焱光:《论知情权》,《法制与社会发展》2003年第2期。

② 万方:《算法告知义务在知情权体系中的适用》,《政法论坛》2021年第6期。

③ 郑佳宁:《知情同意原则在信息采集中的适用与规则构建》,《东方法学》2020年第2期。

④ Ryan Calo. Against Notice Skepticism in Privacy (and Elsewhere). *Notre Dame Law Review*, Vol. 87, No. 3, 2012, pp. 1027 - 1072.

⑤ Woodrow Hartzog. Website Design as Contract. *American University Law Review*, Vol. 60, No. 6, 2011, pp. 1635 - 1672.

⑥ 姚建军:《个人信息保护与知情权冲突的裁判:从蒋某某诉西安电信公司知情权纠纷案说起》,《法律适用》2022年第1期。

视""算法霸权"等给用户造成权益侵害,例如美国 Facebook 公司的"剑桥分析事件",第三方剑桥分析公司在用户同意情况下获取了用户及其好友个人信息,Facebook 强调第三方在获取用户及朋友的信息时,用户表示了同意,即在知情的情况下用户提供了其信息,但用户并未理解技术上的操作,做出的是"不知情"的同意。①

第三,信息主体不理解其所同意的实际处理后果或潜在风险。数字社会是典型风险社会,与传统线下社会的区别在于风险的不可预测性。个人一般难以评估当前决策带来的未知风险,尤其是信息如何被处理者收集并流转至第三方的潜在损害,例如数据泄露等增加信息主体未来身份盗窃或诈骗风险。涉及未知第三方,属于不可预见风险,且第三方与初始信息处理者之间通常受商业秘密保护,用户更无从知晓。尽管《个人信息保护法》第 23 条要求信息处理者"向个人告知接收方的名称或者姓名、联系方式、处理目的、处理方式和个人信息的种类",但是也面临如何简洁、完整、生动地将这些信息告知用户的问题。

(2) 强迫同意(coerced consent)。根据意志理论,自愿是确定权利中"谁来选择"的形式问题,体现权利人的个人意志与自由,②可凭借自己的意志自主选择做某事,选择或不选择的自由意志也免受他人干扰。积极的个人同意是信息主体在自愿的情形下,明确做出允许个人信息处理的肯定性表示。缺少"自愿"的典型情形是强迫或变相强迫。当个人面临"要么同意,要么失去重要东西"的选择时,强迫便存在,例如医疗手术中,若将从"签字"到"死亡"视为强迫程度轴,患者离"要么签字,要么死亡"的情况越近,同意的强迫性就越强,选择的自愿性就越弱。类似地,在个人信息处理中,若将从"同意"到"无法使用服务"视为强迫程度轴,用户离"要么同意,要么无法使用服务"的情况越近,同意的强迫性就越强,选择的自愿性就越弱。③ 例如在"黄某诉微信读书案"中,被告在同意环节采取对用户头像、昵称、性别

---

① Neil Richards and Woodrow Hartzog. The Pathologies of Digital Consent. *Washington University Law Review*, Vol. 96, No. 6, 2019, p. 1481.

② 彭诚信:《现代权利理论研究:基于"意志理论"与"利益理论"的评析》,法律出版社 2017 年版,第 122 页。

③ Neil M. Richards and Woodrow Hartzog. The Pathologies of Digital Consent. *Washington University Law Review*, Vol. 96, No. 6, 2019, pp. 1461 - 1504.

等公开身份信息及好友列表一次性授权,并且不授权即无法使用。法院判决该行为属于被告的运营模式选择,而非强迫。虽然《个人信息保护法》第5条规定:"不得通过误导、欺诈、胁迫等方式处理个人信息",明确禁止"胁迫",但是民法上的胁迫通常需达到较高程度才予以认可。例如,以给自然人及亲友生命、健康、身体、名誉、财产等造成损害作为要挟,迫使其做出不真实意思表示的情形。① 个人信息处理中的胁迫应低于该标准,若个人不同意或撤回同意就会遭受不利,可视为胁迫或变相胁迫。数字社会中以平台为主导的信息处理者,为了自身利益需要,制定各种信息利用规则、程序和纠纷解决机制,形成具有公权力特征的私权力。该权力使其能够通过技术塑造和影响个人决策,且私权力越强,个人同意的强迫性就越强。权力势差催生数字"暗模式",即处理者设计恶意界面来操纵、利用或攻击用户,例如网站或应用程序中诱导用户购买原本无意购买的东西。

(3) 无行为能力同意(incapacitated consent)。该情形属于法律上不允许的"自愿"。无行为能力同意者包括不能辨认自己行为的精神病人等成年人、8周岁以上但不能辨认自己行为的未成年人、不满8周岁的未成年人,他们从法律上来说无法享有完全的意思自治,不具备"自愿"同意的能力。例如儿童缺乏同意的能力,故对其个人信息有更高的保护要求,任何"强加"此类同意的立法尝试都是不符合比例原则的。

2. 个人同意的"病根"

主流经济学将自然人视为完全理性、自利的"经济人",每个理性的"经济人"会利用充分的最新的市场信息,做出有利于自己的决策,以追求自身利益最大化,② 即假定人类行动总是出于理性。个人同意规则是预设信息主体是"理性经济人"。面对处理者,信息主体能够充分利用被告知的信息,做出是否同意分享个人信息的自主决策,且最有利于自己,但2017年诺贝尔经济学奖获得者理查德·泰勒提出自然人仅具备有限理性,他认为自然人并不按照理性预设行事,而以观察和经验作为行为基础,有时理性,有时

---

① 王轶:《论我国合同法中的"胁迫"》,《四川大学学报(哲学社会科学版)》2019年第1期。
② 刘伟:《人的本性、市场有效性假说与金融危机:2017年诺贝尔经济学奖获得者理查德·泰勒思想评述》,《福建论坛(人文社会科学版)》2018年第2期。

不完全理性,有时非理性行事。① 有限理性归因于人类大脑认知结构的局限性,②表现为自我控制缺失。该理论解释了在个人信息处理中,用户既可能关心其隐私与个人信息,也可能同意处理而置自己于受损害风险中的"隐私悖论"。③ 即使人们阅读并理解了隐私政策,但往往缺乏足够的知识做出理性选择,人的有限理性限制了其获取、记忆和处理所有相关信息的能力,例如消费者通常会为了很小的利益而交出个人信息。④ 申言之,自然人认知缺陷会天然削弱其做出知情、理性选择的能力,造成的后果是,同意几乎使任何形式的个人信息处理行为合法化,个人同意极易被滥用。

(三) 信义义务作为同意补充

个人信息处理也是个人信息分享。个人分享信息是其参与数字社会生活的先决条件,个人信息处理应被视为一种持续行为。个人同意分享含有"信任"内涵,即对特定人群未来行为和意图的期望。当个人分享信息供他人利用,也信任他人在处理中能够保护其个人信息权益,但同意并非由强化信任,反而侵蚀信任,因为同意往往表现为不知情同意、强迫同意、无行为能力同意。同意给信息主体一种能够控制其个人信息的错觉,以"打钩"的方式表达同意退回到"机械程序主义",这种模拟主权的同意效果是建立在虚构的法律基础上的。⑤ 数字时代信息主体对其信息财产价值实现的知情权

---

① Solon Barocas and Karen Levy. Privacy Dependencies. *Washington Law Review*, Vol. 95, No. 2, 2020, pp. 555 – 616.

② 心理学家丹尼尔·卡尼曼(Daniel Kahneman)在其著作《思考,快与慢》(*Thinking, Fast and Slow*)中解释,人类大脑有系统1和系统2,系统1是自动认知系统,即不假思索的直觉,依靠启发式和假设或感觉来帮助我们认知和决策。大多数时候,人类使用系统1来反应和决策,常形成高估自己目前状况安全性和低估潜在风险的自我控制缺失情况;系统2是省思系统,即比较具有分析性和理性,当遇到新事物或真的想彻底思考某件事情时,才使用系统2,系统2具有"缓慢思考"的特征会消耗更多精力和大脑中的糖分储备。

③ Alessandro Acquisti, Curtis Taylor and Liad Wagman. The Economics of Privacy. *Journal of Economic Literature*, Vol. 54, No. 2, 2016, pp. 442 – 492.

④ Alessandro Acquisti and Jens Grossklags. Privacy and Rationality: A Survey. *Privacy and Technologies of Identity I*, 2006, p. 16.

⑤ Frederik J. Zuiderveen Borgesius, et al. Tracking Walls, Take-It-or-Leave-It Choices, the GDPR and the Privacy Regulation. *European Data Protection Law Review* (*EDPL*), Vol. 3, No. 3, 2017, pp. 353 – 368.

和决定权体现了意志自由。如果保留知情同意规则,则要放弃对同意的控制追求并设定有效同意的标准。当信息主体越少被询问同意或要求选择时、同意的后果越容易被预测和知晓时、信息主体越有理由与动机有意识表示同意时,个人同意才越有效。[①]

此外,要区分同意与授权的法律效果。同意并不意味着授权,并非所有的同意就一定是授权。[②] 授权含有同意的意思表示,是一种许可式同意而使特定行为合法化,例如基于代理权的资格授予行为或基于委托产生的授权、通过设定用益物权、知识产权许可使用产生的授权等。被授权一方在授权范围内符合目的地自由使用,《民法典》第 993 条规定的民事主体将自己的姓名、名称、肖像、声音等人格标识许可他人使用就是典型的"授权",权利基础是人格权,是对人格权的商品化或公开权(publicity rights),这种公开权是一种专属性较弱的财产权,限制他人未经许可使用自己的姓名、肖像及其他个人特性。[③] 同意是限制自己的权利为他人创设自由,或限制自己的自由为他人创设权利。授权强调更高要求的事先个人许可,是许可式同意,同意变成授权则有化"被动"为"主动"和信赖的内涵。[④] 授权这种范围、目的确定的许可是不能随意撤回的,获得授权也是被授权人行为合法的唯一基础,如果没有获得授权,将导致侵权的法律后果。

信义义务是对知情同意功能弱化后的补充。以信义义务作为个人同意的补充,是以控制与分享平衡为前提,弱化个人同意的功能,但强化处理者问责和义务,进而促使掌握算法权力的一方将其商业利益的短期追求上升为社会主体的长期利益。无论用户是通过浏览还是点击同意,无论主观上是否真的表达同意的意思表示,受信人均以忠实义务为核心,为个人利益最大化行事。美国参议员布莱恩·沙茨(Brian Schatz)于 2018 年提出《数据保护法案》,该法案超越了控制和透明度目标,要求通过互联网收集个人信

① Neil M. Richards and Woodrow Hartzog. The Pathologies of Digital Consent. *Washington University Law Review*, Vol. 96, No. 6, 2019, p. 1465.
② 高富平:《同意≠授权:个人信息处理的核心问题辨析》,《探索与争鸣》2021 年第 4 期。
③ 王利明:《论人格权商品化》,《法律科学(西北政法大学学报)》2013 年第 4 期。
④ 姚佳:《知情同意原则抑或信赖授权原则:兼论数字时代的信用重建》,《暨南学报(哲学社会科学版)》2020 年第 2 期。

息的公司履行三项关键且不可免除的信义义务：忠实义务、注意义务和保密义务。

（四）信义义务扩充合理使用

个人信息处理中嵌入信义义务并弱化同意功能，也为扩充个人信息合理使用提供了空间。类似于著作权法中作品的保护与使用作品的社会公众利益平衡，[①]个人信息合理使用是出于个人信息权益保护与个人信息利用的利益平衡。具体包括：一是基于社会实践的必要性，即社会化的人参与正常社会交往，必然需要向外提供和交换个人信息来提高生活的便利性和社会生产效率；二是言论自由，即理论上说新闻报道因发挥保障公民知情权功能而享有一定程度的新闻自由，使得其可以合理使用他人的姓名、肖像及其他个人信息；三是监督权，即公民可以通过新闻、评论等方式监督国家公权力的行使，在监督过程中可能涉及公职人员个人信息的使用，[②]即使人格权受到限制也构成合理使用。处理者既享有个人信息使用权，也包括合理使用情形。个人信息中的非敏感信息为信息主体和处理者共同持有，处理者在信息主体没有明确拒绝的情形下便享有合理使用的权利，敏感个人信息须经信息主体同意，处理者只能就对敏感个人信息的使用权进行交易。[③] 根据我国"列举式"构建合理使用情形清单的立法模式，一般认为合理使用的本质是对民事权益的限制，合理使用免责情形乃同意的例外，合理使用在于平衡未经同意的个人信息处理。[④] 因此，个人信息处理合法性基础是同意和其他合法利益情形。信息主体对其个人信息的控制，其内部动因是塑造"他人眼中的自己"，这是自然人自由发展人格的内涵。虽然塑造人格源于自由、尊严的价值，但有其"内在限度"，[⑤]即个人控制的利益并非总是受绝对化保护，存在让位于其他合

---

① 李军政：《"合理使用"的性质：著作权的例外还是合理使用权》，《河北法学》2014 年第 11 期。
② 张红：《〈民法典（人格权编）〉之合理使用制度》，《学习与实践》2020 年第 12 期。
③ 黄锴：《大数据时代个人数据权属的配置规则》，《法学杂志》2021 年第 1 期。
④ 程啸：《论我国民法典中的个人信息合理使用制度》，《中外法学》2020 年第 4 期。
⑤ 于柏华：《处理个人信息行为的合法性判准：从〈民法典〉第 111 条的规范目的出发》，《华东政法大学学报》2020 年第 3 期。

法利益的情形。

与欧盟 GDPR 相比,我国《个人信息保护法》合理使用情形更少,更重视同意制度。《个人信息保护法》第 13 条第 2—7 项规定了无须经信息主体同意便可处理个人信息的 6 种法定情形。[①] GDPR 第 6(1)条还另外规定了"处理是为了实现控制者或第三人的正当利益所必要的"条款。该条款表明信息主体利益或基本权利及自由并非凌驾于一切利益之上,应结合信息关系中不同利益考量信息主体的合理期望。关于"正当利益", GDPR"序言"第(47)予以举例说明:第一,当信息主体与控制者之间存在正当法律关系,例如网络服务提供关系中用户可以合理预期其信息处理目的(如为直接市场营销目的而处理信息),控制者对信息的处理便可被视为享有正当利益。第二,为了信息披露和履行义务而公开个人信息可能属于第三人的正当利益。例如对外公布公司高管的工资收入信息,此时是为了其他利益相关者(例如员工、新闻媒体或社会公众)的利益所必要。第三,为了历史或者其他类型的科学及学术研究,尤其是访问某些数据库的必要。第四,当控制者处理个人信息所追求的利益是与一般公共利益或第三方利益相一致时,例如公开披露个人信息以协助执法部门或其他利益当事人打击非法活动(洗钱、儿童性侵诱骗、非法文件的在线分享等)。

但是控制者仅享有正当利益并不当然意味着其有权处理个人信息,只有当其正当利益超过信息主体的基本权利及自由时,控制者才能处理个人信息。[②] 正当利益的判断遵循"三步法":第一步,控制者或第三方享有正当利益。正当利益与处理目的密切相关,即处理的基本动因可以是经

---

① 一是"为订立、履行个人作为一方当事人的合同所必需,或者按照依法制定的劳动规章制度和依法签订的集体合同实施人力资源管理所必需";二是"为履行法定职责或者法定义务所必需";三是"为应对突发公共卫生事件,或者紧急情况下为保护自然人的生命健康和财产安全所必需";四是"为公共利益实施新闻报道、舆论监督等行为,在合理的范围内处理个人信息";五是"依照本法规定在合理的范围内处理个人自行公开或者其他已经合法公开的个人信息";六是"法律、行政法规规定的其他情形"。

② Robert Niedermeier and Mario Egbe Mpame. Processing Personal Data under Article 6(f) of the GDPR: The Concept of Legitimate Interest. *International Journal for the Data Protection Officer, Privacy Officer and Privacy Counsel*, Vol. 3, No. 6, 2019, p. 22.

济利益、法律利益等性质,反映出控制者期望从信息处理中获得的利益。例如处理者为了向用户提供更友好的在线服务方式;行使言论或通信自由权利,包括在新闻媒体和艺术创作领域;传统直接营销和其他形式的营销或广告;主动提供的非商业性信息,包括用于政治活动或慈善活动的信息;金钱类的法律执行,包括庭外债务清理程序;防止欺诈、滥用服务或洗钱;出于安全或管理目的对员工进行监控;实体安全、IT 和网络安全;出于历史、科学或统计的目的而进行的处理;出于研究目的而进行的处理,包括市场研究;等等。基于非法或歧视性的目的而处理信息的行为,在任何情况下都不能成为获得正当利益的理由。第二步,为保护正当利益,处理信息的行为具有必要性。必要性要求处理行为与正当目的的实现之间存在实质性联系。如果不通过处理信息即可实现正当目的,则不属于基于正当利益而处理。第三步,在具体个案中与当事人的利益、基本权利和基本自由进行权衡。控制者对于个人信息处理具备正当利益和必要性后,具体能否适用取决于平衡检验。尽管没有利益平衡的一般公式,但有指导衡量结果的因素(表 4-1)。

表 4-1　"正当利益"衡量表

处理的内容	是或否	处理的原因
处理是否涉及大量个人信息	是	由于对信息主体的利益和自由侵害风险的可能性,信息主体基本权利及自由＞处理者正当利益
	否	如果其他条件符合,在非处理大量个人信息时,处理者正当利益＞信息主体基本权利及自由
处理是否涉及 GDPR 第 9 条规定的特殊类别的个人信息(敏感个人信息),例如性生活或性取向、健康、政治观点、宗教或哲学信仰等有关的个人信息	是	由于处理必须得到信息主体的明确同意,此时正当利益不能成为处理者的合法性基础
	否	如果其他条件符合,在处理非敏感个人信息时,处理者正当利益＞信息主体基本权利及自由

续　表

处理的内容	是或否	处理的原因
处理是否会对信息主体产生负面影响？例如使其遭受经济上的不利(个性化定价)或以任何方式影响其基本人权	是	由于信息主体的基本权利和自由的利益在一般情况下都优先于控制者的财产利益和第三人获取数据的利益，此时正当利益不能成为处理者的合法性基础①
	否	如果其他条件符合，在处理不会对信息主体产生不利时，处理者正当利益＞信息主体基本权利及自由
处理是否会使社会整体上受益	是	如果其他条件符合，当处理会利于社会公共利益时，处理者正当利益＞信息主体基本权利及自由
	否	处理只对控制者有利的事实并非决定性因素，但是有利于社会公共利益会增加对处理者正当利益的重视。社会公共利益必须进行广义的解释
处理者是否采取了更强的安全措施(技术和组织)	是	如果其他条件符合，处理者采取了更强的安全保障措施，可能不会对信息主体带来严重威胁，处理者正当利益＞信息主体基本权利及自由
	否	信息主体基本权利及自由＞处理者正当利益
处理者是否充分告知信息主体，使其了解有关处理的情况，包括其权利，尤其是反对处理的权利	是	如果其他条件符合，处理者履行了充分告知义务时，处理者正当利益＞信息主体基本权利及自由
	否	由于个人信息处理的基本原则之一"透明性"(要件)未被满足，此时正当利益不能成为处理者的合法性基础

---

① Google Spain SL, Google Inc. v Agencia Española de Protección de Datos (AEPD), Mario Costeja Gonzalez，Case C－131/12 Judgement of 13 May 2014.

续　表

处理的内容	是或否	处理的原因
处理过程是否持续较长时间	是	信息主体基本权利及自由＞处理者正当利益
	否	如果其他条件符合,持续时间短,处理者正当利益＞信息主体基本权利及自由
处理的个人信息是否涉及易受侵害的特殊主体例如儿童	是	由于儿童等特殊主体适用的是特别处理规则,此时正当利益不能成为处理者的合法性基础
	否	如果其他条件符合,不涉及特殊主体,处理者正当利益＞信息主体基本权利及自由
如果处理是基于信息主体与处理者之间形成的法律关系,信息主体是否对处理个人信息有合理预期	是	处理者正当利益＞信息主体基本权利及自由
	否	处理者很难依据正当利益来处理个人信息

（1）控制者正当利益大于信息主体权利和自由,即当个人信息的处理不仅有益于控制者（控制者正当利益）,而且有益于一般公众（社会公共利益）,例如控制者的处理结果将用于医疗相关研究活动。

（2）控制者正当利益小于信息主体权利和自由,即当个人信息的处理将对信息主体产生负面影响,例如使其遭受经济上的不利（个性化定价、大数据杀熟）。信息主体通信秘密权利将要求控制者不得使用能直接识别出具体个人的标识符（例如 IMEl 号码、IMSI 号码、MAC 地址或 Ad ID）。

利益衡量时常见的考量因素有:一是须考虑受到处理行为影响的主体。如果对信息主体的保护需求增加,那么,对有关个人的利益、基本权利和自由的权重相应增加,例如处理儿童个人信息。二是须考虑个人信息处理的范围和数量。处理的数据量越大,则意味着信息主体的权利和自由遭受侵害的风险越高。因为通过累积大量相关信息,可能会出现歧视性或诽谤性的额外信息。处理的数据量与存储时间密切相关,如果个人信息长期永久存储,会增加处理的范围。三是须考虑所涉参与主体的数量。参与处理的控制者越多,数据泄露的风险就越大,对信息主体的权利和自由的威胁也越大,特别是有一些处理者位于司法管辖权之外。

信义义务还要求利益衡量时考虑当事人之间的法律关系,尤其是控制者与信息主体之间权力不对等的关系,例如雇佣关系中的信息处理。若控制者处于明显强势地位,则意味着有关信息主体的利益、基本权利和自由得到更多比重,并须考虑信息主体基于与处理者之间关系的合理预期。例如关于第三方服务的接入,用户通常不希望向那些与其没有固定关系的第三方提供关于他访问的网站或使用的应用程序的相关信息。此时,若第三方出于自己的目的处理用户数据,可能对信息主体的利益、基本权利及自由造成潜在风险,但如果控制者遵守了信义义务要求或法律规定的关于信息提供和安全措施的相关要求,例如控制者采取了额外的安全措施来降低安全违规风险,并在违规发生时及时防止或减轻损害,那么,在利益衡量时可能向控制者正当利益倾斜。

二、事中阶段:以忠实义务为核心的受托人信义义务

(一)忠实义务的积极内容

个人信息处理中信息主体基于信任将个人信息托付给处理者,处理者相对信息主体具有更大的自由裁量权,当一方主体信任另一方的专业知识或权力,并将自己的权利授予其行使时在双方间产生信义关系,强势一方作为受托人对授予其信任的一方负有信义义务。忠实义务是信义义务的核心,主要指受托人须为了受益人的最佳利益而行动,通常用信任、忠心、忠诚、诚信和利他主义等来描述。

忠实义务是信息受托人承担的根本义务,其他义务都是从忠实义务中衍生出来的。[1] 因为受托人是基于委托人的高度信任而管理托付的信息,故其忠实地处理、运营信息是不悖于信义关系所依存的信赖基础。该义务建立在诚信的基础上,承认人性的弱点,并为自私和贪婪的行为设置障碍,通过消除欺诈动机来阻止欺诈行为。忠实权通常被理解为受益人对受托人

---

[1] 徐孟洲:《信托法》,法律出版社 2006 年版,第 100 页。

行使自由裁量权享有的专属权利。受托人负有为信息主体最佳利益采取行动的义务,基本要求是受托人在处理事务时,须避免自己的利益或受益人之外的其他人的利益与受益人利益相冲突。[①] 受益人对信息受托人忠实义务的履行具有请求权性质。正是因为信息处理者须为信息主体的利益行事,当创建涉及新处理者的信息流转关系时,须确保将信任的基本要素融入其中,以便信息关系基于忠实而可持续。

受托人和合同当事人均可从事自利行为,但不同于合同法上善意与公平交易义务要求对缔约相对方在合同条款范围内保持忠实,信义法语境下的忠实义务要求受托人不断调整自己行为以避免损害受益人的自利行为。如果处理者难以将信息主体的利益置于首位,便有动机基于公共利益或者自己利益而损害甚至牺牲信息主体的利益,并且这种信息处理行为有其合法性基础与正当目的,但最小必要原则要求处理者将对信息主体利益的损害和牺牲控制在最小的范围。忠实义务不仅有最小必要的内涵,而且要求处理者尽可能避免信息主体的利益遭到损害或牺牲,甚至要为信息主体和社会整体创造福祉。通过诱导用户的信任而获取其个人信息,然后利用该信息以损害或牺牲用户利益的方式使自己或第三人受益,便是违反了忠实义务。例如受托人自诩提供数字安全和尊重数字隐私,然后操纵和歧视其用户的行为、受托人向不受信义义务约束的第三方分享或出售用户数据的行为。忠实义务限制受托人将信息主体因信任而分享的个人信息用于约定的目的,大多数自利行为仍对信息受托人开放。[②]

我国现行立法有关于忠实义务的规定,例如《电子商务法》第38条要求网络平台要实质审核平台内的经营者的资格,针对性地检查产品或服务是否有缺陷,开发具有安全警示作用等的应用程序等,须将信息主体的生命健康等人身权益置于首位,信息主体人身权益优先于平台或经营者的财产权

[①] Neil Richards and Woodrow Hartzog. Taking Trust Seriously in Privacy Law. *Stanford Technology Law Review*, Vol. 19, No. 3, 2016, pp. 433 – 435.

[②] John H. Langbein. The Contractarian Basis of the Law of Trusts. *Yale Law Journal*, Vol. 105, No. 3, 1995, pp. 625 – 676.

益,这是附随型忠实义务的体现。信息信义义务可为平台等处理者施加更高标准的忠实义务,须为了信息主体可得利益的最大化而行动,即给付型忠实义务。[①] 个人信息从信息主体流转至处理者之后,信息主体的控制随之减弱。当知识、权力、信息不对称性越大,个人控制的效力越不充分。忠实义务要求处理者将用户利益优先,这不仅能有效缓和权力不平等,而且体现了信息主体同意的真实意思表示,强调"隐私即信任"。[②] 忠实的处理者须在安全存储、保护、删除、分析和呈现(使其易读)等方面证明其最低能力。

以受益人受损害为代价但对第三方有利的行为通常被视为违反注意义务。注意义务要求初始处理者在处理个人信息时尽到"谨慎管理人"的义务,这是一种最低标准,违反注意义务将需要对自己的过失负责。例如《信托法》第 25 条第 2 款规定:"受托人管理信托财产,必须恪尽职守,履行诚实、信用、谨慎、有效管理的义务。"受托人要依照信托文件(例如在隐私政策中约定或另行约定)小心谨慎、考虑周全、多加注意,以免给委托人或受益人(授予信任的一方)造成不应有的损害,[③]例如认真记录处理过程,按约定发布风险评估报告等;处理个人信息应谨慎从事,对可能出现的风险采取必要措施,保证个人信息的安全和价值;在处理者向第三方提供、委托第三方处理、与第三方共同处理等涉及多个个人信息处理者的场景中,应尽到注意和保密义务,这意味着应当对第三方的行为负谨慎管理义务。由此建立的信任是一种制度性信任,由初始处理者控制了向第三方提供个人信息的风险,使用户产生安全感。

(二) 忠实义务的消极内容

忠实义务的消极内容是反歧视、反操纵、反滥用。数字社会根据算法重新配置社会权力。以算法为"引擎"、数据为"燃料"的人工智能在提升社会效能的同时,也给个人与社会带来诸多负外部性后果。从算法侵害类型上

---

① 武藤:《最小必要原则在平台处理个人信息实践中的适用》,《法学研究》2021 年第 6 期。
② Woodrow Hartzog. The Inadequate, Invaluable Fair Information Practices. *Maryland Law Review*, Vol. 76, No. 4, 2017, pp. 952-982.
③ 余卫明:《信托受托人研究》,法律出版社 2007 年版,第 173 页。

表现为算法权力异化与滥用后的算法失当行为,例如算法歧视、算法操纵、算法错误致损等;从法益侵害后果上表现为现实的轻微或严重人身财产损害,或基于风险与过程的抽象性妨害。[①]个人控制下的法律治理措施一是侧重于预防的算法事前规制方案,例如个人数据的实体性赋权、算法解释等程序性控制;二是侧重于回应的算法事后问责机制,问责制是最直接、最有效的工具,将失当行为转向对社会有益的方向。然而,事前规制面临着"可行性"与"可欲性"困境,[②]事后问责目前缺乏一般框架。信义义务作为一种集体性责任框架可破解法律治理"不可操作性"的困局。

1. 反歧视

算法歧视是指算法代码演算和分析决策结果对特定个人或群体带来不公正对待,例如"大数据杀熟"的价格歧视、算法在镜像呈现社会偏见的基础上做出歧视性决策、[③]评分算法客观歧视[④]等。当处理者做出不利于信息主体甚至是错误自动化决策时,相对人无从知晓是否有算法不利决策或原因。信义义务要求处理者不得利用算法对信息主体进行支配和歧视,不得违背信息主体的信任,否则,是违反信义义务。通过算法公开、算法解释权、算法拒绝权来反对算法决策风险属于"治标不治本",[⑤]用户欲证明算法自动化决策误判需对其内部运行逻辑进行一定了解后,方能提出有利于己方的主张,然而用户对算法处理缺乏实质监督和知晓的能力,即使知晓也缺乏更正的能力;实践中也并未将算法纳入专利保护范畴,处理者通常选择将其作为商业秘密予以维护。例如在"孙某与浙江淘宝网络有限公司网络服务合同纠纷案"中,对于原告要求披露售假判定依据的请求,被告以"假货模型"系统及算法均为其核心商业秘密为理由进行抗辩。[⑥]

① 王莹:《算法侵害责任框架刍议》,《中国法学》2022 年第 3 期。
② 丁晓东:《论算法的法律规制》,《中国社会科学》2020 年第 12 期。
③ 例如"郑某某与上海携程商务有限公司其他侵权责任纠纷案",参见上海市第一中级人民法院(2020)沪 01 民终 13989 号民事判决书。
④ 例如"上海某国际外籍人员子女学校与某(北京)科技公司、上海某信息科技公司名誉权纠纷案",参见上海市长宁区人民法院(2018)沪 0105 民初 20449 号民事判决书。
⑤ 唐林垚:《〈个人信息保护法〉语境下"免受算法支配权"的实现路径与内涵辨析》,《湖北社会科学》2021 年第 3 期。
⑥ 杭州互联网法院(2020)浙 0192 民初 1296 号民事判决书。

2. 反操纵

算法操纵是指利用复杂且具有隐蔽性的算法技术和规则操控人们的生活,损害了"自治"这一价值,[①]例如困在算法系统里的外卖小哥的囚徒困境、限制个体思想与行动自由的算法归化现象。信息主体难以判断其个人信息如何与其他信息结合,以此对其进行人格画像,从而推断信息主体的习惯、偏好或对其给予歧视待遇。信息主体自我决策的环境是由网络平台服务商等处理者创造,后者可以构建和诱导选择的条件。处理者作为个人信息处理的实际控制者,利用信息主体的情绪和认知局限,不仅诱导其分享更多个人信息,甚至塑造其行为。

首先,操纵可以"侵犯人的自主权(通过使其成为他人意志的工具)并侵犯其尊严(通过不尊重的识别分析)"。大部分操纵超出了用户的合理预期或监督范围,从而违反其信任。用户并不期望处理者通过对其数据的分析来改变其选择或决定。例如用户使用百度搜索引擎,用户的期望是百度使用其数据是显示最相关的结果来改进服务,而不是安插一些广告。根据忠实义务反对操纵旨在减少服务提供商实施操纵的隐蔽行为。

其次,操纵是因为处理者将其利益相对于用户利益置于优先地位,从而利用用户数据最大化自己利益,同时牺牲用户福利。[②] 用户相当于被剥夺了自己做选择的能力,因为其没有公平和充分的机会来权衡所有变量。[③]因此,当服务提供商最大限度地实现自身利益时,就违反了忠实义务。用户通常无法理解或监督网络服务提供商对其个人信息的处理行为,信义义务便要求网络服务提供商将用户利益置于自身利益之上。操纵不同于定向广告推送,后者虽然旨在改变人的行为,例如提醒用户继续购买虚拟购物车中尚未付款的商品,或者向用户展示一种与其常用化妆品品牌相似的产品,以试图让其更换品牌,但不同的是,用户熟悉广告的概念,并知情广告是向其

---

① 陈景辉:《算法的法律性质:言论、商业秘密还是正当程序?》,《比较法研究》2020 年第 2 期。

② Cass R. Sunstein. *Fifty Shades of Manipulation. In The Ethics of Influence: Government in the Age of Behavioral Science.* Cambridge University Press, 2016, pp. 78 - 115.

③ Ariel Dobkin. Information Fiduciaries in Practice:Data Privacy and User Expectations. *Berkeley Technology Law Journal*, Vol. 33, No. 1, 2018, pp. 1 - 50.

定向推送的,故当其看到一则广告时,是在平等的基础上,而非信息不对称,并有意识地决定是否根据广告改变自己的行为。

3. 反滥用

信义规则要求初始处理者只能与第三方有限地分享其基于信任收集的个人信息。虽然用户基于对 A 企业的信任而分享数据,但这一意思表示不延伸到 B 公司;用户可能因为不信任 B,若知道 B 公司有权访问其信息,一开始便不愿分享信息。此时 A 向 B 分享用户信息就是对用户信任的违背,其中一些分享是合理的,例如微博允许用户发布的内容向其指定的第三方公开;滴滴将用户信息与司机分享,或者与第三方分享没有识别特定个人的聚合数据;等等。然而有些分享则超出用户合理预期,例如微博将用户数据与商务合作伙伴分享。

三、事后阶段：保密、协助义务为核心的善后规则

(一) 保密义务

处理者主要将个人信息用于商业目的和经济交易,作为信息受托人应承担保密义务,被称为可信任的"数据知己"(data confidants)。保密义务要求受托人对于个人信息处理过程中所获取的特定个人隐私、个人信息不做"不适当披露"。这种保密关系并非源自明确的合同协议,而是当消费者向处理者分享个人的、潜在的敏感信息时,相信分享是安全的,因为只有合理认为存在明示或默示保密保证的情况下才会分享信息,属于"推定信义关系"(implied fiduciary relationship)。[①] 在符合侵权行为要件的情况下,法院可以将其作为违反保密义务的行为向处理者追责。

保密义务要求信息受托人与第三方进行交易或分享数据时,必须实施对其用户的信任保护。如果信息受托人允许第三方在其网站或应用程序上放置跟踪器或其他监控代码,则第三方必须同意对收集和使用的数据承担

---

① Alicia Solow Niederman. Beyond the Privacy Torts: Reinvigorating a Common Law Approach for Data Breaches. *Yale Law Journal Forum*, Vol. 127, 2017 - 2018, pp. 614 - 636.

同等受托责任。分享或利用平台收集数据的所有应用程序都必须向平台承诺,它们将作为其收集和使用的数据的信息受托人,因此即使第三方在基于合法性前提下获取了个人信息,仍对该个人信息承担与初始处理者同等的保密义务。

《个人信息保护法》第 4 条将"匿名化处理后的信息"排除在个人信息范围之外;第 74 条第 4 项规定"匿名化"(anonymize)是指个人信息经过处理无法识别特定自然人且不能复原的过程。① 匿名化被视为大数据时代个人信息处理中重要的风险预防手段。立法理想化预设匿名化处理后的信息已经无法识别到特定的自然人。《个人信息保护法》同时采用了"去标识化"(de-identification)和"匿名化"。去标识化是指个人信息经过处理,在不借助额外信息的情况下无法识别特定自然人的过程。匿名化与去标识化都是防止特定个人被识别的技术手段,但程度上有差别。"去标识化"接近于欧盟 GDPR 中的"假名化"(pseudonymisation)。除非使用额外信息,否则无法将个人数据联结到某个具体的数据主体,且上述额外信息应当被独立存储并受制于适当的技术和组织措施,以确保个人数据不会联结到某个已识别或可识别的自然人。按照技术的清洗、脱敏程度而言,匿名化最强,去标识化次之,假名化最弱。但是匿名信息的悖论是,信息可以具有实用性,或者信息可以进行有效的匿名化处理,但不能两者兼而有之。虽然越是不能识别出特定个人就越要删除或者改变个人信息中的直接标识符与间接标识符,但个人信息的价值正在于利用识别性进行分析、预测、机器学习等加工成知识。删除得越"干净",前述价值就越"小"。这一悖论决定了匿名信息中或多或少保留着一些标识符。标识符的存在使得匿名信息有转化为可识别个人信息的"重新识别"(reidentify)风险或"去匿名化"(deanonymize)风

---

① 匿名化的常见步骤是:① 挑出可识别信息(singling out Identifying information),处理者挑出可用来识别个人的直接标识符或间接标识符组合;② 抑制(suppression),即从微数据中删除各直接标识符,降低数据准确性,例如医院健康信息中隐藏或删除患者姓名;③ 泛化(generalization),修改而不是删除标识符,保留一定的实用性;④ 聚合(aggregation),修改相应规模或数据集来稀释数据主体的属性,用以防止特定个体从群体中被识别,例如调查某一年龄段女性消费者的能力的数据收集只需群体的统计数据,而不需要特定个人的原始信息。Latanya Sweeney. Achieving Anonymity Privacy Protection Using Generalization and Suppression. *International Journal of Uncertainty, Fuzziness and Knowledge-Based Systems*, Vol. 10, No. 5, 2002, pp. 571 - 572.

险。因此,匿名信息不能识别出特定个人的特点是相对的,可以说并不存在任何场景下都无法识别出特定自然人的匿名信息,"匿名化处理"被理解为"实现匿名化"是一种误解,该技术本身仅表示"尝试实现匿名化"。[1]

匿名化制度不仅难以实现保密效果,而且因为丧失信息识别性而价值降低。保密义务的履行要求"个人信息模糊化",[2]而非匿名化。模糊化是一种"未知"状态,意味着处于观察者视角的处理者不具备识别分析出该特定个人的关键信息,搜索可见性、无保护的访问、识别性、清晰性任何一项的削弱,便是增强了个人信息的模糊性。[3] 模糊化的要求低于匿名化处理,其可以降低成本,同时在符合保密义务下兼顾个人信息的流通利用,例如Facebook公司的聊天软件Messenger没有配置转发信息功能,需要通过复制、粘贴再选中要转发的人,付出的交易成本比直接转发累积起来要高,从而在一定程度上阻碍了信息的随意分享。通过加密信号可以增强信息主体对信任和风险计算的预期,例如为微信软件"朋友圈"提供不同档次的隐私设置功能,从而建立用户与微信平台、微信好友的信任关系。处理者履行"防止未经授权的访问以及个人信息泄露、篡改、丢失"义务时,应采取相应的加密、去标识化等安全技术措施(去识别技术是一种模糊化技术)。将去标识化作为对外提供或流通利用的标准,保留一定的识别性,才更符合既去掉能引发关联风险识别个人的标识符,又符合企业对信息数据价值开发的综合要求。

(二)协助义务

信息主体享有删除权。当符合我国《个人信息保护法》第47条规定的情形时,个人信息处理者应当主动删除个人信息,个人也有权请求处理者删除。删除权是程序性权利,是为了实现遗忘权而依法采取删除等技术措施。

---

① Paul Ohm. Broken Promises of Privacy: Responding to the Surprising Failure of Anonymization. *UCLA Law Review*, Vol 57, No. 6, 2010, p. 1744.

② 李芊:《从个人控制到产品规制:论个人信息保护模式的转变》,《中国应用法学》2021年第1期。

③ Woodrow Hartzog and Frederic Stutzman. Obscurity by Design. *Washington Law Review*, Vol. 88, No. 2, 2013, pp. 385-418.

"删除"通常是从电子设备、计算机系统或文件中清除特定文件、数据或信息。我国台湾地区"个人资料保护法施行细则"第 6 条第 1 款规定:"删除,指使已储存之个人资料在个人资料档案中消失。"如果处理者拒绝个人行使删除权的请求,个人可通过自力救济向法院提起诉讼,维护自己信息权利。

欧盟的被遗忘权由遗忘权和删除权融合而成,其关键在于遗忘,使信息主体免受过时的、不相关的、不当的负面信息的困扰或危害,注重维护人的尊严与自由。权利人可以要求控制者删除过时或不准确的信息。[1] 例如个人信息需满足"不相关性"和"过时性"要素,不相关性是指与表达自由、信息自由以及公共利益等正当利益不具有关联性,过时性是从反向说明该个人信息已无对外公开的必要。在两起相似的遗忘权案件中,[2]原告均以消除对工作和生活的不良影响为由要求谷歌删除多年前的犯罪记录链接,但法院认为原告 NT1 所犯的犯罪类型是侵害他人隐私,而非针对消费者群体的犯罪行为,与其正在从事的职业无明显关联,故没有继续公开(起警示作用)的必要;原告 NT2 对其商业犯罪行为没有懊悔并仍在从事商业活动,曾经的犯罪行为与当前职业具有关联性,故判决保留其犯罪报道以供公众查阅。

被遗忘权是以删除为原则,不删除为例外。我国《个人信息保护法》中规定的删除权,只有在符合法定情形时处理者才需要主动删除,或者按照信息主体的要求进行删除。我国尚未设立被遗忘权。[3] 但就技术可行性而言,随着技术的发展,尤其是在人工智能大模型、区块链场景中,要全面且彻底地删除个人信息几乎难以实现。如果法律、行政法规规定的保存期限尚未届满,或者删除个人信息从技术上难以实现的,个人不得行使删除权。[4]

从信义义务角度看,合同终止后或处理活动结束后,信息主体的"利益随之处于缺乏实际保护的状态,从而使利益受损的概率大增,因此,另一方

---

① Michael L. Rustad and Sanna Kulevska. Reconceptualizing the Right to Be Forgotten to Enable Transatlantic Data Flow. *Harvard Journal of Law & Technology*, Vol. 28, No. 2, 2015, pp. 349 - 418.
② NT 1 & NT 2 v. Google LLC [2018] EWHC 799 (QB).
③ 王利明:《论个人信息删除权》,《东方法学》2022 年第 1 期。
④ 程啸:《论〈个人信息保护法〉中的删除权》,《社会科学辑刊》2022 年第 1 期。

提供临时性协助，自身付出代价虽不大，却帮助对方保全了利益，善莫大焉";①反之，也增强了信息主体对处理者的信任。信义义务可以扩大解释个人信息删除的履行方式，并结合被遗忘权的内涵扩大删除行使的目的，即协助义务。一方面，受托人与处理者之间存在数据交换，这意味着个人数据既须在不同计算机系统之间移转（数据可携），也可从任何特定系统中删除。控制者有义务协助信息主体完成可携和删除，并不一定直接删除，还可以通过匿名化处理、加密化处理、屏蔽或断开链接、区块链上打入"黑洞"等方式，只要保证个人信息在输出结果中持续不可见，就视同已删除。另一方面，删除权的目的是保证个人信息的自决和完整，本质上是信息主体与处理者"一对一"的关系，即仅被提出请求的处理者负有删除义务。但从社会交往与社会关系来看，符合被遗忘条件的个人信息，信息主体不仅有权要求处理者删除相关个人信息，而且在一定程度上处理者还要协助（通知其他处理者一同删除）信息主体，才能实现被遗忘的目的，突破了"一对一"的关系。②

第三节　信义义务与个人信息处理内部管理

一、从"设计的隐私"到"设计的信任"

我国个人信息保护法是从内外两方面的强行性规范来构建个人信息处理规则。从外部来看，个人信息处理规则是指处理者在各种处理活动中所负担的义务以及相应的责任；从内部来看，处理者被要求建立健全的管理制度和操作规程，个人信息处理活动中对信息分级分类管理并采取加密等措施保障信息安全，以及大型网络平台履行相应"看门人"义务等。③　出于信

---

① 佟强：《信赖之债》，北京大学出版社 2020 年版，第 513 页。
② Alexander Tsesis. Data Subjects' Privacy Rights：Regulation of Personal Data Retention and Erasure. *University of Colorado Law Review*，Vol. 90，No. 2，2019，p. 602.
③ 程啸：《论我国个人信息保护法中的个人信息处理规则》，《清华法学》2021 年第 3 期。

任维护,信义义务要求处理者从整个处理活动周期考量内部管理方案。

"设计的隐私"(privacy by desigen)是指在互联网产品或服务的整个设计和生命周期中,包括人工智能算法、生成式人工智能大模型等设计,在各种方案选择时应以保护隐私作为重要事先考量。将实质性的隐私保护纳入个人信息处理实践,在产品和服务的整个生命周期内,维护全面的数据管理程序,根据"隐私即信任"的隐私观,要求实现"设计的信任"。① 设计的隐私制度有 7 项基本原则:一是主动保护而非被动保护,事先预防而非事后救济;二是默认隐私保护;三是隐私保护嵌入产品设计;四是完整功能——正和而非零和;五是全生命周期保护;六是开放与透明;七是以用户为中心,尊重用户隐私。② 该制度鼓励使用隐私增强技术(privacy enhancing technologies)和有利于隐私保护的默认设置(default settings),在产品设计的整个生命周期中嵌入全功能隐私保护,并持续可见和透明。具体而言,生命周期可分为前端软件开发活动和后端数据管理实践。开发是面向用户的产品或服务的设计过程,确保在设计产品或服务时同时考虑用户合理隐私期望和防范可预期的风险,使得用户能够控制个人数据,将风险降至最低。后端管理实践包括数据管理流程,确保信息交换系统符合个人信息保护规定、公司政策(包括已发布的隐私政策)和用户自己的隐私偏好。例如数据企业在设计系统时,事先考虑如何应对员工访问、使用、披露,并最终删除客户数据的情况。③

"设计的信任"要求在产品设计与数据管理的过程中考量信息主体的利益,尤其是信息主体有权分享信息经济创造的价值与红利,例如在个人医疗数据信托中,相关数据产品中嵌入可预测算法模型,为用户提供免费健康状况报告作为其数据的"回报"。"设计的信任"与处理者的可信度或信誉相关

---

① Eric Everson. Privacy by Design: Taking Ctrl of Big Data. *Cleveland State Law Review*, Vol. 65, No. 1, 2016, pp. 27 - 44.

② Ann Cavoukian. *Privacy by Design: The 7 Foundational Principles—Implementation and Mapping of Fair Information Practices*, Information & Privacy Commissioner. Ontario, Canada, 2010, p. 9.

③ Ira S. Rubinstein and Nathaniel Good. Privacy by Design: A Counterfactual Analysis of Google and Facebook Privacy Incidents. *Berkeley Technology Law Journal*, Vol. 28, No. 2, 2013, pp. 1333 - 1414.

联,处理者是否也直接或间接影响处理者能获得的数据经济利益。但凡理性经营的处理者更倾向于避免产生与重大数据泄露或隐私事件相关的费用,包括行政罚款、产品下线、用户信任度下降、潜在用户流失、合规成本等。尊重隐私并获得用户信任的处理者将获得"信息红利"。作为一种技术设计框架,前端产品开发中便嵌入信任保护,谨慎设计其产品或服务(谨慎义务的体现)。

在人工智能和机器学习、算法和大数据适用于社会生活方方面面的时代,"设计的信任"有助于提高个人信息处理透明性,减轻安全感困境,信任基础是技术不被滥用。这些措施包括:① 人工智能行业和数据分析的利益相关者应根据收集的数据类型和滥用风险,对其系统暴露的数据进行审计和检查;② 利益相关者记录和保留其用于训练人工智能等的数据,以防将来需要进一步审查人工智能系统是如何开发的;③ 审计应当标准化,由客观独立的第三方实施;④ 当所有系统运营商认真遵守设计的信任保护要求但仍会造成损害时,可以在有限情况下享受免责。[①] 例如在"凌某某诉微播视界隐私权、个人信息权益网络侵权责任纠纷案"中,判决指明,技术的发展促进了海量信息的产生,因为技术能力,普通网络用户很难了解其个人信息如何被处理和利用,其对网络空间中的个人信息和私人领域的控制力减弱,互联网企业需从保护用户权利的角度,合法合规地设计产品模式、开发技术应用,通过完善隐私政策内容和告知形式、对信息不可复原的匿名化处理等产品模式设计和技术创新的方式,在加强隐私权和个人信息保护的前提下,促进互联网行业的发展,承担应尽的法律责任和社会责任。[②]

二、采取差异化方案的内部管理型规制

个人出于参与社会生活等原因分享信息,又在服务提供者的系统设计

[①]　Yanisky-Ravid, Shlomit and Sean K. Hallisey. Equality and Privacy by Design: A New Model of Artificial Intelligence Data Transparency via Auditing, Certification and Safe Harbor Regimes. *Fordham Urban Law Journal*, Vol. 46, No. 2, 2019, p. 428.

[②]　北京互联网法院(2019)京 0491 民初 6694 号民事判决书。

中被进一步激励分享。就处理者内部而言,应重视"内部管理型"制度设计,建立差异化的风险管控体系,从而增强个人对信息处理过程的了解和信任。因为数字社会是典型风险社会,以不确定性和不可逆性为特征,包括对应用程序、算法系统和数据分析等风险认知的不确定性和分析后果的不可逆转性。风险社会的规制经典思路是前端控制加末端控制,前端是指从生产设计阶段对企业的技术标准或行为措施作出"应为……"或"禁止为……"的设计标准;后端是指从产出阶段对企业须达到的结果提出绩效目标标准。但企业内部管理过程对前端和末端规制效果的影响往往被忽视,由此而成为一个"黑箱"。①

个人信息处理存在持续的、难以预测的风险,信息信义义务规范构造是一种基于风险的规制。将风险作为决定是否需额外保障措施的关键指标,以保护信息主体免受特定处理活动潜在负面影响。当然完全消除所有危害和风险是不可能且代价高昂的,风险指标应类型化,包括对个人信息权益的侵害、个人对处理者信任的减损、个人对信息监管机构信任的减损。因此,从处理行为合法性和个人行权的有限规制转向"在不确定场景下管理技术创新的'强制自律(内部管理)'模式转变",②即内部管理型规制。从行为前端甚至是决策阶段入手,防患于未然,尽可能减少与信息系统相关的不确定性,弱化同意规则的作用,强化企业问责和内部建立差异化数据保护,使风险降低到可接受的限度内。

内部管理型规制要求处理者在控制不同类型风险时采取差异化治理方案。③ 第一,通过及时的风险评估和风险减缓措施的公示来应对个人对处理者信任的减损风险;第二,监管机构可以采取指引处理者制定内部个人信息处理规则,例如个人信息保护法合规评估工具、数据泄露的管理手册、数据保护的影响评估指南,并激励信息处理者尽可能地公开和透明的多元化监管方式;第三,数字社会主观诚信可以客观化,信任是"计算性信任",因

---

① 谭冰霖:《论政府对企业的内部管理型规制》,《法学家》2019 年第 6 期。

② Milda Macenaite. The Riskification of European Data Protection Law through a Two—Fold Shift. *European Journal of Risk Regulation* (*EJRR*), Vol. 8, No. 3, 2017, pp. 506 – 540.

③ 谢尧雯:《基于数字信任维系的个人信息保护路径》,《浙江学刊》2021 年第 4 期。

此,处理者可从用户角度分析场景,并结合场景融入用户的合法利益,从而构建相对公开和透明的数据保护方案与合法利益平衡模型。

合法利益平衡模型由欧盟第29条工作组(WP29)提出,该模型的因素包括:一是影响评估。确定处理过程中处理者及其他相关者对个人或群体的正面、负面影响。风险具体化和后果严重性是评估中确定影响的关键因素。二是数据性质。确定特定类型数据的内在风险,例如生成式人工智能所使用数据集的可识别风险、算法风险,生物识别信息由于其不可逆转可能有更大风险,位置数据因与人身安全相关可能有更大风险。三是数据处理方式计划。确定潜在接收者的数量、特征以及超出原始处理目的的其他处理者对数据再次访问的需求,同时考虑安全措施。四是用户合理期望(信任)。确定与分享信息、信息关系性质以及增强关系中信任的必要行为范围。与受托人商谈,权衡这些利益对目标群体中的个人、群体或社区的价值。五是处理者与信息主体的地位。关注双方关系中谈判能力、强迫信任的潜在差异。信息主体所处的位置是否因权力差异被强迫决策。关注数字弱势群体。六是发布合法利益分析结果。为了增强透明度,处理者在一定条件下公布合法利益平衡模型的分析结果。公开内容的标准是为了用户的利益(忠实义务的体现)。①

尽管《个人信息保护法》第55和56条规定了事前个人信息保护影响评估制度,但并不要求影响评估报告的公开,也不要求根据用户的合理期望来确定信任关系内的必要行为范围,难谓校正了信任缺陷。立法应识别出可信任的处理者,分配其义务,更好地利用其可信任性,进而促进信息流通;同时,也应识别出不可信的处理者,规制其行为,拒绝给予其滥用或误用权力的能力,②这正是信息信义义务的制度目标,因此个人信息保护影响评估制度应增加公开要求并提升透明度,以增强用户与处理者之间的信任。对此,可以考虑在隐私政策中予以披露影响评估报告,并配合

---

① Opinion of the Working Party on the Protection of Individuals with Regard to the Processing of Personal Data No. 06/2014 of 9 April 2015, 844/14/EN WP 217, pp. 37-41.

② [美]斯科特·夏皮罗:《合法性》,郑玉双、刘叶深译,中国法制出版社2016年版,第443页。

司法在个案中来实现。①

小　结

　　本章考察了如何在中国个人信息保护法中嵌入信息信义义务的规范构建。从个人信息处理基本原则到具体行为规则，再到处理者基于自律、信任保护的内部管理制度展开。个人信息处理基本原则渗透在个人信息处理具体规则中，是构建个人信息处理具体规则的基础。信息信义义务以诚信原则作为理论基础，并与其他基本原则相互补充。个人信息处理规则的内部功能为参与主体之间的权益制衡和利益分配，其实现取决于外部各方主体所享有权益的优先关系和平衡规则。② 个人信息处理若要界定"处理"的具体方式，难以达成共识，且随着信息技术的发展，必然表现出滞后性，但若将个人信息处理视为"分享"，便简化了复杂的个人信息处理过程，且反映出其实质。分享的阶段可分为三阶段：一是（事前）个人做出分享决定前，该阶段处理者在目的合法的假设条件下，需要具备"合法性基础"；二是（事中）个人做出分享决定后，该阶段处理者的行为要合法，即是否遵守了具体法律规定和承担了相应的义务；三是（事后）个人撤回或终止分享决定时，该阶段处理者应承担相应的善后义务。事前主要是弱化同意的功能，将信义义务作为补充，扩充合理使用的"正当利益"情形，促进个人信息在信任保护下实现更多分享；事中以忠实义务为受托人信息信义义务的核心，忠实还有反歧视、反操纵、反滥用的消极内涵；事后以保密义务来应对匿名化制度的困境，协助义务来应对删除效果的不足。因此，信息信义义务贯穿了整个个人信息处理过程与个人信息保护法，作为数据治理的统一框架而构建。

---

① Charlotte A. Tschider. Meaningful Choice: A History of Consent and Alternatives to the Consent Myth. *North Carolina Journal of Law & Technology*, Vol. 22, No. 4, 2021, pp. 617 – 680.
② 商希雪：《超越私权属性的个人信息分享：基于〈欧盟一般数据保护条例〉正当利益条款的分析》，《法商研究》2020 年第 2 期。

第五章

中国法个人信息处理中
信义义务的司法适用

信息主体与处理者之间是"受益人—受托人"的信义关系。处理者或第三方独立机构作为受托人,代表信息主体个人或群体控制、管理个人信息上的权利。信义义务内容根据不同受托人的业务类型、与信息主体的关系等而调整,以适应不同类型的个人信息处理关系。信义义务规范因履行归于消灭,或者因违反导致责任,均意味着信义义务的结束,从而形成"信义关系—信义义务—信义规范—信义责任"的完整逻辑闭环。信义责任(Fiduciary Liability)是信义义务的当然延伸,与违反信义义务的法律救济是一体两面的关系。当受托人违反信义义务后,受托人应负有信义责任,而受益人则获得了相应的法律救济。

第一节　信义责任在个人信息处理侵权救济中的认定

一、归责原则的认定:一般过错与过错推定

在《个人信息保护法》制定过程中,立法者认识到个人信息侵权一般过错责任的局限性,相继提出过错推定责任、无过错责任说和区分说。过错责任意味着只有当侵权行为人存在主观上的故意或过失时才承担侵权责任;无过错责任则不考虑侵权主体是否采用数据自动处理技术,统一适用无过错责任原则,例如《德国联邦数据法》针对公务机关的信息处理行为采用无过错责任。区分说在借鉴域外立法模式基础上,基本形成了四种观点:一是区分处理者是国家机关还是非国家机关,对于国家机关采用无过错责任原则,因为国家机关处理个人信息时往往是基于履行职务的授权,信息主体

一方几乎不能拒绝信息被收集和使用;非国家机关则采用过错推定,一方面,是能够缓解信息主体举证上的困难;另一方面,也避免过于严格的归责原则阻碍信息产业和数字经济的自由和发展。① 二是根据处理方式是自动化还是非自动化,对于自动化处理适用过错推定原则,原因在于自动化处理方式带来的损害具有不可预测性而导致受害人举证困难。② 三是将前面两种观点融合,形成了三元归责体系,国家机关采用自动化处理的适用无过错责任,非国家机关采用自动化处理的适用过错推定责任,采用非自动化的处理者均适用一般过错责任。③ 四是以敏感与非敏感个人信息为区分标准,对于敏感个人信息适用无过错责任,因为处理敏感个人信息属于高度危险行为,威胁的是个人的自由和尊严等人格利益以及人身财产安全等法益,该种处理行为原则上就是应该禁止的,处理敏感个人信息的行为属于客观上就开启了危险源头。④

我国《个人信息保护法》第 69 条第 1 款最终采用过错推定责任原则,即处理个人信息侵害个人信息权益造成损害,个人信息处理者不能证明自己没有过错的,应当承担损害赔偿等侵权责任。《民法典》第 1165 条第 2 款规定,依照法律规定推定行为人有过错,其不能证明自己没有过错的,应当承担侵权责任。当侵权行为违反了个人信息保护性法律规定时,通过构成要件的法律效果评价方式认定侵权责任成立,此时过错是责任成立的要件,可以从违反法律规定的清晰事实中推定过错。另外,《民法典》第 998 条规定,认定行为人承担侵害除生命权、身体权和健康权外的人格权的民事责任,应当考虑行为人和受害人的职业、影响范围、过错程度,以及行为的目的、方式、后果等因素。对于不在保护性法律规定清晰调整范围内的侵权行为则根据《民法典》第 1165 条第 1 款适用过错责任原则,此时过错是作为利益衡量的考量因素。

因此,当处理者因侵害信息主体的信义利益而认定侵权责任时,取决于

---

① 齐爱民:《中华人民共和国个人信息保护法示范法草案学者建议稿》,《河北法学》2005 年第 6 期。
② 陈吉栋:《个人信息的侵权救济》,《交大法学》2019 年第 4 期。
③ 叶名怡:《个人信息的侵权法保护》,《法学研究》2018 年第 4 期。
④ 程啸:《侵权责任法》(第三版),法律出版社 2021 年版,第 126 页。

这一侵害行为是否属于违反个人信息保护性法律规定。当信息信义义务未上升为法定义务时,由于不存在法律上预先清晰界定的信义义务事实构成,只能通过利益衡量的评估方法,综合诸多考量因素来认定侵权责任。当信息信义义务上升为法定义务时,违反信义义务的侵权行为则根据《个人信息保护法》第 69 条规定适用过错推定责任。

处理者适用过错推定的正当性基础与信义责任高度契合。一是侵害个人信息的处理者(加害方)在技术、经济等方面较个人占有优势地位,采过错推定有利于保护信息主体(受害方),信息主体的举证能力弱,在一定程度上证成了过错推定的正当性。信息关系正是基于其固有的权力不对称以及信息主体的脆弱性与依赖性等特征构成信义关系。与"道义责任论"①不同,信义责任是基于社会责任的视角,法律所维护的并非只有个人自由,还有国家利益和社会利益,当代社会之所以是信赖社会,数字社会更应是信赖社会,就是因为社会公共关系和利益的考量逐渐受到重视,对个人的侵害实则是对个人利益和社会利益的双重侵害。在过错认定上司法放弃自由利益的绝对性,从社会责任视角以分配正义为出发点,引入信赖保护,部分限缩自由的价值。二是处理者基于处理行为产生的法定义务是承担过错推定责任的根本原因。过错中包含了违法。社会责任视角下过错标准逐渐客观化,客观过错的判断主要是根据善良管理人的注意义务为标准判断,对于行为造成的损害如果一般理性人能够预见并避免而行为人没有预见或没有避免从而造成损害的,即为过错。② 信义义务也有注意义务的内涵,违反义务可推定有客观过错。过错的概念比违法宽泛。信义义务的违反既可以推定处理者有过错的事实,也可以作为推定过错的判断依据。

---

① 道义责任来自古典自然法学派中的法律与道德的一元理论。当个人拥有自由就意味着其能够以自己的意志来独立支配自己的行为,那么,其既可以用自由为善,也可以用自由作恶,而道德命令的要求是在乎扬善,因此,当一个人滥用自由来为损害他人的利益的非正当行为时,便认定其主观具有过错,从而引发了道德上的可谴责性和法律上的可归责性,最终产生法律责任;反之,如果行为并非出于其自主选择,也就意味着损害的发生与其意志无关,损害属于无可避免,那么,在无过错的情况下追究责任是没有法律依据的。这是传统道义责任说,每个人对他人造成损害要在主观上有过错,方可追责,因为这是出于对该人自由的保护,相对人需要自担风险。参见佟强:《信赖之债》,北京大学出版社 2020 年版,第 418 页。

② 柳经纬、周宇:《侵权责任构成中违法性和过错的再认识》,《甘肃社会科学》2021 年第 2 期。

二、违法行为的认定：违反信义义务的行为

当未尽到信义义务,侵害信息关系中信息主体的信义利益而构成民事不法行为(civil wrongs)时构成侵权。违法行为与不法行为的区别在于,违法行为是一种法律事实或者事实性陈述(与合法相对),不法行为是一种与制裁后果关联的规范性陈述。违法行为,即事实上违反法律的行为,例如违反法定义务、违反保护他人为目的的法律、故意违背善良风俗致人损害的行为。违反信义义务视为个人信息处理侵权行为,是为了拓宽信息主体的救济路径。

（一）判断个人信息处理行为是否具备任何一项合法性依据

根据动态系统论,基于权利位阶差异、保护程度差异、救济方式差异等区分成物质性人格权(生命、身体、健康等)与其他人格权。个人信息权益属于其他人格权范畴,要采用动态系统论来判断是否超出合理使用的范围,需考量行为人和受害人的职业、影响范围、过错程度、行为目的、行为方式、行为后果等因素解释"合理""正当""必要"等,按法定顺序排列其权重。[1] 借鉴著作权法合理使用制度构建个人信息合理使用的"双清单模型",包括"开放情形清单"(即什么情形是合理使用)和"评估清单"(即怎么使用是合理使用)。"合理使用"等同于"合理处理","维护公共利益或权利人合法权益"为处理目的的标准,"合法、正当、必要"三原则是判断怎么处理属于合理的评估标准。[2]

（二）判断某一具备合法性依据的个人信息处理行为是否违反信义义务,须结合具体场景判断

个人信息分享行为本质是特定环境下做出的风险决策。风险包括潜在

---

[1]　王利明:《民法典人格权编中动态系统论的采纳与运用》,《法学家》2020年第4期。
[2]　卢震豪:《我国〈民法典〉个人信息合理使用的情形清单与评估清单:以"抖音案"为例》,《政治与法律》2020年第11期。

的侵害或损失,特定环境是指分享给具有特定使用目的的特定处理者的特定个人信息。因信任而分享,信任包含了信息主体的合理期待:信息权利(以决定权为核心),信息安全(以受保护权为核心),以及适当分享价值。但信任的衡量不是静态的,具有高度的语境性、易变性和可塑性。例如,当甲通过分享自己最喜欢阅读的书籍信息换取网上书店1美元的折扣时,甲的合理期待需要结合场景判断,例如当一家受甲信任的书店要求分享时,甲更愿意分享个人信息,而没有相同信任级别的另一家书店可能需为获得该信息提供更高的折扣。[1] 因违反信义义务构成侵权有具体的保护基础,既可能是忠实、注意和保密义务,也可能是反歧视、反操纵、反滥用的禁止性规定。信义义务关注信息隐私的社会面向,个人信息保护不仅取决于信息主体的意图和行为(intent and conduct),而且应考量信息分享与信息保护所构建的信息关系。[2] 因此,法院不仅通过侵权来保护个人信息,还应当认识到用户与处理者之间存在着交易关系,在交易里面藏着信息信义关系,处理者被视为"数据知己",法院的任务是修复信息关系中被破坏的信任。[3] 鉴于信义关系中的信息受托人在知识、技能、信息、权力等方面具有优势地位或专业人士地位,与职业责任具有一定相似性。信息受托人甚至可以利用专业知识与技能隐匿违信行为,因此,当信息主体主张处理者存在违反信义义务的行为且应承担信义义务时,只需举出初步证据(prima facie)即可,这是一种较高程度的盖然性更低的举证要求。

(三)违反信义义务与违反安全保障义务责任侵权请求权竞合

《民法典》第111条规定"确保信息安全";第1198条规定"经营者、管理者或者组织者未尽到安全保障义务的,承担相应的补充责任。"《网络安全法》第四章"网络信息安全"规定了网络运营者对网络用户的个人信息负有安全保

---

[1] Daniel J. Solove. The Myth of the Privacy Paradox. *George Washington Law Review*, Vol. 89, No. 1, 2021, pp. 1 - 51.

[2] Randall P. Bezanson. The Right to Privacy Revisited: Privacy, News and Social Change, 1890 - 1990. *California Law Review*, Vol. 80, No. 5, 1992, pp. 1133 - 1175.

[3] Alicia Solow Niederman. Beyond the Privacy Torts: Reinvigorating a Common Law Approach for Data Breaches. *Yale Law Journal Forum*, Vol. 127, 2018, pp. 614, 628.

障的法定义务,具体包括:严格保密信息并健全用户信息保护制度;合规收集和使用信息;采取必要技术等相关措施,确保收集的个人信息安全;管理机构和人员须尽职管理的保障义务等用户信息安全保障义务。安全保障义务的规范价值取向在于公共秩序与公共安全的维护。信义义务的内涵比安全保障义务更广泛,个人信息处理中即使没有合同约束,由于处理者一方事实上处于权力优势地位,自然会引起信息分享者对处理者产生合理的安全保障方面的客观信任。但当信息信义义务未上升为法定义务时,可以有条件地通过扩大解释安全保障义务来妥善照顾信息主体的安全利益。因为追溯到安全保障义务设定的初衷,是以保障相对人的信赖利益为出发点,承认经营者、管理者与特定他人之间在损害发生前就已经存在了一种基于信赖保护原则而形成的债权、债务关系。① 安全保障义务的本质是保护一方合理信任,强化另一方注意义务。以"申某诉携程等侵权责任纠纷案"为例:申某通过携程公司手机 App 平台订购机票,因订购机票行为而产生的出行人姓名、航班日期、起落地点、航班号、航空公司信息、订票预留手机号信息被整体泄露,诈骗分子根据泄露的信息内容发送诈骗短信,引导申某使用支付宝亲密付功能消费及工商银行网上银行转账,最终导致申某银行卡内个人财产受损。②

该案判决明确网络服务提供平台等处理者的安全保障义务与《民法典》第 1198 条确立的物理空间的安全保障义务"系属同源,法理体系一脉相承",因为网络空间的运行管理和信息数据的交互活动,与线下场景里的社会性场所、群众性活动的行为模式相似。网络服务提供者的平台特征使其被视为"经营者、管理者或者组织者"。在物理空间中,因存在一个公共空间而后产生聚合的公共行为;在网络空间中,虚拟特征导致因人与人之间先交互而后形成了一个虚拟的公共空间。虚拟性带来了网络空间所独特的公共性,将虚拟世界与原子真实世界分隔开来,突破了基于地理边界的传统法律的可行性和合法性。③ 2017 年在帕金厄姆诉北卡罗来纳州(Packingham v.

---

① 佟强:《信赖之债》,北京大学出版社 2020 年版,第 579 页。
② 北京市朝阳区人民法院(2018)京 0105 民初 36658 号民事判决书。
③ David R. Johnson and David Post. Law and Borders:The Rise of Law in Cyberspace. *Stanford Law Review*, Vol. 48, No. 5, 1996, pp. 1367 - 1402.

North Carolina)案中,肯尼迪大法官宣布"网络时代"的开始,互联网被称为"现代公共广场"。① 该广场需要创建自己的法律规则和组织。因此,网络服务提供平台等处理者与安全保障义务主体相同,应对针对其用户的损害行为负有排除义务,及对未来的妨害负有控制和审查义务。

(四) 补充责任的适用可能

当初始处理者未尽安全保障义务、信义义务而导致授予其信任的信息主体遭受损害(泄露、窃取等)时,直接加害人的第三方处理者承担侵权责任的同时,初始处理者应在其过失范围内承担相应补充责任。在"申某诉携程等侵权责任纠纷案"中,判决明确被告携程的商业行为的获利模式主要在于信息的处理与传递。用户对电商平台保障其消费流程的数据安全具有合理的信赖,基于网络环境下的基本安全需求,实际已经形成了用户预期免受第三人侵害的合理信赖利益。因此,用户对携程公司是基于信任而分享其个人信息,携程对其用户负有信义义务。法院综合案情及携程公司的过错责任程度,酌情确定携程公司在 5 万元赔偿数额的范围内对申某承担补充责任。

三、因果关系的认定:复数因果关系的推定

个人信息处理的本质是数据分享模式,不同平台和处理者之间广泛的信息流通引发了因果关系不确定的问题。例如"庞某诉趣拿等隐私权纠纷案",一审判决认为原告无法证明被告将原告过往的身份信息与案涉机票信息关联并泄露导致诈骗短信,理由是被告并非掌握原告个人信息的唯一介体,个人信息具有社会性。数据分享下个人信息从收集、存储到分析、向外提供等处理活动可在多个处理者之间传输且瞬间完成,意味着每一个环节都可能发生个人信息侵害,要证明是哪一个环节的不法行为引起了损害后果则处于不确定的状态,显然受害人的因果关系证明责任与其实际的证明

---

① Packingham v. North Carolina, 137 S. Ct. 1730 (2017).

能力并不匹配,且信息主体若要举证证明则需付出高额成本去获知每个环节对信息的保护程度等内容。① 数据分享模式中的因果关系属于典型的"多因一果"型。

首先,处理者的处理行为与个人信息权益被侵害之间的因果关系采条件说,即若无前者就无后者,则前者就是后者的原因。如果处理者积极履行了信息信义义务的要求,例如尊重信息主体的利益、应保密的信息采取了安全措施,个人信息权益是否仍然会被侵害,如果会,则未履行信息信义义务不是侵害的必要条件,如果不会,则未履行信息信义义务是侵害的必要条件。

在"申某诉携程等侵权责任纠纷案"中,注意义务要求被告携程公司对用户个人信息负有信息安全保管及防止泄露、控制危险的义务。② 因为携程公司在提供网络服务的过程中,通过对用户数据的搜集和维护获得了巨大的财产收益,从危险中获取利益者应负担制止危险的义务。判决认为,原告申某正是因为对携程公司不会违法向第三方泄露其订票信息产生了合理的信赖,才造成了对诈骗分子的轻信而遭受财产损失。携程若充分履行了自己的义务,保护了用户的合理信赖,申某的信息也就不会泄露。携程作为网络服务提供者既然从自己架构的数据系统中获得了利益,就应当对系统危险隐患所造成的损害后果承担责任。当然从救济效果上看,无论是在反应机制和技术储备,还是人力财力的支持,处理者作为系统安全的直接维护者和受益者具有高度的应对便利和条件,来应对第三方攻击或利用系统安全漏洞的侵权行为。

其次,个人信息权益被侵害与损害之间的因果关系采相当因果关系,即只有根据一般社会生活经验,行为当然地或盖然地引起结果才具有相当性。对于个人信息侵权人数能够确定的,多个处理者分别实施了信息处理行为,共同导致了信息主体个人信息权益的损害,若每个行为均足以单独致损,则形成了聚合因果关系,多个处理者按照《个人信息保护法》第 20 条"依法承担连带责任";若是这些行为结合在一起才导致损害,则形成了共同因果关系,多

---

① 刘海安:《个人信息泄露因果关系的证明责任:评庞某某与东航、趣拿公司人格权纠纷案》,《交大法学》2019 年第 1 期。

② 北京市朝阳区人民法院(2018)京 0105 民初 36658 号民事判决。

个处理者须平均承担责任或按份责任，[1]但相对于外部的信息主体而言，则为连带责任。对于个人信息侵权人数不能够确定的，可以适用推定因果关系规则来认定。盖然性因果关系就是一种推定的因果关系。原因是信息主体与处理者之间处于不对称的权力地位，推定因果关系的要点是保护弱者，在受害人处于弱势、没有办法完全证明因果关系要件的时候，只要受害人举证证明到一定程度，就能推定行为与损害之间存在因果关系，然后由被告来负责举证，证明自己的行为与损害之间没有因果关系。[2] 需注意推定因果关系适用于复数处理者时，作为原因的不法行为必定在前，作为结果的损害必须在后。

在"庞某诉趣拿等隐私权纠纷案"中，首先，二审判决认可了庞某不能确凿地证明必定是被告泄露了其个人信息，因为从收集证据的资金、技术等成本上看，作为普通的信息主体，根本不具备对网络服务平台内部数据信息管理是否存在漏洞等情况进行举证证明的能力。[3] 其次，庞某证明了被告确有自己的个人信息并由被告系统维护与管理，被告也有能力和条件将原告姓名与行程信息等实现匹配，结合被告被多家媒体质疑存在泄露乘客信息的情况的背景，认定被告泄露原告信息存在高度可能。最后，被告作为其行业的知名企业，属于大型互联网平台，一方面，因为商业模式掌握了大量的个人信息，个人在使用其产品或服务时有其信息受合理安全保护的期望；另一方面，被告也有义务或社会责任保护好消费者的个人信息免遭泄露带来的危险，属于正常风险控制范畴，相对于信息主体而言，只有处理者有能力实现对用户信息的保护。

四、损害后果的认定：潜在风险的可救济性

传统损害制度遵循没有损害就没有救济。侵权损害赔偿诉讼通常要求原告证明被告的行为实际上造成了某些特定的损害事实，依据损害能否通过

---

① 张建文、时诚：《个人信息的新型侵权形态及其救济》，《法学杂志》2021 年第 4 期。
② 杨立新：《侵权损害赔偿》，法律出版社 2016 年版，第 105 页。
③ 北京市海淀区人民法院(2015)海民初字第 10634 号民事判决；北京市第一中级人民法院(2017)京 01 民终 509 号民事判决。

金钱加以计量而分为财产性损害和非财产性的精神损害。个人信息权益遭受侵害时延续了这一损害认定思路,原告需就自己遭受的损害事实承担证明责任。"损害"认定的要求是易于量化的财产损害或者根据《民法典》第1183条"严重精神损害",或者英美法系行为造成"对理性人具有高度冒犯性"。特定自然人的个人信息财产价值低且难以计量。个人控制范式基于个人权利观,其隔离、支配权和排他的价值预设将信息隐私的价值降到"特定个人信息的综合交易价值"。① 在美国"捷蓝航空隐私诉讼案"中,该航空公司被诉向第三方分享了部分消费者信息,违反了其隐私政策中规定的义务。法院认为假使隐私政策可认定为合同,原告也因无法确定损害赔偿数额而无法获得法律保护。② 传统损害观念无法回应信息社会风险治理的现实需要。

　　个人信息处理具有不可预测性,个人信息损害也因具有无形性、未知性、难以评估性等特征而无法确定。除了实际确定的损害,更多表现为社会主体对信息处理风险的担忧。个人信息侵权的"风险"或"风险性损害"是否具有可救济性面临困境,包括因个人信息被非法收集、买卖、使用等而使加害人有机会对该信息主体的生命权、健康权、隐私权、名誉权等人格权益以及财产权益施加侵害;基于合法收集的个人信息形成了海量大数据,利用算法等分析技术进行社会分选、歧视待遇,增加损害信息主体人格尊严的风险;通过大数据及人工智能技术对信息主体人格画像,将原本是主体地位的自然人降至客体地位,并加以操纵,损害其人格自由;等等。③ 此外,个人无从知晓个人信息的下游处理情况,而且涉及聚合性的个人信息处理,风险性损害难以概念化,由于个人信息处理是持续、长期性的信息关系,因此,风险也是叠加式的。

　　具体的风险性损害类型有:一是数据泄露等会给信息主体造成未来损害的风险,例如常见的增加未来身份盗窃或诈骗风险。控制范式下的这种风险认定有障碍,因为身份盗窃等风险被认为是一种过于投机性的损害,增

---

① Daniel J. Solove. *The Digital Person: Technology and Privacy in the Information Age*. New York University Press, 2004, pp. 88-90.

② In re Jet Blue Corp. Privacy Litig. , 379 F. Supp. 2d 299, 327 (E. D. N. Y. 2005).

③ 程啸:《个人信息保护法理解与适用》,中国法制出版社2021年版,第9页。

加的不是实际损害,而仅为对未来损害的推测。① 二是原告(信息主体)为降低未来损害的风险而采取预防措施。即出于对风险的担忧,原告为降低身份盗窃或诈骗的风险而自付费用,例如花时间和金钱订阅相关保护或监控服务,这些措施的成本可以量化为特定的货币价值。控制范式下这一理论也遭遇障碍,因为原告为此付出的费用被认为试图"制造"损害。② 如此一来,任何原告都可以凭借一些措施花钱来降低风险,这种花费被认为太容易制造出来。三是原告因数据泄露等行为损害其个人信息而感到焦虑(anxiety)。这种"情绪困扰"(焦虑、恐惧、骚扰、尴尬等)式的主张作为损害的依据也难以被认定,因为该恐惧是基于对个人信息被恶意处理的一种推测性结论,而不能用事实来解释。

从信息信义义务角度看,个人信息处理的风险性损害有可救济空间,信任被违背、信义利益受损害就是事实。违反忠实义务,信息主体只需证明处理者与之存在利益冲突,且该利益冲突违背了信息主体的合理预期,处理者由此获得的利益在一定程度上能确定信息主体的损失。违反保密义务没有"高度冒犯性"的要求,主要侧重信息的来源。③ 从违反信息关系中的信任来看待损害,信任减损也属于损害范围。针对未来损害风险能否救济,风险本身具有损害的本质属性,即法律上的不利益。根据信义法,违反信义义务的损害赔偿可以针对尚未实际发生但存在风险或威胁的潜在损害(the threatened injury)。④ 个人在信息关系中随着技术权力差距处于更加脆弱的地位,遭受风险的水平增加,尽管并非所有人都会遭受损害,但其避免损害的机会减少了。针对为降低未来风险而采取预防措施,类似于支付保险费用防范特定医疗风险的传统证明风险防范具有货币价值,或者类似于环境法中"风险即危害"的理念,将风险作为实际损害的替代物,而不要求原告证明一项行为须事实上造成了明显的损害来确定。在美国"汉伯格诉伊斯

---

① In re Barnes & Noble Pin Pad Litig. , No. 12 - cv - 8617, 2013 WL 4759588, at 5 (N. D. Ill. Sept. 3, 2013).

② Clapper v. Amnesty Int'l USA, 568 U. S. 398, 422 (2013).

③ McCormick v. England, 494 S. E. 2d 431, 438 (S. C. Ct. App. 1997).

④ 徐化耿:《信义义务研究》,清华大学出版社 2021 年版,第 45 页。

曼(Hamberger v. Eastman)隐私侵权案"中,法院通过社会法理论,不认定原告是否真的受到损害、羞辱或任何形式的伤害,相反,基于更广泛的社会信任认定房东在租客房间安装窃听装置"冒犯了任何正常理性的人"。该案将侵害隐私转变为是对社会信任和行为规范的侵害。[1] 针对焦虑等情绪困扰,数字社会焦虑情绪是对不确定性损害一旦发生的严重性后果的关注和担忧,属于一种群体性的安全感困境。信义义务强调信息关系中的信任保护正在于保护原告免于陷入焦虑、恐惧。虽然精神损害赔偿中要求严重性的障碍设置原本是防止滥用,但在个人信息信任保护语境下欠缺合理性,人身救济作为比财产救济更高的位阶性,即使是轻微的财产损害也应给予救济,更何况是精神性的侵害,严重性条件显得逻辑上并不能自洽。[2]

当然,在损害制度中引入风险评估,将用户因信息处理遭受损害的可能性,以及为了解决风险而付出的"代价"纳入损害认定需个案分析,取决于在具体案件的场景中判断是否符合用户的合理隐私期待以及是否造成了不合理的隐私风险来审视是否构成对个人信息的合理使用。[3] 个人信息合理使用的界定划分了个人信息保护边界,一般判断标准是信息处理造成的影响能否为信息主体所接受。影响用户接受程度的核心是处理行为对个人权益造成的损害或风险。信息治理的本质就是将个人信息处理的风险降低至用户可以接受的合理程度。在个案裁判中,在人格权益受损无法举证的情形下,可提高信息主体财产权益保护的可能性。一是主张机会成本的增加。例如,"妮可诉亚马逊(Nicole v. Amazon)"案[4]提出平台对个人网络踪迹信息的排他性使用规避了信息主体对其信息使用传播的控制权,增加了进入平台网站的机会成本。二是主张实际成本的增加。例如,手机文件存储空间、电池的使用消耗等对个人信息资源的秘密使用,使得用户数据流量更多使用造成实际的成本。[5]

---

[1] Hamberger v. Eastman, 206 A. 2d 239, 239 - 42 (N. H. 1964).
[2] 田野:《风险作为损害:大数据时代侵权"损害"概念的革新》,《政治与法律》2021 年第 10 期。
[3] 范为:《大数据时代个人信息保护的路径重构》,《环球法律评论》2016 年第 5 期。
[4] Nicole v. Amazon: No. C11 - 366RSL.
[5] 张璐:《个人网络活动踪迹信息保护研究:兼评中国 cookie 隐私权纠纷第一案》,《河北法学》2019 年第 5 期。

第二节　信义责任对个人信息
处理合同关系的弥补

一、信息主体与处理者合同关系的成立

合同关系的"成立说"与"不成立说"围绕隐私政策的效力问题展开。隐私政策的设计旨在通过企业向用户履行告知（包括如何收集、保存、使用个人信息，是否分享给第三方等内容）义务，进而由用户自行选择是否分享个人信息，兼具合同与规制工具的性质。[①] 隐私政策是控制范式的结果，以使用户根据其个人隐私偏好自主决策是否接受相应的网络服务或产品。若根据隐私政策来判断企业信息处理行为的合法性，那么，隐私政策的性质界定就成为保护个人信息的关键。

"成立说"是从救济角度考量，企业隐私政策若成立合同性质，便可为信息主体提供侵权或者依靠行政干预以外的救济方式，违约责任便可适用，从而弥补侵权救济的不足。[②] 将隐私政策视为合同，从而对处理者课以违约责任也被认为是对信息主体与企业之间不平等关系的协调。即使用户没有阅读过隐私政策，也不影响合同的成立，构成格式条款，如果该隐私政策中本身存在不公平的条款，用户可以根据"不公平"主张该条款无效，从而保护其个人信息权益。

"不成立说"认为隐私政策作为企业单方面发布的通知，仅应为一种自我规制的工具，而非与信息主体之间的合同。一是因为隐私政策面临诸多障碍，例如用户几乎不阅读，或者隐私政策过于复杂以致用户无法理解，或者单方拟定的政策与用户的隐私期望不符合等。2018 年，中国消费者协会发布《100 款 App 个人信息收集与隐私政策测评报告》，显示前述障碍在中

---

① 高秦伟：《个人信息保护中的企业隐私政策及政府规制》，《法商研究》2019 年第 2 期。
② 阳雪雅：《论企业违反网络隐私政策的违约责任适用》，《法学论坛》2021 年第 5 期。

国数据实践中十分突出,例如,大型处理者的百度透明度相对较高,但其"百度隐私政策总则"也没显示在主页,需要用户先点击"使用百度前必读"后才会看到;隐私条款大多比较概括,用户难以全面了解"为了提高用户体验"等处理其个人信息的内涵究竟为何;也有不少隐私政策直接表明用户不接受便不能使用其服务或产品,例如在"黄某诉微信读书网络侵权责任纠纷案"中,判决认为用户若不同意收集某项信息则无法使用该应用,是被告腾讯公司对微信读书运营模式的自主选择。① 二是用户难以就处理者违反隐私政策进行举证和提出基于违约的合同索赔。传统的通过点击同意与浏览同意的理论均不能充分解释隐私政策的合同性质。

合同关系的成立在中国法中有法律依据。第一,"成立说"与"不成立说"并不存在根本冲突,只是从两个不同角度看隐私政策。企业自律的工具性是因为隐私政策的产生本身源于美国互联网行业所建立的自律机制。该机制也是美国公平信息实践的产物,由"通知—选择"组成。对于"通知",企业在其网站页面上披露关于其如何收集、使用和分享用户个人信息的各种方式以及个人信息保护的各种方式,该告知义务的履行要求符合公平信息实践的透明原则。对于"选择",用户根据隐私政策的披露做出接受或同意与否的自主选择,实现对自己个人信息的管理,符合公平信息实践的个人参与原则。最常见的是"选择退出",即企业可以按照隐私政策中的披露收集和使用个人信息,除非用户明确表示不同意隐私政策而拒绝企业收集和使用其个人数据。因此,隐私政策在很大程度上是为了促进企业自我监管而设置的工具。然而,隐私政策的合同性质却在美国遭到认定困境,因为法院认为隐私政策作为一种声明文件通常不能作为违约诉讼的依据。② 关键原因在于对合同成立的认定上,英美法系与大陆法系传统有着明显区别,大陆法系要求双方达成合意即可成立,合同理解为意思表示一致;而英美法系认为合同由"允诺+对价"构成,传统合同理论下仅有允诺并不构成合同,因为欠缺对价。后来富勒提出合同信赖利益打破了这一传统,合同的成立不必

---

① 北京互联网法院(2019)京 0491 民初 16142 号民事判决。
② Lauren Henry Scholz. Fiduciary Boilerplate: Locating Fiduciary Relationships in Information Age Consumer Transactions. *Journal of Corporation Law*, Vol. 46, No. 1, 2020, pp. 143 - 198.

然要求严格的对价,若"一方的允诺使对方产生了合理的信赖,该允诺就具有可执行性"。① 但在隐私政策违约诉讼中,原告不仅难以证明对价(尽管有学者提出在用户阅读隐私政策的情况下,阅读隐私政策的时间本身就是一种支付形式),②而且因隐私政策的宽泛性和大多数用户不会阅读,难以证明其做出了产生合理信赖的允诺。③

第二,中国立法上隐私政策成立合同不存在障碍。④ 关于是否符合合同定义,《民法典》第 464 条规定合同是民事主体之间设立、变更、终止民事法律关系的协议;民事法律关系又以双方权利义务为内容;个人信息权益是用户享有的民事权利,且为一项具体人格权,故符合合同定义。关于是否就隐私政策内容达成合意,《民法典》第 134 条规定民事法律行为基于单方、双方或多方的意思表示一致而成立。《民法典》第 479 条规定承诺是受要约人同意要约的意思表示。用户对隐私政策主要有浏览确认和点击确认两种方式。对于点击确认同意,法律实践中认为是合意,例如"王某某、上海万达小额贷款有限公司等隐私权纠纷案"判决认为,原告在注册和登录该软件时,已经通过点击《用户服务协议》授权对方提取个人信息。⑤ 对于浏览确认同意,网络服务提供者将其隐私政策提供给用户浏览,用户选择使用该经营者提供的服务,一般认为浏览作为一种默示同意使得合同成立。

第三,司法判决认可隐私政策效力,形成较为一致的审判思路。例如在"乔某诉钉钉网络服务纠纷案"中,法院判决认为,依法成立的合同,对当事人具有法律约束力。⑥ 乔某自愿注册为钉钉用户,同意接受《钉钉服务协议》《钉钉隐私权政策》的内容,乔某、钉钉公司已就上述协议的适用形成合

① 王叶刚:《网络隐私政策法律调整与个人信息保护:美国实践及其启示》,《环球法律评论》2020 年第 2 期。
② Aleecia M. McDonald and Lorrie Faith Cranor. The Cost of Reading Privacy Policies, A Journal of Law and Policy for the Information Society, Vol. 4, No. 3, 2008 - 2009, pp. 543 - 568.
③ 王叶刚:《网络隐私政策法律调整与个人信息保护:美国实践及其启示》,《环球法律评论》2020 年第 2 期。
④ 张丽英、史沐慧:《电商平台对用户隐私数据承担的法律责任界定:以合同说、信托说为视角》,《国际经济法学刊》2019 年第 4 期。
⑤ 广东省深圳市宝安区人民法院(2020)粤 0306 民初 40889 号民事判决。
⑥ 杭州市互联网法院(2019)浙 0192 民初 8646 号民事判决;杭州市中级人民法院(2020)浙 01 终 1040 号民事判决。

意。而上述协议并不违反国家法律、行政法规的强制性规定,属合法有效,对双方均具有约束力。例如在"朱某诉北京百度网讯科技有限公司隐私权纠纷案"中,法院判决认为被告在《使用百度前必读》中已经明确说明 cookie 技术、使用 cookie 技术的可能性后果,以及通过提供禁用按钮向用户提供选择退出机制,朱某仍然使用百度搜索引擎服务,应视为对百度网讯公司采用默认"选择同意"方式的认可。① 判决认可了通过浏览并接受服务的默示同意产生隐私政策合同效力的方式。

二、信息主体与处理者信义关系的认定

信息主体与处理者之间除了通过隐私政策或服务协议等格式条款成立合同关系之外,还成立信息信义关系。合同关系与信义关系是平行的,合同关系的成立并不当然建立信义关系。信义关系的引起包括信义权力因素和信任因素。处理者对个人信息享有实际控制和自由裁量权,信息主体因脆弱性和依赖性特征不得不信任处理者。信息主体参与的合同关系不再局限于孤立的、偶发的交易;相反,个人置于"技术社会体系"(technosocial system)中,参与数量众多的合同是其参与数字生活的先决条件。信息主体与处理者的协议条款经过最初约定后,通常作为单方制定者的处理者、经营者会不定时直接更改、更新隐私政策,具有目的灵活性特征。委托与复杂性的结合为处理者创造了机会主义行为的可能性,信息主体无法监控。

随着技术与数字经济发展,根据不断变化的数字管理环境风险,多数处理者经常更改其数字产品与服务的相关条款。例如在"郭某诉杭州野生动物世界有限公司服务合同纠纷案"中,判决认为在原告与被告已经达成采取指纹识别方式入园合意的情况下,被告以短信方式告知原告拟将入园方式变更为人脸识别入园方式,属于单方变更合同的行为,对于原告而言已是新

---

① 南京市鼓楼区人民法院(2013)鼓民初字第 3031 号民事判决;南京市中级人民法院(2014)宁民终字第 5028 号民事判决。

的要约。因为用户无法同意尚未存在的条款。物联网的缔约环境不同于传统电子合同,具有"自动"(automatic)和"无接口"(interface-free)的特征。电子化在线签约比线下亲自手写签约的阻力更小,①用户仅需简单"点击"即刻同意,合同条款又由处理者单方起草,因此处理者有较大的自由裁量权控制信息主体做出自主选择的决策环境,极易诱导用户以免费或低廉价格同意对处理者有利的条款。

即使自然人因安全感困境等选择拒绝参与数字社会生活,其信息仍会因为社会主体之间的"隐私依赖"现象由他人向处理者分享,即非用户的"影子档案"(shadow profiles),②例如"新浪微博诉脉脉非法抓取用户信息案",脉脉 App 通过脉脉用户上传通信录而对应到非脉脉用户的新浪微博信息,并将其展示在用户的二度人脉中。③ 因此,在万物互联、在线和线下交融的语境中,将每个用户与对象的交互仅视为单独法律行为是无意义的,互操作性意味着设备相互连接并相互共享信息,甚至跨越不同处理者。④ 信息主体与处理者之间的信息关系是长期的、可持续的个人信息分享关系。其合同关系具有普遍性,且无处不在,⑤甚至信息处理者可通过合同可剥夺非合同当事人的隐私及个人信息权益。

用户同意表现出的自愿性仅为意思自治的微弱指标。自愿参与强制性技术社会体系,更类似于对社会契约理论中的同意参与,而非契约中的承诺。⑥ 因此隐私政策等成立的合同关系若视为一般性合同,将导致用户向处理者让予过多不受限制的自由裁量权,从而强化权力失衡和处理者操纵

---

① Woodrow Hartzog. Website Design as Contract. *American University Law Review*, Vol. 60, No. 6, 2011, pp. 1635 – 1672.

② Roger A. Ford. Unilateral Invasions of Privacy. *Notre Dame Law Review*, Vol. 91, No. 3, 2016, pp. 1075 – 1116.

③ 北京市海淀区人民法院 2015 年海民(知)初字第 12602 号民事判决书;北京知识产权法院(2016)京 73 民终 588 号民事判决书。

④ Stacy-Ann Elvy. Contracting in the Age of the Internet of Things: Article 2 of the UCC and Beyond. *Hofstra Law Review*, Vol. 44, No. 3, 2016, pp. 839 – 932.

⑤ Nancy S. Kim. Two Alternate Visions of Contract Law in 2025. *Duquesne Law Review*, Vol. 52, No. 2, 2014, pp. 303 – 322.

⑥ June Carbone and Nancy Levit. The Death of the Firm. *Minnesota Law Review*, Vol. 101, No. 3, 2017, pp. 963 – 1030.

用户的能力。承认信义关系实则既承认隐私政策或服务协议的合同效力，又为强势一方的投机行为予以限制。因为信义义务不能通过双方的隐私政策或服务合同所排除。

处理者以隐私政策等格式合同表明其意图在提供服务时与信息主体建立持续的信义关系；信息主体对格式合同的同意表明其有意参与该信义关系，即基于信任而分享，同时授予处理者管理控制权。[①] 信义义务的功能是为信息主体提供免受技术中立带来的剥削，扩大了处理者的保护义务。商业实践中处理者塑造对用户负责、可信任的管理者形象是为了建立更长远的信息分享关系，获取更多数据，与受托人角色保持一致。数字经济的结构迫使用户信任控制着其数据安全的信息企业以换取服务。信息企业处理个人信息时承担比隐私政策中明示的承诺更高的注意义务，因为算法处理下的风险过于专业化、复杂化和动态化，用户一方难以监督，对信息企业更具有依赖性。

三、合同关系与信义关系的区分与适用

（一）合同关系与信义关系的关键区别

尽管有理论将信义关系视为合同关系，但二者有本质区别。合同论视信义法为合同法的领域，忽视道德因素和法律关系的事实特征，认为信义义务通常以合同关系为基础，或在受托人自愿订立的关系中；信义义务经常限制合同承诺的履行；信义义务的适用或效力及违约责任的范围可部分由双方同意决定。有观点认为，网络服务平台等处理者应对信息主体负忠实义务，而这种义务源于合同的补充解释，例如在精准媒介服务场景中，从处理目的"改善服务质量、提升用户体验"中补充解释出处理者负有为信息主体最佳利益而行动的忠实义务，理由是这一补充解释内容才是用户真正同意的。[②] 但是，首先并非所有信义关系都是基于合意与自愿，信息信义义务应

---

① Lauren Henry Scholz. Fiduciary Boilerplate: Locating Fiduciary Relationships in Information Age Consumer Transactions. *Journal of Corporation Law*, Vol. 46, No. 1, 2020, p. 145.

② 武藤：《最小必要原则在平台处理个人信息实践中的适用》，《法学研究》2021 年第 6 期。

是法定义务。信息主体对隐私政策的同意并非严格意义上的承诺,若出于功利主义目的将其认定为合同关系,则会使信息主体受保护的范围被进一步限缩。其次,信义义务的内容是高度定型化的,以忠实义务为核心,但一般合同中义务是高度个性化的,由当事人自己约定。在信息主体与处理者持续性的信息关系中,高度定型化的信义义务可以限制隐私政策等文本中对用户带来实质不公平的内容。合同关系中的信赖是主观信任,即一个人主观上意识到需要依赖他人,并愿意信任;而信义义务不仅涵盖主观信任,而且保护客观信任,即一个人客观上对他人存在某种合理依赖,但自己没有意识到这种信赖存在。再次,合同关系大多有对价,而信义关系在很多情况下没有对价。在个人信息处理中,信息主体分享个人信息获取服务或产品,有时甚至不提供个人信息也能使用部分服务或产品功能。信义义务在信息主体未主动提供个人信息作为对价的场合亦能保护其个人权益,避免处理者利用技术等手段获取。最后,信义关系强调受托人为受益人的利益而行动和服务,合同关系则鼓励自利。合同不会自动在主体之间建立信义关系,处理者也不能以合同形式来免除其受托责任和信义义务。①

(二)信义责任对合同责任的补充

当用户点击"注册"加入某平台成为其用户,且成了合同一方当事人时,该处理者也成为信息受托人。与一时的合同关系不同,信义关系源于持续的个人信息处理关系中风险与服务分配相关的权力或权益委托,随着隐私政策更新和处理活动的持续而延伸。在合同关系结束后,处理者可能基于其权力独立决定个人信息的处理。如果按照合同关系认定,法院通常认为用户在同意隐私政策或服务协议之初便已经自主选择了对其个人信息相关的处理和安排,无论技术或信息关系如何演变。如果按照信义关系的认定,法院须结合个人信息处理的场景,例如用户是否授予信任、处理者的过错、信义义务的履行等因素综合考量,即法院对信息关系进行实质性评价,而非

① Tamar Frankel. Fiduciary Duties as Default Rules. *Oregon Law Review*, Vol. 74, No. 4, 1995, pp. 1209 - 1278.

将程序性"同意"视为实质性"授权",排除信息主体的信义利益。因此,信义责任在承认合同关系基础上,限制受托人通过投机行为来增加自身利益的机会,保护信息主体的自主性。①

第一,通过信义责任解决合同中的不公平条款问题。隐私政策属于格式条款。当其含有不公平内容时会因受到否定评价而绝对无效或相对无效。德国法适用不公平条款制度,通过对格式条款内容的合法性与公平性审查结合来确定效力。美国法尽管没有相对独立的不公平条款制度,但法官通过普通法和《统一商法典》(UCC)第 2 - 302 条和《合同法第二次重述》第 208 条的显失公平制度对格式条款可执行效力的剥夺,来实现不公平条款制度同样的效果。② 两种制度均旨在实现对格式条款的内容控制。我国不仅格式条款存在内容控制方面的立法缺陷,而且显失公平条款的法律效果是撤销或变更,与不公平条款制度的效果相悖。③ 信义责任的嵌入,一方面,为隐私政策协议以及信息主体与处理者之间的信息关系的公平性设定基本限度,避免该种公平性凌驾于双方合意的合同条款之上;另一方面,在信息主体的维权低效的实践困境中享受到信任保护的益处。

第二,通过信义责任实现对关系性契约的保护。关系性契约理论是指契约各方当事人在长期性的、持续性的合作中,可以不以契约所有细节达成一致便可订立一个具有适应性和灵活性的契约。关系契约法(relational contract law)认为契约之所以是关系性的,因为当事人不能将重要条款内容简化为明确义务,这种明确义务可能是不切实际的,因为无法确定不确定的未来条件或者无法充分描述复杂性特征。④ 继续性合同比一时的合同更符合关系性契约的概念,继续性合同是指合同的内容并非一次给付可以完结,而是继续地实现,时间因素在债的履行上居于重要地位,即总给付的内

---

① Lauren Henry Scholz. Fiduciary Boilerplate: Locating Fiduciary Relationships in Information Age Consumer Transactions. *Journal of Corporation Law*, Vol. 46, No. 1, 2020, pp. 143 - 198.

② Anne Fleming. The Rise and Fall of Unconscionability as the Law of the Poor. *Georgetown Law Journal*, Vol. 102, No. 5, 2014, pp. 1383 - 1442.

③ 范雪飞:《论不公平条款制度:兼论我国显失公平制度之于格式条款》,《法律科学(西北政法大学学报)》2014 年第 6 期。

④ Charles J. Goetz and Robert E. Scott. Principles of Relational Contracts. *Virginia Law Review*, Vol. 67, No. 6, 1981, pp. 1089 - 1150.

容取决于应为给付时间的长度,但时间因素并非关系性契约的决定性特征。伊恩·麦克尼尔(Ian Macneil)奠定了关系性契约理论的四个基本原则:一是每次交易都嵌入复杂关系中;二是理解任何交易都须了解契约关系中所有基本要素;三是任何交易的有效都须考量可能对交易产生重大影响的契约关系中的所有基本要素;四是将关系和交易结合起来进行语境分析更高效,并产生更完整、更可靠的分析结果。① 因此,不同于标准合同的依法履行,关系契约主要依靠关系性规则来履行,包括未来合作的价值、自身的信誉关注、合作中形成的信任、团结与信息交换等软性规则。②

　　信息信义关系具备关系性契约的重点特征:一是"关系性"。关系性契约是各方主体结合形成的特定关系,该关系相对于意思自治本身就具有独立价值,并能起到规范指导作用;信息信义关系是信任关系,信任保护是信息关系的核心。信息信义关系是将合同与其背后的社会关系呈一体化加以考量,而非如同控制范式关注个人信息的性质与内容本身忽视了关系因素。二是"长期性、持续性"的交易谱系,往往在这种继续性契约中隐含着弱势方主体的沉没成本,该成本属于非合同义务,但其实际存在加重了弱势方对强势方主体的依赖,如果不考虑因信赖投入的沉没成本,对于弱势方可能产生实质不公平。③ 处理者获取信息的方式不再是单个收集,而是大量且长期的机器记录,信息关系本质是一种可持续的处理关系。信息主体因信赖而分享信息,并因网络效应而长期分享,具有脆弱性与依赖性而处于弱势方地位。三是关系性契约中"开放条款"和"自由裁量权保留"作为各方当事人根据未来的合意或环境变化以及风险等做出必要调整;信息受托人接受信息主体让渡的部分自由裁量权,隐私政策是基于其信义权力单方制定的开放条款。如同关系性契约,信义义务应对的是社会复杂性和数字社会算法背景下个人信息处理风险的不可预见性。当事人义务源于整个"关系"本身,而不只是订立时所确定的义务。隐私政策具有延展性,与企业依据风险变

① Ian R. Macneil. Contracting Worlds and Essential Contract Theory. *Social & Legal Studies*, Vol. 9, No. 3, 2000, pp. 431-438.
② 孙元欣、于茂荐:《关系契约理论研究述评》,《学术交流》2010 年第 8 期。
③ 张艳:《关系契约理论对意思自治的价值超越》,《现代法学》2014 年第 2 期。

化而更新隐私政策的实现一致。四是关系性契约中的损益分担安排倾向于维持当事人之间双方信任、合作、互惠的良好关系,①这与信义义务维护数字社会信任的价值追求契合。基于关系性契约理论,信息信义关系并非旨在限制信息受托人的获益,而是限制其以损害信息主体利益的方式获益以及不与信息主体群体分享数据红利。这不同于传统信托理论中的"受益人利益至上主义",而是以受托人与受益人的"共同利益最大化"作为信息关系保护的标准。②

尽管信息主体与处理者在就隐私政策等协议达成合意时,双方具有固有的权力失衡。当该信息关系纠纷进入诉讼时,法院可依据信义责任解释不公平条款的适用,以纠正可能的利益不平衡,例如在"周某与阿里巴巴著作权许可使用合同纠纷案"中,③双方争议条款为"对于使用许可软件时提供的资料及数据信息,您授予阿里巴巴及其关联公司独家的、全球通用的、永久的、免费的许可使用权利(并有权在多个层面对该权利进行再授权)",判决认为该特别授权内容并非优于协议其他条款而存在,而是受协议第六条的隐私政策与数据内容的制约。根据隐私政策合同说,即使在订立合同之前用户与企业处于天然不对等的权力结构关系,但隐私政策一旦成立,法院可以在一定程度上对公平性加以控制并予以矫正,发挥不公平条款制度的纠偏作用。

法院还可结合关系性契约理论要求信息受托人履行信息信义义务,延伸到先契约义务和后契约义务中的信赖保护。先契约义务中的信赖是指合同订立之前相关必要信息的提供、说明、讲解等义务。由于信息不对称,消费者在交易过程中须依赖经营者的信息提供,由此产生一种合理信赖,例如《消费者权益保护法》第 26 条、《个人信息保护法》第 17 条。后契约义务中的信赖是指合同终止后双方关系不必然回归陌生人状态,因为根据现实需要,有时当事人之间仍然会保留某些信赖利益,只不过该利益并非源于约

---

① 王文军:《关系合同与继续性合同:一个比较分析框架》,《法学论坛》2013 年第 4 期。
② 徐进:《信任法理的生成、发展及对我国法的启示》,《浙江学刊》2013 年第 2 期。
③ 浙江省杭州市西湖区人民法院(2015)杭西知民初字第 667 号民事判决书。

定,而是由法律直接规定的后契约义务,[①]例如《民法典》第 558 条规定的保密、协助等义务。[②] 数字信息时代的法律须保护必要社会信赖,处理者即使在合同终止后亦不能完全回归陌生人的关系状态,有义务对信息保密或协助信息主体予以删除。例如"郭某诉杭州野生动物世界有限公司服务合同纠纷案",在先契约义务阶段,野生动物世界的店堂告示内容并没有关于未来其将指纹等信息如何处理的约定,以及是否更改入园的方式,郭某依据合理信赖认为指纹入园就是整个服务合同履行完毕的约定内容。在后契约义务阶段,虽然郭某与野生动物世界签订的合同中没有关于删除个人信息的约定,但郭某的合理预期是其指纹信息等个人信息仅用于入园认证。现实中合同终止后虽不再以指纹入园,但个人信息仍存留在经营者处,存在泄露等潜在风险,依据信义义务协助请求权的内容,野生动物世界应予以保密或删除,若郭某要求的是删除,其应配合予以删除。[③]

第三节　涉及第三方处理者信息关系中的信义责任

一、涉及第三方处理者的信息关系的争议

为获取更多竞争优势和满足各种处理目的,处理者不再囿于从自身产品或服务中获取用户数据,而是积极寻求第三方数据来源,因此在利用其他处理者所控制的数据时,自己持有的数据资源必然要进行一定程度的开放,即允许他人利用,处理者之间的个人信息分享成为数据产业重要营利方式。数据竞争倾向于"赢者通吃"(winner-take-all),原有主体在长期运营中形成先发优势,后来者试图通过技术获取种子用户,以实现"冷启动"。因此数据

---

① 佟强:《信赖之债》,北京大学出版社 2020 年版,第 512 页。
② 《民法典》第 558 条:"债权债务终止后,当事人应当遵循诚信等原则,根据交易习惯履行通知、协助、保密、旧物回收等义务。"
③ 杭州市富阳区人民法院(2019)浙 0111 民初 6971 号民事判决。

竞争纠纷频发(表5-1)。我国司法实践从反不正当竞争视角审视企业数据权益竞争纠纷,并创造"三重授权原则"。① 这一特定场景涉及至少三方主体:信息主体(数据来源者)、初始信息处理者、新信息处理者[接收方(第三方开发者)]的利益博弈。

表 5-1 我国典型企业数据权益纠纷

序号	是否授权	涉案主体	涉案场景	涉案数据类型	是否适用"三重授权原则"	判决结果
1	超出用户、平台授权范围或目的	新浪微博诉脉脉非法抓取用户信息案	开放平台接口	用户身份类注册信息	用户授权＋新浪授权＋用户授权	构成不正当竞争
		腾讯诉抖音App及多闪App非法抓取微信QQ用户信息案	开放平台接口	用户身份类注册信息	用户授权＋平台授权＋用户授权	
2	未经用户、平台授权	大众点评诉百度案②	网络爬虫	用户发布的点评信息	否	
		微博诉饭友App案③	网络爬虫	用户的微博内容信息	否	
3	经用户授权、未经平台授权	微博诉头条案④	网络爬虫	用户的微博内容信息	否	
		腾讯诉搜道案⑤	手机内置系统	用户聊天、转账记录	否	

---

① 关于"三重授权原则"的评析,参见向秦:《三重授权原则在个人信息处理中的限制适用》,《法商研究》2022年第5期。

② "上海汉涛信息咨询有限公司诉北京百度网讯科技有限公司、上海杰图软件技术有限公司不正当竞争纠纷案",参见上海市浦东新区人民法院(2015)浦民三(知)初字第528号民事判决书;上海知识产权法院(2016)沪73民终242号民事判决书。

③ "饭友App抓取微博数据不正当竞争纠纷案",参见北京市海淀区人民法院(2017)京0108民初24510号民事判决书;北京知识产权法院(2019)京73民终2799号民事判决书。

④ "北京微梦创科网络技术有限公司与北京字节跳动科技有限公司不正当竞争纠纷案",参见北京市海淀区人民法院(2017)京0108民初24530号民事判决书。

⑤ "深圳市腾讯计算机系统有限公司、腾讯科技(深圳)有限公司与浙江搜道网络技术有限公司、杭州聚客通科技有限公司不正当竞争纠纷案",参见杭州铁路运输法院(2019)浙8601民初1987号民事判决书。

续 表

序号	是否授权	涉案主体	涉案场景	涉案数据类型	是否适用"三重授权原则"	判决结果
4	未经平台授权	谷米诉元光案①	网络爬虫	实时公交信息数据	否	构成不正当竞争
		淘宝诉美景公司不正当竞争纠纷案	开放平台接口	用户行为痕迹信息	用户授权网络运营者＋网络运营者授权第三方＋用户授权第三方	

由于我国司法裁判文书长期存在"不说理"现象,②学界对于三重授权究竟是"哪三重"有分歧。第一种解读是从个人信息权利人角度将该规则适用于信息共享,即用户对平台方收集行为授权,平台方将收集到的信息分享给第三方仍需用户授权,被共享方获取(收集)前述信息也要用户授权。③ 该观点是基于《民法典》第 1038 条"未经被收集者同意,不得向他人非法提供其个人信息"的规定,对收集和后续利用行为的正当性分开评价,属于传统知情同意范畴。第二种解读是从第三方角度将该规则描述为平台方收集用户数据须经其授权,第三方获取前述数据须经平台授权和用户授权。④ 该观点将收集个人信息时的用户同意视为不同个人信息处理活动混在一起的概括同意,实践中,用户同意的服务协议条款随着时间延伸由处理者更新,处理者享有充分自由裁量权。⑤ 第三种解读是从平台方角度认为个人信息收集和利用均应取

① "深圳市谷米科技有限公司与武汉元光科技有限公司、邵凌霜等不正当竞争纠纷案",参见广东省深圳市中级人民法院(2017)粤 03 民初 822 号民事判决书。

② 凌斌:《法官如何说理:中国经验与普遍原理》,《中国法学》2015 年第 5 期。

③ 王利明:《数据共享与个人信息保护》,《现代法学》2019 年第 1 期;袁真富、娄积圆:《论个人信息共享问题的法律治理模式》,《情报理论与实践》2021 年第 1 期。

④ 戴昕:《数据界权的关系进路》,《中外法学》2021 年第 6 期;李安:《人工智能时代数据竞争行为的法律边界》,《科技与法律》2019 年第 1 期。

⑤ 以《微信隐私保护指引》为例,2022 年 1 月 12 日(更新版)中新增"3. 在第 4 节"信息共享"部分,删除了《广告信息共享清单》及《第三方 SDK 目录》,将上述文件内容合并在《第三方信息共享清单》中,以更集中且更详细的披露我们如何与第三方共享个人信息。"参见《微信隐私保护指引》,https://weixin.qq.com/cgi-bin/readtemplate?lang=zh_CN&t=weixin_agreement&s=privacy,最后访问日期:2022 年 1 月 23 日。

得"用户授权＋平台授权＋用户授权"，即平台方收集和向第三方分享须充分告知并经用户授权，第三方获取和利用前述数据既要平台授权，也要用户再次明确、清晰地授权。[①] 判决书原文更贴合第三种解读（图 5-1），即"数据提供方向第三方开放数据的前提是数据提供方取得用户同意"（授权 I）和"第三方平台在使用用户信息时还应当明确告知用户其使用的目的、方式和范围，再次取得用户的同意"（授权 III）及"在实施开放平台战略中，有条件地向开发者应用提供用户信息……新浪授权……维护企业自身的核心竞争优势"（授权 II）。

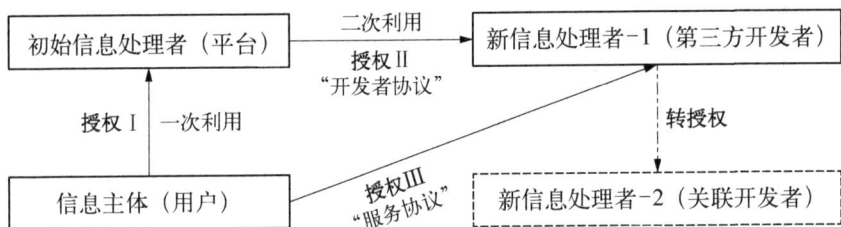

图 5-1　司法实践中的三重授权数据共享模式

其中，授权 I 是平台方、第三方行为正当性的前提，不能倒置，只能在后两重授权之前。未经用户授权的平台方收集、利用行为本身可能因欠缺合法性而无权向第三方共享用户数据。授权 II 与授权 III 并非递进关系，第三方可同时获得用户与平台方授权。授权 II 意味着司法裁判以平台控制并持续积累用户数据资源的现实为逻辑起点，认可其作为用户数据经济利益的创造者而单独或共同享有数据财产性权益，授权基础是平台方制定的"开发者协议"，该协议的内容和效力得到判决普遍承认而构成数据共享基本规则。第三方应与平台方事前订立"开发者协议"实现数据合法传输。授权 III 是尊重用户个体对信息权益的处分和新技术的选择，授权基础是用户享有个人信息上的主体权益，该权益不仅是一种宪法上的人权，被描述为对诸如自治、隐私和人格尊严等基本价值的反映，而且是落实到私法层面受保护的人格性权益，知情同意是个人实现对其信息控制的经典方式。第三方

[①] 薛军：《大数据时代数据信息权益的法律保护》，《中国知识产权报》2017 年 2 月 8 日；徐伟：《企业数据获取"三重授权原则"反思及类型化构建》，《交大法学》2019 年第 4 期；刁云芸：《涉数据不正当竞争行为的法律规制》，《知识产权》2019 年第 12 期；周学锋：《网络平台对用户生成数据的权益性质》，《北京航空航天大学学报(社会科学版)》2021 年第 4 期。

因用户再次授权而具备用户层面的行为正当性。

　　三重授权原则是对个人控制范式下同意规则的践行，从诚实信用原则而来，成为具有一定约束力、可适用的个案规范。在"新浪微博诉脉脉非法抓取用户信息案"中，脉脉因超出授权范围获取用户数据、违反诚实信用原则和公认商业道德而败诉，提炼出了"三重授权原则"这一个案规范。个案规范是解决具体个案的权宜之策，而非普适性法律规范，但若对其后相同或相似案例产生法律拘束力，便成为"法官造法"，即判例。① 我国虽然不存在判例法的法律形式，但由最高司法机关选择、确认和公布的典型判例，在司法实践中起到了法的渊源作用。在随后的判决中，该规则本身被视为一项商业道德，违背三重授权等同于违背商业道德，构成不正当竞争。

　　第一，从社会价值实现角度来看，三重授权模式是对用户数据上多元利益产权配置的具体方式。考虑到现阶段数据社会化利用的实际需求和个人信息的社会价值，不应由单一主体独自排他地享有对数据资产的剩余控制权，而应以社会共同体共享经济利益为目标，使每个社会主体参与数据生产和利益分配。"控制"与"共享"势必要在信息主体与处理者之间进行有效配置，兼顾利己与利他因素的社会作用，平衡个体与共同体的利益关系是一种常态。此外，在数据共享中，提供方在其他利用场景中可能变成需求方，上游环节的平台方与下游环节的第三方的地位可能随着场景不同而变化，秉持这样的"同理心"，建立安全的商业秩序将有利于整个数据产业链的发展。②

　　第二，从数据分享关系角度来看，三重授权模式有助于建立稳定的、长期的、可信任的数据开放与分享关系。对于用户而言，在竞争法之外，平台授权为其添加了多一道保护屏障，提供重要互联网平台服务的处理者通过履行"守门人"义务（《个人信息保护法》第 58 条），制定平台规则，以拒绝对用户个人信息权益有潜在重大威胁的第三方。③ 对于平台方而言，维护其自身竞争优势。对于第三方而言，既要鼓励平台方向其开放数据源，又要避免阻碍第三方开发者对用户数据的创新利用。授权 III 是司法实践对信息

① 彭诚信：《从法律原则到个案规范：阿列克西原则理论的民法应用》，《法学研究》2014 年第 4 期。
② 王磊：《个人数据商业化利用的利益冲突及解决》，《法律科学（西北政法大学学报）》2021 年第 5 期。
③ 田小军、曹建峰、朱开鑫：《企业间数据竞争规则研究》，《竞争政策研究》2019 年第 4 期。

可携权的有益尝试,体现出间接避免平台方垄断数据的可能,从而使用户更好地享受第三方开发者提供的增值服务。长远来看,维护各方基本安全感反过来将促进数据共享意愿,在适当保护个人的前提下释放出数据经济价值的"分享"才是根本追求,保护共享意愿就是保护信任。

第三,从与成文规范的互动来看,三重授权模式与《个人信息保护法》第23条的内在逻辑一致,均以平台控制为逻辑起点。平台授权之所以成为必要一环,是因为在数据流动和连续易手过程中,个人对其信息的控制受到极大限制。用户数据实际控制者是掌握技术和设备的平台方,数据从平台方流转至第三方开发者时,用户对个人信息的控制更加微弱。因此,为了防止用户对个人信息控制能力实际丧失所带来的危害,判决赋予平台方对用户数据享有一定控制能力,以实现保护个人信息的目的。换言之,通过反不正当竞争路径来"一体化"保护平台方与用户,以免造成个人信息扩散范围过大和用户对其信息的不可控。反不正当竞争只有确立了平台授权规则,才能保护用户个人信息权益,[1]而《个人信息保护法》第23条更加强化平台控制,只要接收方在"原先的处理目的、处理方式"范围内无须再次征求用户同意,平台授权可直接击穿授权 III。

然而,脱离特定案件(用户数据自身可识别性、平台市场地位等因素差异)后三重授权原则是否具有普适性这一问题引发了争论。赞同者认为三重授权保护思路"对于我国未来个人信息保护以及数据信息产业的健康发展具有指导意义。"[2]在"自主选择"前提下采"分类独立"同意模式来深化三重授权的具体应用。[3] 中立者认为三重授权是一种"高标准、严要求",为用户和企业提供较强保护,但多数个人信息处理情境中并不适合。[4] 反对者关注法律后果,认为该规则建立在传统个人控制论上,无法适应场景理论下用户数据差异化保护需要,无差别地适用于用户数据会限制第三方利用数据,未能对平台方和第三方开发者的数据财产性权益做出合理界定,"不符合效益决策模型",[5]不利

① 黄武双、谭宇航:《不正当竞争判断标准研究》,《知识产权》2020 年第 10 期。
② 薛军:《大数据时代数据信息权益的法律保护》,《中国知识产权报》2017 年 2 月 8 日。
③ 袁真富、娄积圆:《论个人信息共享问题的法律治理模式》,《情报理论与实践》2021 年第 1 期。
④ 徐伟:《企业数据获取"三重授权原则"反思及类型化构建》,《交大法学》2019 年第 4 期。
⑤ 许娟:《互联网疑难案件中数据权利保护的风险决策树模型》,《南京社会科学》2019 年第 3 期。

于技术创新,"缺乏实质意义",①当"个人信息权的重要性不足以使对数据权的限制合理化"时,②无需用户再次授权。

　　只有在部分情境中适用三重授权原则才具有正当性,其适用范围应受到合理限制,否则,可能抑制"好人"第三方的创新和社会福利的增加。一方面,商业道德的模糊性易造成"自由裁量权"的滥用。③ 判决中脱离法定类型的不正当竞争行为而直接认定三重授权原则为商业道德,存疑的是,直接适用的究竟是公认的商业道德,还是占据市场强势地位平台引领下的行业潜规则。另一方面,平台方虽以用户隐私受到极大威胁为由要求司法机关认可平台控制权,但实践中不乏第三方宁愿违法也要突破平台方设置(以技术或协议)的数据共享壁垒,平台方可能是出于对数据资源封锁限制目的而寻求权力。④ 若如此,平台方便是以保护用户之名行限制竞争对手之实。

二、信义义务要求第三方负同等信义责任

　　除三重授权原则外,处理者向其他处理者提供其处理的个人信息还要单独同意,此外,公开个人信息、将在公共场所安装设备所收集的个人信息用于维护公共安全之外的其他目的、处理敏感个人信息、个人信息跨境提供时,也须专门取得信息主体就上述特定类型处理活动的单独同意。单独同意的操作除了会增加合规成本以及用户使用成本外,当出售包含个人信息的数据时,实践中因担心未经个人单独同意而导致合同无效,以致部分购买方不愿、不敢购买包含个人信息的数据。初始处理者向第三方提供信息时,虽然一些较为负责任的平台会对用户个人信息的分享采取特殊保护措施,但多数未将监控第三方作为自身职责,以保护信息主体分享信息之初的信任。⑤

　　单独同意和三重授权原则均为"控制"格局下的界权安排,不足以保护

---

① 刘继峰、曾晓梅:《论用户数据的竞争法保护》,《价格理论与实践》2018 年第 3 期。
② 许可:《数据保护的三重进路:评新浪微博诉脉脉不正当竞争案》,《上海大学学报(社会科学版)》2017 年第 6 期。
③ 叶明、郭江兰:《误区与纠偏:数据不正当竞争行为认定研究》,《西北民族大学学报》2019 年第 6 期。
④ 肖梦黎:《平台型企业的权力生成与规制选择研究》,《河北法学》2020 年第 10 期。
⑤ 田力:《互联网平台隐私政策信息分享条款完善策略》,《组织与战略》2021 年第 6 期。

越来越弱势的个人信息主体。信息信义义务将关注焦点从同意转向处理者与被处理者之间的法律关系,并在多次个人信息利用中保护分享者的信任。从个人控制转换到信义义务会实现从程序性机制到持续商业信任关系的转变。个人信息处理的本质是"分享",核心是保护个人信息分享中产生的信任,建立提供方与接收方之间稳定的、可持续的、安全的、可信任的个人信息分享关系。竞争法路径中保护信息主体的信任的核心是:基于信息信任关系,初始处理者对信息主体承担的信义义务,同样要求与之建立合同关系分享信息的下游接收方(第三方)承担同等的信义义务。

信息信义义务不仅适用于大型个人信息处理者,而且适用于从信息主体处收集个人信息以换取服务或产品的所有企业,无论信息主体是否付费或订阅,所谓的"免费"实际上是与用户就有价值的数据达成的协议。当信息受托人与第三方分享用户数据时,信息信义义务须"与数据一起运行",意味着与用户没有合同关系的第三方应用开发者仍受到信义义务的约束。数字企业必须确保分享或使用数据的任何人都是同样值得信赖的,并且在法律上受到与他们相同的保密、谨慎和忠诚的法律要求的约束;必须审查……潜在合作伙伴,以确保其道德和可靠,并定期对其进行审计,如果合作伙伴违反协议条款,数字公司必须采取措施收回……他们分享的数据。[①] 第三方使用者从多个数据来源获取个人信息,包括信息受托人平台,随着时间推移、数据分析整理和重用,第三方使用者将难以知晓其对收集的哪些数据负有信义义务,因此,要求其遵循相同的信义义务处理所有个人数据,否则,将承担责任或监管制裁的风险。大型个人信息处理者还须为用户的优先利益行事,这实际上是为整个社会公众利益行事。

三、信义义务促进数据开放与数据访问权

欠缺信任的数据市场并非一个有效市场,任一方主体均缺乏自愿开放

---

① Jack M. Balkin. The Fiduciary Model of Privacy. *Harvard Law Review Forum*,Vol. 134, No. 1, 2020,pp. 11 - 33.

与共享数据的动机。

第一，随着平台经济的发展，获得市场支配地位的企业会利用数据的垄断维护自身竞争优势，其中最主要的方式就是拒绝或限制数据交易。这种数据封锁行为不利于平台经济的健康发展，从长远来看，还会制约数据生产要素价值的释放。

第二，微型、小型和中型企业往往缺乏收集、分析和使用数据的数字能力和技能，其数据访问的权利受到限制。在这样一个"一家独大"与一众"微、小、中"企业组成的倾斜市场中，后者即使拥有卓越的创意或生产技术，也因无法访问大量用户数据而面临更高的创新边际成本，前者受到大量不断更新的用户数据流的保护，可以较低的成本快速模仿规模较小的公司的创新产品。由此，双方的创新动机都很低。

第三，尽管我国《个人信息保护法》赋予数据主体信息可携带权，但是受具体市场环境及个人成本收益衡量的制约，数据主体缺少足够的行权动机，以便在多个服务提供者之间重新分配数据价值。

可见，单纯地鼓励企业自愿分享数据未必具有现实效果。数据开放的前提是构建可信的数据市场或数据分享生态，实现有条件的开放。初始处理者以及从其处获取数据的第三方承担同等信义义务有助于可信数据生态的形成，从而促进信息数据的分享与流通。信义义务并不意味着"非盈利"。传统受托人对信托标的享有财产权益，利用信托财产获取收益，信息受托人也享有将个人信息用于某些用途实现货币化，例如数据产品开发。在"淘宝诉美景公司不正当竞争纠纷案"中，涉案数据产品的基础性材料源于用户网上浏览、交易等行为痕迹信息，法院判决认定为经过其智力劳动投入而衍生的数据内容，是与用户信息、原始数据无直接对应关系的独立的衍生数据，可以为网络运营者所实际控制和使用，并带来经济利益，属于无形财产。① 数据作为数字社会的重要物质基础，处理者天然地希望能最大化用户数据的价值，不宜对其课以"一刀切"的信义义务。数字企业承担的信义义务种类不是固定

---

① 杭州铁路运输法院(2017)浙 8601 民初 4034 号民事判决；浙江省杭州市中级人民法院(2018)浙 01 民终 7312 号民事判决。

的,这取决于其社会角色和具体业务性质。因提供的产品或服务不同,用户有不同的合理期望。通过鼓励处理者盈利,使其将自己设定为信息受托人,并作为一种激励换取受托人履行信义义务带来的安全可信数据市场。①

小　结

本章考察信息信义义务如何嵌入个人信息纠纷的司法适用中。信义义务作为一种社会信赖保护机制,处于侵权之债与合同之债的中间,厘清信息信义责任与个人信息处理中侵权救济与合同救济的关系尤为重要。

在个人信息处理侵权救济中,区分信息信义义务是否上升为法定义务的情形适用不同归责原则,只有当信息信义义务是法定义务时,违反信义义务的侵权行为通过构成要件法适用过错推定责任。处理者的过错可从违法行为中推定。违反信义义务的侵权行为拓宽了信息主体的救济路径。

在个人信息处理合同救济中,信息主体与处理者之间基于隐私政策等协议成立合同关系,同时也成立信义关系,两者平行保护,信义责任作为合同责任的补充。合同关系鼓励自利,信义关系鼓励利他,意思自治与信赖保护相互平衡。信义责任在司法实践中主要发挥格式合同不公平条款纠偏作用以及关系性契约延伸保护功能。

在涉及第三方甚至多个处理者的信息关系中,围绕同意构建的三重授权原则和单独同意规定不利于数据分享与流通。信义责任的嵌入要求下游信息接收方(第三方)承担同等的信义义务,从而构建可信安全的数据市场和数据开放生态,信息信义义务提供了制度保障。

---

① Jonathan Zittrain. Response, Engineering an Election: Digital Gerrymandering Poses a Threat to Democracy. *Harvard Law Review Forum*, Vol. 127, 2014, pp. 335 - 336.

结　论

　　数字社会是数字法学的前提性条件。个人信息保护与治理路径的起点是规范模式的反思。《民法典》《个人信息保护法》等已构建了中国个人信息权利话语体系。个人信息主体通过行使以"知情权和决定权"为核心的个人信息权利体系参与到个人信息处理活动过程中,以实现对个人信息的控制,确保人格发展,以私法保护为主的个人信息权益成立。

　　然而,通过考察基于权利视角保护的个人信息路径可发现,个人信息作为权利行使面临事后救济力度轻与诉讼成本高、责任配置不当、损害制度失灵、同意被滥用等诸多困境,当然这些困境并非个人信息纠纷独有,但较为明显。因为个人信息究竟是私法还是公法上受保护的权利或利益;究竟应以私法保护为主,还是以公法保护为主存在非常大的争议。这些争议导致个人信息的保护与治理存在选择"控制优先"还是"分享优先"的路径难题。控制优先意味着继续普遍适用同意规则,强调信息主体权利的方法;分享优先则意味着转向限制适用同意规则,强调处理者义务的方法。

　　个人信息权利保护困境的核心原因是其个人控制理念为核心的传统规范基础。个人控制强调个人主义、个人本位、个人利益高于社会利益。中国从 2012 年正式引入域外个人信息保护框架到《个人信息保护法》的实施,携带着个人控制"基因",以同意作为核心制度,赋予个人更多控制来平衡其与信息处理者间不平等的权义关系,并最大限度地对个人信息不当处理行为进行事前预防,这是一种"权利论"进路。个人同意的正当性源于洛克财产理论下的个人自由(liberty)与康德先验伦理观的个人尊严(dignity),自由和尊严表达为自主或自治(autonomy)。因此,同意是对私法自治与信息自决的具象表达,而"尊严—自由—自治"则是个人信息保护恒定价值追求。个人出于社会形象塑造与保护需要,理应对其个人信息享有一定的控制能力。

然而事实是,个人信息在大数据分析中的最终处理情况已远远超出个人信息的意思自治和认知能力范围,个人对自己产生信息缺少足够的控制力,个人(普通公众)与处理者(控制者)之间的不对称性愈加严重:个人变得越来越透明;处理者变得越来越幽暗。个人信息保护的诞生是为了应对技术发展带来的风险,例如社会监视、隔离、歧视和排斥少数群体等,这些风险是社群集体层面的,人的尊严不仅指个人尊严,而且还有作为社会关系参与主体的尊严。因此,不能仅以个人同意规则来应对这些风险,同意并不能免除信息处理者评估和最小化这些风险的义务。过于强调普通个人自由选择、自由意志和自主责任是一种"自负"。这种自负的最终代价便是:"人"被自己创造出来的"工具"所掌控。在个人信息保护中,个人控制范式的根本问题在于内部个人本位规范基础的瓦解,外部信息关系中的信任赤字,"信任"被剥离,"人"的脆弱性和依赖性被忽视。个人控制范式预设了信息主体与外在危险社会处于敌对、紧张关系,这种范式难以在个人信息处理法律关系中建立互信关系。

事实上,信任无法凭空出现,须通过在信息关系中嵌入信义义务机制来进行构建。个人信息具有社会识别功能、社会公共利益、社会决定性等特征都表明信息的"非控制性"和作为公共产品的社会性。信义义务关注处理行为所引发的信任风险,强调个人信息的非控制性,是对各参与主体之间利益的协同。当处理者成为负责任与可信任的主体时,又会增进信息主体分享的主观意愿。个人信息处理法律关系主体处于权力、知识、信息、技术等不平等地位,信义义务有助于平衡权义关系结构。

信义义务如何嵌入信息关系形成了信托型与非信托型信义关系理论。信托型比照传统信托架构,视第三方独立机构为数据受托人,负有对参与信托的主体的信义义务,侧重信息数据财产价值的释放;非信托型不按照信托的具体法律原理运作但在抽象意义上运用信托法理,视信息关系为信义关系,数据控制者为信息受托人,负有对信息来源者的信义义务,侧重个人信息上人格尊严的保护。两种理论均指明,信息关系中受托人承担信义义务是基于信任基础上享有的信义权力。

信义义务嵌入信息关系,须实现信义法理论与个人信息保护的互动。信义关系是信义义务存在的前提。个人信息处理中引起信义关系的因素有诸多方面,包括信息关系的"不平等性、脆弱性和依赖性"(信义法中的不平等理论)、"权力、自由裁量权"(信义法中的权力理论)、"个人信息财产权益"(信义法中的财产理论)。由此证成的信息信义义务具有浓厚的道德属性、身份属性及法定性。法定义务意味着即使信息主体与处理者并未就信义义务进行专门约定,也不能通过约定的方式予以排除。中国法在个人信息保护领域推广适用信义义务时,基于信义权力因素构建信息信义义务的具体法律关系结构,基于信任因素提出数字社会治理范式转型是从个人控制转向社会控制、从个人本位转向社会本位、从个人利益优先到社会利益优先,以维护数字社会信任。

信息信义义务须转化为制度构建层面的信义规范。个人信息处理的本质是分享,既保护个人信息分享中产生的信任,又建立分享者与收集者之间长期、可持续、互利互信的个人信息分享关系,缓解信息主体与他人共享信息时固有的脆弱性和权力不平衡,信义义务与中国对个人信息从控制到分享、保护到治理、赋权到受信的范式转型相契合。在基本原则上,以诚信原则为构建受托人信义义务的理论基础;在行为规则上,弱化同意的功能,强化信义义务作为同意的补充,并扩充个人信息合理使用的事由,受托人信义义务以忠实义务为核心,以反歧视、反操纵、反滥用为消极内容,保密与协助义务为事后善后规则,从事前到事中、事后的全生命周期贯穿适用;在内部管理上,处理者从"设计的隐私"过渡到"设计的信任",在产品与服务创造之初就嵌入隐私与信任保护,涉及信息主体的利益。实现从信义关系到信义义务,再到信义规范再到信义责任。最后是信义责任在司法层面的适用。违反信义义务的侵权行为为信息主体提供额外请求权事由,并在归责原则上区分适用过错推定与一般过错,在行为与损害的因果关系认定、多人侵权中适用相当因果关系说,数字社会的潜在风险也具有可救济性。信义关系作为合同关系的补充,结合不公平条款理论、关系性契约理论的解释在具体个案中实现正义。当涉及多个数据处理者时,信义义务的要求同等适用于第三方处理者,以增强个人信息二次利用的下游环节中的信义利益保护,进而构建可信安全的数据分享生态,促进信息数据的流通利用。

参考文献

一、中文文献

（一）专著

程啸：《个人信息保护法理解与适用》，中国法制出版社 2021 年版。

程啸：《侵权责任法》（第三版），法律出版社 2021 年版。

董慧凝：《信托财产法律问题研究》，法律出版社 2011 年版。

方嘉麟：《信托法之理论与实务》，中国政法大学出版社 2004 年版。

姜明安：《行政法与行政诉讼法》，北京大学出版社、高等教育出版社 2005 年版。

季卫东、程金华：《风险法学的探索：聚焦问责的互动关系》，上海三联书店 2018 年版。

李建良、陈爱娥等：《行政法入门》，元照出版公司 2004 年版。

刘晓华：《私法上的信赖保护原则研究》，法律出版社 2015 年版。

刘金瑞：《个人信息与权利配置：个人信息自决权的反思和出路》，法律出版社 2017 年版。

刘俊海：《现代公司法》，法律出版社 2011 年版。

马长山：《迈向数字社会的法律》，法律出版社 2021 年版。

彭诚信：《现代权利理论研究：基于"意志理论"与"利益理论"的评析》，法律出版社 2017 年版。

彭插三：《信托受托人法律地位比较研究：商业信托的发展及其在大陆法系的应用》，北京大学出版社 2008 年版。

涂子沛：《大数据：正在到来的数据革命，以及它如何改变政府、商业与我们的生活(3.0升级版)》,广西师范大学出版社2015年版。

涂子沛:《数据之巅：大数据革命、历史、现实与未来》,中信出版社2019年版。

佟强:《信赖之债》,北京大学出版社2020年版。

王利明:《人格权法》,中国人民大学出版社2021年版。

王利明、杨立新、王轶、程啸:《民法学》(上册),法律出版社2020年版。

王泽鉴:《人格权法：法释义学、比较法、案例研究》,北京大学出版社2013年版。

王泽鉴:《民法学说与判例研究(五)》,中国政法大学出版社1998年版。

徐孟洲:《信托法》,法律出版社2006年版。

徐国栋:《诚实信用原则研究》,中国人民大学出版社2002年版。

余卫明:《信托受托人研究》,法律出版社2007年版。

杨立新:《侵权损害赔偿》,法律出版社2016年版。

尹田:《物权法理论评析与思考》,中国人民大学出版社2004年版。

徐化耿:《信义义务研究》,清华大学出版社2021年版。

张淳:《信托法哲学初论》,法律出版社2014年版。

张翔:《基本权利的规范建构》,高等教育出版社2008年版。

周淳:《商事领域受信制度原理研究》,北京大学出版社2021年版。

周小明:《信托制度比较法研究》,法律出版社1996年版。

曾坚:《信赖保护：以法律文化与制度构建为视角》,法律出版社2010年版。

(二) 译著

[爱尔兰] 约翰·莫里斯·凯利:《西方法律思想简史》,王笑红译,法律出版社2002年版。

[德] 迪特尔·梅迪库斯:《德国债法总论》,杜景林、卢谌译,法律出版社2001年版。

[德] 西美尔:《货币哲学》,陈戎女、耿开君、文聘元译,华夏出版社2002年版。

〔德〕黑格尔:《法哲学原理》,杨东柱、尹建军、王哲编译,北京出版社2007年版。

〔德〕卡尔·拉伦茨:《德国民法通论》(上册),王晓晔等译,法律出版社2003年版。

〔德〕卡尔·拉伦茨:《法学方法论》,陈爱娥译,商务印书馆2003年版。

〔德〕莱因哈特·齐默曼、〔英〕西蒙·惠特克:《欧洲合同法中的诚信原则》,丁广宇、杨才然、叶桂峰译,法律出版社2005年版。

〔德〕萨维尼:《当代罗马法体系Ⅰ:法律渊源·制定法解释·法律关系》,朱虎译,中国法制出版社2010年版。

〔德〕伊曼努尔·康德:《道德形而上学原理》,苗力田译,上海人民出版社2012年版。

〔美〕理查德·波斯纳:《超越法律》,苏力译,中国政法大学出版社2001年版。

〔美〕菲利普·塞尔兹尼克:《社群主义的说服力》,马洪、李清伟译,上海人民出版社2009年版。

〔美〕罗斯科·庞德:《法理学》(第一卷),余履雪译,法律出版社2007年版。

〔美〕罗斯科·庞德:《普通法的精神》,唐前宏、高雪原、廖湘文译,法律出版社2013年版。

〔美〕劳伦斯·莱斯格:《代码2.0:网络空间中的法律》,李旭等译,清华大学出版社2009年版。

〔美〕杰弗里·墨菲:《康德:权利哲学》,吴彦译,中国法制出版社2010年版。

〔美〕弥尔顿·穆勒:《网络与国家:互联网治理的全球政治学》,周程等译,上海交通大学出版社2015年版。

〔美〕斯蒂分·芒泽:《财产理论》,彭诚信译,北京大学出版社2006年版。

〔美〕塔玛·弗兰科:《信义法原理》,肖宇译,法律出版社2021年版。

〔美〕斯科特·夏皮罗:《合法性》,郑玉双、刘叶深译,中国法制出版社2016年版。

〔波〕彼得·什托姆普卡:《信任:一种社会学理论》,程胜利译,中华书局 2005 年版。

[法] 埃米尔·涂尔干:《社会分工论》,渠东译,生活·读书·新知三联书店 2000 年版。

[法] 莱翁·狄骥:《宪法论:法律规则和国家问题》(第一卷),钱克新译,商务印书馆 1959 年版。

[希] 亚里士多德:《尼各马科伦理学》,苗力田译,中国社会科学出版社 1999 年版。

[英] 阿里尔·扎拉奇、[美] 莫里斯·E. 斯图克:《算法的陷阱:超级平台、算法垄断与场景欺骗》,余潇译,中信出版社 2018 年版。

[英] 安德鲁·查德威克:《互联网政治学:国家、公民与新传播技术》,任孟山译,华夏出版社 2010 年版。

[英] 格雷厄姆·弗戈:《衡平法与信托的原理》(上册),葛伟军、李攀、方懿译,法律出版社 2018 年版。

[英] 彼得·拉斯莱特:《洛克〈政府论〉导论》,冯克利译,生活·读书·新知三联书店 2007 年版。

[英] 洛克:《政府论(下篇)》,叶启芳、瞿菊农译,商务印书馆 2005 年版.

[英] 托马斯·霍布斯:《利维坦》,黎斯复、黎廷弼译,商务印书馆 1986 年版。

[英] 约翰·密尔:《论自由》,许宝骙译,商务印书馆 1959 年版。

[英] 亚当·斯密:《国富论》,孙善春、李春长译,华侨出版社 2010 年版。

[英] 以赛亚·伯林:《自由论》,胡传胜译,译林出版社 2003 年版。

（三）论文

程关松:《个人信息保护的中国权利话语》,《法学家》2019 年第 5 期。

程啸:《论我国民法典中个人信息权益的性质》,《政治与法律》2020 年第 8 期。

程啸:《论我国个人信息保护法中的个人信息处理规则》,《清华法学》

2021 年第 3 期。

程啸：《论我国民法典中的个人信息合理使用制度》，《中外法学》2020 年第 4 期。

程啸：《论〈个人信息保护法〉中的删除权》，《社会科学辑刊》2022 年第 1 期。

程啸：《论侵权行为法中受害人的同意》，《中国人民大学学报》2004 年第 4 期。

程啸：《论个人信息处理中的个人同意》，《环球法律评论》2021 年第 6 期。

程啸：《论我国个人信息保护法的基本原则》，《国家检察官学院学报》2021 年第 5 期。

陈可翔：《个人信息保护中行政处罚的事实基础及制度逻辑》，《法学》2023 年第 11 期。

陈起行：《资讯隐私权法理探讨：以美国法为中心》，《政大法学评论》2000 年第 64 期。

陈传法：《人格财产及其法律意义》，《法商研究》2015 年第 2 期。

陈吉栋：《个人信息的侵权救济》，《交大法学》2019 年第 4 期。

陈景辉：《算法的法律性质：言论、商业秘密还是正当程序?》，《比较法研究》2020 年第 2 期。

陈林林、严书元：《论个人信息保护立法中的平等原则》，《华东政法大学学报》2021 年第 5 期。

蔡培如：《欧盟法上的个人数据受保护权研究：兼议对我国个人信息权利构建的启示》，《法学家》2021 年第 5 期。

蔡培如：《个人信息保护原理之辨：过程保护和结果保护》，《行政法学研究》2021 年第 5 期。

蔡星月：《数据主体的"弱同意"及其规范结构》，《比较法研究》2019 年第 4 期。

曹玉平：《图书馆网络空间的个人数据与隐私权保护》，《理论与探索》2006 年第 2 期。

丁利：《制度激励、博弈均衡与社会正义》，《中国社会科学》2016年第4期。

丁晓东：《个人信息权利的反思与重塑：论个人信息保护的适用前提与法益基础》，《中外法学》2020年第2期。

丁晓东：《个人信息私法保护的困境与出路》，《法学研究》2018年第6期。

丁晓东：《论算法的法律规制》，《中国社会科学》2020年第12期。

邓峰：《公司利益缺失下的利益冲突规则》，《法学家》2009年第4期。

戴激涛：《从"人肉搜索"看隐私权和言论自由的平衡保护》，《法学》2008年第11期。

戴昕：《数据界权的关系进路》，《中外法学》2021年第6期。

刁胜先：《论个人信息权的权利结构：以"控制权"为束点和视角》，《北京理工大学学报（社会科学版）》2011年第3期。

刁云芸：《涉数据不正当竞争行为的法律规制》，《知识产权》2019年第12期。

房绍坤、曹相见：《论个人信息人格利益的隐私本质》，《法制与社会发展》2019年第4期。

付新华：《个人信息权的权利证成》，《法制与社会发展》2021年第5期。

范雪飞：《论不公平条款制度：兼论我国显失公平制度之于格式条款》，《法律科学（西北政法大学学报）》2014年第6期。

范为：《大数据时代个人信息保护的路径重构》，《环球法律评论》2016年第5期。

冯果、薛亦飒：《从"权利规范模式"走向"行为控制模式"的数据信托：数据主体权利保护机制构建的另一种思路》，《法学评论》2020年第3期。

顾敏康、白银：《"大信用"背景下的信息隐私保护：以信义义务的引入为视角》，《中南大学学报（社会科学版）》2022年第1期。

龚子秋：《公民"数据权"：一项新兴的基本人权》，《江海学刊》2018年第6期。

郭少飞：《新型人格财产权确立及制度构造》，《暨南学报（哲学社会科学版)》2019 年第 5 期。

高秦伟：《个人信息概念之反思和重塑：立法与实践的理论起点》，《人大法律评论》2019 年第 1 期。

高富平：《同意≠授权：个人信息处理的核心问题辨析》，《探索与争鸣》2021 年第 4 期。

高富平：《出售或提供公民个人信息入罪的边界：以侵犯公民个人信息罪所保护的法益为视角》，《政治与法律》2017 年第 2 期。

高富平：《论个人信息处理中的个人权益保护："个保法"立法定位》，《学术月刊》2021 年第 2 期。

高富平：《个人信息处理：我国个人信息保护法的规范对象》，《法商研究》2021 年第 2 期。

高富平：《个人信息保护：从个人控制到社会控制》，《法学研究》2018 年第 3 期。

高富平：《制定一部促进个人信息流通利用的〈个人信息保护法〉》，《探索与争鸣》2020 年第 11 期。

高富平、尹腊梅：《数据上个人信息权益：从保护到治理的范式转变》，《浙江社会科学》2022 年第 1 期。

高秦伟：《个人信息保护中的企业隐私政策及政府规制》，《法商研究》2019 年第 2 期。

何志鹏：《作为软法的〈世界人权宣言〉的规范理性》，《现代法学》2018 年第 5 期。

洪海林：《个人信息保护立法理念探究：在信息保护与信息流通之间》，《河北法学》2007 年第 1 期。

贺栩栩：《比较法上的个人数据信息自决权》，《比较法研究》2013 年第 2 期。

侯媛：《反不正当竞争法视野下用户数据获取行为解读》，《经济法学评论》2018 年第 1 期。

黄细江：《涉企业数据竞争行为的法律规制》，《知识产权》2021 年第 2 期。

黄忠：《赔礼道歉的法律化：何以可能及如何实践》，《法制与社会发展》2009 年第 2 期。

黄武双、谭宇航：《不正当竞争判断标准研究》，《知识产权》2020 年第 10 期。

黄锫：《大数据时代个人数据权属的配置规则》，《法学杂志》2021 年第 1 期。

韩强：《人格权确认与构造的法律依据》，《中国法学》2015 年第 3 期。

蒋继菲、王胜利：《谈公开权对我国人格权立法的启示》，《前沿》2010 年第 22 期。

姜雪莲：《信托受托人的忠实义务》，《中外法学》2016 年第 1 期。

姜福晓：《人格权财产化和财产权人格化理论困境的剖析与破解》，《法学家》2016 年第 2 期。

龙卫球：《数据新型财产权构建及其体系研究》，《政法论坛》2017 年第 4 期。

蓝蓝：《人格与财产二元权利体系面临的困境与突破：以"人格商品化"为视角展开》，《法律科学（西北政法大学学报）》2006 年第 3 期。

李智、姚甜甜：《数据信托模式下受托人信义义务之规范》，《学术交流》2022 年第 2 期。

李伟民：《"个人信息权"性质之辨与立法模式研究：以互联网新型权利为视角》，《上海师范大学学报（哲学社会科学版）》2018 年第 3 期。

李大何：《未来民法典中人格权财产利益的保护模式》，《华东政法大学学报》2017 年第 4 期。

李晗：《大数据时代网上银行的信息安全保障义务研究》，《法学杂志》2021 年第 4 期。

李惠宗：《个人资料保护法上的帝王条款：目的拘束原则》，《法令月刊》2013 年第 1 期。

李芊：《从个人控制到产品规制：论个人信息保护模式的转变》，《中国应用法学》2021 年第 1 期。

李安：《人工智能时代数据竞争行为的法律边界》，《科技与法律》2019

年第 1 期。

李军政：《"合理使用"的性质：著作权的例外还是合理使用权》，《河北法学》2014 年第 11 期。

李风华、易晨：《多级所有与权利嵌入：论个人信息的群己权界》，《探索与争鸣》2021 年第 1 期。

李朝晖：《个人征信中信息主体权利的保护：以确保信用信息公正准确性为核心》，《法学评论》2008 年第 4 期。

吕炳斌：《个人信息权作为民事权利之证成：以知识产权为参照》，《中国法学》2019 年第 4 期。

吕耀怀：《同意的涵义、性质及其类别》，《吉首大学学报》2019 年第 5 期。

吕耀怀、王思文：《论同意对人之尊严的尊重》，《道德与文明》2017 年第 6 期。

刘德良：《隐私与隐私权问题研究》，《社会科学》2003 年第 8 期。

刘德良：《个人信息的财产权保护》，《法学研究》2007 年第 3 期。

刘继峰、曾晓梅：《论用户数据的竞争法保护》，《价格理论与实践》2018 年第 3 期。

刘海安：《个人信息泄露因果关系的证明责任：评庞某某与东航、趣拿公司人格权纠纷案》，《交大法学》2019 年第 1 期。

刘伟：《"人性秩序"还是"机器秩序"：数字治理中的正义修复：基于技术政治性视角的剖析》，《理论月刊》2021 年第 9 期。

刘伟：《人的本性、市场有效性假说与金融危机：2017 年诺贝尔经济学奖获得者理查德·泰勒思想评述》，《福建论坛（人文社会科学版）》2018 年第 2 期。

刘权：《论个人信息处理的合法、正当、必要原则》，《法学家》2021 年第 5 期。

柳经纬、周宇：《侵权责任构成中违法性和过错的再认识》，《甘肃社会科学》2021 年第 2 期。

陆青：《个人信息保护中"同意"规则的规范构造》，《武汉大学学报（哲学社会科学版)》2019 年第 5 期。

卢震豪：《我国〈民法典〉个人信息合理使用的情形清单与评估清单：以"抖音案"为例》,《政治与法律》2020 年第 11 期。

凌斌：《法官如何说理：中国经验与普遍原理》,《中国法学》2015 年第 5 期。

梁泽宇：《个人信息保护中目的限制原则的解释与适用》,《比较法研究》2018 年第 5 期。

梅夏英：《信息和数据概念区分的法律意义》,《比较法研究》2020 年第 6 期。

梅夏英：《在分享和控制之间：数据保护的私法局限与公共秩序构建》,《中外法学》2019 年第 4 期。

马长山：《智慧社会背景下的"第四代人权"及其保障》,《中国法学》2019 年第 5 期。

马新彦：《信赖原则在现代私法体系中的地位》,《法学研究》2009 年第 3 期。

聂勇浩、罗景月：《感知有用性、信任与社交网站用户的个人信息披露意愿》,《图书情报知识》2013 年第 5 期。

彭诚信、向秦：《"信息"与"数据"的私法界定》,《河南社会科学》2019 年第 11 期。

彭诚信：《论个人信息的双重法律属性》,《清华法学》2021 年第 6 期。

彭诚信：《从法律原则到个案规范：阿列克西原则理论的民法应用》,《法学研究》2014 年第 4 期。

彭礼堂、饶传平：《网络隐私权的属性：从传统人格全到资讯自决权》,《法学评论》2006 年第 1 期。

齐爱民：《电子病历与患者个人医疗信息的法律保护》,《社会科学家》2007 年第 5 期。

齐爱民：《中华人民共和国个人信息保护法学者建议稿》,《河北法学》2005 年第 6 期。

齐爱民：《社会诚信建设与个人权利维护之衡平：论征信体系建设中的

个人信息保护》，《现代法学》2007 年第 5 期。

齐延平：《"人的尊严"是〈世界人权宣言〉的基础规范》，《现代法学》2018 年第 5 期。

冉从敬、唐心宇、何梦婷：《数据信托：个人数据交易与管理新机制》，《图书馆论坛》2022 年第 3 期。

任龙龙：《论同意不是个人信息处理的正当性基础》，《政治与法律》2016 年第 1 期。

宋保振：《数字时代信息公平失衡的类型化规制》，《法治研究》2021 年第 6 期。

商希雪：《侵害公民个人信息民事规则路径的类型化分析：以信息安全与信息权利的"二分法"规范体系为视角》，《法学论坛》2021 年第 4 期。

商希雪：《个人信息隐私利益与自决利益的权利实现路径》，《法律科学（西北政法大学学报）》2020 年第 3 期。

商希雪：《超越私权属性的个人信息分享：基于〈欧盟一般数据保护条例〉正当利益条款的分析》，《法商研究》2020 年第 2 期。

申卫星：《论个人信息权的构建及其体系化》，《比较法研究》2021 年第 5 期。

孙平：《系统构筑个人信息保护立法的基本权利模式》，《法学》2016 年第 4 期。

孙元欣、于茂荐：《关系契约理论研究述评》，《学术交流》2010 年第 8 期。

谭冰霖：《论政府对企业的内部管理型规制》，《法学家》2019 年第 6 期。

唐林垚：《〈个人信息保护法〉语境下"免受算法支配权"的实现路径与内涵辨析》，《湖北社会科学》2021 年第 3 期。

田力：《互联网平台隐私政策信息分享条款完善策略》，《组织与战略》2021 年第 6 期。

田小军、曹建峰、朱开鑫：《企业间数据竞争规则研究》，《竞争政策研究》2019 年第 4 期。

田野：《风险作为损害：大数据时代侵权"损害"概念的革新》，《政治与法律》2021 年第 10 期。

王莹：《算法侵害责任框架刍议》，《中国法学》2022 年第 3 期。

王轶：《论我国合同法中的"胁迫"》，《四川大学学报（哲学社会科学版）》2019 年第 1 期。

王琳琳：《个人信息处理"同意"行为解析及规则完善》，《南京社会科学》2022 年第 2 期。

王叶刚：《网络隐私政策法律调整与个人信息保护：美国实践及其启示》，《环球法律评论》2020 年第 2 期。

王文军：《关系合同与继续性合同：一个比较分析框架》，《法学论坛》2013 年第 4 期。

王磊：《个人数据商业化利用的利益冲突及解决》，《法律科学（西北政法大学学报）》2021 年第 5 期。

王旭玲：《引入公开权制度的正当性分析》，《兰州学刊》2015 年第 8 期。

王利明：《论个人信息权的法律保护：以个人信息权与隐私权的界分为中心》，《现代法学》2013 年第 4 期；

王利明：《论个人信息权在人格权法中的地位》，《苏州大学学报（哲学社会科学版）》2012 年第 6 期。

王利明：《民法典人格权编中动态系统论的采纳与运用》，《法学家》2020 年第 4 期。

王利明：《数据共享与个人信息保护》，《现代法学》2019 年第 1 期；

王利明：《论个人信息删除权》，《东方法学》2022 年第 1 期。

王利明：《论人格权商品化》，《法律科学（西北政法大学学报）》2013 年第 4 期。

王利明：《论受害人自甘冒险》，《比较法研究》2019 年第 2 期。

王利明：《隐私权概念的再界定》，《法学家》2012 年第 1 期。

王利明：《论人格权请求权与侵权损害赔偿请求权的分离》，《中国法学》2019 年第 1 期。

王叶刚：《论网络隐私政策的效力：以个人信息保护为中心》，《比较法研究》2020 年第 1 期。

王莹莹：《信义义务的传统逻辑与现代构建》，《法学论坛》2019 年第 6 期。

王卫华、董逸：《平台资本主义：历史演进、现实逻辑和基本特征：基于政治经济学批判视角》，《理论月刊》2022 年第 3 期。

王锡锌：《个人信息权益的三层构造及保护机制》，《现代法学》2021 年第 5 期。

王锡锌：《个人信息国家保护义务及展开》，《中国法学》2021 年第 1 期。

王秀哲：《大数据时代个人信息法律保护制度之重构》，《法学论坛》2018 年第 6 期。

王燃：《论网络开放平台数据利益分配规则》，《电子知识产权》2020 年第 8 期。

王磊：《美国的隐私法与大众传媒》，《新闻大学》1995 年第 1 期。

吴泓：《信赖理念下的个人信息使用与保护》，《华东政法大学学报》2018 年第 1 期。

吴伟光：《平台组织内网络企业对个人信息保护的信义义务》，《中国法学》2021 年第 6 期。

武藤：《最小必要原则在平台处理个人信息实践中的适用》，《法学研究》2021 年第 6 期。

汪志刚：《生命科技时代民法中人的主体地位构造基础》，《法学研究》2016 年第 6 期。

汪习根、陈焱光：《论知情权》，《法制与社会发展》2003 年第 2 期。

万方：《算法告知义务在知情权体系中的适用》，《政法论坛》2021 年第 6 期。

万方：《隐私政策中的告知同意原则及其异化》，《法律科学（西北政法大学学报）》2019 年第 2 期。

向秦、高富平：《论个人信息权益的财产属性》，《南京社会科学》2022 年第 2 期。

向秦：《三重授权原则在个人信息处理中的限制适用》，《法商研究》2022 年第 5 期。

肖梦黎：《平台型企业的权力生成与规制选择研究》，《河北法学》2020年第10期。

邢会强：《数据控制者的信义义务理论质疑》，《法制与社会发展》2021年第4期。

解正山：《数据驱动时代的数据隐私保护：从个人控制到数据控制者信义义务》，《法商研究》2020年第2期。

徐彰：《关于人格权中财产利益可让与性问题的分析》，《安徽大学学报（哲学社会科学版）》2015年第5期。

徐伟：《企业数据获取"三重授权原则"反思及类型化构建》，《交大法学》2019年第4期。

徐化耿：《信义义务的一般理论及其在中国法上的展开》，《中外法学》2020年第6期。

徐进：《信任法理的生成、发展及对我国法的启示》，《浙江学刊》2013年第2期。

谢鸿飞：《个人信息泄露侵权责任构成中的"损害"：兼论风险社会中损害的观念化》，《国家检察官学报》2021年第5期。

谢远扬：《信息论视角下个人信息的价值：兼对隐私权保护模式的检讨》，《清华法学》2015年第3期。

谢尧雯：《网络平台差别化定价的规制路径选择：以数字信任维系为核心》，《行政法学研究》2021年第5期。

谢尧雯：《基于数字信任维系的个人信息保护路径》，《浙江学刊》2021年第4期。

辛春霞、师迎祥：《网络隐私权概念新解》，《甘肃政法学院学报》2009年第7期。

相丽玲、曹平、武晓霞：《试析我国个人数据法律保护的趋势》，《情报理论与实践》2006年第2期。

席月民：《数据安全：数据信托目的及其实现机制》，《法学杂志》2021年第9期。

许德风：《道德与合同之间的信义义务：基于法教义学与社科法学的观

察》,《中国法律评论》2021 年第 5 期。

许娟:《中国个人信息保护的权利构造》,《上海大学学报(社会科学版)》2019 年第 2 期。

许娟:《互联网疑难案件中数据权利保护的风险决策树模型》,《南京社会科学》2019 年第 3 期。

许可:《数据保护的三重进路:评新浪微博诉脉脉不正当竞争案》,《上海大学学报(社会科学版)》2017 年第 6 期。

许可:《诚信原则:个人信息保护与利用平衡的信任路径》,《中外法学》2022 年第 5 期。

颜祥林:《网络环境下个人信息安全与隐私问题的探析》,《情报科学》2002 年第 9 期。

袁真富、娄积圆:《论个人信息共享问题的法律治理模式》,《情报理论与实践》2021 年第 1 期。

姚建军:《个人信息保护与知情权冲突的裁判:从蒋某某诉西安电信公司知情权纠纷案说起》,《法律适用》2022 年第 1 期。

姚佳:《知情同意原则抑或信赖授权原则:兼论数字时代的信用重建》,《暨南学报(哲学社会科学版)》2020 年第 2 期。

余筱兰:《信息权在我国民法典编纂中的立法遵从》,《法学杂志》2017 年第 4 期。

叶林:《董事忠实义务及其扩张》,《政治与法律》2021 年第 2 期;

叶名怡:《个人信息的侵权法保护》,《法学研究》2018 年第 4 期。

叶名怡:《论个人信息权的基本范畴》,《清华法学》2018 年第 5 期。

叶明、郭江兰:《误区与纠偏:数据不正当竞争行为认定研究》,《西北民族大学学报》2019 年第 6 期。

阳雪雅:《论企业违反网络隐私政策的违约责任适用》,《法学论坛》2021 年第 5 期。

阳雪雅:《论个人信息的界定、分类及流通体系:兼评〈民法总则〉第 111 条》,《东方法学》2019 年第 4 期。

于柏华:《处理个人信息行为的合法性判准:从〈民法典〉第 111 条的规

范目的出发》,《华东政法大学学报》2020 年第 3 期。

于晓:《自然人人格标识商业利用民事权利独立设为新型财产权研究》,《山东大学学报(哲学社会科学版)》2017 年第 3 期。

于晓:《自然人人格标识商业利用民事权利的创设与保护》,《法学论坛》2017 年第 1 期。

于飞:《公序良俗原则与诚实信用原则的区分》,《中国社会科学》2015 年第 11 期。

余成峰:《信息隐私权的宪法时刻:规范基础与体系重构》,《中外法学》2021 年第 1 期。

余筱兰:《信息权在我国民法典编纂中的立法遵从》,《法学杂志》2017 年第 4 期。

杨芳:《个人信息保护法保护客体之辨:兼论个人信息保护法和民法适用上之关系》,《比较法研究》2017 年第 5 期。

杨芳:《个人信息自决权理论及其检讨:兼论个人信息保护法之保护客体》,《比较法研究》2015 年第 6 期。

杨贝:《个人信息保护进路的伦理审视》,《法商研究》2021 年第 6 期。

杨雪冬:《风险社会理论评述》,《国家行政学院学报》2005 年第 1 期。

杨惟钦:《个人信息权之私权属性与内涵思辨:以实现个人信息权益的合理保护为视角》,《晋阳学刊》2019 年第 2 期。

杨立新:《个人信息:法益抑或民事权利——对〈民法总则〉第 111 条规定的"个人信息"之解读》,《法学论坛》2018 年第 1 期。

杨立新:《私法保护个人信息存在的问题及对策》,《社会科学战线》2021 年第 1 期。

杨显滨:《网络平台个人信息处理格式条款的效力认定》,《政治与法律》2021 年第 4 期。

杨慧、吕哲臻:《算法诚信与现代社会信用体系再构》,《中国特色社会主义研究》2021 年第 3 期。

张翔:《基本权利的双重性质》,《法学研究》2005 年第 3 期。

张新宝:《个人信息收集:告知同意原则适用的限制》,《比较法研究》

2019 年第 6 期。

张新宝：《从隐私到个人信息：利益再衡量的理论与制度安排》，《中国法学》2015 年第 3 期。

张新宝：《论个人信息权益的构造》，《中外法学》2021 年第 5 期。

张新宝：《个人信息处理的基本原则》，《中国法律评论》2021 年第 5 期。

张建文、时诚：《个人信息的新型侵权形态及其救济》，《法学杂志》2021 年第 4 期。

张璐：《个人网络活动踪迹信息保护研究：兼评中国 cookie 隐私权纠纷第一案》，《河北法学》2019 年第 5 期。

张红：《〈民法典（人格权编）〉之合理使用制度》，《学习与实践》2020 年第 12 期。

张艳：《关系契约理论对意思自治的价值超越》，《现代法学》2014 年第 2 期。

张丽英、史沐慧：《电商平台对用户隐私数据承担的法律责任界定：以合同说、信托说为视角》，《国际经济法学刊》2019 年第 4 期。

张旺：《伦理结构化：算法风险治理的逻辑与路径》，《湖湘论坛》2021 年第 2 期。

张善斌：《人格要素商业化利用的规制模式选择及制度构建》，《汉江论坛》2015 年第 2 期。

张欣：《从算法危机到算法信任：算法治理的多元方案和本土化路径》，《华东政法大学学报》2019 年第 6 期。

张里安、韩旭至：《大数据时代下个人信息权的私法属性》，《法学论坛》2016 年第 3 期。

周汉华：《平行还是交叉：个人信息保护与隐私权的关系》，《中外法学》2021 年第 5 期。

周学锋：《网络平台对用户生成数据的权益性质》，《北京航空航天大学学报（社会科学版）》2021 年第 4 期。

周健：《美国〈隐私权法〉与公民个人信息保护》，《情报科学》2001 年第 6 期。

赵伯祥：《隐私权概念探讨》，《江淮论坛》1999 年第 4 期。

赵付春：《大数据环境下用户隐私保护和信任构建》，《探索与争鸣》2017 年第 12 期。

张建文：《网络大数据产品的法律本质及其法律保护：兼评美景公司与淘宝公司不正当竞争纠纷案》，《苏州大学学报（哲学社会科学版）》2020 年第 1 期。

张建文：《在尊严性和资源性之间：〈民法典〉时代个人信息私密性检验难题》，《苏州大学学报（哲学社会科学版）》2021 年第 1 期。

张红：《不表意自由与人格权保护：以赔礼道歉民事责任为中心》，《中国社会科学》2013 年第 7 期。

翟志勇：《论数据信托：一种数据治理的新方案》，《东方法学》2021 年第 4 期。

郑智航：《比较法中功能主义进路的历史演进：一种学术史的考察》，《比较法研究》2016 年第 3 期。

郑晓剑：《个人信息的民法定位及保护模式》，《法学》2021 年第 3 期。

郑维炜：《个人信息权的权利属性、法理基础与保护路径》，《法制与社会发展》2020 年第 6 期。

郑佳宁：《知情同意原则在信息采集中的适用与规则构建》，《东方法学》2020 年第 2 期。

郑观：《个人信息对价化及其基本制度构建》，《中外法学》2019 年第 2 期。

朱圆：《论信义法的基本范畴及其在我国民法典中的引入》，《环球法律评论》2016 年第 2 期。

朱广新：《形象权在美国的发展状况及对我国立法的启示》，《暨南学报（哲学社会科学版）》2012 年第 3 期。

二、外文文献

（一）著作

Alan F. Westin. *Privacy and Freedom*. New York: Ig Publishing,

1964.

Alan Charles Raul ed. *The Privacy, Data Protection and Cybersecurity Law Review*. Law Business Research Ltd., 2014.

Alessandro Acquisti and Jens Grossklags. *Privacy and Rationality: A Survey*. Privacy and Technologies of Identity I, 2006.

Andrew S. Gold and Paul B. Miller. *Philosophical Foundations of Fiduciary Law*. Oxford University Press, 2014.

Ari Ezra Waldman. *Privacy as Trust: Information Privacy for an Information Age*. New York: Cambridge University Press, 2018.

R. Leenes et al. *Data Protection and Privacy: (In)visibilities and Infrastructures, Law, Governance and Technology Series 36*. Springer, 2017.

Cass R. Sunstein. *Fifty Shades of Manipulation. In The Ethics of Influence: Government in the Age of Behavioral Science*. Cambridge: Cambridge University Press, 2016.

Carl D. Schneider. *Shame, Exposure, and Privacy*. London: W. W. Norton, 1993.

Daniel J. Solove and Paul M. Schwartz. *Information Privacy Law*. New York: Wolters Kluwer Law & Business, 2018.

Daniel J. Solove. *The Digital Person: Technology and Privacy in the Information Age*. New York University Press, 2004.

Basil S. Markesinis ed. *Protecting Privacy: The Clifford Chance Lectures*. New York: Oxford University Press, 1999.

David M. O'Brien. *Privacy, Law and Public Policy*. New York: Praeger Publishers, 1979.

Everett Cherrington Hughes. *"License and mandate" in Men and Their Work*. IL: Free Press, 1958.

Helen Nissenbaum. *Privacy in Context: Technology, Policy and the Integrity of Social Life*. Stanford Law Books, 2010.

Gold et al. *Philosophical Foundations of Fiduciary Law*. Oxford University Press, 2014.

Jennifer E Rothman. *The Right of Publicity*. Harvard University Press, 2018.

Jeremy Waldron. *Dignity, Rank and Rights*. Oxford University Press, 2012.

John Hagel III and Marc Singer. *Net Worth: Shaping Markets When Customers Make the Rules*. Harvard Business School Press Books, 1999.

John Locke. *Second Treatise of Government*. Alex Catalogue, 1980.

Julie C. Inness. *Privacy, Intimacy and Isolation*. Oxford University Press, 1992.

Kai-Fu Lee. *I Superpowers: China, Silicon Valley and the New World Order*. New York: Houghton Mifflin Harcourt, 2018.

Linnet Taylor, Luciano Floridi and Bart van der Sloot. *Group Privacy: New Challenges of Data Technologies*. Springer International Publishing AG, 2017.

Michael J. Sandel. *Liberalism and the Limits of Justice*. Cambridge University Press, 1998.

Neethling, J. M. Potgieter and P. J. Visser. *Neethling's Law of Personality*. LexisNexis South Africa, 2005.

Austin Sarat ed. *A World Without Privacy?* Cambridge Press, 2015.

Neil M. Richards. *Intellectual Privacy: Rethinking Civil Liberties in the Digital Age*. Oxford University Press, 2015.

Posner A. Eric and Weyl E. Glen. *Radical Markets: Uprooting Capitalism and Democracy for a Just Society*. Princeton University Press, 2018.

Priscilla M. Regan. *Legislating Privacy: Technology, Social Values and Public Policy*. University of North Carolina Press, 1995.

Rafael Chodos. *The Law of Fiduciary Duties*. Blackstone Legal Press,

2000.

Axel Hadenius ed. *Democracy's Victory and Crisis*. Cambridge University Press, 1997.

Robert K. Merton. *Social Theory and Social Structure*. The Free Press, 1968.

Susan J. Pharr & Robert D. Putnam eds. *Disaffected Democracies: What's Troubling the Trilateral Countries?* Princeton University Press, 2000.

Shoshana Zuboff. *The Age of Surveillance Capitalism: The Fight for a Human Future at the New Frontier of Power*. Public Affairs, 2019.

Sissela Bok. *Secrets: On the Ethics of Concealment and Revelation*. Pantheon Books, 1983.

Stanley I. Benn. *Privacy, Freedom and Respect for Persons, in Philosophical Dimensions of Privacy*. Cambridge University Press, 1984.

Tamar Frankel. *Fiduciary Law*. New York: Oxford University Press, 2010.

Thomas McCarthy. *The Rights of Publicity and Privacy*. New York: Clark Boardman Callaghan, 2003.

（二）论文

Alan P. Bates. Privacy: A Useful Concept. *Social Forces*, Vol. 42, No. 4, 1964.

Aleecia M. McDonald and Lorrie Faith Cranor. The Cost of Reading Privacy Policies. *A Journal of Law and Policy for the Information Society*, Vol. 4, No. 3, 2008 – 2009.

Alessandro Acquisti. Curtis Taylor and Liad Wagman, The Economics of Privacy. *Journal of Economic Literature*, Vol. 54, No. 2, 2016.

Alexander Tsesis. Data Subjects' Privacy Rights: Regulation of

Personal Data Retention and Erasure. *University of Colorado Law Review*, Vol. 90, No. 2, 2019.

Alice Haemmerli. Whose Who: the Case for a Kantian Right of Publicity. *Duke Law Journal*, Vol. 49, No. 2, 1999.

Alicia Solow Niederman. Beyond the Privacy Torts: Reinvigorating a Common Law Approach for Data Breaches. *Yale Law Journal Forum*, Vol. 127, 2018.

Andrew F. Tuch. A General Defense of Information Fiduciaries. *Washington University Law Review*, Vol. 98, No. 6, 2021.

Anita L. Allen. Privacy-as-Data Control: Conceptual, Practical and Moral Limits of the Paradigm. *Connecticut Law Review*, Vol. 32, No. 3, 2000.

Anita L. Allen. Is Privacy Now Possible? A Brief History of an Obsession. *Social Research*, Vol. 68, No. 1, 2001.

Ann Cavoukian. Privacy by Design: The 7 Foundational Principles-Implementation and Mapping of Fair Information Practices. *Information & Privacy Commissioner*, 2010.

Anne Fleming. The Rise and Fall of Unconsciounability as the Law of the Poor. *Georgetown Law Journal*, Vol. 102, No. 5, 2014.

Anouk Ruhaak. Data Trusts. *MIT Technology Review*, Vol. 124, No. 2, 2021.

Anthony J. Bellia Jr. Promises, Trust and Contract Law. *American Journal of Jurisprudence*, Vol. 47, 2002.

Ari Ezra Waldman. Privacy as Trust: Sharing Personal Information in a Networked World. *University of Miami Law Review*, Vol. 69, No. 3, 2015.

Ariel Dobkin. Information Fiduciaries in Practice: Data Privacy and User Expectations. *Berkeley Technology Law Journal*, Vol. 33, No. 1, 2018.

Arthur B. Laby. Fiduciary Obligation as the Adoption of Ends. *The Buffalo Law Review*, Vol. 56, No. 1, 2008.

Brockner, J. Making sense of procedural fairness: How High Procedural Fairness can Reduce or Heighten the Influence of Outcome Favorability. *Academy of Management Review*, Vol. 27, No. 2, 2002.

Charles Fried. Privacy. *Yale Law Journal*, Vol. 77, No. 3, 1968.

Charles J. Goetz and Robert E. Scott. Principles of Relational Contracts. *Virginia Law Review*, Vol. 67, No. 6, 1981.

Charlotte A. Tschider. Meaningful Choice: A History of Consent and Alternatives to the Consent Myth. *North Carolina Journal of Law & Technology*, Vol. 22, No. 4, 2021.

Christoph Gorisch. Dignity and Liberty. Constitutional Visions in Germany and the United States. *Der Staat*, Vol. 42, No. 4, 2003.

Claire A. Hill. A Comment on Language and Norms in Complex Business Contracting. *Chicago-Kent Law Review*, Vol. 77, No. 1, 2001.

Claire A. Hill and Erin Ann O'Hara. A Cognitive Theory of Trust. *Washington University Law Review*, Vol. 84, No. 7, 2006.

Claudia E. Haupt. Platforms as Trustees: Information Fiduciaries and the Value of Analogy. *Harvard Law Review Forum*, Vol. 134, No. 1, 2020.

D. Gordon Smith. The Critical Resource Theory of Fiduciary Duty. *Vanderbilt Law Review*, Vol. 55, No. 5, 2002.

D. Gordon Smith and Jordan C. Lee. Fiduciary Discretion. *Ohio State Law Journal*, Vol. 75, No. 3, 2014.

Daniel J. Solove. The Myth of the Privacy Paradox. *George Washington Law Review*, Vol. 89, No. 1, 2021.

Daniel J. Solove. The Virtues of Knowing Less: Justifying Privacy Protections against Disclosure. *Duke Law Journal*, Vol. 53, No. 3, 2003.

Daniel J. Solove. Conceptualizing Privacy. *California Law Review*,

Vol. 90, No. 4, 2002.

Daniel J Solove. Introduction: Privacy Self-Management and the Consent Dilemma. *Harvard Law Review*, Vol. 126, No. 7, 2013.

David R. Johnson and David Post. Law and Borders: The Rise of Law in Cyberspace. *Stanford Law Review*, Vol. 48, No. 5, 1996.

Deborah A. DeMott. Beyond Metaphor: An Analysis of Fiduciary Obligation. *Duke Law Journal*, Vol. 1988, No. 5, 1988.

Dennis D Hirsch. Privacy, Public Goods and the Tragedy of the Trust Commons: A Response to Professors Fairfield and Engel. *Duke Law Journal Online*, Vol. 65, 2015 - 2016.

Dorothy J. Glancy. Invention of the Right to Privacy. *The Arizona Law Review*, Vol. 21, No. 1, 1979.

Dustin Marlan. Unmasking the Right of Publicity. *Hastings Law Journal*, Vol. 71, No. 2, 2020.

Edward J. Eberle. The Right to Information Self-Determination. *Utah Law Review*, Vol. 2001, No. 4, 2001.

Edward J. Bloustein. Privacy as an Aspect of Human Dignity: An Answer to Dean Prosser. *New York University Law Review*, Vol. 39, No. 6, 1964.

Eloise Gratton. If Personal Information is Privacy's Gatekeeper, Then Risk of Harm Is the Key: A Proposed Method for Determining What Counts as Personal Information. *Albany Law Journal of Science & Technology*, Vol. 24, No. 1, 2014.

Eric Everson. Privacy by Design: Taking Ctrl of Big Data. *Cleveland State Law Review*, Vol. 65, No. 1, 2016.

Erwin Chemerinsky. Rediscovering Brandeis's Right to Privacy. *Brandeis Law Journal*, Vol. 45, No. 4, 2007.

Frank H. Easterbrook and Daniel R. Fischel. Contract and Fiduciary Duty. *Journal of Law & Economics*, Vol. 36, No. 1, 1993.

Frederik J. Zuiderveen Borgesius, et al. Tracking Walls, Take-It-or-Leave-It Choices, the GDPR, and the ePrivacy Regulation. *European Data Protection Law Review (EDPL)* , Vol. 3, No. 3, 2017.

G. Michael Harvey. Confidentiality: A Measured Response to the Failure of Privacy. *University of Pennsylvania Law Review*, Vol. 140, No. 6, 1992.

Gianclaudio Malgieri. "Property and (Intellectual) Ownership of Consumers" Information: A New Taxonomy for Personal Data. *Privacy in Germany* , No. 4, 2016.

Hanoch Dagan. The Craft of Property. *California Law Review*, Vol. 91, 2003.

Harry Kalven, Jr. Privacy in Tort Law: Were Warren and Brandeis Wrong? *Law and Contemporary Problems*, Vol. 31, No. 2, 1966.

Helen Nissenbaum. Privacy as Contextual Integrity. *Washington Law Review*, Vol. 79, No. 1, 2004.

Howard B. White. The Right to Privacy. *Social Research*, Vol. 18, No. 1 – 4, 1951.

Hyman Gross. The Concept of Privacy. *New York University Law Review*, Vol. 42, No. 1, 1967.

Ian R. Macneil. Contracting Worlds and Essential Contract Theory. *Social & Legal Studies*, Vol. 9, No. 3, 2000.

Ian Kerr and Jessica Earle. Prediction, Preemption, Presumption: How Big Data Threatens Big Picture Privacy. *Stanford Law Review Online*, Vol. 66, 2013 – 2014.

Ira S. Rubinstein and Nathaniel Good. Privacy by Design: A Counterfactual Analysis of Google and Facebook Privacy Incidents. *Berkeley Technology Law Journal*, Vol. 28, No. 2, 2013.

J. Lee Riccardi. The German Federal Data Protection Act of 1977: Protecting the Right to Privacy. *Boston College International and Comparative*

Law Review, Vol. 6, No. 1, 1983.

Jack M. Balkin. Free Speech in the Algorithmic Society: Big Data, Private Governance, and New School Speech Regulation. *U. C. Davis Law Review*, Vol. 51, 2018.

Jack M. Balkin. The Fiduciary Model of Privacy. *Harvard Law Review Forum*, Vol. 134, No. 1, 2020.

Jack M. Balkin. Information Fiduciaries and the First Amendment. *U. C. Davis Law Review*, Vol. 49, No. 4, 2016.

Jack M. Balkin. 2016 Sidley Austin Distinguished Lecture on Big Data Law and Policy: The Three Laws of Robotics in the Age of Big Data. *Ohio State Law Journal*, Vol. 78, No. 5, 2017.

James Q. Whitman. The Two Western Cultures of Privacy: Dignity versus Liberty. *Yale Law Journal*, Vol. 113, No. 6, 2004.

James Edelman. When Do Fiduciary Duties Arise? *Law Quarterly Review*, Vol. 126, No. 2, 2010.

Jean L. Cohen. The Necessity of Privacy. *Social Research*, Vol. 68, No. 1, 2001.

Jed Rubenfeld. Right to Privacy. *The Harvard Law Review*, Vol. 102, No. 4, 1989.

Jennifer E Rothman. The Right of Publicity's Intellectual Property Turn. *Columbia Journal of Law & the Arts*, Vol. 42, No. 3, 2019.

Jennifer E Rothman. The Inalienable Right of Publicity. *Georgetown Law Journal*, Vol. 101, No. 1, 2012.

Jeremy McBride. Citizen's Privacy and Data Banks: Enforcement of the Standards in the Data Protection Bill 1984 (U. K.). *Cahiers de Droit*, Vol. 25, No. 3, 1984.

Jeremiah Lau, James Penner and Benjamin Wong. The Basics of Private and Public Data Trusts. *Singapore Journal of Legal Studies*, Vol. 2020, No. 1, 2020.

Jerry Kang, et al. Self-Surveillance Privacy. *Iowa Law Review*, Vol. 97, No. 3, 2012.

Jerzy Surma. Social Exchange in Online Social Networks. The Reciprocity Phenomenon on Facebook. *Computer Communications*, Vol. 73, Part A, 2016.

Jiahong Chen. The Dangers of Accuracy: Exploring the Other Side of the Data Quality Principle. *European Data Protection Law Review*, Vol. 4, No. 1, 2018.

Jon Bing. The Council of Europe Convention and OECD Guidelines on Data Protection. *Michigan Yearbook of International Legal Studies*, No. 5, 1984.

Jonathan Zittrain. Response, Engineering an Election: Digital Gerrymandering Poses a Threat to Democracy. *Harvard Law Review Forum*, Vol. 127, 2014.

Jonathan Kahn. Privacy as a Legal Principle of Identity Maintenance. *Seton Hall Law Review*, Vol. 33, No. 2, 2003.

John C. Carter. The Fiduciary Rights of Shareholders. *William and Mary Law Review*, Vol. 29, No. 4, 1988.

John H. Langbein. The Contractarian Basis of the Law of Trusts. *Yale Law Journal*, Vol. 105, No. 3, 1995.

Joshua A. T. Fairfield and Christoph Engel. Privacy as a Public Good. *Duke Law Journal*, Vol. 65, No. 3, 2015.

John H. Langbein. The Secret Life of the Trust: The Trust as an Instrument of Commerce. *Yale Law Journal*, Vol. 107, No. 1, 1997.

John Morley. The Common Law Corporation: The Power of the Trust in Anglo-American Business History. *Columbia Law Review*, Vol. 116, No. 8, 2016.

Julie E. Cohen. What Privacy is For. *Harvard Law Review*, Vol. 126, No. 7, 2013.

Julie E. Cohen. Examined Lives: Informational Privacy and the Subject as Object. *Stanford Law Review*, Vol. 52, No. 5, 2000.

June Carbone and Nancy Levit. The Death of the Firm. *Minnesota Law Review*, Vol. 101, No. 3, 2017.

Karen E. Boxx. The Durable Power of Attorney's Place in the Family of Fiduciary Relationships. *Georgia Law Review*, Vol. 36, 2001.

Karen Levy, Lauren Kilgour and Clara Berridge. Regulating Privacy in Public/Private Space: The Case of Nursing Home Monitoring Laws. *Elder Law Journal*, Vol. 26, No. 2, 2019.

Katherine J. Strandburg. Home, Home on the Web and Other Fourth Amendment Implications of Techno Social Change. *Maryland Law Review*, Vol. 70, No. 3, 2011.

Keith Porcaro. In Trust, Data. *Minnesota Law Review Headnotes*, Vol. 105, 2021.

Kenneth C Laudon. Markets and Privacy. *Communication of the ACM*, 1996.

Kenneth A. Bamberger and Deirdre K. Mulligan. Privacy on the Books and on the Ground. *Stanford Law Review*, Vol. 63, No. 2, 2011.

Kieron O'Hara. Data Trusts: Ethics, Architecture and Governance for Trustworthy Data Stewardship. *University of Southampton Institutional Repository*, 13, 2019.

Larry E. Ribstein. Are Partners Fiduciaries. *University of Illinois Law Review*, Vol. 2005, No. 1, 2005.

Larry E. Ribstein. Fencing Fiduciary Duties. *Boston University Law Review*, Vol. 91, No. 3, 2011.

Latanya Sweeney. Achieving k-Anonymity Privacy Protection Using Generalization and Suppression. *International Journal of Uncertainty, Fuzziness and Knowledge-Based Systems*, Vol. 10, No. 5, 2002.

Lauren Henry Scholz. Fiduciary Boilerplate: Locating Fiduciary

Relationships in Information Age Consumer Transactions. *Journal of Corporation Law*, Vol. 46, No. 1, 2020.

Leonard I. Rotman. The Vulnerable Position of Fiduciary Doctrine in the Supreme Court of Canada. *Manitoba Law Journal*, Vol. 24, No. 1, 1996.

Lindsey Barrett. Confiding in Con Men: U. S. Privacy Law, the GDPR and Information Fiduciaries. *Seattle University Law Review*, Vol. 42, No. 3, 2019.

Lina M. Khan and David E. Pozen. A Skeptical View of Information Fiduciaries. *Harvard Law Review*, Vol. 133, No. 2, 2019.

Lionel Smith. Fiduciary Relationships: Ensuring the Loyal Exercise of Judgement on Behalf of Another. *Law Quarterly Review*, Vol. 130, No. 4, 2014.

Lior Jacob Strahilevitz. Toward a Positive Theory of Privacy Law. *Harvard Law Review*, Vol. 126, No. 7, 2013.

L. S. Sealy. Fiduciary Relationships. *Cambridge Law Journal*, Vol. 20, No. 11962.

L. S. Sealy. Some Principles of Fiduciary Obligation. *Cambridge Law Journal*, Vol. 21, No. 1, 1963.

Mario L. Barnes and Erwin Chemerinsky. What Can Brown Do for You: Addressing McCleskey v. Kemp as a Flawed Standard for Measuring the Constitutionally Significant Risk of Race Bias. *Northwestern University Law Review*, Vol. 112, No. 6, 2018.

Margaret Jane Radin. Property and Personhood. *Stanford Law Review*, Vol. 34, No. 5, 1982.

Margaret Jane Radin. Market—Inalienability. *Harvard Law Review*, Vol. 100, No. 8, 1987.

Matthew Harding. Trust and Fiduciary Law. *Oxford Journal of Legal Studies*, Vol. 33, No. 1, 2013.

Melville B Nimmer. The Right of Publicity. *Law and Contemporary Problems*, Vol.19, No.2, 1954.

Menno Mostert, Annelien L. Bredenoord, Bart van der Sloot, Johannes J. M. v. Delden. From Privacy to Data Protection in the EU: Implications for Big Data Health Research. *European Journal of Health Law*, Vol.25, No.1, 2017.

Michael L. Rustad and Sanna Kulevska. Reconceptualizing the Right to Be Forgotten to Enable Transatlantic Data Flow. *Harvard Journal of Law & Technology*, Vol.28, No.2, 2015.

Michelle Boardman. Consent and Sensibility. *Harvard Law Review*, Vol.127, No.7, 2014.

Milda Macenaite. The Riskification of European Data Protection Law through a Two-Fold Shift. *European Journal of Risk Regulation*, Vol.8, No.3, 2017.

Michèle Finck and Frank Pallas. They Who Must Not be Identified: Distinguishing Personal from Non-Personal Data Under the GDPR. *International Data Privacy Law*, Vol.10, No.1, 2020.

Montagnani, Maria Lilla and Mark Verstraete. What Makes Data Personal? *UC Davis Law Review*, Vol.56, No.3, 2023.

Nancy S. Kim. Two Alternate Visions of Contract Law in 2025. *Duquesne Law Review*, Vol.52, No.2, 2014.

N. Gerber-P. Gerber-M. VolKamer. Explaining the privacy paradox: A systematic review of literature investigating privacy attitude and behavior. *Computers & Security*, 77, 2018.

Neil M. Richards. Intellectual Privacy. *Texas Law Review*, Vol.87, No.2, 2008.

Neil M. Richards. The Information Privacy Law Project. *Georgetown Law Journal*, Vol.94, No.4, 2006.

Neil M. Richards. The Dangers of Surveillance. *Harvard Law Review*,

Vol.126, No.7, 2013.

Neil M. Richards and Daniel J. Solove. Privacy's Other Path: Recovering the Law of Confidentiality. *Georgetown Law Journal*, Vol.96, No.1, 2007.

Neil M. Richards and Woodrow Hartzog. Taking Trust Seriously in Privacy Law. *Stanford Technology Law Review*, Vol.19, 2016.

Neil M. Richards and Woodrow Hartzog. The Pathologies of Digital Consent. *Washington University Law Review*, Vol.96, No.6, 2019.

Neil M. Richards and Woodrow Hartzog. Privacy's Trust Gap: A Review. *Yale Law Journal*, Vol.126, No.4, 2017.

Noam Kolt. Return on Data: Personalizing Consumer Guidance in Data Exchanges. *Yale Law & Policy Review*, Vol.38, No.1, 2019.

Omer Tene and Jules Polonetsky. Big Data for All: Privacy and User Control in the Age of Analytics. *Northwestern Journal of Technology and Intellectual Property*, Vol.11, No.5, 2013.

Omer Tene and Jules Polonetsky. A Theory of Creepy: Technology, Privacy and Shifting Social Norms. *Yale Journal of Law and Technology*, 16, 2013 – 2014.

Paul M. Schwartz. Internet Privacy and the State. *Connecticut Law Review*, Vol.32, No.3, 2000.

Paul M. Schwartz. Property, Privacy and Personal Data. *Harvard Law Review*, Vol.117. No.7, 2004.

Paul M. Schwartz. The EU-U. S. Privacy Collision: A Turn to Institutions and Procedures. *Harvard Law Review*, Vol. 126, No. 7, 2013.

Paul M. Schwartz and Karl-Nikolaus Peifer. Transatlantic Data Privacy Law. *Georgetown Law Journal*, Vol.106, No.1, 2017.

Paul M. Schwartz and Daniel J. Solove. The PII Problem: Privacy and a New Concept of Personally Identifiable Information. *New York*

University Law Review, Vol. 86, No. 6, 2011.

Paul B. Miller. Justifying Fiduciary Duties. *McGill Law Journal*, Vol. 58, No. 4, 2013.

Paul Finn. Contract and the Fiduciary Principle. *University of New South Wales Law Journal*, Vol. 12, No. 1, 1989.

Paul Ohm. Broken Promises of Privacy: Responding to the Surprising Failure of Anonymization. *UCLA Law Review*, Vol. 57, No. 6, 2010.

Peter A. Winn. Confidentiality in Cyberspace: The HIPAA Privacy Rules and the Common Law. *Rutgers Law Journal*, Vol. 33, No. 3, 2002.

Phillip Fei Wu et al. A Contextual Approach to Information Privacy Research. *Journal of the Association for Information Science & Technology*, Vol. 71, No. 4, 2020.

Randall P. Bezanson. The Right to Privacy Revisited: Privacy, News, and Social Change, 1890–1990. *California Law Review*, Vol. 80, No. 5, 1992.

Rafael La Porta et al. The Economic Consequences of Legal Origins. *Journal of Economic Literature*, Vol. 46, No. 2, 2008.

Richard A. Posner. The Right to Privacy. *Georgia Law Review*, Vol. 12, No. 3, 1978.

Robert Niedermeier and Mario Egbe Mpame. Processing Personal Data under Article 6(f) of the GDPR: The Concept of Legitimate Interest. *International Journal for the Data Protection Officer, Privacy Officer and Privacy Counsel*, Vol. 3, No. 6, 2019.

Robert C. Post. Three Concepts of Privacy. *Georgetown Law Journal*, Vol. 89, No. 6, 2001.

Robert C. Post. The Social Foundations of Privacy: Community and Self in the Common Law Tort. *California Law Review*, Vol. 77, No. 5, 1989.

Robert S. Laufer and Maxine Wolfe. Privacy as A Concept and A

Social Issue: A Multidimensional Development Theory. *Journal of Social Issues*, Vol. 33, No. 3, 1977.

Robert S. Gerstein. Intimacy and Privacy. *Ethics*, Vol. 89, No. 1, 1978.

Robert Cooter and Bradley J. Freedman. The Fiduciary Relationship: Its Economic Character and Legal Consequences. *New York University Law Review*, Vol. 66, No. 4, 1991.

Robert Flannigan. Commercial Fiduciary Obligation. *Alberta Law Review*, Vol. 36, No. 4, 1998.

Robert H. Sitkoff. The Economic Structure of Fiduciary Law. *Boston University Law Review*, Vol. 91, No. 3, 2011.

Ronald Coase. The Problem of Social Cost. *The Journal of Law and Economics*, Vol. 3, No. 1, 1960.

Roger A. Ford. Unilateral Invasions of Privacy. *Notre Dame Law Review*, Vol. 91, No. 3, 2016.

Roy Ryden Anderson. The Wolf at the Campfire: Understanding Confidential Relationships. *SMU Law Review*, Vol. 53, No. 1, 2000.

Russ VerSteeg. Early Mesopotamian Commercial Law. *University of Toledo Law Review*, Vol. 30, No. 2, 1999.

Ryan Calo. Against Notice Skepticism in Privacy (and Elsewhere). *Notre Dame Law Review*, Vol. 87, No. 3, 2012.

Samuel D. Warren and Louis D. Brandeis. Right to Privacy. *Harvard Law Review*, Vol. 4, No. 5, 1890 – 1891.

Scott Skinner Thompson. Outing Privacy. *Northwestern University Law Review*, Vol. 110, No. 1, 2015.

Scott J. Shackelford and Steve Myers. Block-by-Block: Leveraging the Power of Blockchain Technology to Build Trust and Promote Cyber Peace. *Yale Journal of Law and Technology*, Vol. 19, 2017.

Shils Edward. Privacy: Its Constitution and Vicissitudes. *Law and*

Contemporary Problems, Vol. 31, No. 2, 1966.

SMary Szto. Limited Liability Company Morality: Fiduciary Duties in Historical Context. *QLR*, Vol. 23, No. 1, 2004.

Solon Barocas and Karen Levy. Privacy Dependencies. *Washington Law Review*, Vol. 95, No. 2, 2020.

Stacy-Ann Elvy. Contracting in the Age of the Internet of Things: Article 2 of the UCC and Beyond. *Hofstra Law Review*, Vol. 44, No. 3, 2016.

Susanne Bergmann. Publicity Rights in the United States and Germany: A Comparative Analysis. *Loyola of Los Angeles Entertainment Law Review*, Vol. 19, No. 3, 1999.

Sylvie Delacroix and Neil D. Lawrence. Bottom-up Data Trusts: Disturbing the "One Size Fits All"Approach to Data Governance. *International Data Privacy Law*, Vol. 9, No. 4, 2019.

Tamar Frankel. Fiduciary Law. *California Law Review*, Vol. 71, No. 3, 1983.

Tamar Frankel. Fiduciary Duties as Default Rules. *Oregon Law Review*, Vol. 74, No. 4, 1995.

Theo Hooghiemstra. Informational Self-Determination, Digital Health and New Features of Data Protection. *European Data Protection Law Review*, Vol. 5, No. 2, 2019.

Victor Brudney. Contract and Fiduciary Duty in Corporate Law. *Boston College Law Review*, Vol. 38, No. 4, 1997.

W. A. Parent. A New Definition of Privacy for the Law. *Law and Philosophy*, Vol. 2, No. 3, 1983.

Wesley Newcomb Hohfeld. Fundamental Legal Conceptions as Applied in Judicial Reasoning. *Yale Law Journal*, Vol. 26, No. 8, 2017.

Werner Bohleber. The Concept of Intersubjectivity in Psychoanalysis: Taking Critical Stock. *The International Journal of Psychoanalysis*, Vol.

94, No. 4, 2013.

William Goodrum and Jacqueline Goodrum. Beyond the Three Laws: An Argument for Regulating Data Scientists as Fiduciaries. *Richmond Journal of Law & Technology*, Vol. 27, No. 3, 2021.

William L. Prosser. Privacy. *California Law Review*, Vol. 48, No. 3, 1960.

Woodrow Hartzog. The Inadequate, Invaluable Fair Information Practices. *Maryland Law Review*, Vol. 76, No. 4, 2017.

Woodrow Hartzog. Website Design as Contract. *American University Law Review*, Vol. 60, No. 6, 2011.

Woodrow Hartzog and Neil Richards. Privacy's Constitutional Moment and the Limits of Data Protection. *Boston College Law Review*, Vol. 61, No. 5, 2020.

Woodrow Hartzog and Frederic Stutzman. Obscurity by Design. *Washington Law Review*, Vol. 88, No. 2, 2013.

Yanisky-Ravid, Shlomit and Sean K. Hallisey. Equality and Privacy by Design: A New Model of Artificial Intelligence Data Transparency v. Auditing, Certification and Safe Harbor Regimes. *Fordham Urban Law Journal*, Vol. 46, No. 2, 2019.

索　引

B

保密法　2，10，16，23，122－128，
　135，140

被遗忘权　52，72，240，241

C

场景理论说　41，95

诚信原则　28，190，205－210，246，
　283

处理者　1，2，8，9，13－15，17，18，
　21，23，25，27，28，31，34，36－
　38，46，48－51，54，56，72，74，
　75，77，78，82，83，85，88－90，
　92－95，103－110，114，115，
　118，120，121，129，132－134，
　140，144－148，151－155，165，
　167，168，170，172－175，178，
　180－195，199，202，203，205，
　206，208－218，220，222－224，
　226，227，229－246，249－251，
　253－257，259，261，262，264－

273，275，277－284

脆弱性　1，2，12，17，18，27，75，
　77－79，82，90，92，94，95，100，
　101，105，108－110，114，126，
　133，134，139，140，143，145－
　149，153，154，168，178，184，
　187，193，195，209，210，251，
　264，269，282，283

D

单独同意　37，277，280

F

法定义务　2，85，170，173－175，
　194，209，228，251，252，254，
　266，280，283

反操纵　3，28，173，234，236，246，
　253，283

反滥用　3，28，234，237，246，253，
　283

反歧视　3，28，173，234，235，246，
　253，283

分享　1－3,8,9,13－15,17,20,
24,26－28,31,44－46,49,51,
54,55,62,64,73－77,79,82,
84－96,101,104－106,108－
114,117－120,122,124,126－
131,133－135,139,140,144,
145,153,154,162,170,172,
173,178,180－182,185－190,
192－195,202,204,205,210,
214,218,222,224－226,228,
233,236－239,242－246,
252－256,258,261,262,265－
267,269－271,273－284

风险光谱说　42,95

赋权　2,7－9,54,55,72,74,95,
186,188,235,283

G

个人本位　1,8,9,24,27,73,84,
95,281－283

个人控制　1,8－10,13－15,21,
22,24,26,27,43,54,55,72－
75,77,79,82－85,89,92－95,
100,120,128,129,151,174,
175,180,186,189,190,199,
202,204,227,234,235,239,
258,275,276,278,281－283

个人数据监护人　2,10,17,23,
128－130,132,136,140,183

个人同意　2,13,16,37,51,82,95,
128,144,174,175,217－221,
223－226,281,282

个人信息　1－3,7－10,13－17,
19－24,26－28,31－57,60,
62－71,73－96,100－106,
108,110,112,118－121,123－
128,132－135,139,140,144－
148,151－156,158－168,170,
172－174,178－182,184－
195,199－208,210－229,
231－234,236－246,249－
267,269,271,273－284

个人信息保护法　1,2,8,9,19,24,
26,28,34,37,43,44,46－49,
51,52,54,146,148,172,180,
181,189,191,192,199－205,
211－217,220,221,223,224,
228,235,238－241,244－246,
249－251,256,258,270,275,
276,279,281

个人信息处理　1－3,8－10,13－
15,17,20,21,23－27,29,31－
35,37－39,42,45,47－52,54,
55,63,64,69,73,77－85,89,
91－95,97,99,100,102－104,
115,116,119,120,129,132－
134,139－141,143,144,146－
148,151,153,164,166,168,

170，172－175，180－182，184－186，188－195，197，199－206，208，210－227，229－232，234，236－239，241－244，246，247，249，250，252，254，255，258－260，267，269，272，273，276，278，280－283

关系性契约 268－270，280，283

过错推定 34，249－251，280，283

GDPR 15，18，23，26，43，55，71，72，74，83，107，111，114－116，134，199，200，203，212，214，217，225，228，229，238

H

合法利益 16，227，245

合同 2，3，9－11，20，21，25，28，32，37，49，89，94，95，99，102，107，123－125，127，129，136，137，144，145，149－151，153，161，165－167，173－176，187，193，194，206，207，210，215，219，220，222，224，228，233，235，237，240，254，258，261－271，277，278，280，283

K

康德 2，10，56，66，67，73，77，81，

95，127，157，158，169，170，281

可信任信息关系 10，17，23，118，119，135，140

控制者 20，21，64，70，72，83，93，100，102，103，105，106，116，117，134，146，149，167，172，173，178，182，184，185，190，195，222，228－232，236，240，241，276，282

L

理性经济人 79，224

洛克 10，55，56，66，73，77，95，127，160，281

N

匿名化 39，40，43，50，111，117，131，238，239，241，243，246

Q

权利规范 1，21，27，31，37，95

权利论 44，49，51，52，95，157，281

S

三重授权 38，39，221，272－277，280

设计的隐私 241，242，283

社会控制 9，15，24，27，82－85，87，95，175，186，283

识别说　40,42,95,204

受托人　1,2,9,11—13,17,18,20—23,85,93,100,102—108,111,114—117,119—121,124,127,131—136,138—140,144—147,149,150,152,153,165—178,181—185,189—195,205,209,210,216,232—234,237,241,245,246,249,266—268,270,279,280,282,283

数据访问权　72,278

数据开放　110,189,275,278—280

数据信托　2,10,17—23,27,110—117,134—136,140,165—168,175,178,181,183,191,242

数字经济　1,14,15,17,23,24,26,48,51,73,78,80,86,90,95,103,110,135,152,170,178,179,190,204,250,264,266

损害　1,9,17,32—36,42,49,51,54—56,58,68,74,77,78,80,89,95,101—103,108,110,111,114,125,127,137,144,145,147,149,152,157,158,162,168,182,187,188,204,205,210,216,219,223—225,232—236,243,250—252,254—260,270,281,283

X

信赖之债　7,89,99,137,174,185,194,206,207,240,251,254,270

信任　1,2,8—12,15—19,21,22,25—28,60,73—75,77—79,81,83—87,89—96,99,101—105,107—110,115—128,132—140,143—145,147,153,167—175,177,178,182—190,192—195,199,205,206,208—210,212—214,221,225,232—237,239,241—246,253—255,259,260,264,266—270,275—278,282,283

信托标的　166,177,178,180—182,184,216,279

信息受托人　2,10,17,18,20,22,23,99—107,109—111,119,120,134,135,140,144,167,168,182—185,188,190—195,216,232,233,237,238,253,267,269,270,278—280,282

信息信义关系　23,144,145,165,173,174,180,181,194,195,253,264,269,270

信息信义义务　1,10,20,22,23,27,28,105,106,170,174,175,

178,188—195,199,202,205,
210,214,216,221,234,244—
246,249,251,254,256,259,
266,270,278,280,283

信息隐私　13,22,24,27,41,53,
55—57,60,62—65,73,76,77,
84,91,93,95,109,127—129,
135,167,186,193,253,258

信息主体　1,2,8,9,13,15,17—
19,21,25,27,31,33—40,43,
46,49—54,56,70,74,75,77—
79,82—85,89,91—95,99,
103,105,108,109,120,121,
126,128,132—135,144,145,
147—149,151—154,161,
164—168,170,172—175,178,
180—195,199,205,208—218,
220—236,239—242,244,245,
249—261,264—272,275,277,
278,280—283

信义法　10—12,28,99,105,107,
119,132,136,143,146,147,
149,152,169,170,194,208,
210,233,259,266,283

信义权力　2,27,110,132—136,
140,147,149,150,152,175,
195,264,269,283

信义义务　1—3,8—13,17,18,20—
23,25—29,45,48,85—87,

89—97,99—110,114,118,
125,127,131—136,138,140,
141,143—146,149,150,152,
153,167—171,173—178,
182—186,190—195,197,199,
205,208—210,213—215,217,
218,225—227,232,233,235,
236,240—242,246,247,249,
251—255,259,260,266,267,
269—271,277—280,282—284

信义责任　143,165,249,251,261,
267,268,270,271,277,280,
283

Y

依赖性　1,40,75,77,82,87,95,
101,105,108,134,137,139,
140,145,147—149,170,195,
209,210,251,264,266,269,
282,283

义务论　44,45,49—51,54,95,118,
158

因果关系　34,35,255—257,283

隐私政策　17,36,37,50,78,79,
90,95,101,104,108,120,144,
149,151,152,161,174,180,
187,214,218,220,222,225,
234,242,243,245,258,261—
270,277,280

隐私自我管理　10,13,14,17

Z

正当利益　56,228—232,240,246

忠实义务　3,20,21,28,102,107,
　　109,110,120,121,125,131,
134,135,169,174,176,190,
210,226,227,232—234,236,
245,246,259,266,267,283

重要资源　12,13,80,150,152,
　　153,166

后　记

本书是在我的博士学位论文基础之上修改完成的。写后记前,我又翻阅了我的博士论文。在"致谢"部分,开头这样写道:

> "我的前小半生信奉'是非在己,毁誉由人,得失不论'的中二人生哲学,等到要写致谢时,发现得失当然要论!读博前,我是一个年轻貌美的女孩子,现在,我变成了一个年轻貌美的女秃子。写完博士论文,我秃了,也变强了。说实话,我不想再经历这种杀不死我,只会让我变强大的事情了。深深悼念我失去的宝贵的可爱的软软的头发丝们。
>
> 幸运的是,这一路走来,失去的远远不及我收获得多。"

于是,我一边回顾着自己多年前的发疯文学,一边陷入回忆。

一

我出生在"山城"重庆的农村,物质生活并不算富裕。可是我有一个厉害的本领,就是在"投胎"时给自己挑了一位于我而言最好的母亲,所以童年时,我并没有感到"缺乏",反而上小学那几年是人生中最无忧无虑的快乐日子之一。

我的母亲("刘美人",我喜欢这样称呼她),她不是知识分子,比起读书,她说她更擅长劳作,所以很小就跟着外公学了做皮鞋的手艺,也是这门手艺,养大了我。她具有那个年代女性身上的一般特质:本分、淳朴、坚强、善良,靠着自己双手改善生活;她也具有那个年代女性身上的非一般特质,就是她擅长并经常向我表达她的爱。尽管好几次我跟她说:"你的爱,对我来说是'负担'和'枷锁',所以我只能'乖'。"我知道自己多少是不知好歹了。她是慈母,但唯独对我的学习要求严格,唯一一次"打骂"教育也是因为学习。她只告诉我,女孩子要独立,她说经济独立才能人格独立,其他的,她都没多说。在我眼里,她本身就是很美的生活诗歌。

至于我的父亲,年轻时长相帅气又有才华,会写诗,曾是报社的一名记者。为了生活,他弃笔从商。我时常想,他偶尔是不是也会为放弃"写诗"感到遗憾呢? 我想可能遗憾是有的,但不后悔,我记得他说是因为生了女儿,要尽可能给女儿富裕的生活。我们小时候的关系很好,他让我骑在他肩上玩耍、辅导我写作文,给我设计独一无二的红色小皮鞋。后来不知怎么了,关系就变差了。直到我二十多岁,开始理解他的局限;三十多岁,重新对他说我爱他。

父母是我的最大粉丝,他们为我感到骄傲,这时我想我应该是来"报恩"的;但当我生病躺在手术室时,我又对他们充满亏欠,那时我觉得我是来"报仇"的。那就算扯平了吧,如今我只想好好爱他们。

二

也许因为我有着这么一个与生俱来会"选人"的本领,苍天眷顾,求学过程中遇到多位良师。小学时,有一阵儿住在数学老师张老师家,其间感染水痘,她给了我很体贴的照顾。初中时,班主任邓老师时常关照我,让近视又个头小的我坐在靠近讲台的位置。语文老师骆老师是一位对教学工作充满热情的人,在他的指导下,中考语文我获得了全区第二的成绩,很可惜他已离世。高中时,班主任向老师以严厉著称,冬天会要求开着教室门让我们"头脑清醒",但严师出高徒,后来我们班全员"上岸"。我考入西南政法大学民商法学院,开启了法学学习之旅。那时,我对人生的残忍真相还一无所知,所以会觉得读书好辛苦。

本科时,印象深刻的民法学第一课,范雪飞老师说:"法律不会自动实现,需要人们为权利而斗争",这可能契合了我"西西弗斯"式的英雄主义。后来保送本校继续攻读法学硕士学位,我的硕导是侯国跃教授,他于我先有授业解惑的教育之恩，后有推荐读博的伯乐之恩，是我走上学术这条路的"红娘"。硕士期间，我到台湾地区的东吴大学交换，有幸结识了台湾大学的林仁光教授，他的信仰带给我关于人生智慧的很多思考。毕业后，我去律所工作，那是一段令我感到迷惘的生活。

我不知天高地厚地辞去工作，决定去读博，重启人生，但很快我又感到绝望，因为生病，也因为读博的孤独。学术研究是一项严肃又极具挑战性的工作。幸运的是，我遇到了我的博导彭诚信教授。他是我学业上的恩师，也是我职业上的偶像。之所以是"偶像"，因为我自知无法企及老师的学术成就，但告诉自己，即使难以成为学术界大拿，至少要像他一样做个践行"诚信"的好老师。"诚信"二字很美好，法律人对其更是情有独钟，这一理念也成为我构思论文的出发点，畅想人类未来应是数字诚信社会。其实，我是他学生里"调皮"又"令人操心"那类，但他包容了我的种种不足与愚笨，以朴实、真诚的方式指导着我成长，突然我好像觉得成为他一样的老师也非易事，要多努力！

当然，还有很多我无法一一写下的那些人与故事，但感恩遇见，点滴铭记。

三

关于孤独，我也在论文"致谢"结尾写道：

"孤独是一个中性词，一旦学会与自己相处，就会在孤独中绽放，尝到'甜头'……我理想化地坚持，人必须生活在一个个体自由的社会，而这种可控的自由就是我从孤独中尝到的'甜头'"。

我想真正让人生不那么孤独的是有两三个挚友。从我喜爱的露丝·巴德·金斯伯格（Ruth Bader Ginsburg）到老友"小鹿"（她是一名优秀的脱口秀演员）。在美国访学结束时，一群人为我举办临别 party，好友 Melody Liu 送给我一本书作为礼物，正是《异见时刻》（*Notorious RBG*）。她母亲的教诲"成为淑女，保持独立"贯穿其一生，她拒绝以性别为由索取优待，而是追求"被看见"的权利。当我受疾病困扰时,想到金斯伯格那娇小身躯曾四次抗癌也迸发出惊人的生命力,于是我学着逐渐接纳这个不完全健康的身体和始终不安的自己。

小鹿也是一位极富力量的女性。她以幽默的智慧给世界带去笑声与快乐。在她面前,我可以无所顾忌地表达所求;在她的镜头下,我鲜活真实又可爱;只有她,可以让我在生病、脆弱、迷茫的时候,无所顾忌地依赖;只有她,可以叫我"小胖",让我理所当然地认为这是爱称而不是嘲讽。在她的婚礼上,我在致辞里说:"比起朋友,在我心里,我们是对方亲自挑选的家人,是异父异母的亲姐妹。"

四

我 2017 年进入上海交通大学凯原法学院读博,第一年生病手术,第二年去美国加州大学伯克利分校做联合培养博士并开始个人信息、数据领域的法律问题研究。2020 年着手博士学位论文写作,在图书馆里"日出而作,日入而息"。最初写作内容是关于个人信息权利体系的构建,后来,我意识到传统赋权模式并非数字社会的答案,于是我转向信息信义义务研究,尽管这意味着要从头来过;所以,我时常跟朋友开玩笑说,我的博士论文的写作就好比"哪吒",是怀胎三年六个月降生,始于我的某个灵光乍现的瞬间,是当时领域内未被触及的"混沌"问题。

我的博士论文得以最终付梓,离不开博导彭老师的信任与推荐,以及上海交通大学出版社编辑团队的专业护航。特别感谢责任编辑汪娜老师,对于我因种种事由"拖稿"给予了极大理解、支持。虽然生病是客观因素,但更多是当我回头再去阅读、修订论文时,由于自己的"强迫症"和"完美ㅜㄨ"又延缓了交稿进度。感谢杨雯同学对这部专著的辛苦校对,使得终稿得以出版。

谢谢读者朋友看到这里,听完我的碎碎念。

向 秦